칼 융,
차라투스트라를
분석하다

칼 융, 차라투스트라를 분석하다

초판 1쇄 발행	2017년 3월 15일
초판 2쇄 발행	2018년 12월 10일

원 제	Nietzche's Zarathustra
지은이	칼 구스타프 융
옮긴이	김세영, 정명진
펴낸이	정명진
디자인	정다희
펴낸곳	도서출판 부글북스
등록번호	제300-2005-150호
등록일자	2005년 9월 2일
주소	서울시 노원구 공릉로63길 14, 101동 203호(하계동, 청구빌라)
	01830
전화	02-948-7289
전자우편	00123korea@hanmail.net
ISBN	979-11-5920-052-6 03180

칼 융,
차라투스트라를
분석하다

칼 구스타프 융 지음　김세영·정명진 옮김

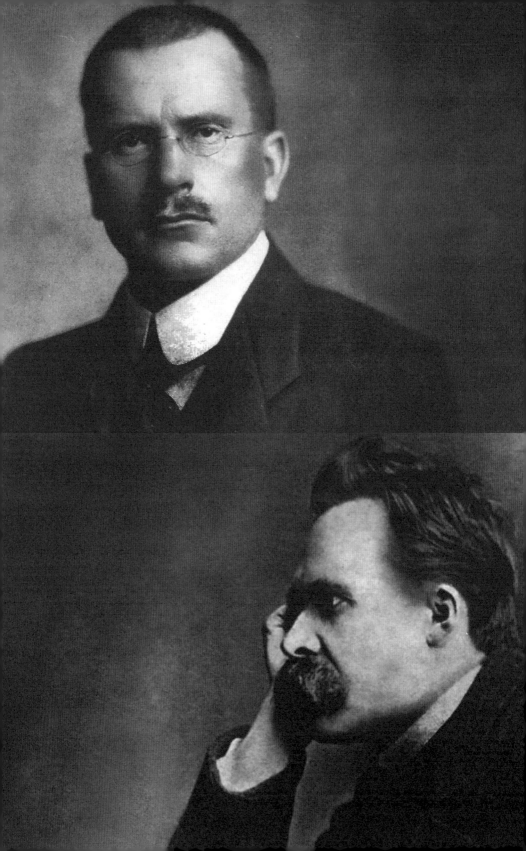

차례

1강

_____

1934년

여러분이 바란 대로 프리드리히 니체(Friedrich Nietzsche)의 작품 『차라투스트라는 이렇게 말했다』를 분석하기로 마음을 정했다. 그러나 그에 따른 어려움은 아마 여러분이 감당해야 할 것이다. 『차라투스트라는 이렇게 말했다』를 분석하는 것이 환상에 대한 강의보다 쉬울 것이라고 생각한다면, 그건 큰 오해이다. 『차라투스트라는 이렇게 말했다』는 대단히 혼란스럽고 또 대단히 어려운 작품이다. 나는 몇 가지 문제 때문에 머리가 깨어질 것 같은 느낌을 받았다. 물론 최선의 노력을 기울일 것이지만, 이 작품을 심리학적 관점에서 명확하게 설명하는 것은 대단히 어려운 작업이다.

분석 방법에 대해 말하자면, 각 장을 처음부터 다루는 것이 최선의 방법일 것 같다. 이 작품이 숨기고 있는 보물들을 두루 파헤치는 데 엄청난 시간이 걸리지 않을까 걱정부터 앞선다. 이 작품에 대한 강의는 지난번에 다뤘던 환상보다 상당히 더 길어질 것이다. 그런 까닭에 아마 여러분이 지겨워할 수도 있겠지만, 나로서는 달리 재미있게 이 작품을 분석할 수 있는 방법을 알지 못한다.

아시다시피, 『차라투스트라는 이렇게 말했다』의 각 장은 운문으로 쓴 일종의 설교이다. 각 장은 경험과 사건, 무의식의 표출 등을 연속적으로 보여주고 있다. 따라서 앞서 환상에 적용했던 분석 기법을 그대로 따르는 것이 바람직할 것 같다. 환상으로 이뤄졌거나 환상으로 시작하는 장도 있다. 또는 니체가 꾸었던 꿈에 대한 해석이 주를 이루는 장도 있다. 그 외 대부분의 장은 차라투스트라의 설교이다.

니체에게 있어서 차라투스트라는 단순히 저자 자신이 만든 은유적인 인물이나 시적인 인물에서 그치는 존재가 절대로 아니다. 니체는 언젠가 여동생에게 차라투스트라는 그가 어릴 적에 꾼 꿈에 자주 나타났다고 썼다.

그렇다면 여기서 니체가 젊었을 적에 라이프치히에서 공부했다는 사실을 얘기하지 않을 수 없다. 라이프치히에는 소위 마즈다즈난 종파라 불리는 기묘한 페르시아 종파가 있으며, 이 종파의 예언자는 스스로를 엘 하-니쉬(El Ha-nisch)라 부르는 남자이지만 작센 출신의 독일인이며, 이름은 작센 지방에서 꽤 흔한 해니쉬(Haenisch)라는 설이 있다. 실은 여기서 동양 언어를 가르치고 있는 교수가 자신이 라이프치히에서 페르시아어를 공부할 때 이 사람과 세미나에 함께 참여한 적이 있다는 이야기를 나에게 해주었다. 그 사람이 마즈다즈난 종파의 창설자가 아닌 것은 확실하다. 마즈다즈난 종파의 기원은 그보다 훨씬 더 오래되었다.

마즈다즈난 종파는 조로아스터교 경전 『젠드 아베스타』(Zend-Avesta)에서 일부 페르시아 사상을, 특히 위생상의 규칙을 끌어냈다.

그들은 이 위생상의 규칙들을 다소 기계적으로 적용했으며, 이 규칙에 『젠드 아베스타』의 철학적 가르침을 접목시켰다. 니체가 이 종파의 신도들을 알게 되었고, 따라서 조로아스터교의 전통에 관한 지식을 얻었을 것이라고 짐작할 수 있다. 그러나 개인적으로 나는 그랬을 것이라고 믿지 않는다. 니체가 조로아스터교의 신자들을 통해서는 차라투스트라의 매우 고매한 사상을 결코 얻지 못했을 것이기 때문이다.

니체는 책을 많이 읽어 박식한 사람이었고 여러 모로 학식이 높았다. 그렇기 때문에 니체가 『젠드 아베스타』의 구절을 직접 공부했을 가능성이 아주 크다. 니체의 시대에 이미 『젠드 아베스타』의 상당 부분이 번역 소개되어 있었기 때문에 그가 직접 경전을 공부했을 게 틀림없다. 지금 이 경전은 독일어로도 잘 번역되어 있고 '동양의 경전' 시리즈의 하나로 영어로도 번역되어 있다.

『젠드 아베스타』는 다양한 시기에 쓰인 책들로 구성되어 있으며, 가장 먼저 쓰인 책인 '야스나'(Yasna)는 운문으로 쓰인 설교인 소위 '가타스'(Gāthās)를 담고 있다. 이것은 차라투스트라의 운문 설교라 불리며 옛 이란 사람들의 방언으로 쓰였다. 이 설교들이 아주 오래되었기 때문에 그 기원이 정말로 차라투스트라의 시대까지 거슬러 올라가는 것으로 여겨진다. 그리고 이 설교들이 니체의 『차라투스트라는 이렇게 말했다』에 담긴 운문 설교의 모델이 되었을 것이다.

조로아스터교가 『차라투스트라는 이렇게 말했다』의 상징체계에서 핵심적인 역할을 하기 때문에, 여기서 우리는 조로아스터교의 역사를 조금 들여다봐야 한다. 차라투스트라는 거의 전설적인 인물이지만, 그가 아득한 옛날에 실존했던 인물이라는 의견도 있다. 그가 살았던 지역이나 시대를 정확히 밝히기는 불가능하지만, 그는 B.C. 7세기에서

B.C. 9세기에 아마 페르시아 북서쪽 지방에서 살았던 것 같다.

차라투스트라는 비슈타스파(Vishtaspa)라는 이름의 왕 또는 왕자의 궁정에서 주로 가르쳤다. 전해오는 이야기에 따르면, 차라투스트라는 비슈타스파의 궁정에서 먼저 성직자 2명과 친해졌으며 이들을 통해서 왕비를 알게 되어 그녀를 개종시키고 이 왕비를 통해 왕을 개종시켰다. 이는 심리학적으로 보면 매우 평범한 과정이며, 개종은 거의 언제나 그런 식으로 일어난다.

기독교 초기에 상류층에서 가장 큰 성공을 거두었던 전도사 중 한 사람이 교황 다마소(Damasus) 1세였는데, 그의 별명은 '귀족 부인의 귀를 간질이는 사람'이었다. 다마소 1세 교황은 귀족 집안의 부인들을 통해서 로마의 귀족을 개종시키곤 했다.

차라투스트라도 그렇게 했을 가능성이 아주 크다. 다른 종교 창시자들과 달리, 차라투스트라는 결혼을 했으며 꽤 긴 수명을 누렸다. 차라투스트라는 자신이 살던 도시가 정복당할 때 제단 근처에 서 있다가 군인들에게 죽음을 당했다.

'가타스'(Gathas)는 아마 차라투스트라가 살던 시대부터 내려오는 진짜 문서일 것이며, 거기에 담긴 찬가들은 차라투스트라 본인의 작품일 가능성이 꽤 크다. 실제로 보면, 이 문서를 통해서 끌어낼 수 있는 역사적인 세부사항은 하나도 없지만 그 고대의 가르침은 그 시대엔 상당히 깊은 의미로 다가왔을 것이다. 그 가르침은 뚜렷한 특징을 한 가지 갖고 있으며, 이것이 니체가 차라투스트라라는 인물을 택한 이유를 설명하는 열쇠가 될 것이다. 실제로, 니체 본인도 차라투스트라를 선택한 이유에 대해 선과 악의 대조를 고안한 인물이기 때문이라고 설명한다.

차라투스트라의 가르침을 한마디로 요약하면, 그것은 빛의 힘과 어둠의 힘 사이의 광대한 갈등에 관한 것이었다. 그리고 시간이 어느 정도 흐른 뒤에 차라투스트라는 자신이 고안한 것을 바로잡기 위해서, 말하자면 그가 아득한 옛날에 최초로 분리시켰던 선과 악을 조화시키기 위해서 다시 돌아와야 했다. 차라투스트라보다 앞서 선과 악의 대조를 중요한 원리로 강조한 사상가를 찾기란 쉽지 않은 것이 사실이다. 조로아스터교는 바로 이 갈등을 바탕으로 하고 있다.

　조로아스터교의 교리는 태초에 마즈다(Mazda)라는, 대단히 현명하고 막강한 신이 하나 있었다고 가르친다. 이 신은 아후라(Ahura)의 속성을 가졌다. '아후라'는 '리그베다' 중에서 가장 오래된 부분에 나오는 영적인 신의 이름을 뜻하는 산스크리트어 단어 '아수라'(Asura)를 이란어로 바꾼 것이다.

　'리그베다'(Rigveda)는 아득히 먼 시대까지, 아마 원시적인 아리아 족이 인도를 침략한 시대까지 거슬러 올라가는 힌두 종교 문학의 일부를 이루는 시나 찬가들을 모은 경전을 일컫는다. '리그베다' 중에서 가장 오래된 부분은 소위 성직자들의 '개구리 노래'를 담고 있으며, 이 부분은 B.C. 5000년까지 거슬러 올라가는 것으로 여겨지지만, 나 자신은 그게 정확한지 잘 모르겠다.

　역사가 이처럼 깊은 개구리 노래들을 보면, 성직자들은 자신들과 개구리를 동일시했으며, 가뭄이 들기라도 하면 마치 비가 내린 듯이 개구리들의 노래를 불렀다. 성직자들은 개구리들이 비가 온 뒤에 연못에서 편안한 마음을 느끼며 노래를 부르는 모습을 흉내 냈다. 그러다가 물이 완전히 말라 더 이상 노래할 것이 없어지면, 성직자들은 비가 내리는 모습을 흉내 내면서 피나 양의 젖을 뿌리고 구름을 몰고 올 바람

소리를 모방해 휘파람을 불곤 했다.

아수라는 최고의 신이며, 이 신은 천신(天神)인 '데바'(deva)와 다르다. 천신은 낮과 맑고 푸른 하늘, 낮에 눈에 보이는 것들의 빛나는 신들인 반면에, 아수라는 내면의 신이고 또 주로 영적이고 도덕적인 성격의 신이다. '리그베다' 중에서 시대적으로 훗날에 해당하는 부분을 보면, 아수라는 여러 개의 아수라로 해체되어 사악한 성격의 악마들이 된다. 페르시아에서도 데바에 이와 똑같은 일이 벌어진다. 조로아스터교 신자들은 '리그베다'의 오래된 사상에 따라 아수라를 최고의 신으로 받아들여 페르시아 말로 '아후라'라고 부르며 마즈다의 한 속성으로 선택했다. 그리하여 조로아스터교의 신은 아후라 마즈다로 불리게 되었다.

최고의 신이자 현명한 존재로 추앙받는 아후라 마즈다는 일반적으로 차라투스트라의 창조물로 여겨지며, 차라투스트라는 내면의 경험을 바탕으로 그런 식으로 정리했을 것이다. 차라투스트라의 이야기는 바로 이 내면의 경험을 들려주고 있다. 이 경험은 옛 문헌에서 "만남과 질문"으로 불린다. 말하자면, 차라투스트라가 아후라 마즈다를 만나서 훌륭한 태도라는 의미로 '보후 마노'(Vohu Mano)라 불리는 마즈다의 말을 들었다는 뜻이다. 이것을 기독교식으로 바꾸면 '로고스'가 될 것이다.

이슬람교 신비주의인 수피파에도 그와 똑같은 개념이 보인다. 수피파에서 알라라는 존재는 말로 형언할 수 없고 또 형태가 없기 때문에 초록색의 존재인 '키드르'(Chidr)로 나타나며, 키드르는 "알라의 제일 천사"나 "말씀", "알라의 얼굴"이라 불린다. 그래서 아후라 마즈다 혹은 보후 마노는 차라투스트라에게 소위 만남과 질문의 경험이 되었다.

차라투스트라는 아후라 마즈다 신의 선한 성령과 일곱 번 만났던 것 같다. 그 만남에서 그는 신의 계시를 받았으며, 신의 성령을 통해서 진리를 배웠다. 내가 이 대목에서 이런 내용을 언급하는 이유는 그 전개가 니체의『차라투스트라는 이렇게 말했다』와 아주 비슷하기 때문이다.

차라투스트라라는 이름은 페르시아어로 'Zarathushtra'로 쓴다. 여기서 끝부분의 'ushtra'는 낙타를 의미한다. 차라투스트라의 가족에 대한 이야기가 있으며, 그의 가족들의 이름은 모두 암말과 수말, 양과 낙타 등과 관계있다. 이는 차라투스트라의 가족들이 대단히 토착적이었다는 점을 보여준다.

천국에서 완벽한 보상을 받는다는 차라투스트라의 생각은 그 역사가 아주 깊다. 차라투스트라는 이승에서 선한 삶을 충실하게 산 다음에 내세에서 그 대가로 완벽하게 젊고 아름다운 육체만 아니라 종마(種馬) 한 마리와 암말 열두 마리를 선물로 받을 것이라고 기대했다. 이슬람에도 이와 아주 비슷한 사상이 발견된다. 차라투스트라를 그리스어로는 'Zoroaster'라 부른다. 그러나 그리스인들은 차라투스트라의 가르침에 대해선 거의 아무것도 알지 못했다. 그리스인들에게 차라투스트라는 위대한 마술사이자 점성가였으며, 조로아스터의 이름으로 이뤄지는 모든 것은 마술이고 요술이었다.

보호 마노의 선한 의도나 말씀으로 나타나는 신의 현현 외에, 악령 '앙그로 마이뉴쉬'(Angro Mainyush)로 나타나는 어두운 현현도 있다. 훗날 앙그로 마이뉴쉬는 '아흐리만'(Ahriman)이라 불리고, 아후라 마즈다는 '오르마즈드'(Ormazd)라 불리게 된다. 두 개의 정령, 즉 보후 마노와 앙그로 마이뉴쉬는 원래의 아후라 마즈다 안에선 하나로 합쳐져 있었다. 이는 곧 태초에 선과 악의 구분이 없었다는 점을 보여준다. 그러나 시간이 얼마 지난 뒤, 선과 악이 서로 다투다가 싸움이 벌어졌으며, 따라서 세상의 창조가 필요하게 되었다. 그래서 아후라 마즈다는 세상을 창조했으나 그 세상에 너무나 화가 난 나머지 무려 6,000년 동안이나 어찌할 바를 몰라 하고 있었다. 그러는 사이에 앙그로 마이뉴쉬가 스스로를 창조하면서 세상을 망쳐놓았다. 이로써 지옥이 존재하게 되었다.

모든 빛이 어둠 속으로 사라졌고, 앙그로 마이뉴쉬가 세상에 데리고 온 악의 무리들을 물리쳐야 할 필요가 생겼다. 앙그로 마이뉴쉬는 처음에 한 차례 대성공을 거두었으며, 데바(천신)까지 그의 신념을 믿도록 개종시키는 데 성공했다. 그래서 데바는 악마들이 되었다. 아후라가 여러 아후라가 된 것과 똑같이. 그리하여 원래 아름다웠던 낮의 신들, 말하자면 눈에 보이는 것들, 아름다움과 조화의 신들은 악이 되고 밤의 악마가 되어 악한 세력을 이뤘다. 옛날의 게르만족 신들이 기독교에 의해 주신(主神)의 자리에서 쫓겨나게 되었을 때 무서운 악마가 되고 온갖 종류의 악령이 되었던 것과 똑같았다. 그리하여 앙그로 마이뉴쉬가 이끄는 악의 무리들과 보후 마노 사이에 영원한 투쟁이 벌어지게 되었다.

아후라 마즈다가 마침내 하게 된 것은 눈에 두드러지거나 쉽게 이해되는 것이 아니다. 물론 아후라 마즈다는 선의 편에 서게 되어 있고 또 선한 정신을 갖고 있지만 악한 정신까지 갖고 있는지가 분명하지 않은 것이다. 기독교에서 사람들이 신과 악마의 관계에 대해 명쾌하게 알지 못하는 것과 마찬가지로, 아후라 마즈다가 악한 정신을 갖고 있는지 여부가 확실하지 않은 것은 꽤 불편한 상황이다.

악마도 신과 함께 공동으로 세상을 지배하는 존재인가? 그렇지 않다면, 악마는 도대체 무엇인가? 이처럼 어색한 기독교의 상황은 오래된 페르시아의 유산이며, 그래서 신학자들은 차라투스트라를 좋아하지 않고 비판한다. 그러나 차라투스트라는 정말로 그 같은 기독교 교리의 창조자이며, 기독교 교리에서 확인되는 모호하고 모순적인 모든 것들은 마찬가지로 페르시아 종교에서도 발견된다.

이 부분에 대해 기독교 신학자들이 말할 수 있는 것은 기독교가 훨씬 더 고차원적인 종교라는 식의 주장뿐이다. 신학자들은 페르시아 종교는 오직 보상의 종교이고, 사람들이 선하게 행동하는 것은 천국에서 보상을 받기 위한 것이고, 창시자 본인까지도 종마 한 마리와 암말 12마리를 기대한다는 점을 지적하면서, 흡족한 마음으로 "그러니 얼마나 비천한 종교인가!"라고 말한다.

그러나 나는 그런 판단에 절대로 동의하지 않는다. 게르만 민족의 전설은 말할 필요도 없고, 아이들을 죽이고 인육을 먹는 행위가 벌어지던 호메로스(Homer)와 그리스 신화의 시대도 그것과 다를 바가 별로 없었다. 그때는 대단히 원시적인 시대였다. 그러기에 차라투스트라가 자신의 기대를 다소 구체적으로 나열했다고 해도 전혀 놀랄 일이 아니다.

이런 것들을 무시한다면, 차라투스트라의 가르침은 대단히 현명하고 시대를 앞서가고 있었다. 예를 들어, 그는 마법에 강하게 반대했다. 그는 마법을 접할 기회가 있을 때마다 그걸 뿌리 뽑으려고 노력했다. 처음에 신전과 성직자도 별로 중요하게 여겨지지 않았다.

조로아스터교에는 처음에 진정한 성직자들이 전혀 없었다. 초기 기독교와 비슷했다. 그러나 조금 시간이 지나자, 훗날 기독교에서 일어난 것과 똑같은 현상이 조로아스터교에도 나타났다. 원시적인 마법과 야만적인 사상들이 유입되었던 것이다. 그리고 원래 하나였던 아름다운 아후라 마즈다가 여러 개의 신으로 갈라졌다. 여기서도 하느님이 삼위일체로 나뉜 다음에 수많은 성인으로 다시 나뉜 것과 비슷하다.

아후라 마즈다는 당연히 여러 가지 특징을 갖고 있었다. 그는 진리였고, 지혜였고, 정의(正義)였다. 그런 특징들은 불멸의 정령인 아메샤 스펜타(amesha spenta)들로 상징되었다. 한 신은 진리이고, 다른 신은 정의라는 식으로, 기독교 교리 속의 신의 속성들처럼 추상적인 특성들이 신으로 바뀌어갔다. 이리하여 아메샤 스펜타는 신이 되었으며, 동시에 초기 조로아스터교 가르침의 전반적인 태도도 바뀌어 대단히 세부적인 의식(儀式)이 되었다.

그러나 차라투스트라의 원래의 가르침은 진정한 정신적 경건함이 특징으로 꼽혔다. 외적인 의식보다 도덕적인 태도가 훨씬 더 중요했다. 차라투스트라의 가르침은 현실 세계에서 외적으로 죄를 짓듯이 내면에서도 죄를 지을 수 있으며 이 내면의 죄는 양심의 죄로 외적인 죄 못지않게 나쁘다는 것이었다. 여기서 이만한 수준의 종교적 가르침이 나온 때가 B.C. 8세기나 B.C. 9세기란 사실을 생각해 보라! 그건 정말 놀라운 수준이며, 이 같은 도덕적 특출함은 아주 특이한 천재성이 아닐 수 없다.

이것이 바로 니체의 『차라투스트라는 이렇게 말했다』의 모델이었다. 니체의 작품은 마즈다즈난 분파와 아무런 관계가 없었다. 니체가 말한 바와 같이, 그것은 늙은 현자의 초기 경험에 관한 이야기라고 나는 생각한다. 수많은 세월을 내려오는 지혜의 화신 같은 인물에 대해 우리도 종종 이야기하지 않는가. 경험을 통해서 수백만 번도 넘게 되풀이되면서 직관이 되어 버린 진리 같은 것이라고나 할까. 우리의 내면에서 태어나는 일종의 자연의 지혜라고 할 수 있을 것이다. 우리의 심리적 체계만 아니라 생리적 체계까지 모두를 조화롭게 조정하는 그런 지혜라고 보면 될 것이다. 그 오랜 경험을 우리는 지금도 여전히 우리의 꿈과 본능 안에서 확인할 수 있다. 이것은 완벽하게 자연스러운 하나의 사실, 말하자면 하나의 살아 있는 유기체의 목적 중에서 정신적 혹은 영적인 측면이다. 그래서 니체는 자신의 늙은 현자의 모델로 아주 고귀하고 소중한 인물을 선택했다.

잘 알다시피, 니체는 삶의 초반에 매우 직관적인 지식인이었으며, 반항심이 강하고 전통적인 가치들에 비판적이었다. 『차라투스트라는 이렇게 말했다』에서도 그런 성향이 확인된다. 그렇다면 니체의 내면에 긍정적인 요소가 별로 없었다고 할 수 있다. 니체는 언제나 비판적인 성향을 보였지만 아직 통합적이거나 건설적이지 않았으며 또 가치들을 제시하지도 못했다. 그러던 중에 돌연, 그가 그때까지 글을 쓰면서 배제해 왔던 모든 것이 특별한 계시처럼 그에게 밀물처럼 들이닥쳤다.

니체가 태어난 것은 1844년이었으며, 그가 『차라투스트라는 이렇게 말했다』를 쓰기 시작한 것은 1883년이었다. 그러니까 그의 나이 39세 때였다. 니체가 이 책을 쓴 방식이 특별히 주목을 받을 만하다. 니체 본인이 이 글쓰기 방식을 시로 표현한 바가 있다. "그러자 하나가 둘이 되고, 차라투스트라가 돌연 스치듯 지나갔다." 차라투스트라가 그의 내면에 제2의 인격으로 나타났다는 뜻이다.

이는 니체가 차라투스트라와 동일시하지 않고 있다는 점을 보여준다. 그럼에도 니체는 차라투스트라의 경험이 원형적이라는 것을 분명히 느끼고 있었다. 여기까지 생각이 미치게 되자, 차라투스트라는 수세기의 숨결로 다가오면서 니체의 내면을 어떤 특별한 운명 같은 느낌으로 가득 채웠다. 니체는 자신이 아득히 먼 옛날에 인류에게 가해진 피해를 치료하라는 부름을 받았다는 느낌을 받았다.

당연히 그런 감정은 그의 감정을 한껏 고양시키게 되어 있다. 그러기에 『차라투스트라는 이렇게 말했다』를 집필하는 것이 특별히 디오니소스의 경험이 된다고 해도 전혀 이상할 게 없다. 이 책 후반부에 디오니소스의 황홀이 그려진다. 『차라투스트라는 이렇게 말했다』는 정말로 니체를 디오니소스 숭배의 신비들을 모두 경험하도록 이끌었다. 니체는 이미 그 신비들이 어떨 것인지에 대해 생각하고 있었지만, 『차라투스트라는 이렇게 말했다』는 그런 모든 것을 현실로 만들어준 경험이었다. 여동생에게 쓴 편지에서, 니체는 자신이 『차라투스트라는 이렇게 말했다』를 쓰면서 느낀 황홀경에 대해 아주 인상적으로 묘사했다.

이 책은 4부로 되어 있으며, 마지막 4부를 제외하곤 각 부를 집필하는 데에 10일도 걸리지 않았다. 이것 또한 놀라운 일이 아닐 수 없다. 1부는 이탈리아의 리비에라 해안에서 썼고, 2부는 스위스 엥가딘의 실스 마리아에서 썼고, 3부는 다시 리비에라 해안에서 썼다. 마지막 4부는 여러 장소에서 썼으며 시간도 훨씬 더 많이 걸렸다.

니체는 자신의 글쓰기에 대해 그냥 글이 자신에게서 쏟아져 나온 것으로 묘사했다. 거의 자동적인 산물이었다는 말이다. 필요한 단어들이 거의 저절로 나왔다는 뜻이다. 그의 묘사를 보면, 니체는 글을 쓸 때 아주 특별한 상황에 빠지는 것 같은 인상을 준다. 그 자신이 더 이상 존재하지 않는 그런 홀림의 감정에 빠진다고 할까. 그는 마치 어떤 창조의 천재에게 사로잡히는 것 같다. 이 천재가 그의 뇌를 차지하고 앉아서 절대적 필요성에서, 또 최적의 방법으로 이 작품을 내놓았다는 느낌을 받은 것 같다.

이제 이 책을 본격적으로 파고들 생각이다. 서문 중 초인(超人)에 대해 설명하는 부분을 보자.

차라투스트라는 서른 살에 고향과 고향의 호수를 떠나 산 속으로 들어갔다. 거기서 그는 10년 동안 지겨운 줄도 모르고 정신과 고독을 즐겼다. 그러다 마침내 심경에 변화가 왔다. 장밋빛 여명이 밝아오던 어느 날 아침, 잠자리에서 일어난 그는 태양 앞으로 나아가 태양을 보며 말했다.

그대 위대한 별이여! 그대가 빛을 비추더라도 그것을 받아들일 존재가 없다면, 그대의 행복은 무엇이란 말인가!

지금까지 10년 동안 그대는 나의 동굴 위로 떠올랐다. 그러나 나와 나의 독수리, 나의 뱀이 없었더라면, 그대는 그대의 빛과 여행에 지치고 말았을 것이다.

그러나 우리는 매일 아침 그대를 기다렸고 그대로부터 충만을 얻었으며 그 대가로 그대를 축복해 주었다.

보라! 나는 꿀을 지나치게 많이 모은 벌처럼 나의 지혜에 지쳤다. 이젠 그 지혜를 달라고 내미는 손들이 필요하다.

나는 베풀고 나눠주려 한다. 현명한 자들이 자신의 어리석음을 기뻐하고, 가난한 자들이 부를 누리며 즐거워할 때까지.

먼저, 당시의 심리적 상황을 구성하도록 노력해야 한다. 나는 『차라투스트라는 이렇게 말했다』의 각 장이나 경험을 하나의 환상으로 다룰 것이다. 이제 차라투스트라의 이야기가 시작된다. 말을 하거나 쓰는 사람은 니체이다. 그렇다면 니체는 차라투스트라가 했던 것을 묘사하는 역사가와 비슷하다. 여기서 분명히 차라투스트라는 대상화되고 있고, 작가는 그와 동일시하지 않는 것 같다.

차라투스트라가 집을 떠날 때 서른 살이었던 것으로 묘사되고 있다. 이 30년은 어떤 사실을 언급하는 것일까? 내가 아는 한, 차라투스트라의 일대기에 관한 정보는 거의 없다. 그가 77세에 죽었다는 것 외에는 확실한 게 전혀 없다.

그런데 예수 그리스도가 가르침을 전하는 활동을 시작할 때의 나이가 서른 살이었던 것으로 전해 온다. 따라서 이 대목에서 차라투스트라와 예수 그리스도의 동일화가 일어나고 있다. 이는 역사적으로도 별 무리가 없는 동일화이다. 조로아스터교의 가르침을 보면, 천년마다 사오쉬안트(Saoshyant), 즉 구세주가 나타나는 것으로 되어 있다. 이 구세주는 사람들에게 새로운 계시와 새로운 진리를 가르쳐 주거나 옛날의 진리를 새롭게 바로잡아 주는 존재이다. 말하자면 구세주는 천년마다 다시 나타나 신과 인간의 중재자 역할을 하게 되어 있다.

이것이 기독교의 가르침에 그대로 수용되었다. 형식만 조금 다를 뿐이다. 기독교에도 에난티오드로미아(enantiodromia: 어떤 힘이 과도해지면 그 반작용 또한 강해지면서 균형을 이루게 되는 자연계의 원리를 일컫는다/옮긴이) 사상이 도입된 것이다. 예수 그리스도의 가르침이 효과를 발휘하자, '요한계시록'을 통해 알 수 있듯이, 사탄에게 두 배 반의 시간이 주어진다. 사탄이 마음껏 할 수 있도록 허용된 시간인데, 그 시간에 사탄은 온갖 악을 다 저지른다. 이것이 적(敵)그리스도의 전설이 생겨난 기원 중 하나인데, 적그리스도 전설은 이미 1세기에 있었던 것으로 입증되고 있다. 예수 그리스도가 태어난 것과 거의 똑같은 상황에서, 그리스도의 어두운 형제 적그리스도가 태어날 것이다. 적그리스도도 똑같이 기적을 아주 많이 행할 것이지만 그 목적은 인간을 유혹하는 데에 있다.

적그리스도는 일종의 부정적인 사오쉬안트 같은 존재일 것이며, 그리스도의 긍정적인 지배가 끝날 때쯤 나타난다. 페르시아의 셈법에 따르면, 적그리스도의 지배는 플라톤년(platonic year: 춘분점이 황도대의 열두 별자리 전체를 한 바퀴 도는 데 걸리는 시간을 말하며 약 25,920년인 것으로 계산된다/옮긴이)으로 한 달 뒤, 말하자면 A.D. 1100년이나 1200년쯤 시작될 것이다. 실제로 그즈음 기독교 세계에 중대한 동요가 있었다. 1,000년 뒤에 새로운 계시가 일어나거나 세상에 무슨 일이 일어날 것이라는 옛 사상에 따라, 기독교인들이 A.D. 1000년에 세상의 종말이 올 것이라고 믿었기 때문이다.

그러나 아무 일도 일어나지 않았다. 그럼에도 그 시기에 교회의 권력이 정점에 달하고, 세속적 권력이 사실상 교회 권력에 종속되었던 것이 사실이다. 이어 세속 권력이 다시 일어나기 시작하고 교회가 약화되기 시작했다. 이 같은 추세가 계속되다가 16세기 초에 교회 권력이 최악의 사태에 직면하게 되었다. 교회 안에서 분열이 일어나고 프로테스탄티즘이 등장한 것이다.

물론 사오쉬안트라는 사상은 니체의 마음에도 파고들었다. 니체의 차라투스트라는 천년 뒤에 보다 많은 것을 꽤 잘 성취하기 위해서가 아니라 거의 완벽하게 성취하기 위해서 온 일종의 사오쉬안트이다. 그런데 불행하게도 그때가 1883년에 지나지 않았다. 하지만 하늘의 힘들은 다소 불규칙하다. 어쩌면 하늘에서는 시계가 제대로 작동하지 않을지도 모르는 일이다. 하늘의 일을 누가 알 수 있겠는가. 그러다 보니 사오쉬안트가 차라투스트라로 환생하면서 조금 일찍 나타났다.

이어 차라투스트라는 예전의 사오쉬안트나 예수 그리스도, 적그리스도와 아주 비슷한 방법으로 활동을 시작한다. 니체의 글을 통해서, 사람들은 니체가 적그리스도라는 사상을 마음에 품고 있었다는 것을 알게 된다. 당연히 니체는 자신의 반기독교적 성향에 대한 이야기를 훌륭하게 쓰고 또 자신을 적그리스도로 묘사한다. 그러나 그가 그리는 적그리스도는 단순히 그리스도의 파괴적이고 사악한 형제가 아니라 새로운 사오쉬안트이다.

그는 과거의 가치들을 파괴할 것이지만, 그 목적은 보다 우수하고 보다 이상적인 것을 위해서, 말하자면 기독교 도덕보다 훨씬 더 우월한 도덕을 위해서다. 그래서 그는 '부도덕'이나 '적그리스도' 같은 제목을 쓰면서도 자신을 긍정적인 사오쉬안트로 느끼고 있다.

이런 태도의 바탕에는 늙은 현자라는 원형적인 인물에 대한 니체의 경험이 깔려 있다. 수세기가 지난 과거의 분위기를 일거에 끌어내는 그런 역사적 인물, 아득히 오랜 세월이 실제로 눈앞에 존재한다는 감정을 불러일으키는 그런 인물은 언제나 니체의 관심사였다. 그런 존재야말로 B.C. 5000년이 A.D. 2000년 바로 옆에 있는 것 같은 인상을 주니 말이다. 니체가 차라투스트라에 대해 한 말을 바탕으로, 나는 니체가 차라투스트라를 내면에서 자신보다 수 천 년이나 앞서 존재했던 어떤 정체성으로 경험했을 것이라고 생각한다. 차라투스트라가 등장할 때 보면 늘 거기에 있었던 듯 배경에서 불쑥 튀어나온다. 차라투스트라는 시대의 필요에 의해서, 시대의 긴급한 상황에 의해 불려나온다. 그렇다면 차라투스트라가 서른 살이라는 점은 예수 그리스도를 떠올리게 한다.

차라투스트라가 살았던 곳에 대한 힌트도 눈길을 끈다. "그는 고향의 호수를 떠났다." 이런 사소한 것까지 언급해야 했던 이유는 뭘까? 이거야말로 아주 사소한 디테일에 속한다. 그러나 꿈 해석의 규칙을 여기에 적용하면, 이 디테일은 심리학적으로 아주 재미있다. 어떤 사람의 고향에 있는 호수는 무슨 의미일까? 그리고 그 사람이 호수를 떠나서 어디로 가게 될까?

호수는 무한한 바다와 반대로 막혀 있고 한정되어 있다. 따라서 바다는 언제나 어느 쪽으로도 경계가 없는 집단 무의식의 상징인 반면에, 호수는 언제나 의식을 상징하는 육지 안에 갇혀 있다. 그렇다면 호수는 의식에 의해 갇혀 있는 무의식의 양(量)이라고 볼 수 있다. 따라서 어떤 사람의 고향에 있는 호수는 개인적으로 친숙한 무의식이며, 그 사람을 아버지와 어머니, 형제, 친척, 조상들과 연결시켜주는 부분이다. 호수는 그 사람의 생명이 시작된 곳이며, 매우 편안하고 잘 알려진 곳이다. 그런 다음에 차라투스트라는 산으로 올라갔다. 이건 또 무슨 뜻인가?

티베트의 히말라야 산 높은 곳에서 살았던 전설적인 현자들을 떠올리게 하는 대목이다. 이 현자들은 한쪽에 물, 즉 호수나 강이 있고 다른 쪽에 산이 있는 그런 황량한 곳에서, 보통 사람들이 사는 곳보다 월등히 더 높고 험한 곳에서 살았다. 그 같은 감정은 니체의 경우에 중요한 역할을 했다. 거의 해발 6,000피트나 되는 실스 마리아에서 지낼 때, 니체는 선과 악보다, 말하자면 보통 사람들보다 6,000피트나 더 높은 곳에 올라와 있다는 식으로 말했다. 그래서 그는 매우 높은 산지인 엥가딘에 있을 때 특별히 좋은 기분을 느낄 수 있었다.

그렇다면 여기서 호수를 떠난다는 것은 그가 통제 받는 보통 사람들의 환경을, 익숙한 심리를 벗어나서 특별히 높은 곳으로, 자신의 지평을 넓힐 수 있는 곳으로 올라간다는 것을 의미한다. 마치 현자들이 자신의 의식과 지평을 넓히기 위해서, 세상사를 보다 선명하게 보기 위해 사건들의 혼란으로부터 스스로를 멀리하려는 목적으로 그런 높은 곳으로 올라가듯이 말이다. 그곳에서 그는 고독 속에서 자신의 정신을 온전히 소유한 채 지내면서 10년 동안 싫증을 내지 않았을 것이다. 여기 10년이라는 또 하나의 디테일이 있다.

그가 떠났을 때 서른 살이었고, 지혜를 구하기를 끝낸 것이 마흔 살이었다. 여기서 니체의 삶의 이야기 하나가 떠오른다. 니체는 처음 10년 동안 제자가 하나도 없어 걱정을 많이 했다. 10년이 지난 뒤에 제자가 하나 생겼지만, 그것도 그의 조카였다. 오랜 시간이 지나서야, 그는 사람들이 자신의 지혜를 받아들이도록 개종시키는 데 성공할 수 있었다. 10년이라는 숫자가 그 같은 사실과 관계있을 수 있지만, 확실하지는 않다. 고독 속에서 10년을 보낸다는 내용이 단지 니체가 『차라투스트라는 이렇게 말했다』를 쓰기 시작한 나이를, 말하자면 그가 자신의 산을 떠난 시기를 말할 수도 있다.

그런 다음에 태양에 간청하는 대목이 나온다. 이 간청을 어떻게 이해해야 할까? 이거야말로 니체의 작품에서 최초로 등장하는 사건, 경험 혹은 모험이다. 이에 대한 해석은 생각하는 것만큼 간단하지 않다.

여기서 태양은 틀림없이 의식의 중심을 상징한다. 태양은 빛이기 때문에 의식의 본질이다. 무엇인가를 이해할 때, 흔히들 "I see."라고 한다. 또 보기 위해선 빛이 필요하다. 이해의 핵심은 언제나 '모든 것을 보는' 태양의 능력으로, 다시 말해 하늘 높은 곳을 움직이면서 그 빛으로 모든 것을 보는 태양의 지혜 혹은 전지(全知)에 의해 상징되었다.

그렇다면 여기서 니체가 큰 깨달음을 얻은 자신의 의식에 대해 말하고 있다고 볼 수 있다. 다소 특이한 측면이 있긴 하지만, 니체처럼 늘 혼자인 사람의 입장이 되어 그의 기분을 파악하려고 노력한다면 당신도 당신의 의식이 당신의 얼굴을 빤히 응시하기 시작한다는 사실을 깨닫게 될 것이다. 니체처럼 된다면, 당신은 언제나 당신의 말을 혼자 듣고 또 언제나 혼자서 말을 해야 한다. 그러면 당신은 항상 당신 자신의 빛을 들여다보고, 당신 자신의 눈을 들여다보고 있을 것이다. 그런 상황에서 당신은 자신의 의식을 일상의 파트너로 여기고 또 그 의식을 유일한 동료로 저주하기도 할 것이다.

니체는 바젤에서 학생들을 가르치던 직업을 포기한 1879년 이후로 몇 년 동안 작은 호텔과 하숙집에서 살면서 이곳저곳 떠돌아다녔다. 어떤 때는 프랑스 쪽이나 이탈리아 쪽의 리비에라 해안에 있었고, 여름에는 스위스 엥가딘에서 지냈으며, 그에겐 생계 수단이 전혀 없었기 때문에 돈 많은 친구들의 도움을 받았다. 그리고 언제나 홀로였던 터라, 그는 사람들을 견뎌내지 못했다. 그는 언제나 친구를 찾으며 교유를 간절히 원했지만, 그런 친구가 나타나면 어김없이 그다지 선하지 않았기에 그가 금방 짜증을 내곤 했다.

니체가 내가 사는 도시 바젤에서 산 적이 있기 때문에, 나는 니체를 개인적으로 알았던 사람들을 알고 있으며, 그래서 이런 종류의 디테일에 대해 많이 알고 있다. 예를 들어, 니체는 어느 강의 시간에 그리스와 마그나 그라이키아(B.C. 8세기 경에 그리스 정착민들이 식민지화한 이탈리아 남부와 시칠리아 지역을 말한다/옮긴이)에 대해 대단히 열정적으로 학생들을 가르쳤다. 강의가 끝난 뒤 니체의 말을 제대로 이해할 수 없었던 어느 청년이 궁금한 점을 묻기 위해 니체에게 다가 갔다. 이 학생만 아니라 다른 평범한 학생들도 니체의 정신세계를 따라잡기 힘들어하긴 마찬가지였다. 그러나 이 학생이 질문을 꺼내기도 전에, 니체는 "아, 자네가 그 친구구나! 헬라스의 푸른 하늘! 우리 함께 가도록 하자꾸나!"라고 외쳤다. 그러자 젊은이는 이렇게 생각했다. "아니 내가 이 유명한 교수님하고 어떻게 함께 갈 수 있으며, 돈은 또 어떻게 장만하나?"

그런 생각을 하면서 청년은 점점 더 뒤로 물러나고 있었고, 그럴수록 니체는 청년에게 점점 더 가까이 다가가면서 헬라스 하늘의 영원한 미소라는 등 알아듣지 못할 소리를 중얼거렸다. 그러다 학생이 벽까지 몰리는 사태가 벌어졌다. 그러자 갑자기 니체는 청년 제자가 자신의 열정에 놀랐다는 사실을 깨닫고는 청년으로부터 돌아선 뒤로는 두 번 다시 학생에게 말을 붙이지 않았다. 니체가 친구들을 다루는 방식이 꼭 그랬다. 그는 돌연 사람들에게 적응하지 못하곤 했다. 사람들이 니체를 즉시 이해하지 못하는 경우에, 니체는 인내심을 조금도 발휘하지 않았다.

그는 또한 자기 자신에게도 지나칠 만큼 짜증을 잘 냈다. 그는 무서울 만큼 충동적이었다. 그는 사교 모임에 초대 받길 좋아했다. 그러나 피아노가 있는 자리에 가면 니체는 손가락에서 피가 날 때까지 미친 듯이 피아노를 연주했다. 이건 절대로 과장이 아니고 사실이다.

다른 측면을 보면, 니체는 꽤 재미있는 사람이었다. 바젤에서 지낼 때, 우아한 영국 신사로 꾸미고 사교 모임에 나타나는 것이 그의 생각엔 재미있게 여겨졌던 모양이다. 그 시절이라면, 영국인들이 모든 분야에서 정상에 선 사람들로 통했으니. 그때까지도 영국인들은 회색 장갑에다가 회색 모자를 쓰곤 했다. 그래서 니체는 회색 코트를 걸치고 회색 장갑에다가 회색 모자까지 쓰고 돌아다니면서 자신이 영국 사람처럼 보인다고 생각했다. 그 콧수염을 그대로 둔 채!『차라투스트라는 이렇게 말했다』의 언어를 이해하기 위해선 니체의 이런 대조적인 모습을 알아야 한다.

그렇다면 니체가 말을 걸고 있는 태양은 그가 매일 말을 주고받는 진정으로 위대한 빛이며, 이 빛은 당연히 그의 외로운 의식의 명료함을 상징한다고 할 수 있다. 당신도 언제나 혼자서 지내게 되면 의식이 당신을 너무나 강하게 지배하게 되기 때문에 당신이라는 존재 자체에 대한 지각을 잃어버리게 된다. 그러기에 병적일 만큼 자기 자신을 치열하게 의식하는 사람들은 자신의 존재를 소멸시키게 된다. 말하자면 그런 사람들은 자신의 의식 안에서 압도되어 버리기 때문에 언제나 자신의 빛 속에 서 있다.

그러다가 태양에 작별을 고할 때, 당연히 해가 지거나 당신이 지거나 아니면 둘 다가 질 것이다. 그것은 시커먼 밤 속으로 내려가는 것이다. 그때 달은 그대로 있을 것이다. 그렇다면 차라투스트라의 과업은 자신도 태양처럼 진다는 생각에서 시작한다. 그러면 그가 어디로 지는가? 의식의 태양을 떠날 때, 차라투스트라는 무의식으로 간다.

그렇다면 여기서 질문은 이것이다. 무의식은 투사될 것인가, 아니면 '순수한 형태'로 그대로 있을 것인가? 만약에 무의식이 순수한 형태로 있으면서 투사되지 않을 것이라면, 그는 무의식으로 들어갈 것이다. 그건 밤의 바다 여행이 될 것이다. 그러면 흔히 말하듯, 그것은 무의식이 지배하는 평범한 세상으로 하강하는 것을 의미한다. 평범한 세상에서 의식은 매우 작은 역할을 맡는다.

그렇듯, 평범한 세상은 주로 본능적이다. 그러나 그의 의지에 관한 글이 없다면, 그가 순수한 무의식으로 내려갈 것인지 아니면 투사된 무의식으로 내려갈 것인지 우리는 자신 있게 말하지 못한다. 그는 인간 존재들, 인류에게로 가고 있다. 그 부분에서 텍스트는 그가 사람들 중에서 똑똑한 사람들과 가난한 사람들을 가르칠 것이라고 말하고 있다. "현명한 자들이 자신의 어리석음을 기뻐하고, 가난한 자들이 부를 누리며 즐거워할 때까지." 그렇다면 그가 뭘 가르치려 하는가?

그는 에난티오드로미아를 일으키려 하고 있고, 인간에게 그들이 결여하고 있는 것을, 말하자면 인간이 미워하거나 두려워하거나 경멸하는 것들을 공급하려 한다. 이를테면 현명한 사람들에게 그들이 상실한 어리석음을, 가난한 사람들에게 그들이 누리지 못하는 부를 제공하려 한다. 바꿔 말하면, 그는 보상을 제공하려 하고 있다.

이로써 우리는 『차라투스트라는 이렇게 말했다』의 상징체계를 주관적인 차원에서 조금 더 깊이 파악하게 되었다. 자신의 의식에 질린 차라투스트라가 보다 낮은 차원의 보통 사람들에게로 내려올 때, 그는 현명한 사람에 속할 것이고 따라서 자신의 지혜를 어리석음으로 보상받게 될 것이다. 그렇다면 그는 산의 위대한 빛 속에서 매우 현명해짐과 동시에 자신의 어리석음을 잃고, 또 매우 가난해지면서 부를 모두 잃었다는 것을 확인할 수 있다.

*　　　*　　　*

차라투스트라는 늙은 현자라는 원형적인 인물을 상징한다. 여기서 원형(元型)에 대해 조금 더 이야기하고 싶다. 늙은 현자는 전형적인 인물이며, 따라서 우리는 그 사람을 하나의 원형이라고 부를 수 있다. 우리는 이 원형을 전설과 동화, 수많은 텍스트와 예술 작품에서 만날 수 있으며, 이는 곧 원형이 일반적으로 인간의 생각이라는 점을 보여 주고 있다.

이런 인간의 생각은 문명의 역사에서 언제나 대표적인 것을 두어왔다. 원시적인 사회에서 현자는 언제나 주술사이다. 나이가 많은 주술사일수록 사람들로부터 존경을 더 많이 받거나 더 강력한 두려움의 대상이 된다. 주술사는 마법을 타고나는 것으로 여겨지기 때문에 언제나 두려움의 대상이다. 주술사는 종종 자신의 신비한 능력을 매우 사악하게 이용하기도 한다.

주술사라는 존재는 거의 전 세계에 걸쳐 확인된다. 주술사는 아마 역사 시대 이전에도 존재했을 것이다. 보다 높은 차원의 문명에서, 주술사는 분화를 거쳤다. 주술사가 한편으론 성직자로 발달하고, 또 한편으론 그야말로 치료만 담당하는 의사로 발달한 것이다. 지금도 이 원형을 거의 완벽하게 구현하고 있는 인물들이 있다.

당연히 교황은 대단히 탁월한 늙은 현자이다. 교황은 오류를 범하지 않는 것으로 여겨지고 있으며, 이는 곧 교황은 절대 진리에 대한 결정을 내릴 수 있다는 뜻이다. 모든 대주교나 주교는 원형의 '복사품'이며, 의사들은 신비한 모든 것을, 심지어 요술의 비결까지 알고 있는 것으로 여겨진다. 그렇기 때문에 원형은 지금도 여전히 살아 있다.

일반적으로 원형은 현실적으로 대단히 중요한 상황을 상징하는 이미지들이다. 당연히 이 상황은 역사를 내려오면서 무수히 반복되었다.

원시인이 자신의 힘으로 해결할 수 없는 곤경에 처했다고 가정해 보자. 그러면 원시인은 원로회의를 구성하는 늙은 현자들에게 자문을 구할 것이다. 원시인은 자신의 능력을 믿지 못할 때 그 문제를 늙은 현자들에게로 넘긴다. 아니면 특별히 까다로운 문제가 생기면 주술사에게 의지할 것이다. 주술사의 경우에는 자신에게 조언을 주면서 인간의 능력 밖에 있는 일들을 해결할 길을 열어줄 귀신들을 불러 모을 수 있는 것으로 통하기 때문이다. 그래서 원시인은 주술사가 특별한 능력을 지녔다고 믿게 된다.

이렇듯, 의문스럽거나 위험투성이라서 평범한 마음으로 해결할 수 없는 상황에 처할 경우에 가장 먼저 일어나는 반응은 늙은 현자라는 원형적인 인물에게 의지하는 것이다. 세상을 오래 살면서 인생 경험을 풍부하게 한 나이든 사람이 젊은이들보다 더 유능한 것으로 여겨지는 것도 바로 그런 이유에서다. 나이든 사람들은 위험한 고비들을 넘기며 살아 왔기 때문에 어려운 상황을 다루는 방법을 알고 있음에 틀림없다. 그래서 어려운 상황에 처한 사람들은 나이든 사람들을 찾아서 처음 겪는 난국에서 빠져나올 길을 묻게 된다.

인생을 살다가 결정적인 상황에 처할 경우에 나이가 많은 사람들을 찾는 것이 관행이 되고 습관이 되다 보니, 늙은 현자라는 원형이 존재하게 되었다. 인생길에서 어떠한 고비를 맞든, 그때마다 이 원형 혹은 저 원형이 불러내어진다. 이것은 사람이 전형적인 문제를 해결하는 전형적인 방법 혹은 전형적인 태도이다.

어떤 상황은 평소에 우리가 모르고 있던 원형을 떠올리게 할 수도 있다. 그럴 경우에 우리는 스스로도 할 수 있을 것이라고 생각하지 못했던 반응까지 할 수 있다. 그런 반응 앞에서 우리 자신조차도 깜짝 놀라게 된다.

예를 들어, 당신은 자신이 특별히 어떤 곤경에 처하게 되면 공황에 빠져 머릿속이 하얘지며 정신을 잃고 말 것이라고 종종 생각한다. 그런데 막상 그런 일이 현실로 닥치자, 당신은 정신도 잃지 않고 그렇게 두려워하지도 않으며 마치 영웅처럼 잘 견뎌낸다. 문제가 다 해결되고 나면 당신이 다소 힘을 잃고 쓰러질 수 있지만, 위험이 닥친 순간에는 잘못된 반응을 전혀 보이지 않는다. 당신이 크게 놀라면서도 냉정을 지키고 있기 때문이다.

당신이 평소의 생각과 다른 모습을 보이는 이유는 간단하다. 곤경의 순간에, 언제나 당신과 함께하고 있는 본능적인 태도가 나타나기 때문이다. 그런 순간에 당신을 지켜보고 있으면, 당신은 마치 해야 할 일을 정확히 잘 알고 있고 또 미리 예상한 대로 일을 처리하는 것처럼 보인다. 물론 실제론 그렇지 않을 수 있지만, 아주 특별한 상황에 처한 사람들이 그런 가운데서도 종종 아주 적절하게 대처한다는 사실은 놀라운 일이 아닐 수 없다. 이것도 역시 당신을 당신 자신의 능력 그 이상으로 끌어 올릴 어떤 원형과 연결되기 때문에 일어나는 현상이다.

그런 경우에 마치 당신은 더 이상 당신 혼자가 아니고 여럿인 것처럼 보인다. 그때 당신은 인류의 일부가 된다는 식으로 말할 수 있다. 당신이 처한 상황과 비슷한 일이 이미 무수히 많이 일어났기 때문에, 당신은 마치 오늘날의 자아로 반응하는 것이 아니라 예전에 그 상황을 헤쳐 나온 사람들처럼 난국을 해결하게 된다.

공황을 부르거나 당신에게 불필요하게 어려움을 야기할 수 있는 다른 원형들도 있다. 예를 들면, 여울이나 산길 통과라는 원형이 있다. 원시적인 나라를 여행할 때면 밤에 텐트를 치기 전에 혹시 강이 뒤에 있지 않은지, 강을 지나온 것은 아닌지 꼭 확인해두는 것이 현명한 조치라는 사실은 널리 알려져 있는 경험이다. 밤사이에 폭풍우가 몰아치기라도 하면 이튿날 강물이 불어서 당신이 꼼짝달싹 못할 수 있기 때문이다. 운이 나쁘면 몇 주일을 기다려야 물이 빠질 것이고, 강과 강 사이에 갇히다 보면 굶어죽을 수도 있다.

강이 위험할 수 있는 것은 범람 때문만은 아니다. 원시적인 국가에서 강을 건너야 하는 상황에 처하면, 사람들은 거의 틀림없이 거북한 느낌을 받게 될 것이다. 물론 그 같은 두려움은 현대인 지금엔 더 이상 정당하지 않지만 옛날에는 아주 중요했다.

뜻밖에 당신이 폭이 40m 내지 50m 되는 강을 만났다고 가정해 보자. 강둑은 꽤 가파르다. 강엔 악어가 살고 있다. 그래서 헤엄을 쳐서 건너는 것은 불가능하다. 그런데 당신은 짐까지 가득 지고 있다. 정말 진퇴양난의 어려운 상황이다.

그러면 아마 당신은 강둑을 따라 몇 시간 동안 걸으며 다소 안전하게 건널 수 있는 여울을 찾아야 할 것이다. 아니면 저절로 쓰러졌거나 원주민들이 잘라 놓은 나무들이 어쩌다 강 건너편까지 걸쳐져 있는 곳을 찾든가 해야 할 것이다.

운이 좋아 이런 나무를 찾았을 경우에, 날씨가 괜찮다면 당신은 거대한 나무를 기다시피 해서 건널 수 있을 것이다. 처음에는 뿌리를 헤치고 나아가야 하고, 그 다음에는 줄기를 밟고 지나고 마지막에는 가지를 뚫고 나아가야 한다. 당신만 강을 건너는 것이 아니다. 짐까지 강 건너편으로 옮길 방도를 짜내야 한다. 비라도 온 뒤라면, 당연히 모든 것이 미끄러울 것이다.

이런 난처한 상황에서 아무것도 기대하지 않고 있는데, 당신의 의지가 갑자기 몇 배로 강해지는 것 같은 느낌이 든다. 지금 당신이 처한 상황은 정말 황당해 보인다. 조금 전까지 아주 편안하게 지냈는데 갑자기 나무에서 미끄러질 위험을 감수해야 하는 난국에 처했으니 말이다. 미끄러운 나무를 밟고 강을 건너야 하는 상황에서도, 공간이 전혀 없기 때문에 아무도 당신을 잡아주지 못한다. 어쨌든 당신 혼자 힘으로 건너야 한다. 3m 내지 4m 아래에선 악어들이 아침 식사를 기다리고 있다.

이것은 너무나 자주 일어난 원형적 상황이다. 악어가 아니더라도, 물속에는 당신이 속수무책의 상태가 될 때 당신을 잡아먹겠다고 벼르고 있는 적들이 많다. 그래서 여울이나 험난한 계곡 같은 곳은 용이나 뱀이 출몰하는 것으로 여겨지고, 깊은 물속에는 괴물이 있고 숲속과 바위 뒤에는 적들이 숨어 있는 것으로 생각된다. 그렇다면 강의 여울을 건너는 것은 일종의 난국을 대표하는 전형적인 상황이다. 그렇기 때문에 사람이 위험한 곤경에 처하면 그 원형이 상기되면서 많은 사람들이 불필요하게 두려움을 느끼게 된다. 사람들이 불합리한 공포에 휩싸이는 것이다.

위험은 전혀 없다고 말할 수 있다. 그런데도 사람들은 아주 작은 시내를 건너는 것도 무서워한다. 그 두려움은 보다 심리적일 수 있다. 삶의 어떤 위험을 통과해야 할 경우에 그런 두려움이 생길 수 있다. 실제론 전혀 위험하지 않은 상황 앞에서도, 사람들은 마치 악어를 건너뛰어야 하는 것처럼 공포를 느낀다. 단지 위험한 상황을 말해주는 원형이 상기되기 때문이다.

그렇다면 악어는 그 사람의 내면에 있다고 볼 수 있다. 당연히 정상적인 사람들에겐 이런 일이 일어나지 않는다. 하지만 의식의 문턱이 낮아서 무의식이 쉽게 넘어설 수 있는 경우라면, 이런 원형적인 상황이나 인물들이 쉽게 떠오를 수 있다. 원형적인 상황은 아주 많으며, 신화의 세계를 이루고 있는 것들이 바로 이런 원형적인 상황들이다. 신화는 원형들의 교과서이다. 당연히, 신화는 합리적으로 설명되지 않으며 그림책이나 이야기책처럼 그저 펼쳐질 뿐이다.

여기서 우리는 노인의 원형에 관심을 두고 있다. 노인의 원형이 나타날 때마다, 노인은 어떤 상황을 말해준다. 방향감각이 상실되고 있거나, 어떤 무의식이 작동하고 있거나, 사람들이 일종의 혼돈 상태에 빠진 채 어찌할 바를 몰라 하고 있는 그런 상황이다. 그러므로 이 사오쉬안트나 현자 혹은 예언자는 곤경의 시대에, 말하자면 인류가 혼돈의 상태에 빠져 있거나 방향감각을 잃어서 새로운 방향감각이 필요할 때에 등장한다.

차라투스트라도 마찬가지로 그의 등장을 필요로 하는 일이 일어나는 때에 나타난다. 니체는 현자의 등장을 필요로 하는 일을 신의 죽음이라고 부르고 있다. 신이 죽으면, 인간에겐 새로운 방향감각이 필요하다. 그 순간에, 모든 예언자의 아버지인 늙은 현자가 새로운 계시를 전하기 위해, 새로운 진리를 보여주기 위해 나타나야 한다. 니체가 차라투스트라에게 기대한 것도 바로 그런 것이다.

『차라투스트라는 이렇게 말했다』는 이 현상에 대한 경험을 독특하게 표현하고 있는 책이다. 니체가 미학적 노력이나 그와 비슷한 무엇인가를 위해서, 혹은 강렬한 인상을 주기 위해서 그런 특별한 현상을 창조했다고 단정하면 큰 실수가 될 것이다. 그 현상 자체가 그를 압도한 사건이기 때문이다. 그는 그런 원형적인 상황에 압도된 상태에서 글을 썼던 것이다.

니체는 여동생에게 "넌 그런 글쓰기의 치열함이 어떤 것인지 짐작조차 하지 못할 거야."라고 썼다. 훗날 그는 『이 사람을 보라』(Ecce

Homo)에서 그 원형이 자신을 압도하게 된 사연에 대해 설명한다. 그 글을 보면 차라투스트라가 니체에게 다가온 과정이 잘 묘사되어 있다. 니체는 현명한 사람들에게 어리석음을 가르치고 가난한 자에게 부를 가르칠 의도를 품고 아래로 내려가려 한다.

그래서 나는 깊은 곳으로 내려가야 한다. 그대 화려한 빛의 별이여, 그대가 밤마다 바다 뒤편으로 내려가서 지하의 세계를 비추듯이!

그대처럼, 사람들이 말하듯이, 나도 저 아래 사람들에게로 내려가야 한다.

그러니 나에게 축복을 내려다오. 지복(至福)도 시기하지 않고 볼 수 있는 그대의 고요한 눈이여!

넘치려는 이 잔을 축복해다오. 황금빛 물이 흘러나오고 그대의 환희를 온 곳으로 옮길 잔을!

보라! 이 잔은 다시 비워지길 원하고 있다. 그리고 차라투스트라는 다시 인간이 되고자 하고 있다.

이렇게 차라투스트라의 하강은 시작되었다.

그는 태양과 함께 산속에 머물렀다. 태양은 언제나 그를 빤히 응시하고 있는 치열한 의식을 상징한다. 이제 그는 서쪽으로 지는 해처럼 산을 내려가기로 마음을 먹는다. 이는 그가 자신의 의식과 완전히 일체를 이뤘다는 것을 의미한다. 그런 가운데서 그는 그 상황을 떠나서 깊은 곳으로, 인간의 세계인 산 밑의 세계로 내려갈 필요성을 느낀다. 이걸 심리학적으로 어떻게 해석해야 할까? 그가 자신의 의식을 떠나면 어떤 일이 벌어지는가?

보통 사람이 의식의 세계를 벗어나면, 당연히 무의식이 움직이기 시작하고 그때까지 무의식이었던 것들이 나타난다. 신경증 환자나 정신병 환자의 경우처럼, 아니면 사람들이 의도적으로 자신의 의식을 포기하는 경우처럼. 평범한 의식인 경우에 의식을 포기하면 무의식이 나타나지만, 차라투스트라의 의식은 정상 수준 이상의 의식, 일종의 농축된 의식이며 이런 의식에도 평범한 사람들에게 일어나는 일과 똑같은 일이 일어날 것이라고 예상해서는 안 된다.

그는 그때까지 정상을 넘어선 상태에 있었기 때문에 정상의 상태로 돌아오게 되어 있다. 우리는 정상을 넘어선 사람은 무의식 상태라는 생각에 너무 익숙해 있다. 그러다 보니 그런 사람들이 대단히 의식적일 수 있다는 생각은 좀처럼 들지 않는다. 그러나 의식의 발작 같은 것이 일어난다. 우리 시대에도 병적일 만큼 치열한 의식으로 고통 받는 사람들이 많다. 그런 사람들의 의식은 정상 수준으로 약화되어야 한다.

의식을 보다 인간적으로 다듬는다고 할까. 이전에 그의 의식은 태양 같은 특징을 보였으며, 그것은 일종의 신의 의식으로 인간에겐 지나치게 버거웠다. 당연히 그런 의식은 과대망상증을 암시한다. 실제로 니체에게서 과대망상증이 보였다. 6년 뒤인 1889년에, 니체는 뇌의 문제로 과대망상증을 앓았다. 물론, 니체가 이 책을 쓸 때 이미 진행 중이던 병의 영향을 받고 있었는지에 대해서는 자신 있게 말하기 어렵다. 그러나 나는 그럴 가능성이 낮다고 생각한다. 『차라투스트라는 이렇게 말했다』의 텍스트엔 과대망상증으로 돌릴 만한 것이 별로 없다. 이 책에 나타나는 과대망상증은 다른 이유 때문이다. 아마 원형 때문일 수 있다.

니체는 원형과 동일시되고 있다. 물론 그는 자신과 차라투스트라를 구분한다. 그는 "차라투스트라가 내 옆을 스치듯 지나갔다"고 말한다. 그러나 그는 그 인물에 사로잡히는 것을 어쩌지 못했으며, 심지어 그는 간혹 차라투스트라가 되기도 하는데 그것은 일종의 자아 팽창이다. 사람이 어떤 원형에 사로잡힐 때 자기 자신을 완전히 망각한 가운데 한껏 고양되며 우쭐함을 느끼게 된다. 그러면 그 사람은 한 동안 그런 식으로 살다가 훗날 자신이 우쭐함을 느끼며 엉뚱하게 살았다는 사실을 확인하게 된다.

원시인들도 이 같은 사실을 잘 알고 있다. 어떤 사람이 대단히 흥분한 상태이거나 한껏 고양된 상태일 때, 예를 들어 대단히 훌륭한 전사가 적을 죽였을 때, 그 사람은 자신과 동일시했던 원형적인 영웅, 다시 말해 그가 일시적으로 되었던 신(神) 같은 존재로부터 멀어지는 의식, 말하자면 원형적인 영웅에서 빠져나오는 의식을 치러야 한다. 이런 의식을 치르지 않을 경우에, 그 사람은 자기 부족 사람을 죽이거나 재앙을 부르거나 대단히 무례하게 행동하게 된다.

그래서 일부 원시인 부족을 보면, 전투에서 용맹을 떨친 전사가 우리 현대인이 생각하는 바와 달리 부족민들에게 뜨거운 환영을 받지 못하고 외딴 곳으로 보내진다. 그곳에서 전사는 두 달 동안 채소만 먹으면서 기질을 죽이게 된다. 그런 식으로 영웅의 흔적을 지우고 다시 온순하게 돌아온 뒤에야, 전사는 자기 부족의 마을로 돌아갈 수 있다.

영웅이었던 전사만 초자연적인 힘을 갖는 것으로 여겨지는 것이 아니다. 그의 무기도 마찬가지이다. 사람을 죽인 칼은 살해의 비밀을 담고 있으며, 특별한 칼이 된다. 그 칼은 놀라운 일을 해냈고 따라서 초자연적인 힘을 가진 것으로 여겨진다. 그래서 어떤 칼을 두고 왕을 죽이는 데 쓰인 것이라는 소리를 들을 때, 사람들은 평소와 다른 눈으로 칼을 보게 되는 것이다.

니체는 부분적으로 차라투스트라와 자신이 동일해지는 것을 어쩔지 못하고 있다. 왜냐하면 유물론적인 과학과 철학이 절정에 달한 시대였고, 아무도 심리학 지식을 갖지 못했으며 따라서 자기 자신과 정신적인 것을 구분할 생각을 하지 않았기 때문이다. 그 시대의 사람들 대부분은 그런 생각을 품지 못했을 것이다. 심지어 오늘날에도 많은 사람들, 특히 교육을 많이 받은 사람들의 마음에 사람이 자신의 정신과 동일하지 않다는 생각이 떠오르지 않을 것이다. 똑똑한 사람들에게 그같은 사실을 인식하도록 하려면 설득을 많이 해야 하고 증거도 많이 제시해야 한다. 똑똑한 사람들이 그런 소리를 허튼소리라고 생각하기 때문이다.

그렇듯, 니체는 자기 자신과 차라투스트라를 구분할 수 있는 상황이 아니었을 것이다. 니체에게도 자신 밖에는 다른 부인들이나 신사들 외엔 아무것도 없는 것으로 여겨진 게 꽤 분명하다. 니체는 틀림없이 차라투스트라와 동일하지 않았으며, 누가 떠들기라도 했다면, 그것은 차라투스트라로 위장한 니체 본인이었다. 니체가 차라투스트라의 입을 빌려서 말하는 언어는 당연히 과장되어 있고, 따라서 여러 곳에서 지나치게 허풍스럽게 다가온다. 그렇다면 그 언어가 그런 식으로 과장되어야 할 이유가 있었을 것이다.

사람이 허풍스런 모습을 보일 때마다, 말하자면 어떤 원형과 동일시할 때마다, 그 사람은 인간 존재로서 열등감을 느끼면서도 그것을 인정하지 않게 되고 오히려 더 과장스런 언어를 쓰게 된다. 예를 들면, 나의 어떤 여자 환자는 치료 불가능할 만큼 심각한 상태였는데, 이 환자는 자신의 언어에 대해 "막강한 기술적 단어"라고 생각했으며, 언제나 매우 강력한 어조의 단어들을 골라 쓰려고 애를 썼다. 마치 '발전소'나 '장엄' '교황' '왕' '교회' '볼셰비즘' 같이 권력이나 활력을 표현하는 단어들을 많이 결합시켜 사용하면 저절로 힘 있는 글이 된다는 식으로. 정신이상자들은 사람들을 죽이기 위해 이런 단어들을 결합시킨다. 정신이상자들은 그런 단어들을 한꺼번에 뱉어내면서 사람들이 그 말에 분쇄되거나 압도되기를 바란다.

물론 우리의 과학 중 많은 것들이 그런 막강한 단어들로 구성되어 있다고 말할 수 있다. 우리의 과학은 힘을 느끼게 하는 라틴어 단어들을 많이 사용하고 있으며 현상에 대한 설명을 귀신조차도 이해하지 못할 만큼 복잡하게 늘어놓는다. 그러나 그 설명은 쉬운 단어로 옮겨놓으면 아주 간단해진다. 그런 식으로 어려운 단어를 동원할 필요가 전혀 없는 것이다.

물론 누군가가 라틴어와 그리스어가 섞인 문장을 길게 늘어놓으면, 당신은 놀라며 "저 사람 정말 대단하구나. 지식이 깊은 게 틀림없어. 저 사람에 비하면 나는 아무것도 아니야."라고 생각할 수 있다. 라틴어와 그리스어를 섞어 가며 허세를 떠는 사람은 대체로 보잘것없는 사람들이다.

"훌륭한 술엔 간판이 필요 없다"는 옛 속담이 있다. 그러나 무의미한 것들을 생산하는 사람들은 눈길을 끌기 위해 허풍스런 소리를 질러야 한다. 그렇듯, 니체의 어떤 열등감과 무능감이 그런 과장스런 언어 뒤에 자리 잡고 있으면서 니체가 목표를 성취하기 위해 요란스런 단어들을 선택하도록 만들었다. 니체에게 세상은 언제나 대단히 따분했으며, 아무도 귀나 눈, 심장을 갖고 있지 않은 것처럼 보였으며, 따라서 그가 집집마다 문을 해머로 두드려야 했기 때문이다.

그러나 사람들이 문을 잠그고 있었기 때문에, 그는 무서운 단어들로 그들을 공격하고 나섰다. 니체와 그의 동시대인으로 유명한 역사학자인 야코프 부르크하르트(Jakcob Burckhardt)를 다 알고 있는 사람들을 통해 들은 바로는, 부르크하르트는 『차라투스트라는 이렇게 말했다』를 읽으면서 두려움을 많이 느꼈다고 한다. 부르크하르트에겐 그 책이 기괴하게 다가왔던 것이다. 부르크하르트를 압도한 것은 그 작품에 쓰인 언어였다.

부르크하르트는 니체를 가까이하지 않았다. 니체가 너무 성가시고 지나치게 거물 행세를 했기 때문이다. 그리고 많은 사람들이 『차라투스트라는 이렇게 말했다』를 읽으면서 그 내용이 사람들의 마음에 진실로 와 닿지 않을 것이라는 인상을 받았다. 니체도 그 점을 느끼고 있었으며, 그래서 그는 사람들이 이해할 수 있도록 하기 위해 책의 부피를 늘렸다.

만일 니체가 조금 더 인내심을 발휘하면서 글을 조금 덜 요란하게만 썼더라면, 이 책은 사람들에게 충분히 이해되었을 것이다. 『차라투스트라는 이렇게 말했다』속의 일부 문장은 더없이 아름답지만, 다른 문장들은 매우 조악하며 책 전체의 효과가 그런 문장 스타일 때문에 다소 훼손되고 있다. 니체가 과장된 언어를 쓴 이유는 한 가지 더 있다.

니체는 말하자면 동시대의 세상 전체를 상대로 싸우는 입장이었으며, 그것이 그에게 자신의 글이 어디에도 닿지 않고 아무런 메아리를 일으키지 않는다는 무력감을 안겨주었다. 그때 정말로 그랬다. 아무도 그에게 신경을 쓰지 않았다. 그의 목소리는 황야에서 외치는 사람의 목소리였다. 그래서 자연히 그는 목소리를 낮추지 않고 더 높이곤 했다.

누구나 잘 알듯이, 다른 사람이 당신의 말을 이해하지 못하는 사태가 벌어질 경우에 당신은 대체로 목소리를 낮춘다. 목소리를 높이면 오히려 이해가 더 힘들어질 뿐만 아니라 사람들이 그런 큰 소리를 듣고 싶어 하지 않기 때문이다. 혼잣말을 할 경우에 사람들은 오히려 그러는 당신에게 호기심을 보이며 궁금해 할 것이다.

『차라투스트라는 이렇게 말했다』는 전반적으로 표현이 격하다. 거기서 니체의 자기가 확인된다. 늙은 현자가 차라투스트라처럼 특출한 열정과 기질을 발달시키는 이유도 거기에 있다. 작품 속의 차라투스트라처럼 다소 변덕스런 모습을 보이는 것은 어쨌든 늙은 현자의 길은 아니다. 그런 모습은 그의 내면에 지나치게 예민한 무엇인가가 있다는 사실을 보여준다. 그것이 바로 자기이다.

이 자기는 실현되지 않은 한 원형적인 형상 안에 갇혀 있다. 예를 들어, 자기는 아니마 안에 갇혀 있을 수 있으며, 그런 경우에 자기는 아니마에게 사로잡히고 남자의 전반적인 성격과 철학, 확신, 행동 등을 약화시키는 결과를 낳는다.

혹은 자기가 늙은 노인의 원형에 갇혀 있다면, 그 사람은 예를 들어 예언자의 길을 생각하게 된다. 아니면 어떤 한 가지 일 안에서 온갖 원형들이 불러일으켜질 수 있는데, 그러면 그 사람은 원형들이 뒤죽박죽 얽힌 모습을 보일 것이다. 그렇게 되면 그 사람은 자신이 갖지 못한 온갖 것들에 사로잡히게 된다.

여기서 이런 질문을 던져야 한다. 니체 본인은 어디 있는가? 이건 정말로 중요한 문제이다. 그의 말을 빌리면, 그는 자기 자신을 단순한 도구로, 이런 힘들이 내려오며 통과한, 고통 받는 육신으로 느끼고 있다. 그렇다면 자아 팽창은 팽창이라는 단어가 뜻하는 본래의 의미 그대로

이다. 육신은 공기로 가득해지고 아주 가벼워지며 매우 높이 올라간다. 그러면 육신에겐 하강이 필요하다. 그래서 그는 평범한 사람들의 세계로, 평범한 의식으로 내려오고 있다. 말하자면 차라투스트라는 다시 평범한 사람이 되기를 원한다는 말이다.

*　　*　　*

이제 그는 초인(超人)에 대한 설교를 시작한다. 여기서 처음으로 초인이라는 개념이 등장한다. 초인에 대해, 인간이 자신을 넘어서는 무엇인가를 창조하려는 영웅적 노력을 통해서 창조해낼 수 있는 존재라고 정의하고 있다. 사람이 이미 존재하고 있기 때문에, 당연히 그의 창조물은 어떤 것이든 그 자신을 넘어서는 창조이다. 무엇이든 창조된다면, 그것은 그 사람의 범위를 넘어서는 것임에 틀림없다.

창조의 핵심, 말하자면 창조의 원칙은 자기 자신을 뛰어넘는 사람이 되는 것이다. 그것이 초인이 의미하는 바이다. 니체는 여기서 "사람은 초월될 수 있는", 말하자면 극복될 수 있는 존재라고 말하고 있다. 그렇다면 앞에서 말한, 신은 죽었다는 진술과 초인 사이에 어떤 연결이 가능할까?

여기서 이런 물음이 가능하다. 신은 죽었다고 선언하는 사람에게 그때 무슨 일이 일어나고 있는가? 그 사람에게 무슨 일인가 일어나고 있음에 틀림없다. 왜냐하면 그 사람 외에 다른 인간 존재들은 자신들의 삶의 일부 중요한 측면을 신이라 부르는 비개인적인 영역으로 돌리면서 여전히 신은 살아 있다고 고집하고 있기 때문이다.

신들은 사람을 언제나 바른 길로 안내하는 것이 아니라 그릇 안내할 수도 있다. 예를 들어, 우리는 기독교 신에게 우리를 시험에 들게 하지 말아달라고 기도한다. 나의 어린 딸 하나는 신이라면 그런 일을 해서는 안 된다는 생각에 아예 그 기도를 거부했다. 신과 비교하면, 우리는 아이는커녕 작은 개미에 지나지 않는다. 어쩌면 신은 우리를 정말 사악한 덫으로 이끌면서 음흉하게 즐길지도 모른다. 그러나 어떤 사람이 신은 죽었다고 선언할 때, 그 사람에게 확실히 어떤 효과가 나타나게 되어 있다.

당연히 자아 팽창이 일어난다. 왜냐하면 그 사람이 그때까지 자신 밖의 어떤 존재의 권능으로 돌렸던 결정적인 과정들이 죽었다고 선언한 것이나 마찬가지이기 때문이다. 그 과정들은 더 이상 존재하지 않거나 그 사람 자신의 활동이 되었다. 그래도 그 과정들은 사람의 선언에 아무런 영향을 받지 않기 때문에 죽지 않는다. 그 과정들은 언제나처럼 일어나고 있지만 지금은 사람 본인에 의해 일어나는 것으로 여겨진다. 사람은 이제 "신이 꿈을 통해 나에게 말했어."라는 식으로 말하지 않고, "내가 꿈을 지었어."라거나 "내가 꿈을 하나 만들었어."라는 식으로 말할 수 있게 되었다. 그러면 누가 나타나서 "아니, 당신이 어떻게 그런 무시무시한 꿈을 만들어낼 수 있어?"라고 말한다. 그때 사람은 이렇게 생각한다. 내가 이런 꿈을 만들어내다니, 나는 정말 대단한 존재임에 틀림없어!

성 아우구스티누스(St. Augustine)는 자신의 꿈에 책임을 지지 않아도 된다는 사실에 대해 신에게 감사했다. 아우구스티누스 같은 인물도 여전히 자신과 관계없는 작용이 일어난다는 것을 믿고 있었던 것이다. 아우구스티누스 같은 사람이 신은 죽었다고 생각했다면 아마 틀림없이 지옥으로 떨어졌을 것이다. 왜냐하면 그 꿈들이 모두 아우구스티누스 본인이 만든 것이 될 것이고, 그때까지 신이 세상에서 한 악한 것이나 선한 것들이 모두 아우구스티누스 본인의 행위가 될 것이기 때문이다.

어떤 사람이 이런 사실까지 의식한다면, 그 사람의 책임은 엄청나게 커질 것이고 동시에 의식이 터무니없이 크게 팽창될 것이다. 그러나 만일 그 사람이 그걸 의식하지 못한다면, 그래서 그가 신은 죽었다는 말이 진정으로 의미하는 바를 깨닫지 못한다면, 그 사람은 전체 인격이 팽창하는 것을 경험할 것이다. 그러면 그의 무의식도 팽창할 것이고, 그는 무의식에 계속 존재하고 있는 신 때문에 방해를 받을 것이다. 당연히, 이것이 가장 무서운 일이다. 그에게 여러 일들이 벌어지면, 그는 자신이 책임을 져야 한다고 생각한다. 그러다 불현듯 어떤 생각이 든다. "아니, 내가 이런 생각을 다 하다니, 난 부도덕한 존재임에 틀림없어."

우리 인간은 객관적일 수 없으며, 분별력도 별로 없다. 한 예로, 우리는 이런저런 일이 그저 일어났다는 식으로 단정하지 못하는 탓에 그 일을 우리가 했다고 생각한다.

그런 우리는 마치 생각에 잠겨 숲속을 거닐다가 어떤 동물이 자신의 앞 오솔길을 가로지르는 것을 보고는 "왜 내가 이 동물이 나의 길을 가로지게 했지? 왜 내가 이 동물을 창조했지?"라고 묻는 사람과 아주 비슷하다. 그러나 마음은 온갖 종류의 일들이 일어날 수 있는 숲과 비슷하다. 예전에 인간은 신이 경이로운 행위를 할 수 있고 또 기이한 생각을 인간의 마음 안으로 집어넣을 수 있다고 믿었다. 아니면 사악한 귀신까지도 나쁜 계략을 부린다고 생각했다. 그러면서 인간은 어떤 행위에 대한 책임으로부터 자유로울 수 있었다.

그러나 만약에 당신이 신은 죽었다고, 또 유령 같은 것은 절대로 없다고 선언한다면, 이제 모든 일은 당신 자신이 한 것이 된다. 이보다 더 나쁜 것은 그 일들이 당신 아내나 이웃, 당신 아이들의 행동이 될 수 있다는 점이다. 그건 꽤 나쁜 현상이다. 그럴 경우에 신은 당신의 내면으로 투사될 뿐만 아니라 인류 전체에게로도 투사된다. 그러면 사람들이 하는 것이 극도로 중요해진다. 이유는 당신이 그 사람들이 자신이 하는 행위를 모두 알고 있을 것이라고, 또 악마 같은 인간만이 나쁜 짓을 할 수 있다고 단정할 것이기 때문이다. 그러나 그 사람들은 철저히 무의식적이다. 당신이 무의식적인 것처럼.

당신은 신이 아니기 때문에 당신 자신이 진정으로 하고 있는 것이 무엇인지를 모른다. 그런데도 당신은 마치 자신이 신인 것처럼 행동한다. 그것은 자아 팽창에 따른 불가피한 결과이다. 당연히 당신은 매우 중요한 존재가 되며, 전체 세상에 책임을 져야 한다. 당신에게 선한 기독교인의 경향이 있다면, 자연히 당신은 구세주라는 착각에 빠지게 될 것이다. 당신은 적어도 어떤 면에서는 자신이 작은 구세주라고 생각하고 있으며, 세상에 복음을 전하고, 어떤 행동이 훌륭한 명분에 이바지하는지를 알려줘야 한다고 생각한다. 그러나 당신의 명분은 대단히 나쁘다. 당신이 자신의 자아 팽창에서 벗어나려고만 노력하기 때문이다.

신은 죽었다고 선언할 때, 니체는 줄타기 곡예사를 보게 된다. 줄타기 곡예사는 뭘 의미하는가?

줄타기 곡예사는 이전까지 신에게 속했던 에너지의 양(量)을 상징한다. 이것은 그의 내면에 있는 신의 작은 형상이다. 신이 곡예사로 나타나는 것은 신이 세상을 춤추게 하기 때문이다.

신이 춤꾼이라는 생각은 물론 매우 이교도적인 개념이다. 힌두교를 보면 춤꾼인 한 신은 세상의 창조와 파괴를 춤으로 성취하는 존재로 묘사된다. 그러나 만물을 만든 창조주로서의 신은 기독교의 사상이기도 하다. 그래서 지금 신이 줄타기 곡예사로 나타나고 있다. 그런데 이 곡예사는 니체 본인을 상징한다. 그리고 줄타기 곡예사는 극히 위험한 삶을 영위하는 사람이다. 따라서 줄타기 곡예사는 신과의 동일시를 통해서 즉시 영웅적인 태도를 취하게 되는데, 이 영웅적인 태도는 경우에 따라 자기 파괴적인 태도이다. 그는 이 자아 팽창을 통해서 자기 자신 그 너머로까지 확장한다.

이것이 매우 나쁘다고 말할 수는 없다. 영웅이 되는 길은 원래 그렇다. 영웅은 영웅이 되기 위해서 자기 파괴적인 경향을 많이 가져야 한다. 우리는 영웅을 칭송하고, 영웅은 신성한 불꽃을 품고 있다. 그런 불꽃을 품고 있지 않으면 영웅이 아닐 것이다. 니체는 영웅으로서 자기 자신과 조우하고 있다. 줄타기 곡예사는 니체를 상징한다. 그러나 그것은 니체가 자신의 파괴를 부를 수 있는 존재라는 뜻이다. 지금 당장은 줄타기 곡예사는 아무 역할을 하지 않는다. 먼저, 차라투스트라는 사람들에게 초인 사상을 가르치려 노력한다.

당연히, 초인이라는 개념은 신이 죽은 결과이다. 신이 죽으면 사람도 이전의 사람으로 그대로 남을 수 없기 때문이다. 사람은 자기 자신으로부터 벗어나 높이 올라가게 된다. 이유는 그 전까지 신의 내면에서 구현되었던 결정적인 모든 작용들이 이제 사람의 내면 안에서 이뤄지고 있고, 신이 세상을 창조하듯이 이제 사람이 자신의 창조자가 되어야 하기 때문이다.

고대 이집트의 문서를 보면, 신은 자신의 알을 낳고, 자신의 둥지를 직접 만드는 존재로 묘사된다. 신은 스스로 부화한다. 신은 스스로를 불태운 다음에 그 재 속에서 나오는 피닉스이고, 영원히 스스로를 재창조한다. 그렇듯, 자아 팽창의 과정이 인간에게 일어날 때마다, 인간은 자기 자신을 창조하는 존재가 된다. 따라서 니체는 지금 초인에 대해 스스로를 창조할 수 있는 존재라는 식으로 말하고 있다. 차라투스트라는 이제 인간과 신의 결합을 나타내고 있다.

차라투스트라는 자신을 해체하고 사람을 넘어서는 어떤 존재를 창조할 수 있다. 그런 존재는 아마 사람과 신이 결합한 산물일 것이다. 그런 다음에 차라투스트라는 "지금까지 모든 존재들은 자기 자신을 능가하는 무엇인가를 창조했다."고 말하며, 그렇게 하지 않은 존재들은 동물의 세계로 돌아가곤 했다고 말한다.

여기서 앞부분에 나오는 노인에 대한 해석이 가능해진다. 그는 더이상 아무것도 창조하지 않았으며, 그래서 그는 동물로, 자연으로 돌아갔다. 스스로를 끊임없이 다시 창조하지 않는 사람들은 동물로 다시 돌아간다. 이 같은 자기 재생의 사상은 일반적인 종교 사상이다. 자기 재생을 표현한 역사적 의식(儀式)에는 어떤 것이 있을까?

모든 종교에 나타나는 부활 의식이 이 자기 재생을 표현하고 있다. 부활 의식은 언제나 자기 재생을 하는 사람은 신이 하는 것과 똑같은 행위를 하고 있다는 사상과 연결된다. 그런 측면에서 보면 자기 재생을 하는 사람은 곧 신이다.

예를 들어, 요르단 강에서 이뤄진 예수 그리스도의 세례는 신 자신이 스스로를 탄생시키는 순간이다. 옛 영지주의의 가르침에 따르면, 예수 그리스도의 세례는 신이 인간 그리스도의 몸으로 들어간 순간이다. 세례를 하기 전까지, 다시 말해 신이 그의 속으로 들어가 그가 초인, 신인(神人)이 될 때까지, 그리스도는 평범한 사람이었다. 그리고 그리스도는 십자가에 못 박혀 피를 흘리기 전에 정원에 있을 때까지 계속 신인이었다. 바로 이 정원에서 신은 그를 떠났으며, 따라서 십자가에 매달린 존재는 보통 사람 그리스도였으며 신은 절대로 아니었다. 그래서 예수 그리스도는 십자가에 못 박힌 채로 "하느님이시어, 어찌 저를 버리셨나이까?"라고 말할 수 있었다.

기독교 교리에 따르면, 옛 영지주의의 믿음은 당연히 이단적인 가르침이다. 그러나 이 가르침은 다소 신비주의적인 종파에서 지금도 이어지고 있다. 그렇듯, 부활 의식이 없으면 인간은 일반적으로 동물로 여겨졌다.

가톨릭교회에서, 사람들은 자연 상태로부터 구원을 받고 신의 환상을 보는 특권을 누리기 위해 세례를 받아야 한다. 세례를 받은 사람은 새로 태어나는 것이나 마찬가지이다. 이교도 의식에서처럼, 세례를 받은 사람은 흰색 옷을 걸치고 부활 후 일주일 동안엔 아이처럼 우유를 먹었다.

한때 아프리카를 여행한 적이 있는데, 그곳 사람들은 오히려 고통스럽게 복잡한 의식을 치르는 것 같았다. 젊은 남녀들이 그런 의식을 피할 경우에, 그들은 기독교의 영향 아래에 있지 않다는 이유로, 말하자면 부활 의식을 치르지 않았다는 이유로 동물이라 불렸다. 모든 부활 의식은 사람을 자신의 한계를 벗어난 무엇인가로 만든다. 그 의식은 여러 방법으로 표현되고 있다. 한 예를 들면, 자신을 낳아준 부모가 더 이상 부모가 아닌 것으로 여겨지기도 한다.

부활 의식이 이처럼 형태가 다양하다는 사실은 부활이 원형적 사상이라는 점을 보여주고 있다. 말하자면 부활의 과정이 집단 무의식의 한 특징이라는 뜻이다. 인간의 원래 성향이라고 보면 된다. 그리고 부활 의식이 온 곳에서 이뤄졌기 때문에, 이 의식은 언제나 이런저런 형식으로 돌아오게 되어 있다. 우리도 살아 있는 동안에 언제나 부활의 원형을 성취하기 위해 노력할 것이다. 그래서 니체는 신은 죽었다고 선언하는 즉시 변형을 시작한다. 그 선언으로 인해, 그는 더 이상 기독교인이 아니다. 그는 무신론자이지만 무슨 이름으로 불리든 그건 별로 중요하지 않다. 그는 즉시 부활이라는 원형적 과정에 돌입한다. 왜냐하면 우리가 "신"이라고 부르는, 우리 내면에 있는 그 활력은 곧 자기 재생의 힘이고, 영원한 변화의 힘이기 때문이다.

괴테(Johann Wolfgang von Goethe)도 그 힘을 느꼈다. 『파우스트』에 어머니들의 왕국에 관한 아름다운 구절이 나온다. 이 왕국에선 모든 것이 지속적으로 자기 재생의 상태에 있다. 그리고 이 어머니들의 왕국은 신의 나락이고 선(善)의 어두움이고, 창조된 것들의 어두운 아버지이다. 이 왕국은 또 원래의 어머니이기도 하다. 지금 우리는 무의식에 그런 개념들에 해당하는 특별한 영역을 하나 갖고 있으며, 우리는 그것을 "신"이라고, 창조적이거나 창조하는 신이라고 부른다.

신은 죽었다는 선언이 있은 직후, 이 창조적인 신은 폐기되고 그 즉시 자기 재생의 과정이 우리 내면에서 시작한다. 우리는 그런 힘들에 붙잡혀 있다. 만일 그런 힘들에 붙잡히고 싶지 않다면, 그런 선언을 하지 않도록 하라. 그런 선언을 하는 것은 지극히 어리석은 짓이다. 그 선언으로 인해 당신이 무의식을 건드리게 되기 때문이다.

물론, 당신은 그런 선언을 하든 안 하든 별로 달라질 게 없고 또 신에 대해 이런저런 말을 할 수 있다고 쉽게 생각할 수 있다. 그러나 나는 그것이 현실에서 큰 차이를 일으킬 수 있다는 점을 강조하고 싶다. 신은 죽었다고 선언할 때, 니체도 그 말로 인해 자신이 연금술의 솥단지 속으로 들어가서 변형의 과정을 거쳐야 한다는 것을 깨닫지 못했다.

예를 들어, 니체는 사고(思考)가 사람을 지치게 만드는 창조적 과정이라는 사실조차 알지 못하고 있다. 니체는 자신의 모든 생각들이 자신의 뇌에서 그냥 튀어나왔다고 말한다. 마치 팔라스가 제우스의 머리에서 나오듯이. 그러나 그 다음 페이지에서 니체는 글을 쓸 때마다 자신을 괴롭히는 두통과 지긋지긋한 구토에 대해 불평을 늘어놓고 있다. 그런 것은 일반적으로 나타나는 현상이다. 단지 사람들이 심리 상태와 육체 상태를 제대로 연결시키지 않을 뿐이다.

신은 죽었다고 선언하는 것은 매우 불쾌한 일이다. 그것이 그로 하여금 즉시 고통을 겪도록 한다. 그러나 그는 그 같은 사실을 깨닫지 못한다. 문제는 그가 초인을 창조해야 한다는 점이다. 그가 가장 먼저 하는 말은 '사람들에게 초인을 가르쳐 주겠다'는 것이다. 자신이 초인을 창조해 내야 한다는 사실을 깨닫지 못한 가운데 말이다. 니체가 그 같은 사실을 깨닫지 못하고 있다는 사실을 뒷받침하는 증거는 뭘까?

초인에 대해 설교를 하고 있다는 점이다. 만일 자신이 떠안아야 할 과제가 무엇인지를 깨달았다면, 그는 그것에 대해 설교하려 들지 않고 자기 혼자 간직하고 있었을 것이다. 어떤 사람이 그런 일들을 놓고 설교를 한다면, 그것은 사실 "당신은 그렇게 해야 하지만, 난 그렇게 하지 않아도 돼."라고 말하는 것이나 마찬가지이다. 어쨌든 초인이 되는 것은 실현이 거의 불가능한 과제임에 틀림없다.

*   *   *

자아 팽창은 병적인 징후이다. 자아 팽창은 창조적인 자기 재생이 일어나지 않을 때에만 나타난다. 자아 팽창은 아주 뚜렷이 나타난다. 자아 팽창은 언제나 창조의 과정이 억눌리고 있다는 사실을 보여주는 징후이다.

앞에서 말한 춤이 왜 창조의 상징이며 동시에 파괴의 상징인지 그 이유를 궁금해 하는 사람이 있을 것 같다. 그것은 원시적인 상황에서 치러지는 의식에서 추는 춤이 상징적이기 때문이다. 춤은 언제나 우리의 무의식에 있는 창조력을 상징한다. 따라서 춤은 종종 성행위를 의미하기도 하고 대지의 비옥을 의미하기도 한다. 혹은 춤은 건설적이든 파괴적이든 어떤 효과의 발생을 상징한다. 그리고 창조적인 행위의 한 상징으로, 춤은 필히 파괴와 건설 둘 다를 상징한다. 파괴 없는 창조는 불가능한 일이기 때문이다. 새로운 것을 창조하기 위해선 기존의 조건이 파괴되어야 한다. 대단히 통합적인 창조도 불가피하게 파괴의 행위가 될 수밖에 없다.

힌두교 신들 중에서 창조력을 가진 대표적인 신은 묘지에서 춤을 추는 시바이다. 시바는 창조적인 생명력이기 때문에 위대한 파괴자이기도 하다. 그런 존재로서 시바는 창조적이기도 하고 파괴적이기도 하다. 아마 취리히에서 활동하는 인도 댄서들을 보았을 것이다. 인도 댄서들은 창조 행위를 대단히 독특한 방법으로 보여주었다. 시바 신의 수많은 손은 물론 그의 탁월한 능률을 표현한다. 시바 신은 두 손을 쓰는 것이 아니라 여러 개의 손을 쓴다. 그걸 심리학적으로 보면, 창조적인 개인의 삶은 상당히 파괴적인 삶이라고 할 수 있다. 심지어 자기 파괴적인 측면도 있다.

물론 니체는 현실을 보지 않을 수 없었으며, 그 결과 분노를 강하게 느꼈다. 창조의 힘들이 그의 시간을 빼앗고 힘을 다 소진시키는데, 그 결과가 무엇인가? 아마 책일 것이다. 하지만 그의 개인 생활은 어디에 있는가? 모두 사라져 버렸다. 따라서 그런 상황에 처하면 누구나 속았다는 느낌을 강하게 받는다. 온통 책에만 신경을 썼는데, 신에게 도둑맞은 것을 보상받으려면 모든 사람들이 니체 앞에 무릎을 꿇어야 하는 것이 아닌가?

그러나 만일 당신이 스스로 창의적인 존재라는 것을 알고 그것을 즐긴다면, 당신은 훗날 십자가형을 당할 것이다. 신과 동일시된 모든 존재는 손발이 잘려질 것이기 때문이다. 교회의 아버지 시네시우스(Synesius) 주교는 인간의 창조적인 정신은 신이나 악마처럼 우주의 깊은 곳과 높은 곳을 두루 관통할 수 있지만 바로 그 능력 때문에 신의 처벌을 받게 될 것이라고 말했다. 그 처벌은 디오니소스처럼 갈가리 찢어져 죽든가 예수 그리스도처럼 십자가형에 처해지는 것이다. 우리는 곧 차라투스트라에게서도 똑같은 문제를 보게 될 것이다.

사람은 자신의 열등한 부분을 군이 보여줄 필요가 없다. 그렇게 하지 않아도 대체로 열등한 부분이 알려지게 되기 때문이다. 당신 주변에도 당신의 열등한 부분이 어딘지를 아는 사람이 꽤 있다고 보면 된다. 사람들은 타인의 단점을 매우 잘 보는 놀라운 능력을 갖고 있으면서도 자신의 단점은 좀처럼 보지 못한다. 우리는 자신의 모습을 보거나 들으려 하지 않는 관객이다.

그런데 내려가는 것은 오직 높은 위치에 있을 때에만 가능하다. 차라투스트라는 수 세기에 걸친 긴 세월 동안 내려 간 다음에 이제 올라가기 시작한 사람 또는 정신이다. 숲에서 만난 노인은 서서히 자연 속으로 물러난 전통적인 기독교 정신이며, 그 숲에서 마침내 사라질 것처럼 보였다. 그러나 그 정신은 자신을 드러내줄 수 있는 사람이 있는 한 자연 속으로 완전히 물러나지는 않을 것이다. 따라서 그 정신은 물러나다가도 나타나며, 그 정신 중에서 나타나고 있는 부분이 차라투스트라이다. 다른 정신이 아래로 내려갈 때, 새로운 정신의 화신이 위로 올라온다. 그렇다면 그것은 기본적으로 똑같은 정신이다. 차라투스트라는 산 위에 있다가 지금 보통 사람들의 수준으로 내려오고 있다.

이 현상을 니체의 개인 심리로 바꿔 놓는다면, 다음과 같은 이야기가 가능할 것이다. 니체는 바젤에서 10년 동안 교수로 활동하면서 학생들을 가르쳤다. 그런 다음에 그는 교수직을 그만두고 니스와 라팔로, 엥가딘의 실스 마리아 등지에서 살았으며, 『차라투스트라는 이렇게 말했다』에 나오는 산의 상징 대부분은 그런 지리적 환경에서 나온 것이다.

니체는 산에서 산책을 즐기곤 했으며, 산에 대한 매우 아름다운 시를 몇 편 썼다. 그렇기 때문에 그 자신이 매우 높은 산꼭대기에 고립되어 있다고 느끼는 것이 그의 상상의 일부였다. 그 산 정상에서 그는 인류의 미래까지 멀리 내다볼 수 있거나 발아래에서 펼쳐지는 삶을 볼 수 있었을 것이다. 그곳에서 그는 새로운 통찰을, 말하자면 새로운 복음을 얻었다. 그런 다음에 그는 그 통찰을 사람들에게 전하기 위해 내려왔다. 시나이 산에서 내려오는 모세처럼.

니체는 그런 식으로 느끼면서 자신을 창조적인 정신과 동일시했다. 그는 창조적인 정신에 대해 너무 많은 것을 알았으며 그 결과 자아 팽창을 겪었다. 그래서 거기엔 차라투스트라와의 부분적인 동일시가 있었다. 그런데 그런 식으로 부분적으로 자아 팽창이 일어난 사람이 어떻게 인간에게 내려올 수 있을까? 오직 작은 언덕에 올라서서 설교하는 설교자의 모습으로만 올 수 있다.

첫 번째 설교에서, 그는 높은 연단 위에 서서 사람들을 내려다보며 인간으로서 해야 할 것에 대해 말했으며, 따라서 그가 똑같은 위치에 서지 않았기 때문에 그의 설교가 진정으로 효과적이지는 않았다는 점을 보여주고 있다. 순진하게 행동했더라면, 그는 자신의 메시지에 그다지 신경을 쓰지 않고 단순히 길거리에서 가까운 동료들에게 말을 걸며 인사를 건넸을 것이다. 그런 식으로 대화를 하다 보면 그는 자연스레 자신이 관심을 두고 있는 것에 대해 언급할 것이고 그러면 거리의 동료는 곤혹스러워할 것이다. 그런 식으로 그는 어떤 효과를 누리게 될 것이다.

그러나 당신이 고상한 말을 할 수 있음에도 사람들을 내려다보며 말을 하면, 그 설교는 아무에게도 가닿지 못할 것이다. 그 설교는 전혀 아무런 인상을 주지 못한다. 당신이 너무 장엄하게 말하는 까닭에 엉뚱한 사람만이 당신의 말을 이해하게 될 것이기 때문이다. 그렇듯 『차라투스트라는 이렇게 말했다』가 처음 발표되었을 때, 엉뚱한 사람만이 니체가 진정으로 하고자 하는 말을 이해했을 뿐이다.

여기서 『차라투스트라는 이렇게 말했다』만을 놓고 분석해도 전혀 이상할 게 없다. 이 책이 진정으로 의미하는 바를 이해하기 위해선 심리학 지식이 총동원되어야 한다. 『파우스트』가 처음 나왔을 때에도 2부를 이해한 사람은 아무도 없었다. 2부의 골자를 파악하기 위해선 길고 힘든 준비가 필요했다. 그건 아주 예언적인 내용이다. 마찬가지로 『차라투스트라는 이렇게 말했다』의 의미에 대한 통찰을 얻기 위해선 전쟁 경험과 전후의 사회적, 정치적 경험을 알아야 한다.

만일 니체가 자신이 한 행위를 의식하지 않았더라면, 그는 땅으로 내려올 수 있었을 것이다. 그러나 인간 니체에 대해 말하는 것은 진정으로 가치 있는 일이 아니다. 인간 니체가 많은 것을 강탈당했기 때문이다. 니체는 오직 차라투스트라가 말했을 법한 그런 삶만을 살았다. 니체 본인의 삶에 대해 이야기하자면, 더 이상 비참할 수 없고 더 이상 빈곤할 수 없는 삶이었다. 리비에라와 엥가딘, 마지막으로 토리노의 민박집에서 신경증 환자로 살아가던 그런 존재였다.

여기서 초인이라는 표현을 니체 나름대로 자기(self)를 뜻하는 것으로 썼다고 보자. 니체는 당신이 의지를 갖고 자신을 뛰어넘어서 창조를 하면 초인을 창조해낼 수 있다는 식으로 이해하고 있다. 더 나아가 그는 의지로 초인을 추구해야 한다고 말한다. 이 말은 곧 니체에게 있어서 초인은 인간이 적극적으로 창조하는 것이라는 뜻이다. 그러나 우리는 우리를 뛰어넘어서까지 창조하지 못한다. 그렇게 하려면 우리가 신이 되어야 하기 때문이다.

이 같은 혼란은 니체가 자신의 언어에서 창조적 과정과 자신을 동일시하는 사실에서 비롯되고 있다. 창조적 과정을 보는 올바른 시각은 당신 내면에서 일어나는 창조적 과정은 당신 자신의 행동이 아니라는 것이다. 창조적 과정이 단지 당신을 사로잡아서 당신을 이용하고 있을 뿐이다. 창조적 과정은 당신 자신의 의지와 다른 의지이다. 그것은 당신의 의지가 아닌 다른 무엇이며, 당신 자신 그 너머에 있는 창조적인 무엇이다. 그건 반드시 당신을 넘어선 곳에 있다. 이유는 창조력이 창조 행위의 앞과 뒤에 있기 때문이다.

창조력은 당신이 부재할 때, 당신이 무의식일 때 존재한다. 그리고 당신이 만드는 것은 필히 당신을 넘어서게 된다. 그 힘들이 당신을 넘어선 곳에 있기 때문이다.

당신은 창조력을 통제하지 못한다. 창조력이 스스로 선택한 것을 창조한다. 물론 당신은 자신을 창조력과 다소 동일시할 수 있다. 그러나 그런 동일시는 그야말로 유치하다. 그럴 경우에 당신은 의자 위에 올라가지 말라는 경고에도 불구하고 기를 쓰고 올라가겠다고 고집을 부리는 버릇없는 아이 같은 모습을 보일 것이다. 당신이 아이를 향해 "조심해!"라고 하는데도, 아이는 "그래도 하고 싶은 걸!"이라고 할 것이다.

창조의 과정을 자신과 동일시하는 것은 하나의 망상일 뿐이다. 그렇다면 자기 자신을 넘어서는 무엇인가를 창조하는 것은 단지 우리가 창조하고 있다는 생각에서 비롯된 헛된 생각에 지나지 않는다. 우리는 창조하지 않고 있다. 우리는 단지 창조적 과정의 도구가 될 뿐이다. 창조적 과정이 우리의 내면에서 우리를 통해서 창조하고 있다.

『차라투스트라는 이렇게 말했다』 1부 3장 '세상 그 너머의 세상을 믿는 자들'에서 줄타기 곡예사에 관한 언급이 처음 나온다. 이 대목에서 차라투스트라는 "그대들 중에서 아무리 현명한 사람일지라도 부조화이고 식물과 유령의 잡종이다. 그런데도 내가 그대들에게 유령이나 식물이 되라고 권할까?" 이 기이한 표현은 어떤 식으로 해석해야 할까?

잡종은 나눠질 수 없다. 중요한 것은 잡종은 하나이긴 하지만 두 개로 구성되어 있다는 점이다. 잡종 식물은 하나의 혼합물이지만, 그래도 그것은 어디까지나 하나이다.

그런데 왜 식물과 유령의 잡종인지 그 이유가 궁금해진다. 니체는 아주 현명한 사람까지도 부조화일 뿐이라고 말한다. 하나의 잡종도 결합된 불일치이며, 그래서 그것은 상반된 것들의 결합이지만 바람직하지 않은 종류의 결합이다. 식물은 완전히 무의식이고 유령은 육신이 전혀 없다. 그래서 유령은 식물과 연결된 극히 추상적인 유령으로서 하나의 결합을, 말하자면 완전히 무의식이고 물질에 가까운 무엇인가를 이룬다.

여기서 식물의 생명은 일반적으로 정신적 발달을 상징하며, 이 잡종은 식물의 생명이라는 점에서 보면 자연스런 생명을 갖고 있고 유령이라는 측면에서 보면 죽어 있다.

육신은 죽은 다음에 유령이 된다. 그래서 이 잡종은 한편으로 보면 자연적인 성장이다. 이 잡종은 이 측면에서는 완벽하게 건전하지만, 식물과 유령 사이에서 무엇인가가 죽었다. 동물적인 인간이 죽은 것이다. 육신은 죽고, 유령만 남았다. '타고난 기독교적 정신'과 그 정신이 한때 살았던 육신은 사라지고, 남은 것은 건전한 시작인 식물과 인간 삶의 슬픈 종말인 유령으로 된 잡종이다.

이 특별한 비유에 관심을 기울일 필요가 있다. 니체가 이 부분에 대해 다시 얘기할 것이기 때문이다. 달리 말하면, 금발의 야수(blonde beast: 니체의 『도덕의 계보』에 이상적인 인간상으로 제시되는 지배자의 상징이다/옮긴이)가 그 사이를 채우려 나타난다. 그래서 식물과 유령은 한 번 더 결합되고, 거기서부터 니체는 그 전까지 없던 중간 부분에 대한 생각에 집중한다. 그렇기 때문에 니체의 비유 중 아주 사소한 디테일에서 그의 전체 철학이 발견된다고도 할 수 있다.

니체의 진짜 철학을 보여주는 텍스트로 돌아가자. 니체는 초인을 대지의 의미로 해석하고 있다. "그대들의 의지가 말하도록 하라. 초인은 대지의 의미가 될 것이라고." 니체는 이 대목에서 명령조로 말하고 있다. 대지가 다른 의미를 지닐 수도 있기 때문이다.

초인이 대지의 의미라는 것은 쉽게 내릴 수 있는 결론이 아니다. 예를 들어, 니체가 이 글을 쓰던 시기에 생물학은 이와 매우 다른 결론을 끌어내고 있었다. 초인은 대지의 의미라는 말이 쉽게 이해되는가?

대지의 의미를 창조하는 과제가 인간에게 주어졌다는 뜻이다. 초인이 곧 의미라는 것을 인간이 보여줘야 한다는 말이다. 그런데 대지에 그런 의미를 부여해야 하는 이유는 무엇인가? 차라투스트라와 대지는 어떤 관계에 있는가? 식물과 유령 사이에 있는 것을 육체나 동물로 부르지 않고 대지라고 부르고 있으며, 대지는 육체이다.

그렇다면 육체는 식물과 유령 사이의 매개체이다. 식물은 아직 동물적인 육체가 아니고, 유령은 더 이상 동물적인 육체가 아니다. 그 사이에 사람의 동물적인 육체가 있다. 꿈의 상징을 통해서 알 수 있듯이, 대지의 의미는 기본적으로 육체이다. 물질은 언제나 육체의 내장이나 부분과 같은 무엇인가를 의미한다. 그러면 초인은 육체와 얼마나 멀까? 우리는 초인이 자기라고 짐작했다.

육체를 잃은 사람은 틀림없이 숲속으로 물러난 그 사람이다. 그는 대지를 멀리하다가 대지를 잃어버렸으며, 차라투스트라는 대지를 찾아 설교를 하려 하고 있다. 물론 인간 니체도 자신의 육체를 상당히 잃었다. 그러나 여기서 인간 니체는 차라투스트라이다. 그래서 인간 니체는 평범한 정신이다. 우리의 평범한 정신은 대지를 잃고 무게를 잃었다. 육체가 아주 거추장스러운 것이어서 배제되었기 때문이다. 우리는 경멸스런 육체를 갖지 않은 상태에서 일들을 영적으로 보다 쉽게 다룰 수 있다.

초인을 자기로 이해한다면, 이 자기는 스스로를 어떤 식으로 표현하는가? 쉽게 말해서 당신이 정신만 갖고 있을 때, 당신 자신을 어떻게 표현할 수 있을까?

정신만 갖고 있다면, 당신은 무엇이든 될 수 있다. 형태도 없고, 모양도 없고, 단지 기체일 뿐이기 때문이다. 원하는 어떤 형태든 취할 수 있다. 이것도 되고 저것도 될 수 있고, 마음대로 신이 아는 모든 것이 될 수 있다. "그래도 그런 식으로 생각해서는 안 돼." "뭔가를 믿어. 그것이 당신을 구원할 거야." 할 수만 있다면, 믿으라고! 바로 그것이 문제라는 것이 확인될 것이다. 왜 믿을 수 없느냐고? 당신이 육체를 갖고 있기 때문이다.

당신이 하나의 정신이라면 당신은 어디든 갈 수 있다. 하지만 저주스런 사실은 당신이 바로 여기에 뿌리를 내리고 있다는 점이다. 당신은 당신의 살갗 밖으로 뛰쳐나가지 못한다. 당신에겐 살갗을 비롯한 모든 것들이 반드시 필요하기 때문이다.

예를 들어, 당신은 남자나 여자라는 사실로부터도 벗어나지 못하고, 눈의 색깔이나 육체의 건강, 신체적 인내력으로부터도 자유롭지 못하다. 이런 것들은 당신을 하나의 개인으로 만드는, 다른 누구도 아니고 당신 자신이도록 만드는 결정적인 사실들이다. 만일 당신이 하나의 정신이라면, 당신은 매순간 다른 것으로 형태를 바꿀 수 있다. 그러나 당신은 육체 안에 있기 때문에 육체에 갇혀 있다. 따라서 육체가 아주 거북한 것이 되는 것이다.

육체는 정말 골칫거리이다. 영적인 존재라고 주장하는 모든 사람들은 육체라는 사실로부터 벗어나려고 노력한다. 그들은 가상의 무엇인가가 되기 위해 육체를 파괴하길 원하지만 절대로 그런 것이 되지 못한다. 육체가 그런 것을 거부하기 때문이다.

육체는 다른 말을 한다. 그들은 섹스나 음식 섭취를 하지 않고도, 말하자면 평범한 인간의 조건을 갖추지 않은 상태에서도 살 수 있다고 생각한다. 그러나 그것은 실수이고 거짓말이다. 육체는 그런 사람들의 확신을 거부한다. 그것이 바로 니체가 이 대목에서 의미하는 바이다. 초인, 즉 자기는 대지의 의미이고, 초인은 우리가 대지로 만들어졌다는 사실에 바탕을 두고 있다.

그러므로 개성화(individuation: 끊임없이 변화하는 삶의 환경에서 인격의 무게 중심인 자기에 도달하려는 과정을 일컫는다/옮긴이)의 상징들을 공부할 때, 동물, 그것도 원초적인 진흙에서 나오는 매우 어두운 동물 없이는 어떤 개성화도 일어나지 못하고 또 정신의 영역으로 들어가지도 못한다는 점이 확인된다. 또 영성이라는 밝은 방패에 대지라는 검은 얼룩이 반드시 찍혀 있다는 것도 확인된다.

간혹 사람들은 자기(self)가 철이나 납 또는 다른 무거운 물질의 입자나 분자로 이뤄져 있다는 식으로 공상한다. 그것도 같은 생각이다. 모든 중금속들이 지구의 영혼이기 때문이다. 지구의 중심은 중금속으로 이뤄져 있으며, 따라서 이 중금속들은 자기를 이루는 요소들을 상징하게 되었다. 그렇다면 육체의 정수들이 자기를 이루고 있다는 말이 된다. 다른 제한은 전혀 없다.

당신이 정신의 세계로 들어가자마자, 인간의 관점에서 보면 당신의 자기는 증발해 버린다. 물론 다른 관점에서 보면 자기는 영원하고 증발할 수 없지만, 힌두교의 가르침에서 개별 아트만(atman)(생명의 근원)은 그야말로 개별적이다. 아트만은 바로 이 특별한 육체의 정신이며, 아트만을 특별한 것으로 만드는 것은 바로 육체이다.

대지가 사물들에게 특성을 부여하고 또 사물들이 서로 뚜렷이 구별되게 하는 것은 바로 대지의 근본적인 형이상학적 의미이다. 대상들은 공간과 시간 안에서만 분명해진다. 이 공간과 시간 안에서 대상들은 서로 다른 화학적 혹은 물리적 특성을 가진 하나의 덩어리를 이루며, 대상들은 이 특성에 의해 구분될 수 있다. 이런 식이 아니라면, 당신은 존재하거나 존재하게 될 것들에 대해 아무것도 모르게 된다.

동양에 이런 이야기가 있다. 처음에 신은 혼자였다. 그런데도 전혀 좋은 느낌이 들지 않았다. 신인데도 자신이 어떤 존재인지를 몰랐기 때문이다. 그래서 신은 자신이 누구인지를 보기 위해 우주를 창조했다. 신이 자기 자신을 비춰볼 존재들을 창조한 것이다. 왜냐하면 바깥에서 자신을 볼 수 없는 상황에서 당신 자신을 아는 것은 절대로 불가능한 일이기 때문이다. 당신의 얼굴이 어떤지, 몸 단장이 어떤지를 보려면 거울이 있어야 하는 것과 똑같은 이치이다. 거울 같은 것이 전혀 없는 사막에서 당신을 비춰줄 사람을 하나도 만나지 않는 상태에서 외로이 산다면, 당신이 어떤 존재인지 어떻게 알 수 있겠는가?

옛날의 철학자들은 신에 대해 언제나 반대할 구석도 하나도 없고 두 번째에 속할 것도 하나도 없는 존재라는 식으로 생각했다. 그러나 신도 자기 자신을 알기 위해서는 반대되는 것이나 이류가 필요하다. 지금 이 말은 시간과 공간 안에서 사물들이 분리되고 구분된다는 뜻이다. 이 같은 구분을 창조하고 지켜나갈 육체가 없다면, 자기라는 개념 자체가 불가능해진다. 흔히 육체가 사라지고 해체되면, 자기도 어떤 식으로든 해체될 것이라고 짐작한다. 이유는 자기가 그 경계를 잃을 것이기 때문이다.

실제로 '신비적 참여'(participation mystique)를 통해서 그런 해체가 관찰된다. 신비적 참여가 이뤄지고 있을 때, 당신의 의식은 당신의 육체와 육체적 사실들을 온전히 의식하지 않게 되고 당신의 정신은 육체와 결합하고 다른 정신들과 뒤섞이게 된다. 그런 상태가 되면, 당신은 자신이 누구인지를 정확히 알지 못하게 되고, 당신은 당신 아닌 다른 존재가 될 수 있다. 경험을 근거로 하면, 우리는 여러 면에서 우리가 아닌 다른 사람처럼, 말하자면 어머니나 아버지, 형제를 비롯해 다소 친밀하게 접촉한 타인처럼 행동할 수 있다.

육체를 의식하지 않는 사람은 신비적 참여를 통해 확인되는 것과 비슷하게 비현실적인 모습을 보이기도 한다. 배가 고파도 그런 사실을 모르고, 육체의 단순한 기능까지도 모르고 넘어가기도 한다.

나에게 28세 된 여자 환자가 있었다. 이 환자는 거리를 걸을 때 자신의 발자국 소리를 듣지 못했다. 그것이 그녀를 놀라게 만들었고, 그녀는 그 길로 나를 찾아왔다. 그녀는 열기구를 타고 있는 꿈을 꾸었다. 바구니 안에 있는 것이 아니라 열기구 꼭대기에 앉아 있었다. 그 상태로 그녀는 하늘로 점점 높이 올라갔다. 그곳에서 그녀는 내가 땅에서 자신을 향해 총을 쏘고 있는 것을 보았다. 마침내 내가 그녀를 쏘아 땅으로 내려오게 했다.

그런데 이 여자 환자는 자신의 신체를 본적이 한 번도 없다고 털어놓았다. 그래서 나는 이따금 목욕을 하라고 권했다. 그러자 그녀는 자신이 수녀원에서 자랐으며, 그곳에서 수녀들로부터 육체를 보는 것은 죄라고 배운 까닭에 욕조를 언제나 천으로 가린다는 이야기를 들려주었다. 그래서 자신의 몸을 한 번도 보지 못했다는 것이었다. 이에 나는 "집에 가거든 옷을 벗고 큰 거울 앞에 서서 자신의 모습을 보도록 하라."고 일러주었다.

이젠 그 다음 문장을 보자. "형제들이여, 간곡히 부탁하니, 대지에 충실하도록 하라." 대지에 충실하라는 말은 무슨 뜻인가?

그는 여기서 천상의 희망에 대해 언급하고 있다. 천상의 희망은 당연히 진정한 개인적인 삶이 아니라 그 너머의 영적 가능성 쪽으로 관심을 돌리려는 시도이다. 정신은 가능성들로 이뤄져 있다. 때문에 가능성들의 세계는 정신의 세계라고 할 수 있다. 정신은 어떤 것이든 될 수 있지만, 대지는 명확한 것일 수밖에 없다. 그렇다면 대지에 충실한다는 것은 육체와 의식적인 관계를 유지한다는 의미이다.

육체로부터 달아나면서 당신 자신이 육체적 사실들을 의식하지 않게 되어서는 안 된다. 이유는 이 육체적 사실들이 당신을 현실에 남도록 하고 단순한 가능성들만의 세계에서 길을 잃는 일이 없도록 해 줄 것이기 때문이다. 물론 이것은 다소 일방적인 가르침이며, 육체만 가진 사람에겐 정말 잘못된 가르침이다.

여기서 세상 사람들 중 과반이 육체만 갖고 있는 사람이라는 사실을 잊지 않도록 하라. 따라서 이 가르침은 육체를 잃은 사람에게, 예를 들어 정신을 육체의 생명인 영혼의 적으로 규정한 루드비히 클라게스(Ludwig Klages)처럼 정신에 기만당한 사람들에게만 통할 수 있다. 그러나 현실을 보면 육체 안에 갇혀 있는 사람들이 아주 많다. 이런 사람들에겐 초기 기독교를 설교하거나 적어도 이교도 신들을 가르쳐야 한다. 그런 사람들에겐 영적 가능성이라는 개념조차 없기 때문이다.

하나의 진리는 절대로 일반적인 진리가 아니다. 진리는 제대로 효력을 발휘할 수 있을 때에만 진리일 수 있다. 제대로 효력을 발휘하지 못하면, 그것은 거짓말일 뿐이다. 명확한 원리 같은 것은 절대로 말할 수 없다는 점에서 보면, 철학과 종교도 심리학과 아주 비슷하다. 어떤 원리를 확정하는 것은 사실상 불가능한 일이다. 발달의 이 단계에서 진리인 것이 발달의 다른 단계에서는 진리와 꽤 거리가 멀 수 있기 때문이다. 그러기에 진리는 언제나 발달의 문제이고 시간의 문제이다. 어느 단계에 최선의 진리인 것도 아마 다른 단계에선 최악의 독이 될 수 있다. 그런 차원에서 보면, 자연 자체가 철저히 귀족적이고 대단히 난해하다.

진리라 불리는 것도 따지고 보면 대단히 불확실하다. 일반적으로 진리인 것을 창조해내는 일은 불가능하다고 보는 것이 타당하다.

나는 진화의 단계들이 있다는 것을, 발달의 단계가 있다는 것을, 일종의 사다리 같은 것이 있다는 것을 오래 전에 배웠다. 사람마다 능력도 다 다르며, 당연히 거기에 따라 달리 가르쳐야 한다. 일반적으로 가르쳐야 하는 상황이라면, 무엇이든 이해할 수 있는 방향으로 제시하도록 특별히 신경을 써야 한다. 그러나 이런 식으로 노력한다고 해서 언제나 도움이 되는 것은 아니다. 따라서 철학이나 종교나 심리학을 가르치는 것은 그다지 훌륭한 직업이 아니다.

*　　　*　　　*

'머리말' 중에 이런 구절이 있다. "인간이 목표를 확고히 정할 때가 되었다. 인간이 지고한 희망의 씨앗을 심을 때가 되었다."

이 말은 어떻게 이해해야 할까? 이런 말을 할 때 니체가 생각한 것은 무엇일까? 어떤 감정에 사로잡혀 있었을 것임에 틀림없다. 니체는 여기서 때가 무르익었다는 사실에 대한 확신을 표현하고 있다. 차라투스트라가 행복의 섬을 찾아 화산 아래로 들어가려 하는 장에서 그런 시급성이 확인된다. 거기서도 "때가 되었다. 아주 시급하다."라고 말하는 대목이 나온다.

니체의 감정은 인류가 역사에서, 인간의 진화에서 아주 중요한 전환

점에 서 있다는 것이었다. 사람들은 그 같은 감정을 "지복 천년의 감정"이라고 부른다. 이것은 교회의 언어이며, '요한 계시록'과 관계있다. 신의 왕국이 도래한다는, 지복 천년이 도래한다는 사상 말이다.

그리고 중대한 전환점을 맞았다는 느낌은 니체만 느낀 것이 아니었다. 예를 들어, 오스발트 슈펭글러(Oswald Spengler)의 책 『서양의 몰락』(Der Untergang des Abendlandes)도 똑같은 분위기를 풍긴다. 이 책에서도 무슨 일인가 벌어질 것이라는 확신이, 뭔가 새로운 것이 도래할 때가 되었다는 믿음이 강하게 확인된다. 그래서 니체는 인간이 자신에 대해 생각하거나 인간의 목표를 설정할 때가 되었다고 말한다. 인간이 지고한 희망의 씨앗을 심을 때라고.

그 씨앗은 당연히 초인이다. 그것은 사람이 새로운 존재를 탄생시키기 위해 허물을 벗어던지고 기존의 케케묵은 태도를 변화시켜야 한다는 사상이다. 성 바오로는 옛날의 아담을 벗어던지고 예수 그리스도를 받아들이는 것에 대해 말한다. 이것은 완전한 변화라는 사상과 똑같다. 뱀이 허물을 벗고 새로운 허물을 창조하는 것이나 다를 게 하나도 없다. 자신의 둥지 안에서 스스로를 불태우고 그 재로부터 다시 부활하는 피닉스도 마찬가지이다. 이런 것들은 모두 새것을 위해서 옛것을 파괴하는 시대를 나타내는 원형적 상징들이다.

지금, 그것이 진리인지 아닌지를 우리는 증명하지 못한다. 그러나 니체도 어떤 새로운 계시가 일어나야 한다는 감정을 품고 있었을 확률이 아주 높다. 그는 초인 사상에서 새로운 계시를 보았다.

인간의 땅은 아직 씨앗을 뿌려도 좋을 만큼 비옥하다. 하지만 그 토양도 언젠가는 거칠어지고 황량해지게 되어 있다. 그러면 거기선 높은 나무도 더 이상 자라지 못하게 될 것이다.

아, 슬프도다! 인간이 스스로를 벗어나려는 희망의 화살을 더 이상 쏘지 못하는 날이 오고 말 것이다. 그러다 보면 활을 쏘는 것조차 모르는 때가 오겠지!

그대들에게 말한다. 춤추는 별을 낳으려면, 인간은 내면에 카오스가 있어야 한다. 그대들에게 말한다. 그대들의 내면엔 아직 카오스가 있다고.

여기서 분명히 니체는 여전히 카오스를 내면에 갖고 있는 우리 시대의 사람들과 뚜렷이 대비되는 '마지막 인간'(last man: 니체가 상상하는 탁월한 존재와 반대되는 인간 존재를 일컫는다/옮긴이)에 대해 말하고 있다. 무의식은 아직 통합되지 않고 있다. 달리 말하면 이렇게 말할 수 있다. 사람들의 내면에는 일종의 용광로 같은 것이 있다. 그 안에서 원소들이 변화를 거치게 된다. 그 결과 새로운 형상 혹은 새로운 질서가 창조될 수 있다. 연금술을 논하던 옛 철학은 바로 그런 것을 추구했다.

인간의 원래 조건은 원소들의 혼란스런 조각들로 상징되었으며, 이 원소들은 전혀 아무런 질서도 없이, 꽤 우연적으로 서로 결합되어 있었다. 불의 작용을 거치면서, 이 원소들은 녹아 서로 합쳐졌다가 새로운 영적 발달을 일궈내는 것으로 여겨졌다. 이 영적 발달은 화학의 상징들을 통해서 스스로를 드러낸다는 연금술 철학의 근본적인 사상 때문인 것으로 여겨졌다.

연금술이 유행하던 시대의 사람들은 철학적 용어, 아니 심리학적 용어조차 사용할 수 없었다. 교회가 그런 것들에 대해 이야기하는 것을 대단히 위험한 일로 다루었기 때문이다. 그러나 화학의 존재는 그 자체로 종교개혁이 시작된 직후부터 권력들이 무너지고 있었음을 보여주는 증거였다. 그러나 사실상 현대의 심리학이나 다름없었던 그 운동은 지하로 들어가야 했다. 그래서 복잡한 상징을 이용해야 했다. 초기 기독교가 수수께끼 같은 상징을 이용했듯이.

예를 들어, 초기 기독교는 "그리스도"라는 표현 대신에 "포이멘"(poimen: 양치기란 뜻의 헬라어/옮긴이)이라는 단어를 썼다. 기독교인이 거의 확실하고 두 번째 교황의 형제로 짐작되는 헤르마스(Hermas)의 책엔, 그리스도의 이름이 전혀 언급되지 않는다. 그리스도는 단지 '포이멘'으로만 언급되고 있다. 그리고 박해의 위험 때문에, 세례와 성찬식도 상징적으로 암시만 할 수 있었다.

중세에 다소 급진적이거나 자유로운 견해를 갖는다는 것은 불에 굽힐 위험까지 감수해야 하는 무서운 일이었다. 물론, 니체는 연금술에 대해 아는 바가 없었다. 나는 니체가 그런 분야의 책을 읽지 않았을 것이라고 꽤 자신 있게 말할 수 있다. 니체의 시대만 해도, 중세 철학자들은 바보 같은 공상에 빠진 멍청이로 여겨졌기 때문이다. 그러기에 모든 사람의 내면에 카오스가 있다는 사상이 니체에겐 하나의 은유로 떠올랐을 테지만, 아직 통합되지 않은 무의식의 무질서한 조건을 말해주는 상징으로 꽤 적절하다.

카오스는 모든 개인의 내면에서 방향 감각의 상실이나 모호함, 의심받는 느낌, 표류하는 느낌, 삶의 방향이나 의미를 찾지 못했다는 느낌 등으로 표현되고 있다. 환자들을 보면 분석의 어느 단계에서, 특히 시작 단계에서 자신의 내면에 카오스가 있다는 사실을 매우 분명하게 깨달으면서 자신이 그 안에 빠져 길을 잃고 있다는 느낌을 받는다. 환자들은 그 혼란스런 움직임이 자신들을 어디로 데리고 갈 것인지 잘 모른다. 자신이 하는 것이 무엇인지, 정신분석가가 하는 말이 무슨 뜻인지를 이해하지 못하는 환자들도 종종 있다. 모든 내용이 목표도 없고 우연적인 것처럼 보이는 것이다. 지금 니체의 사상은 그 질서 없는 상태로부터 춤추는 별 하나가 태어나야 한다는 것이다. 다시 춤의 상징이 등장한다.

여기서 춤추는 별은 뭘 상징할까? 개성화를 상징하고, 생생한 불꽃의 응축을 상징할 수 있다. 영지주의 신화에 따르면, 창조 속으로 떨어질 불꽃을 상징할 수 있다. 앞에서 말한 지고한 희망의 씨앗이 바로 이 별이다. 인간은 씨앗을 하나 심어야 하고, 그 씨앗은 식물로 자라날 것이며, 이 식물은 별인 어떤 꽃을 피울 것이다. 그것은 아마 별꽃이 피는 요가 플랜트라는 식물일 것이다. 꽃이 만발한 초원을 수많은 별들이 흩어진 하늘의 이미지로 그리는 것은 오래된 시적 메타포이다.

초원을 가득 덮은 꽃들은 별모양의 대칭적인 구조를 갖고 있다. 그래서 만일 인간이 그 씨앗을 심는 데 성공한다면, 그것은 마치 인간이 반짝이는 별을 잉태하는 것이나 마찬가지이다. 그것은 또한 춤의 몸짓을 설명해주며, 별의 끊임없는 반짝임은 발산하는 별의 활동을 상징한다. 이 사상이나 감정 혹은 직관은 힌두교 신들의 팔이 여러 개인 현상을 설명해준다. 힌두교 신들의 많은 팔들은 신성한 육신의 눈부신 행위를 나타낸다. 그 팔들은 모두 움직이고 있다. 그 팔들은 신이 발산하고 있는 어떤 거대한 작용을 상징한다. 창조적인 시바의 형상은 특히 라마교 의식에 쓰이는 것의 경우에 팔이 36개이며 간혹 72개인 경우도 있다. 이 팔들은 햇빛이나 별빛처럼 시바의 주위에 빛무리를 형성한다.

그래서 니체는 나중에 인간에게 이렇게 말한다. "그대들은 새로운 권력이고, 새로운 법이고, 새로운 운동이고, 저절로 구르는 바퀴인가? 그대들은 별을 강제로 돌도록 할 수 있는가?" 여기서 다시 똑같은 상징을 만난다. 회전이 있고 별이 있다. 그 다음에 다시 이런 말이 나온다. "그대들 자신들의 법을 다루는 심판자와 복수자하고만 있는 것은 따분한 일이다. 그래서 별 하나가 텅 빈 공간 속으로, 고독의 차가운 숨결 속으로 던져졌다." 이것도 개성화의 상징이다. 개성화를 암시하는 또 다른 대목은 이것이다. "하지만 형제들이여, 그대들이 별이 되기를 원한다면, …" 이 별은 초인을 의미한다. 또 다시 개성화에 대한 언급이 있다. "별빛 한 줄기가 그대들의 생명 안에서 반짝이고, 그대들의 희망이 다시 부름을 받고 대답할 것이다. '나, 초인을 낳고 있어.'라고"

이어 별과 바퀴 외에, 황금 볼의 상징이 있다. 아마 여러분은 개구리가 사는 깊은 샘에 황금 볼을 빠뜨린 공주에 관한 독일 동화를 알고 있을 것이다. 그녀는 황금 볼을 찾기를 원했지만 개구리가 이렇게 말한다. "저에게 식탁에 공주님과 함께 앉아서 공주님의 접시에 담긴 음식을 먹고 공주님의 잔으로 물을 마시고 작은 침대를 같이 쓸 수 있도록 허락해 주신다면…." 공주는 내키지 않았지만 할 수 없이 개구리의 요구에 동의했으나 개구리가 그녀의 침실로 기어들어오자 개구리를 집어서 벽에 던져버린다. 그러자 개구리가 아름다운 왕자로 변한다.

여기서 니체는 이렇게 말한다. "정말로, 차라투스트라는 목표를 하나 갖고 있었다. 그는 자신의 볼을 던졌고, 이젠 내가 그대들에게 황금 볼을 던진다." 이건 이런 뜻이다. 나 차라투스트라는 개성화를 성취했으며, 이제 나는 황금 볼을 그대들에게 던진다. 이것은 다시 초인 사상이다.

여기서 니체는 개성화를 이루지 못하는 '마지막 인간'에 대해 말한다. 이 '마지막 인간'은 내면에 카오스가 전혀 없으며, 따라서 별을 낳을 동기도 전혀 없다. 이 사람은 속이 완전히 비어 있고, 절대적으로 만족하고, 추가적인 진화에 대해 알지 못하는 사람일 것이다. 그래서 마지막 인간은 이렇게 묻는다.

"사랑은 무엇이며, 창조는 무엇인가? 또 동경은 무엇이며, 별은 무엇인가?" 마지막 인간은 이렇게 물으며 눈을 깜박인다.

그러자 대지가 쪼그라들고, 그 대지 위의 모든 것을 작게 만든 마지막 인간들이 깡충거리며 뛰어다닌다. 마지막 인간의 종은 벼룩처럼 절대로 박멸되지 않는다. 마지막 인간은 오래 산다.

"우리는 행복을 발견했어." 마지막 인간들이 이렇게 말하면서 눈을 깜빡거린다.

그들은 살기 힘든 지역을 떠났다. 따뜻한 온기가 필요했기 때문이다. 그들은 여전히 이웃을 사랑하고 이웃끼리 몸을 부비며 산다. 마찬가지로 온기가 필요하기 때문이다.

병에 걸리거나 의심하는 것을 그들은 죄로 여긴다. 그들은 조심스럽게 걷는다. 마지막 인간은 지금도 돌부리나 사람에 채어 넘어지는 바보이다.

이건 무엇인가? 니체는 마지막 인간의 어떤 태도를 묘사하고 있는가? 일종의 기회주의에 대해 말하고 있다. 그는 자기 시대의 집단적인 인간을 묘사하고 있다. 니체는 마지막 인간에게 그들의 진짜 모습을 그림으로 보여주고 있으며, 그러자 마지막 인간들은 그건 먼 미래의 일이라고 생각한다. 그러나 니체가 묘사하고 있는 것은 단순히 이상적인 사람, 이상적인 합리주의자 또는 이상적인 기회주의자이다. 니체는 그런 식으로 접근하면 마지막 인간들이 눈을 뜨고 자신의 진짜 모습을 볼 것이라고 기대한다.

그러나 누구나 다 잘 알듯이, 사람들이 어느 정도 보수주의자가 되고 자신의 건강을 중요하게 여기는 것은 절대로 어리석은 짓이 아니다. 니체 본인은 쾌락을 전혀 누리지 않았다. 아마 그도 삶을 살면서 어느 정도의 쾌락을 누렸을 수 있지만 그 양을 따지자면 터무니없을 만큼 적었다. 건강에 대해 말하자면, 니체는 약을 달고 살았다. 그는 잠도 제대로 잘 수 없었으며, 진정제를 맞아야 했다. 그러기에 약간의 행복이라도 발견했다면, 니체에겐 그것도 그리 나쁘지 않았을 것이다. 니체는 진정으로 삶을 사는 집단적인 사람을 욕하고 있다.

물론, 어떤 사람이 집단적인 삶만을 산다면, 그 삶은 그리 가치 있는 것이 아닐 수 있다. 그러나 니체가 욕하는 평범한 집단적인 사람은 자신의 원칙이 옳다고 믿는 사람들이다. 그들의 유일한 실수는 세상이 어떤 깊이를 지니고 있다는 사실을 간과하고 또 장막 뒤에서도 어떤 일이 벌어지며 인류의 미래에 이미 그림자가 드리워지고 있다는 것을 깨닫지 못한다는 점이다. 차라투스트라는 이런 가엾은 집단적인 사람을 참아내지 못한다. 물론, 그 점이 차라투스트라가 집단적인 사람에게 닿지 못하는 이유이다. 그는 이렇게 말한다.

"이제 그들은 나를 바라보며 웃는다. 그렇게 웃으면서 그들은 나를 미워할 것이다. 그들의 웃음엔 얼음이 들어 있다."

이 대목은 그의 태도를 보여준다. 그는 자신과 집단적인 사람 사이에 엄청난 간극을 느끼고 있다. 그는 더 이상 번개에 대해 이야기하지 않는다. 그는 엄청난 균열이 있다는 사실을 깨닫는다. 또 자신이 그들을 "농담이나 하며 남을 비웃는 사람"으로 보고 있다는 사실도 깨닫는다. 그들은 그가 하는 말을 익살맞은 말로, 일종의 조롱으로 받아들이고 있다. 이 대목은 그와 그의 시대의 집단적인 사람 사이에 거의 치유 불가능한 차이가 있다는 것을 확인한다.

물론 그건 결정적인 순간이다. 여기서 그는 단순히 번개로 그들에게 닿기를 바라던 것을 포기한다. 번개가 집단적인 사람들의 내면에 불을 지필 것이라는 희망을 버린다는 뜻이다. 그는 그들이 얼음 같다고 느낀다. 온기도 전혀 없고, 인간적 연결도 전혀 없다. 심연의 이쪽과 저쪽을 연결시켜줄 것이 하나도 없는 것이다. 심연이라는 단어가 그 상황을 단적으로 말해주는 키워드이다. 바로 거기서 줄타기 곡예사가 심연을 잇고 있다. 이쪽에서 저쪽까지, 위험한 로프 위로 곡예를 하는 것이다.

말이 중단되고, 상징적인 행위가 시작된다. 그리고 이 행위는 초인과 집단적인 인간 사이에 연결을 확립한다는 것이 니체에게 어떤 의미인지를, 달리 말해 개성화가 의미하는 바가 무엇인지를 보여줄 것이다.

*   *   *

바로 앞 부분에서 차라투스트라가 대단히 경멸하는 마지막 인간을 다루는 부분을 보았다. 그런데 그 부분이 여러분에게 어떤 인상을 주었는지 궁금하다.

니체에 열광적인 어느 한 사람은 나에게 마지막 인간이 그렇게 경멸스럽지 않다는 뜻을 밝혔다. 마지막 인간이 충분히 받아들일 만한 개인이며 마지막 인간의 생각도 그다지 나쁘지 않다는 의견이었다. 예를 들어, 차라투스트라는 이렇게 말한다. "아프거나 신뢰하지 않는 것을 그들은 죄라고 여기고 있다. 그들은 걸음을 조심스럽게 걷는다. 마지막 인간은 지금도 돌이나 사람에게 채어 넘어지곤 한다!"

나는 이 사람의 말에 반박하지 않을 것이다. "마지막 인간은 지금도 이웃을 사랑하고 이웃끼리 서로 부비고 있다. 온기가 필요하기 때문이다." 이것도 꽤 바람직한 진리이다. 또 차라투스트라가 육체를 평가하는 대목을 기억한다면, 건강에 신경을 쓴다는 점에 대해서도 나는 그렇게 나쁘지 않은 태도라고 말해야 한다. 앞으로 차라투스트라가 육체를 경멸하는 사람들을 저주하는 장이 나올 것이다. 그런 측면에서 본다면, 이 마지막 인간들은 건강을 소중히 여기고 있다. 건강은 곧 육체의 기능을 의미하지 않는가.

그렇다면 마지막 인간은 매우 평범하고 상당히 합리적인 개인이며, 특별히 과한 점이 전혀 없는 사람이다. 이어서 차라투스트라는 이렇게 말한다. "누구도 더 이상 가난하거나 부자가 되지 않는다. 부자나 가난한 사람이나 똑같이 너무 힘들기 때문이다." 또 다시 매우 합리적인 관점이라 아니할 수 없다. 사람들이 이런 이상을 따르지 않는다면, 세상은 지금보다 더 심한 지옥이 되어 있을 것이다. 사람들이 보다 합리적인 존재가 되어 매우 가난하거나 매우 부자인 상태를 피하려 노력한다면, 아마 세상의 전반적인 사정은 더 나아질 것이다.

이렇듯, 차라투스트라는 상당히 정상적인 인간 존재를 저주하고 있다. 만일 니체가 마지막 인간을 자신에게 꼭 필요한 일부로 받아들인다면, 니체도 아마 당시의 모습보다 훨씬 더 나아졌을 것이다. 그러면 니체는 그처럼 과도하게 몸을 상하게 하지 않았을 것이다.

마지막 인간의 또 다른 특징은 이것이다. "그들은 아직도 일하고 있다. 일이 소일거리이기 때문이다. 그러나 그들은 소일거리를 하다가 자신을 해치는 일이 없도록 조심한다." 마지막 인간은 틀림없이 과로하지 않는다. 반면에 니체는 자신의 에너지를 열정적으로 낭비하는 사람이며, 뇌에 손상이 일어난 것도 너무 치열하게 사용한 탓임에 틀림없다. 물론 어떤 사람은 이런 식으로 말할 수 있을 것이다. 그런 치열함이 그의 특징이 아니었다면, 『차라투스트라는 이렇게 말했다』도 없었을 것이고 그의 다른 책들도 없었을 것이라고. 그러나 틀림없는 것은 한 가지만 진리가 아니라 두 가지 모두가 진리라는 점이다.

차라투스트라는 설교를 하는 중에 자신의 설교가 청중의 귀에 가닿지 않는다는 사실을 깨달아야 한다. 그 다음 장은 이렇게 시작한다.

그러나 그때 모든 사람들의 입을 닫게 만들고 시선을 집중시킬 어떤 일이 벌어졌다. 그 사이에 줄타기 곡예사가 공연을 시작한 것이다.

차라투스트라가 사람 중에서 가장 경멸스런 사람에 대해 설교를 하는 동안에, 줄타기 곡예사가 임무를 시작했다는 사실을 어떻게 이해해야 할까? 거기엔 다소 심리학적인 인과관계가 있다. 여기서 벌어지는 전체 과정을 어떤 사람의 내면에서 일어나는 것으로 생각할 필요가 있다.

일종의 보상작용 같은 것이 시작되고 있다고 볼 수 있다. 설교가 점점 흐려지고 있다는 것을 거의 모든 사람이 느끼고 있다. 무엇보다, 차라투스트라의 말이 청중에게 가닿지 않는다. 그때 그의 말은 상당히 약해져 있었다. 부적절한 내용이었기 때문이다.

그는 정말로 보통 사람을 저주하고 있다. 예를 들어, 그의 비난을 듣는 사람은 건강하게 사는 사람이다. 그러다 보니 차라투스트라는 사실에 어긋나는 말을 하고 있다. 그런 경우엔 누가 어떤 말을 하든 맥없고 흐릿하게 들릴 뿐이다. 리비도가 빠져 나간 것처럼. 설교에 힘이 전혀 없고 의지력만 있을 뿐이다. 차라투스트라의 말은 마치 의지의 집중적 노력에 의해서 억지로 그의 몸에서 밀려 나오는 것 같지만, 직관적인 진리의 뒷받침을 받지도 못하고 있고 또 그의 깊은 인격의 뒷받침을 받지도 못하고 있다.

그런 가운데 줄타기 곡예사가 등장했다. 곡예사의 행위는 더 이상 차라투스트라의 행위가 아니다. 그러나 곡예사는 어떤 면에서 보면 차라투스트라 본인이다. 그렇다고 이 책에 나타나는 모습 그대로의 차라투스트라라는 뜻은 아니다. 저자가 차라투스트라를 통해 말을 하고 있는 사이에, 저자의 내면에 있는 다른 누군가가 줄타기 곡예사의 형식으로 행위를 하고 있다. 이런 바탕에서 본다면, 줄타기 곡예사는 니체의 내면에 있는 어떤 형상을 의미할까? 그 인물을 분류할 어떤 카테고리가 있는가? 차라투스트라가 있고 늙은 현자의 형상이 있다. 이제 우리는 그 끔찍한 어릿광대가 나타날 길목에 와 있다.

줄타기 곡예사는 초인이 되려는 니체의 시도이다. 그런데 이 시도는 실패하게 되어 있다. 그는 마지막 인간에 대해 말하는 대목에서 사람들을 향해 초인이 되지 않으려 하는 사람은 멸시 당해 마땅하다고 말하면서 배수의 진을 친다. 당연히 사람들은 초인을 보기를 원한다. 사람들은 줄타기 곡예사를 부른다. 왜냐하면 그 심연 위를 가로질러 건너는 것이, 그들을 초인과 분리시키고 있는 그 간극 위로 가느다란 줄

위를 걸어서 걷는다는 것이 믿기지 않기 때문이다. 그는 사람들에게 어떻게 초인이 될 수 있는지를 보여줘야 한다. 그것이 가장 중요한 문제이다.

무엇이든 할 수 있다는 식으로 말하는 사람은 많지만, 그것을 행동으로 보여주는 사람은 무척 드물다. 예를 들어, 물가를 관리하는 것도 꽤 쉽다고 말하는 사람이 있다. 수만 가지의 제안들이 나오지만, 그것을 실천할 수 있는 방법을 보여주는 사람은 아무도 없다. 사람들이 이런 것이나 저런 것을 하기만 하면 된다고 말하지만, 우리는 사람을 현재의 모습 그대로 다뤄야 한다. 모든 사람이 자신의 의무에 최대한 충실하게 임하게 할 어떤 제도나 계획을 만드는 것은 불가능하다. 지금까지 그런 것이 만들어진 적은 한 번도 없었다.

자신의 의무를 최고 수준으로 수행한 사람이 더러 있긴 했다. 그런 사람들은 대단히 바보스러운 사람이든가 아니면 예배당에 초상화가 걸려 있고 숭배를 받는 훌륭한 존재였다. 그러나 보통 사람들은 의무를 최대한 충실하게 수행해야 한다는 식으로 결론을 내리지 않는다. 이유는 절정에서 의무를 수행하는 것이 이미 누군가에게 성취되었고 그것으로 충분하기 때문이다. 그것을 모방하지 않도록 하라. 그것은 그 사람들의 도덕성일 뿐이다. 그래서 차라투스트라가 초인에 대해 말할 때, 사람들은 훌륭한 묘기를 실제로 하려는 줄타기 곡예사에게 관심을 보이고 있다.

이것은 실제 테스트이다. 온갖 말이 떠돌았지만, 묘기를 실제로 어느 정도 할 수 있는지를 봐야 한다. 이제 니체는 종말을 맞는다. 니체는 그 묘기를 모른다. 관념 속에 사는 인물이기 때문이다. 이제 그것은 아름다운 관념들의 체계인 늙은 현자의 원형이다. 그는 지금까지 시각화

되었던 경이로운 관념들의 덩어리로 이뤄져 있지만, 이 관념들은 묘기를 벌이는 방법에 대해서는 한 마디도 말해주지 않는다. 오직 그것은 일종의 도덕적 프로그램으로 가끔 당신 앞에 제시된다. 그러나 당신이 그걸 적용시키려 들자마자, 거기엔 오직 의지력의 발작밖에 없다. 그것은 대단한 노력을 의미하고, 당신은 그것이 비현실적이라고 느낀다. 따라서 설교가 약해질 때, 리비도가 다른 체계로 흐르는 것을 피하지 못한다. 이때 리비도가 흘러갈 체계는 어떤 일을 처리하는 방법을, 아니면 그것이 어떻게 실패하는지를 보여주는 그런 실용적인 체계가 될 것이다. 여기서 텍스트를 보자.

> 그는 작은 문에서 걸어 나와서 시장과 사람들 위로 두 개의 탑 사이를 연결하고 있는 줄을 걷고 있었다. 그가 한가운데에 이르렀을 때, 작은 문이 다시 열렸다. 거기서 현란한 옷차림의 광대 같은 동료가 하나 뛰어나오더니 앞의 곡예사를 급히 따랐다. 그러면서 불쾌한 목소리로 "빨리 가, 머뭇거리지 말고!"라고 외쳤다. "게으름뱅이, 침입자, 병자 같은 새끼! 빨리 안 가면 내 발 뒤꿈치로 간질일 거야! 탑 사이에서 뭘 하고 있어? 너는 탑 속에 있는 게 낫겠어. 그 안에 갇혀 있어야 돼. 너보다 훌륭한 사람의 길을 가로막고 있으면 안 되지!" 이런 말을 쏟아내면서 그는 앞의 곡예사와의 거리를 점점 좁혀갔다.

그러면 이 줄타기 곡예사는 니체의 내면에 있는 어떤 종류의 체계를 상징할까? 그림자를 의미한다. 증거는 곡예가 실패한다는 사실이다. 그것은 분명히 실패의 운명을 맞을 시도이다. 그것은 그림자 시도, 즉 무의식에게 맡겨진 시도였다. 그런 시도엔 그 사람의 모든 것이 투입

되지 않는다.

이 곡예사가 마지막 인간을 대표할 수도 있다. 무슨 과제를 하든 가장 먼저 일의 윤곽을 그리고 계획을 짜게 된다. 그 다음에 계획을 어떻게 실행에 옮길 것인가 하는 질문이 따르게 된다. 여기서 그 과제를 수행하는 방법이 제시되고 있다. 니체의 뜻은 이렇다. 마지막 인간들이여, 일어나서 심연을 건너려 노력해 보라. 소위 이 마지막 인간들, 말하자면 경멸을 받아 마땅한 이 보통 사람들이 지금 심연을 건너려고 노력하고 있다. 그렇다면 그들은 틀림없이 그림자들이다. 그들은 영웅다운 모습을 조금도 보이지 않고 있다. 그들에겐 두드러진 구석이 하나도 없다. 다소 부정적인 특성을 보이는 것이 특징이다. 영웅적인 시도는 모두 사라져 버렸다. 누구도 그들을 보고 긍정적인 특징을 떠올리지 못할 것이다.

사람들을 보면 대체로 의식이 전면에 나타난다. 사람들의 노력은 주로 의식적으로 이뤄진다. 그래서 우리는 우리의 뒤에 있는 것을 그림자라고 부른다. 그렇다면 그림자가 특별히 영웅적인 시도를 할 것이라고 기대할 순 없다. 영웅적인 시도를 할 주체는 어디까지나 의식적인 자아이다.

그림자 형상은 전혀 육체를 갖고 있지 않다. 그림자 형상은 상대적으로 비능률적이다. 우리는 효율성과 의지력, 에너지 같은 것은 모두 의식 안에 있다고 단정한다. 그러기에 다소 무능력한 줄타기 곡예사는 그림자의 역할을 수행할 것이다. 그렇다면 곡예사 뒤에 나타나는, 화려한 의상의 광대는 무엇인가?

이 광대는 차라투스트라의 심리를 상징적으로 보여줄 것이다. 곡예가 군중 앞에서 일종의 상징으로 펼쳐지고 있다. 정상적인 상황이었다면, 줄타기 곡예사는 그 전에 자주 그랬듯이 줄을 타고 반대편으로 넘어갔을 것이다. 사고는 단지 차라투스트라가 이 재앙이 벌어지는 곳에 모습을 드러냈다는 것을 보여주는 역할을 한다. 차라투스트라가 거기에 등장함으로써 줄타기 곡예사를 방해하고 있는 것이다.

니체가 실제로 정신적 고통을 당했다는 사실을 고려한다면, 이 곡예사가 니체 본인일 것이라는 짐작도 가능하지만, 이 단계에서는 곡예사의 진짜 본질이 무엇인지를 판단하기가 아주 어렵다. 조금 더 기다려보는 것이 바람직하다. 이어서 곡예사가 죽고, 차라투스트라가 그의 시신을 돌보는 것으로 전개되지만, 곡예사는 죽기 전에 차라투스트라에게 이런 말을 남긴다. "그대의 육체가 죽기 전에 그대의 영혼부터 먼저 죽게 되어 있어." 예언적인 말로, 니체의 운명을 예견하고 있다.

니체의 영혼은 이미 1889년에, 전신 마비 증세가 시작되었을 때 죽었지만, 그는 그러고도 11년을 더 살았다. 그의 육체는 살아 있었지만 그의 영혼은 이미 죽었던 것이다. 그렇다면 곡예사의 운명은 니체를 덮칠 운명을 상징적으로 예고하고 있다. 니체 본인이 곡예사이며, 똑같은 운명이 그에게 닥칠 것이다. 곡예사가 니체의 의식일 수 있다. 나는 이 곡예사가 니체보다 많이 처지긴 하지만 니체 본인을 상징한다고 본다.

물론, 여기서 벌어지고 있는 전체 사건은 인간 니체가 경험하게 될 운명을 예고하는, 일종의 그림자들의 연극이다. 그렇기 때문에 우리는 니체 본인이 곡예사로 위장한 가운데 그 줄을 타고 건너려고 노력하고 있다고 말할 수 있다. 이런 식으로 해석한다면, 곡예사에 뒤이어 나온 어릿광대는 누구일까?

틀림없이, 그 어릿광대는 악마 같은 인물이다. 그는 악마의 요소를 많이 지니고 있다. 여기선 어릿광대에 대한 이야기는 더 이상 없다. 그가 줄을 끝까지 타고 심연을 건너는지조차 알려지지 않고 있다. 당분간 그는 허공으로 사라져 버린 것처럼 보인다. 모든 관심이 육체, 즉 사고(事故)에 집중되고 있다. 그렇다면 심연을 건너는 방법을 보여주는 것이 어릿광대의 목적이 아닌 게 분명하다. 마치 곡예사를 죽이는 것이 그의 임무처럼 보인다. 그러나 이 인물은 나중에 다시 등장한다. 그러나 곡예사가 니체 본인이라면, 곡예사에게 적대적이었던 이 광대는 도대체 무엇일까?

그럼에도 나는 어릿광대가 정말로 니체 본인에게서 나온 존재라고 생각한다. 능동적인 그림자, 그러니까 지금까지 힘이 과소평가되었던 그런 그림자일 수 있다. 이 그림자는 그 기원을 아무 해를 끼치지 않는 마지막 인간들에 두고 있을 것이다. 따라서 그 재앙은 앞 장의 마지막 부분에서 "그들은 나를 냉정하고 형편없는 농담이나 일삼으며 비웃는 사람으로 알고 있다."고 한 대목에서 예상되고 있다. 사람들은 이미 그의 내면에서 형편없는 어릿광대를, 결과적으로 곡예사를 죽이게 될 이 익살꾼을 보고 있다. 그 사람들이 그가 초인에 대해 하는 말이 불가능한 내용이라고 생각하고 있기 때문이다. 그러기에 그 말을 실천하려는 사람은 누구나 떨어져서 죽게 될 것이다. 얼마 뒤에 실제로 일어난 일 그대로. 그래서 익살꾼은 능동적인 그림자라 불릴 수 있다.

그림자는 대체로 무력하고, 단순히 배경에 지나지 않으며, 그 사람이 육체를, 말하자면 3차원을 갖고 있다는 점을 암시하는 선에서 그친다. 3차원이 아닌 물체는 그림자를 드리우지 못하니까. 어떤 사람이 다소 완전한 사람이라면, 그의 그림자가 눈에 드러날 것이다. 만일 그림자가 눈에 드러나지 않으면, 그 사람은 마치 벽에 그려진 그림처럼 밋

밋해 보일 것이다. 다소의 그림자가 있으면, 거기에 다소의 부정(否定)이나 모순이 있고, 다소의 그림자가 없으면, 어느 누구도 완전할 수 없다.

2개의 차원만을 가진 사람은 일종의 페르소나나 마찬가지이다. 그 사람의 진짜 모습은 페르소나 뒤에 숨어 있다. 페르소나 자체는 그림자를 드리우지 않는다. 페르소나는 결점이 하나도 없는 어떤 개성을 깨끗하게 그린 그림이다. 그러나 그림자가 보이지 않을 때, 당신은 그것이 가면이고 진짜 사람은 가면 뒤에 있다는 사실을 알아야 한다.

여기선 모든 것이 상징적으로 처리되고 있기 때문에 차라투스트라의 설교도 힘이 없어 보이고 많은 것들이 얄팍해 보인다. 심연을 가로질러 건넜다고 생각했는데 알고 보니 단순히 무대를 가로지른 것에 지나지 않는다. 당신은 어디에도 닿지 않았다. 예를 들어, 홍해를 건넜다고 생각했는데 사실은 상징적인 연기(演技)에 지나지 않은 것이나 마찬가지이다.

니체가 차라투스트라와 자신을 동일시하고 있다면, 이 장면에서 곡예사는 니체이다. 직전에 차라투스트라는 사람은 자신을 뛰어넘어 성장함으로써 초인이 되어야 한다고 주장했다. 니체는 성장하지도 않고 또 자신의 그림자와 동화해 뿌리를 튼튼히 내리려 하지도 않는다. 오히려 그는 환상과 동일시하고, 그로 인해 모든 것이 일종의 묘기 같은 것이 되어 버린다. 어쩌면 광대는 뒤에 남겨진 니체의 그림자, 이를테면 평범한 사람일 것이다. 이 그림자가 뒤에 남겨진 까닭에 그것이 결국엔 니체를 압도해버리게 된다.

초인에 관한 대목에서 중요한 것은 어떤 격차를 다리 같은 것으로 서로 연결한다는 아이디어이다. 당연히 양쪽 사이에 균형을 지키는 것도 중요해진다. 말하자면 상반된 것들 사이의 균형이다. 이 조건에서 다른 조건으로 넘어가는 것이며, 이 넘어감은 상반된 짝들을 상징하며, 그 길을 통해서 사람은 초인이 된다. 이때 상반된 것들은 초월적인 기능에 의해 서로 연결되며, 이 기능은 두 개의 탑 사이에 팽팽하게 걸려 있는 줄에 의해 아름답게 표현되고 있다. 물론, 모든 것이 공중에서 벌어진다는 것도 독특하다.

니체는 사람은 강의 이 쪽과 저 쪽을 연결하는 다리와 비슷하다는 말을 자주 한다. 그렇다면 그 그림은 모든 면에서 아주 절묘하다. 이 장면은 꿈의 상징과도 통한다. 꿈의 장면이 불가능하거나 모순적인 모습을 보일 때, 그것은 누군가의 행동이 부조리하다는 생각을 전함과 동시에 부조리한 행동을 하지 않을 길까지 제시한다. 이때 만약에 그 사람이 꿈의 장면 안에 서 있는 것처럼 꿈을 구체적인 것으로 받아들이면, 당연히 꿈은 부조리해지고 재앙은 불가피한 것처럼 보인다.

그러나 만약에 니체가 꿈 장면을 추상화하고 해체할 수만 있다면, 예를 들어 니체가 두 개의 탑 사이에 줄이 설치되어 있는데 이 탑들은 서로 연결되어야 할 한 쌍의 상반된 것들이기 때문에 줄 이쪽에서 저 쪽까지 균형을 맞추며 타고 가야 한다고만 말할 수 있다면, 그는 꽤 정상적인 과정을 밟게 될 것이다. 그러면 그는 "나의 내면에 딜레마라고 불릴 수 있는 갈등이 일어나고 있어. 나는 심연의 이 쪽과 저 쪽을 연결시켜야 해."라고 말할 수 있을 것이다. 이쯤 되면 니체는 상반된 짝들의 문제를 발견하게 될 것이다.

이것이 아주 중요하다. 왜냐하면 니체가 독일 철학자들 중에서 최고로 꼽히는 프리드리히 실러(Friedrich Schiller)가 시작한 어떤 논의를 어쨌든 계승하고 있기 때문이다. 나에게 있어서 실러는 철학자이다.

나는 그의 시에 대해서는 별로 생각하지 않지만 그의 철학에 대해서는 대단히 많이 생각한다.

실러는 인간의 본성에 있는 상반된 것들의 문제를 깨달은 최초의 독일인이었다. 이 같은 깨달음을 얻게 된 데는 프랑스 혁명이 남긴 인상이 크게 작용했다. 프랑스 혁명은 당시의 사람들에게 그 자체로 공포로 다가왔다. 역사에서 기독교 신이 권좌에서 밀려나기는 그때가 처음이었다. 노트르담 성당의 신성이 더럽혀졌고, 이성(理性)이라는 여신이 권좌에 앉아 기독교 신 대신에 추앙을 받았다. 대대적인 살육이 벌어지고, 무더기로 목이 잘렸다. 독실한 기독교 왕을 죽이는 것은 그때까지 들어보지 못한 일이었다. 가치들이 오늘날처럼, 또 제1차 세계대전 동안처럼 흔들리기 시작했다. 민감하고 생각이 깊은 사람들은 프랑스에서 벌어진 사건에 엄청난 충격을 받았다.

실러가 상반된 짝들이라는 문제를 발견한 것은 그 사건들에 강한 인상을 받으면서였다. 인간은 한편으로 보면 꽤 개화된 존재인데 다른 한편으로 보면 꽤 야만스런 존재라는 것이 실러에게 충격으로 와 닿았던 것이다. 실러는 이 같은 조건을 극복할 길을, 합리적인 상태로 이끌길을 찾아 나섰다. 그래서 그가 발견한 유일한 처방은 아름다움의 비전에 있었다. 아름다움에 대해 깊이 명상하다 보면, 누구나 자기 자신과 합일을 이룰 수 있다는 생각이었다.

호기심을 자극하는 대목인데, 실러는 아름다움의 예로 '주노 루도비시'(Juno Ludovisi)라는, 특별히 흥미로울 게 전혀 없는 고대 흉상을 선택했다. 만약에 그가 아폴로나 제우스의 두상 혹은 호메로스를 예로 들었다면, 그 예들은 이해할 만하다는 소리를 들을 수 있었을 테지만 주노 루도비시는 아주 하찮아 보인다. 나는 그가 자신의 서재에 그런 흉상을 두고 있었을 것이라고 짐작한다. 그는 아마 그것을 놓고 깊이 명상에 잠겼다가 아주 훌륭한 얼굴이라고 판단했을 것이다. 그렇듯 누구나 그런 식으로 깊이 명상하면서 아름다움을 볼 수 있게 되면, 상반된 짝들을 서로 결합시킬 수 있을 것이다.

그러다가 그 문제는 다시 깊은 잠에 빠졌다. 그러나 한 번 건드려진 문제가 진정으로 깊은 잠에 빠지는 것은 절대로 불가능했다. 계속 어지러운 꿈을 일으켰던 것이다. 니체가 다시 그 문제를 파고들었다.

실러 이후로, 아르투르 쇼펜하우어(Arthur Schopenhauer)가 그 문제를 다뤘지만, 쇼펜하우어는 해결책에 대해 철저히 비관적이었으며 문제 자체를 그런 식으로 보지도 않았다. 그는 세상 자체가 하나의 거대한 실수라는 믿음을 갖고 있었다. 그는 분열을 심리적인 것으로 보지 않고 '존재' 그 자체로 보았다. 세상의 계획 그 자체 어딘가에 깊은 실수가 있다는 식으로 느꼈던 것이다. 그러면서 쇼펜하우어는 악은 제거가 불가능하다고 결론을 내렸다. 쇼펜하우어는 세상이 역사적으로 발달해 온 것이 아니며 맹목적인 의지의 꿈 이미지 같은 것으로 존재하게 되었다고 생각했다. 이 세상을 만드는 데엔 어떠한 예지도, 어떠한 의도도 작용하지 않았다. 세상은 그냥 생겨났을 뿐이라는 것이다.

쇼펜하우어는 데미우르고스라는 창조자가 있다고 믿은 영지주의자들보다 더 멀리 나갔다. 영지주의자들이 믿은 데미우르고스는 적어도 반은 의식적인 존재이다. 쇼펜하우어는 철저히 염세적이었다. 쇼펜하우어의 경우에 균열이 사람이 아니라 세상에 투사되고 있지만, 크게 보면 사람에 투사하는 것이나 세상에 투사하는 것이나 다를 게 별로 없다. 쇼펜하우어도 상반된 짝들을 통합시키고 있었던 것이다.

당신이 어떤 문제를 당신의 친척들이나 친구들에게 투사할 때, 잘못하다가는 당신 자신의 문제를 해결하기 위해 다른 사람들이 서로를 해치도록 만드는 결과를 낳을 수도 있다. 한 쪽은 당신의 성격의 어떤 한 측면을 대표하고 다른 한 쪽은 당신의 성격의 또 다른 측면을 대표하는데, 이때 당신은 주변 사람들이 서로 우호적으로 만나게 하거나 서로 싸우도록 할 수 있다. 이는 신경증 환자들이 언제나 음모에 둘러싸여 있다고 느끼는 현상을 설명해주기도 한다.

신경증 환자들은 자신이 일종의 음모의 망에 갇혀 있다고 느낀다. 신경증 환자들은 해로운 투사로 고통을 겪으면서도 언제나 투사를 야기한다. 신경증 환자들은 심지어 투사를 부추기기도 한다. 다른 사람들은 신경증 환자들의 개인 극장에서 연기를 펼치는 배우 같다. 어떤 사람은 웃고 어떤 사람은 운다. 신경증 환자들은 다른 사람들이 서로 반목하게 할 이런저런 이야기를 풀어놓는다.

물론 신경증 환자들은 장기적으로 비용을 지불한다. 그러나 다른 사람들도 마찬가지로 신경증 환자들이 치는 덫에 걸려들 만큼 어리석으면 그런 비용을 지불하게 된다. 지금도 여전히 자신의 가족 안에 갇혀 사는 어떤 환자의 삶의 역사에서, 당신은 그 환자가 가족 구성원들을 상반된 짝으로 바꿔놓는 데 성공한다는 사실을 확인할 것이다. 예를 들어, 딸은 아버지와 어머니에게로, 부모들은 자식들에게로 투사한다. 혹은 정치적 집단들의 경우에 자신의 문제들을 정당으로 투사한다.

쇼펜하우어 다음에 상반된 것들을 다룬 인물이 바로 니체였다. 도덕 철학자인 니체는 『차라투스트라는 이렇게 말했다』에서 그 문제를 다루고 있다. 예를 들어, 그의 다른 작품 『권력 의지』(The Will to Power) 『도덕의 계보』(The Genealogy of Moral)는 주로 우리 문명에 대한 비판이며 당연히 문명의 뒤에 있는 어두운 그림자에 대한 이야기를 많이 담고 있다. 그러기에 니체야말로 진정으로 현대 심리학자라 할 수 있다. 우리 시대라면, 그는 아마 유명한 분석가가 되었을 것이다. 그가 어두운 배경과 은밀한 동기를 보는 안목이 아주 탁월하기 때문에 하는 말이다.

니체는 지그문트 프로이트(Sigmund Freud)와 알프레드 아들러(Alfred Adler)의 이론 중 많은 것을 예상했다. 그러나 니체는 단순히 비판적이기만 한 정신을 가졌던 것이 아니었다. 물론 그도 18세기 프랑스의 금언 작가처럼 비판적인 지성을 갖고 있었지만 그는 단순한 비평에 갇히지 않았다. 그는 비평을 넘어섰고 또 긍정적이었다. 『차라투스트라는 이렇게 말했다』에서 그는 갈등을 해결하려는 노력을 영웅적으로 폈다. 여기서도 니체는 다른 작품들에서 이미 분명히 보여주었던 그림자를 만난다. 그는 매순간 온갖 것을 저지하면서 훼손시키는 무서운 그림자를 극복할 수 있는 태도 또는 체계를 구축하려고 노력하고 있다. 『차라투스트라는 이렇게 말했다』에서 어떤 태도를 구축해나가는 과정을 지켜보는 것은 참으로 흥미로운 일이다.

실러의 경우에는 일종의 미학적 해결책을 보였다. 실러가 그 문제의 깊이와 길이를 제대로 깨닫지 못해서 그런지, 그가 제시한 해결책은 매우 허약하다. 아름다움의 비전을 갖고 그림자 문제를 해결하려고 노력하는 것은 레모네이드 한 병으로 큰 불을 끄려고 노력하는 것과 비슷하다.

쇼펜하우어는 보다 영웅적인 시도를 보였으나, 그는 세상 전체를 무효화시켜 버린다. 쇼펜하우어는 사람의 갈등을 해결하기 위해 모든 존재를 부정해 버린다. 그건 마치 두통 때문에 머리를 잘라 버리는 것과 비슷하다.

니체는 인간의 심리 문제에 보다 전문적으로 접근했다. 따라서 비평적인 그의 작품은 주로 심리학적이었으며, 그는 인간의 개조, 말하자면 재정리 같은 것이 필요하다고 느꼈다.

*　　*　　*

단순히 투사가 일어나고 있다거나 공상과의 동일시가 일어나고 있다고 단정하는 것만으로는 '악마'를 떼어내지 못한다. 그보다는 당신 자신이 어떤 공상을 펼쳤는데 그 공상을 펼치지만 않았더라면 그런 동일시가 일어나지 않았을 것이라고 단정하는 것이 더 바람직하다.

그러나 당신은 그 공상으로부터, 말하자면 당신의 내면에서 작용하고 있는 그 힘으로부터 분리될 수 있을 때에야 그 일의 특별한 실체를 자각하게 된다. 당신이 어떤 것과 떨어질 수 있을 때에만 그것의 진가를 깨닫게 되는 것이다. 당신이 거기에 매달리고 있는 한, 그 일의 의미는 물론이고 그것이 어떤 식으로 작동하고 있는지에 대해서도 좀처럼 알지 못한다.

그런 상황이라면 당신도 발달하지 못하고 그 무엇인가도 발달하지 못한다. 그래서 나는 늙은 현자가 무엇인가에 손을 대고 있다는 생각이 들 때면 소박한 나 자신의 자기로 돌아가서 나 자신은 절대로 그와 동일하지 않다는 점을 분명히 하려고 노력한다. 그러면 늙은 현자도 나라는 거추장스런 존재로부터 자유로워지고, 나도 그 인물의 기분 나쁜 추정으로부터 자유로울 수 있다. 내가 성직자 같은 언어를 쓰거나, 세상의 진리와 인생의 원칙을 바로 세우거나, 오류를 저지르지 않는 듯 꾸미기 위해 허풍스런 태도를 보이거나 할 필요가 없어질 것이다. 나는 오류도 곧잘 저지르는 평범한 인간 존재가 될 수 있다. 당연히 나 자신이 최선을 다하려고 노력할 때도 간혹 있고 최악의 모습을 보일 때도 간혹 있지만, 나는 일요일 오후 2시의 늙은 교구 목사처럼, 천상에서나 볼 수 있을 법한 태도로 아주 아름답게 말하는 그런 경이로운 존재는 절대로 아니다.

따라서 나는 언제나 신을 가만히 혼자 두는 것이 더 낫다고 말한다. 그러면 신이 할 수 있는 것이 무엇인지를 당신이 볼 수 있을 것이니까. 신과 좋은 관계를 맺으며 사는 대부분의 사람들은 그것이 그들의 미덕이라고 단정하지만, 당신은 무엇이든 가만히 내버려둘 때에만 그것이 어떤 식으로 작용하는지를 볼 수 있다.

예를 들어, 당신이 소금이 필요한 이유를 이해하지 못해서 당신의 음식에 소금을 넣지 않는다고 가정해보자. 소금 따위에는 신경을 쓰지 말고 그냥 소금을 치지 않은 상태에서 음식을 먹어 보라. 그러면 당신은 소금이 중요하다는 사실을 금방 발견할 것이다. 늙은 현자나 집단 무의식 같은 것을 믿지 않도록 해 보라. 그러면서 그런 것을 배제할 경우에 어떤 일이 벌어지는지를 보라. 매우 간단하다. 건드리지 않고 가만 내버려 두면, 그것이 작동하는 방법이 보일 것이다.

그래서 만약에 니체가 나와 동시대인이어서 그 문제에 대해 나의 의견을 구했다면, 나는 이렇게 조언했을 것이다. "당신 자신의 소박한 자기가 되어라. 그러면 당신에겐 아무 지식도 없고 아무 생각도 없을 것이다. 만약에 당신에게 말을 걸고 싶어 하는 누군가가 있다는 느낌이 들면, 그에게 말할 기회를 주고 당신은 뇌에서 빠져나온 뒤에 뇌를 잠시 노인에게 맡겨 보아라. 그런 다음에 노인의 말에 주목하라. 그러면 당신은 당신의 생각이 노인의 말과 조화를 이루는지 여부를 판단할 수 있다. 그래도 노인의 말과 동일시하지 않도록 조심하라." 물론, 나의 조언이나 다른 사람의 조언을 청해야겠다는 생각은 아마 니체에게 떠오르지 않았을 것이다.

나는 신앙심이 매우 깊은 사람들 중에서 노인 현자와 동일시하는 사람을 종종 만난다. 그런 환자를 다룰 때면 나는 어떤 원칙을 따른다. 나는 환자들이 자신에 대해 하는 말을 듣는데, 이때 나는 그들이 갖기를 원하는 것이 있으면 맘껏 갖도록 하는 것을 원칙으로 삼고 있다. 그러다 보면 그들이 그것에 스스로 물리게 된다.

이런 식의 접근은 헤라클레이토스(Heraclitus)의 원칙이었다. 헤라클레이토스가 에페소스 사람들의 사악한 측면을 없애기 위해서 그들에게 황금을 엄청나게 많이 갖도록 했다는 이야기가 전해온다. 황금이 없으면 에페소스 사람들이 일을 해야 할 것이지만, 그들이 금을 충분히 많이 갖게 되면 악을 개화시키면서 선한 존재가 되지 않을 수 없을 것이라는 판단에서였다.

그러니 과대망상증으로 힘들어 하는 사람을 치료한다면, 그 사람이 폭발해버릴 만큼 호의를 베풀어라. 그것이 최고의 방법이다. 누군가가 자신이 매우 선하다고 확신하고 있다면, 그로 하여금 자신이 완벽하게 선한 존재라고 믿도록 해 주라. 만일 당신이 그 사람에게 그가 사악하다고 말한다면, 그는 선하기 위해 '노력'하겠지만 자신의 미덕을 믿는 선 그 너머까지는 절대로 더 나아가지 못할 것이다. 나는 정신이상자들을 치료할 때면 언제나 이 원칙을 따른다. 물론 과대망상증으로 힘들어하는 사람은 증세가 비교적 가벼운 정신이상자이지만 가볍지 않은 경우도 간혹 있다. 어떤 사람이 자신이 신이고 교황이고 예수 그리스도라고 말하면, 나는 "아니, 당신이라고 해서 못될 이유가 있어? 누구나 예수 그리스도가 될 수 있으니까."라고 말한다.

한 번은 이런 일이 있었다. 같은 병동에 자신이 예수 그리스도라고 생각하는 사람이 한 사람 더 있었다. 말하자면 두 명의 예수 그리스도가 있었던 것이다. 그렇다면 누가 진짜 예수 그리스도란 말인가? 나는 두 사람에게 같은 방에 들어가서 누가 진짜 예수인지 가려내라고 했다.

30분쯤 뒤 그 방으로 가서 귀를 기울여보았으나 안에서 아무 소리가 들리지 않았다. 그래서 안으로 들어가 보았는데, 한 사람은 난로 뒤에 서 있었고 다른 한 사람은 손가락으로 창문을 건드리면서 밖을 내다보고 있었다. 나는 그 중 한 사람에게 "누가 진짜 예수 그리스도인가요?"라고 물었다. 그러자 그 환자는 다른 환자를 가리키며 "당연히, 저 친구가 미치광이지요."라고 대답했다. 그는 상대방이 광인이라는 것은 금방 알아보았으나 자기 자신이 미쳤다는 사실은 보지 못했다. 그럴 경우에 당신이라면 어떻게 할 것 같은가? 물론 당신은 그들을 치료하지 못한다.

그러나 과대망상증 환자들은 뇌가 이미 분열된 상태라는 의미에서 말하는 광인이 아니다. 과대망상증 환자의 경우에 뇌는 제대로 작동한다. 뇌는 여전히 유동적인 상태에 있으며, 치료는 주변 사람들의 태도에 크게 좌우된다. 자아 팽창에 위엄 같은 것이 느껴지는 경우도 간혹 있다. 여기서 우리의 텍스트로 돌아가자.

그러나 그가 줄타기 곡예사에게 겨우 한 걸음 뒤로 바짝 다가섰을 때 모두의 입이 다물어지고 모두의 눈이 휘둥그레지게 만드는 놀라운 일이 벌어졌다. 그가 악마처럼 고함을 지르며 자기 앞에 있던 존재를 뛰어넘었던 것이다. 앞서 가던 곡예사는 경쟁자가 승리자가 되는 것을 보자마자 당황한 나머지 줄 위에서 균형을 잃어버렸다. 그는 장대를 놓치고는 장대보다 더 빨리 아래로 곤두박질쳤다. 마치 팔과 다리의 소용돌이처럼, 깊음 속으로 떨어졌던 것이다. 시장과 사람들은 폭풍이 몰아치는 바다 같았다. 사람들은 모두가 어지럽게 흩어졌다. 곡예사의 몸이 떨어진 곳이 특히 아수라장이었다.

그러나 차라투스트라는 그대로 서 있었다. 그의 바로 옆에 곡예사의 몸이 떨어졌다. 심하게 부상을 입고 일그러졌으나 아직 숨은 붙어 있었다.

차라투스트라가 달아나지 않고 그 자리에 얼어붙은 듯 그대로 있었다는 사실은 그와 그 사고 사이에 특별한 관계가 있다는 것을 의미한다. 아래로 떨어진 곡예사가 그와 밀접한 관계가 있는 존재였다.

잠시 후, 망가진 그 사람에게 의식이 돌아왔다. 그는 차라투스트라가 자기 옆에 무릎을 꿇고 있는 것을 보았다. "거기서 뭘 하고 있어요?"라고 그가 마침내 입을 열었다. "악마가 내가 실수를 하도록 할 것이라는 점을 오래 전부터 알고 있었어. 이제 악마가 나를 지옥으로 데려 가려 하는군. 그러니 그대가 막아주지 않겠소?"

"친구여, 명예를 걸고 말하네만."이라고 차라투스트라가 대답했다. "그대가 말하는 그런 것은 세상에 존재하지 않아. 악마도 없고, 지옥도 없어. 그대의 영혼이 육체보다 먼저 죽을 거야. 그러니 아무것도 두려워하지 마라!"

이 대목은 『차라투스트라는 이렇게 말했다』에서 아주 인상적인 부분이다. 종국적 재앙, 말하자면 그의 광기에 대한 예언이 있다. 그의 정신 또는 영혼이 육체보다 오래 전에 죽는다는 예언이 섬뜩하다. 광기로 힘들어 하는 동안에, 니체는 완전히 제정신이 아니었다. 그와 연결을 맺고 있던 것은 하나도 없었다. 그의 병은 광기의 전신 마비 같은 것이었다. 그는 꽤 심각한 상태였다. 그와 대화하는 것조차도 불가능했다. 한번은 그가 여동생의 집에서 달아났다가 바이마르의 한 정원에서 벌거벗은 채로 발견되기도 했다.

당시에 니체의 여동생이 오빠와 함께 산책을 여러 차례 했으나, 니체는 여동생의 말에도 제대로 답을 하지 못했다. 이해 가능한 말을 하는 경우는 겨우 몇 차례뿐이었다. 예를 들어, 그는 여동생에게 "우린 꽤 행복한가?"라고 물었다. 완벽하게 뜻이 통하는 말이지만, 그 직후 그는 정신이 완전히 나가서 횡설수설이었다. 그런 모습을 지켜보면서 사람들은 그가 신을 갈망하는 병에 걸렸다고 말했다. 니체의 정신이 신으로 가득한 상태가 아닐까, 하고 의심했던 것이다. "우린 꽤 행복한가?"라는 말은 니체가 열반의 경지에 도달한 증거로 인용되기도 했다.

광기 뒤에 열반의 경지와 비슷한 조건이 따를 수 있다는 짐작도 가능하다. 꽤 심한 광기를 보이는 사람들이 완벽하게 합리적인 말을 할수 있고, 또 광기를 앓는 사람들이 육체적인 병에 걸릴 때면 꽤 합리적인 모습을 보일 수 있는 것도 그런 조건으로 설명되지 않을까.

대단히 과대망상적인 생각을 많이 품고 있던 여자 환자가 있었다. 그러나 이 환자가 듣는 목소리는 그녀에게 진리를 말하고 있었다. 이 목소리를 그녀는 전화라고 불렀다. 한 번은 그녀가 정말 터무니없는 이야기를 들려주었다. 너무도 과대망상적인 생각인데도 그녀는 이 이야기를 진짜인 양 진지하게 풀어놓았다.

나는 그녀가 의미하는 바를 이해하려고 오랫동안 노력했으나 허사였다. 내가 말을 알아듣지 못하자, 그녀는 갑자기 짜증을 부리며 뭔가를 차면서 "전화가 나를 귀찮게 해요."라고 말했다. "전화가 뭐라고 하죠?" 그녀는 대답을 하지 않으려 했지만, 나는 결국엔 전화가 하는 말을 알아내고 말았다. "네가 의사를 마음대로 부리고 있구나. 그건 좋지 않은 짓이야. 너는 지금 정신병동에 입원해 있어."

그런 어느 날 그녀가 아주 난폭하게 굴었다. 그래서 나는 이렇게 말했다. "이런 식으로 행동하면, 사람들이 당신보고 제정신이 아니라고 생각할 것이다. 당신이 여기 정신병동에 입원해 있는 이유도 바로 그 때문이다. 그런 사람은 가둬야 하니까." 그녀는 항의를 하다가 갑자기 전화를 받았다. "의사의 말이 맞아. 당연히 너는 미쳤어. 너는 갇혀 있어야 해." 그녀의 내면에서 하는 말들은 완벽하게 정상이고 통찰력까지 보여주었다.

다른 한 예는 남자 환자였다. 정신병동에서 가장 소란스런 사람 중 하나였다. 그는 언제나 새벽 5시쯤에 흥분하기 시작했으며, 그럴 때면 그에게 가까이 다가가는 것조차 힘들었다. 그는 모든 사람들에게 저주를 퍼붓고, 꽤 폭력적인 모습을 보였다. 그럴 때면 그를 꼼짝 못하게 붙잡아야 할 필요가 있었다. 그러다가 10시쯤 되면 그는 병원 앞뜰이나 정원으로 나갔다. 그때 내가 가까이 가면 그는 언제나 "구세주인 척 굴면서 광인을 치료하길 원하는 의사들은 모두가 원숭이야. 정말 형편없는 인간들이야!"라고 외쳤다. 거의 언제나 똑같이 되풀이되는 외침이었다.

언젠가는 내가 가까이 다가가는데도 그 친구가 아주 조용히 입을 닫고 있었다. 그러자 간호사가 그 환자가 그날따라 아주 상냥하고 점잖다고 일러주었다. 그도 나에게 아주 정상적인 목소리로 말을 했다. 그러다 나는 그의 손이 뜨겁다는 사실을 알았다. 체온이 이미 39도에 달한 상태였다. 간호사들이 그를 침대에 뉘고 진찰한 결과 장티푸스로 판명이 났다. 병은 6주나 이어졌다. 그 사이에 그는 아주 점잖은 사람으로 변했으며, 순종적이고 소란을 피운 적이 없었다. 내가 침대를 찾을 때마다, 그는 "의사 선생님, 감사합니다. 이렇게 저를 보살펴주시다니 정말 고맙습니다."라고 말했다. 그는 간호사들에게도 언제나 감사의 뜻을 표했다. 그는 정말로 부드럽고 매력적인 사람이었다.

그런 식으로 우리가 그의 완전한 변화에 익숙해지고 있던 어느 날 아침에 그가 매우 허약한 상태에서 나직히 말하는 소리가 들렸다. "구세주인 척 구는 의사들은 원숭이들이야." 그 소리를 들으면서 나는 "장티푸스가 낫고 있구나."라고 생각했다. 그러고 나서 1주일도 되지 않아 그는 자신의 병에 대해 큰 소리로 투덜거릴 수 있게 되었으며, 그때 나는 그가 장티푸스에서 다 나았다는 것을 알았다. 그는 비정상적인 건강 상태에서 정상적인 상태로 돌아왔다.

이 환자는 정신병동에서 거의 20년 가까이 지냈으며, 뇌가 다소 장애를 일으키고 뇌 세포들이 위축되어 있는 것으로 여겨지지만 장티푸스를 앓는 동안에는 완벽하게 정상이었다. 그러다 갑자기 그는 옛날로 돌아갔다. 이런 예는 널리 알려져 있다. 따라서 이런 환자들을 치료하길 원하면, 독성 있는 연고나 전염을 일으킬 뭔가를 이용해 그들을 인위적으로 아프게 만들어야 한다.

그렇다면 병든 의식의 뒤에 일종의 정상적이거나 초월적인 조건이 있다는 생각도 전혀 터무니없는 것은 아니라고 할 수 있다. 니체의 상태의 뒤에도 실현의 기회를 전혀 누리지 못하는 어떤 초월적인 자기가 있을 가능성이 있다. 의식은 병에 걸렸지만 자기는 온전하다.

예를 들어, 얼마 전에 나는 카를 루드비히 슐라이히(Carl Ludwig Schleich)의 책에 서문을 썼는데, 슐라이히는 사람의 영혼은 뇌와 연결되어 있지 않고 육체와, 교감신경계통과 연결되어 있다는 생각을 품고 있다. 그렇기 때문에 뇌가 장애를 일으킨다고 하더라도, 그 사람의 개성이 반드시 훼손되는 것은 아니라는 것이 슐라이히의 주장이다. 전쟁 동안에 뇌의 물질이 크게 훼손되어도 그 사람의 인격에 전혀 아무런 영향을 입히지 않을 수 있다는 사실이 관찰되었다.

동양 철학에, 완벽하거나 완전한 의식 상태에 도달하면 세상이 신(神)의 안으로 융합되어 없어지기 때문에 대상이 사라진다는 믿음이 있다. 이 믿음은 당연히 우리의 세상은 하나의 투사라는 사상을 포함하고 있다. 우리가 그런 투사 때문에 스스로를 해친다는 점에서 보면, 투사들이 실재한다고 말할 수 있다. 그렇다면 세상이 우리의 투사라고 말하지 못한다. 세상은 신의 투사인 것이다. 사람의 내면에 있는 탁월한 어떤 존재가 그런 투사를 일으키는 것이다. 그래서 동양에서 물질은 신의 사고의 결정(結晶)이라고 불린다.

신의 사고는 모호할 수 있으나 사물은 그렇지 않다. 만약에 신성한 마음이나 사고가 명확하다면, 그것은 물질이다. 이것이 진리일 가능성은 꽤 크다. 이런 진술에 강력히 반대할 근거가 없다.

예를 들어, 현대 물리학의 진술을 바탕으로 신학 전체를 입증할 수 있다. 왜냐하면 우리가 이전에 이해했던 것과 같은 그런 물질은 전혀 존재하지 않기 때문이다. 그것은 절대로 만져지지도 않고 완전히 비물질이다. 물질이 되다가 사라지고, 진정으로 존재하는 것은 일종의 에너지이다. 그래서 물질은 신성한 사고의 결정(結晶)이라는 힌두 철학자들의 주장은 아주 탁월하다.

우리가 기절하거나 잠을 잘 때 세상이 분명히 사라지는 경험을 근거로, 이것을 인간의 투사라고 할 수도 있다. 그러나 전체 세상의 구조를 보면 세상이 사라질 수 있다는 점을 암시한다는 것을 당신도 알고 있다. 세상 그 자체엔 실체가 전혀 없다. 세상은 또 어떤 무(無)의 조건에 있을 수도 있다. 물질이 복사 에너지로 분해될 수 있기 때문이다. 세상엔 아무것도 없을 수 있다. 질량마저도 없을 수 있다. 모든 것이 사라져 버릴 수 있는 것이다.

복사 에너지는 더 이상 물질이 아니다. 우리가 뭔가에 대해 생각하게 될 때, 그때 그 뭔가가 실제로 존재한다고 생각하는 것은 당연하다. 뭔가에 대해 생각하기 위해선, 판단의 범주들이 필요하다. 당신은 생각하는 순간에 이미 어떤 존재를 만들어내고 있다. 그렇다면 하나의 세상이 완벽한 의식에 의해 비존재로 환원될 수 있다는 사상은 철학적인 사상이지만, 그렇게 된다고 해서 그 과정이 어떤 세상을 창조하거나 파괴한다는 식으로 말하지 못한다. 그 과정은 단지 '우리'의 세상을 창조하고 파괴할 뿐이다.

이 같은 논의는 아주 불만스럽고, 나 자신도 대상의 실재에 관한 철학적 질문들을 놓고 논하기를 좋아하지 않는다. 철학은 대상보다 주체와 훨씬 더 관계가 깊다. 그리고 사물들에 대한 생각이 깊을수록, 그 사물들 중 더 많은 부분이 당신의 속으로 들어오게 되고 따라서 더 많은 부분을 지우게 된다. 당신은 사물들에 대해 생각함으로써 그것들을 지울 수 있다. 당신은 또 사물들이 당신의 자기 속으로 들어오게 함으로써 그것들을 실재하지 않는 것으로 만들 수 있다. 그렇게 하다 보면 사물들은 더 이상 존재하지 않게 된다. 왜냐하면 사물들이 그냥 세상이 아니라 '우리'의 세상이기 때문이다. 여기서 우리의 텍스트로 돌아가자.

> 그 남자는 믿기지 않는다는 눈빛으로 올려다보았다. "그대의 말이 진리라면."이라고 그가 말했다. "나는 목숨을 잃을지라도 아무것도 잃지 않아. 나는 몽둥이와 부족한 먹이 때문에 춤을 배우게 된 짐승이나 다를 게 없어."
>
> "절대로 그렇지 않다네." 차라투스트라가 말했다. "그대는 위험한 일을 천직으로 삼았어. 그 일에는 경멸할 게 하나도 없어. 지금 그대는 천직 때문에 죽어가고 있어. 그래서 내가 직접 두 손으로 그대를 묻어 주려하네."
>
> 차라투스트라가 이 말을 했을 때, 죽어가던 남자는 더 이상 대답을 하지 않았다. 대신에 그는 감사의 마음을 전하기 위해 차라투스트라의 손을 더듬으려는 듯 손을 움직였다.

여기서 우리는 죽어가고 있는 곡예사가 차라투스트라와 매우 가까운 사이라는 점을, 그리고 차라투스트라가 그를 아주 많이 동화시키고 있다는 사실을 확인하고 있다. "그대는 위험한 일을 천직으로 삼았어."라고 한 부분이 이를 뒷받침한다. 밀알이 자라기 위해선 땅에 묻혀야 하는 것과 비슷하다. 만약에 우리가 곡예사의 형상을 다시 만나게 된다면, 우리는 그가 훗날 부활을 위해 여기 묻혔다고 짐작할 수 있다. "그대의 영혼이 육체보다 먼저 죽을 거야."라는 말이 암시하는 바가 헷갈릴 것 같다. 죽어가는 사람에게 죽음의 공포를 잊게 하려는 의도로 말을 한다면, 그 말은 일종의 마지막 강복(降福)이나 위안이 될 것이다. 기독교식이라면 이런 말이 될 것이다. 아무것도 두려워하지 마라. 육체는 죽을지라도 영혼은 영원히 살 거야. 그런데 그는 여기서 육체가 죽기 전에 영혼부터 먼저 죽을 것이라고 말한다. "그러니 더 이상 아무것도 두려워하지 마라."

정반대이다. 그런데 이 정반대가 어떻게 위안이 될 수 있는가? 이 문제가 극이 전개되는 과정에 드러날 차라투스트라의 진짜 비극적인 문제를 예고하기 때문에, 이 대목에서 이걸 논할 뜻은 없다. 여기선 아직 비극적 문제가 싹을 보이는 정도이다. 앞으로 어떻게 전개될 것인지 짐작할 수 있지만, 지금 단계에선 정확히 예측하기 어렵다.

곡예사는 악마가 그를 지옥으로 데려 가지 않을까 두려워했으며, 그러자 차라투스트라는 지옥 같은 곳은 절대로 없다고 말한다. "그대의 영혼이 육체보다 먼저 죽을 거야." 그렇다면 악마가 그에게서 갖고 갈 것이 하나도 남지 않게 된다. 이것이 위안이 될 수 있을까? 그것은 마치 너무나 심한 치통으로 괴로워하는 사람에게 "걱정하지 마. 내가 총으로 쏴 죽여 줄 테니까."라고 말하는 것이나 마찬가지이다. 그 말을 이런 식으로 이해할 수도 있었다. 하지만 그건 대단히 기이한 위안이다.

그것은 반기독교적인 위안이다. 물론, 모든 사람은 다음과 같이 말하는 것을 위안이라고 생각할 것이다. "그대여, 이제 아무것도 무서워하지 마라. 그대의 육신은 당연히 없어지겠지만 그래도 그대의 영혼은 살아남을 거야. 옛날의 이집트인들과 아시리아인들은 물론이고 기독교인들이 2,000년 동안 그렇게 믿어 왔고, 모든 원시인들이 그렇게 믿어 왔어."

그러나 여기선 모든 것이 완전히 뒤집힌다. 그 사람은 그것을 위안으로 받아들인다. 그건 기이하다. 그럼에도 나는 거기에 은밀한 종류의 위안이 담겨 있다고 생각한다. 그러나 그 위안은 니체가 그 순간에 처했던 특별한 처지를 근거로 할 때에만 이해가 되는 위안이다. 그런 식으로 접근하지 않는다면, 그 말은 어떤 심리학에서도 위안으로 해석될 수 없다.

그 남자는 육체를 지키고 영혼을 잃는 것을 일종의 위안으로 여긴다. 그는 후기 기독교 시대의 편견을, 말하자면 사람의 영혼은 아무것도 아니며 보호할 가치를 전혀 지니지 않는다는 편견을 갖고 있다. 사람의 영혼만큼 저급한 것을 구원하지 않는 것이 오히려 엄청난 공덕이다. 사람의 영혼만큼 보잘것없는 것을 구하려면 엄청난 제도 같은 것이 필요할 테니까.

사람에게선 나올 수 있는 것이 더 이상 없다. 사람들이 가진 선(善)은 모두 다 드러났다. 우리는 자신을 바탕으로 선한 것을 만들어내지 못한다. 우리는 자신의 길마저도 개척하지 못한다. 모두가 신의 은총이다. 가톨릭교 안에는 그래도 노동을 통한 축성(祝聖)의 가능성이 남아 있지만 프로테스탄티즘에는 은총 외엔 아무것도 없으며 은총이 작동하지 않으면 우리는 영원히 길을 잃고 말 것이다.

서양 문명에서는 영혼이라 불리는 것을 매우 낮게 평가한다. 당신이 어떤 사람에게 영혼을 발달시키기 위해 매일 일정 시간을 투입해야 한다는 식으로 충고하면, 그 사람은 아마 당신 앞에서 비웃음을 참지 못할 것이다. 그 사람은 그때까지 그런 말을 한 번도 들어 보지 못했다. 그것은 터무니없는 말이다. 믿기만 하면 그것으로 충분한 것으로 여겨지기 때문이다. 믿는 것 이상으로 무엇인가를 해야 한다는 소리는 절대로 들리지 않는다.

줄타기 곡예사가 일종의 프로메테우스의 죄 같은 것을 저질러 영혼이 영원히 처벌을 받게 되었다는 식의 해석도 가능하다. 이런 말은 프로메테우스 같은 존재인 인간 니체에게도 위안이 될 수 있다. 니체를 프로메테우스 같은 존재로 본다면, 줄타기 곡예사는 니체이다. 그에겐 걱정이 곧 끝날 것이라는 말이 지금까지 일종의 위안이 되었다. 당신의 영혼이 걱정거리인 탓에 만일 영혼이 없어진다면 걱정거리가 전혀 없을 것이기 때문이다.

이 위안은 차라투스트라가 "금발의 야수"에 대해 가르친 내용과 일치한다. 당당한 동물처럼 용감하게 행동하라. 그러면 영혼을 전혀 갖지 않게 될 것이다. 영혼을 갖는 것은 저질이다. 영혼은 어리석은 심리적 복합체를 의미한다. 무의식 속의 위대한 형상과 동일시하고, 걱정을 의미하는 모든 심리적 요소들을 제거하도록 하라. 무의식 속의 형상들에 취하는 것은 디오니소스에 어울리는 일이다. 니체의 책을 더 읽었다면, 아마 당신은 당나귀 축제가 디오니소스의 비밀 주신제 같은 것이라는 사실을 기억할 것이다. 디오니소스 숭배에선 심리적 걱정을 그만하기 위해, 너무나 미약한 존재인 당신을 괴롭히는 모든 것을 자연의 포옹 속에서 망각하기 위해 술에 취하고 무의식적인 존재가 되는 것이 중요한 목표이기도 하다.

실러의 시 '환희의 송가'(Hymn to Joy)를 보면, 디오니소스의 열정이라는 철저히 무의식적인 상태의 위대함을 통해서 인간의 사소한 불행을 보상한다는 이 사상이 발견된다. 그 같은 도취 상태에서, 신이 비법 전수자의 안으로 들어간다. 그러면 비법 전수자 자신이 신 같은 존재가 된다. 그는 자연의 위대한 흐름이 되고, 강물 자체가 된다. 그러면 개인적인 걱정거리는 더 이상 없어진다. 걱정거리가 지나치게 커질 때 그걸 잊는 한 가지 방법은 바로 그런 식이다. 그것은 히스테릭한 방법이다. 또 그것은 중독을 통해서 무의식을 찾는 알코올 중독자의 길이다. 그는 자신의 개인적인 문제들에서 벗어나 위대한 우주 쪽으로 달아난다. 히스테리 증세가 있는 개인이 콤플렉스로부터 스스로를 구하려고 노력하는 것이나 마찬가지이다.

이와 정반대의 방법, 즉 내향적인 방법은 자신의 콤플렉스에 몰입하고, 다른 사람들을 피하고, 콤플렉스를 똑바로 응시하기 위해 중독을 피하고, 다른 일은 아무것도 하지 않는 것이다. 그것은 아폴론의 방법일 것이다. 이런 경우엔 콤플렉스의 얼굴을 뚫어져라 바라보는 일에 당신의 모든 관심을 집중하면서 우주에도 관심을 두지 않고 다른 존재들에게도 관심을 두지 않는다. 말하자면 수도원의 괴물처럼 되어 가면서 자신이 배제되었다는 사실에 안도하는 것이다. 그것도 구원의 한 방법이다.

여기서 그는 디오니소스의 방법을 옹호한다. 당신 자신을 망각하라. 그러면 당신의 영혼은 당신의 육체보다 먼저 행복하게 죽을 것이다. 영혼이 죽고 나면 당신은 무슨 일이 일어나는지 보지 못할 것이다. 이제 당신은 더 이상 걱정하지 않을 것이다. 당신은 아마 어떤 꿈속으로 들어가거나, 영혼의 완전한 소멸이라는 의미에서 보면, 육체가 살아 있는 동안에도 죽음의 상태로 들어갈 것이다.

『차라투스트라는 이렇게 말했다』의 전개 과정에서 이미 초반에 이 같은 상태의 시작이 드러나고 있다. 니체는 디오니소스의 조건보다 훨씬 더 높은 경지로 올라가려고 노력하고 있다. 어쩌면 그는 그런 노력을 할 운명을 타고났을지도 모른다. 걱정이 깊을수록 비극도 더 커지고, 비극이 커지는 만큼 니체는 신성한 것에 더욱 열광하며 더욱 깊이 몰입하게 된다. 지금 여기서 그 열광이 준비되고 있다. 특별한 고통에 사로잡히는 니체 같은 사람에겐, 이런 말도 진정한 위안이 된다. "지옥과도 같은 고문으로 당신을 불태우고 있는 이 지긋지긋한 문제는 종지부를 찍게 될 거야. 이제 당신은 잠을 잘 것이며 당신의 육체에 생기는 일은 모르게 될 거야."

만일 삶에서 육체만 살아 있는 그런 망각의 상태를 경험한 사람이라면, 당신은 디오니소스적인 계시가 주는 축복을 알고 있다. 니체는 그런 계시를 경험했다. 그런 계시가 분명히 드러나는 아름다운 시들이 있다. 그는 특별한 열정의 나래를 펴는 동안에 자신으로부터 벗어나면서 예리한 의식의 걱정으로부터 완전히 벗어났다. 그는 실제로 의식의 과도한 치열함으로 고통을 받았으며, 니체처럼 시대를 앞서거나 해서 동시대인들 중에서 자신을 이해해주는 사람들을 발견하지 못하는 사람에게 의식의 과도한 치열이 나타난다.

17세기 독일 성직자이자 의사였던 안겔루스 질레지우스(Angelus Silesius)도 그런 사람이었다. 그는 자신을 이해해줄 수 있는 사람을 발견할 수 없었던 시대를 살았다. 그 시절에도 인도를 여행할 수 있었더라면, 그는 그런 인물을 발견할 수 있었을 것이다. 아마 인도인들은 질레지우스의 진리에 대해 그들이 오래 전부터 알고 있던 진리와 똑같다고 말했을 것이다. 그러나 서양에서는 아무도 그의 진리를 이해하지 못했다. 그런 그에게 무슨 일이 일어났는가?

그는 디오니소스 지지자들의 열광에도 동참하지 않았다. 그의 운명이 보여주듯이, 그는 자신의 콤플렉스를 파고드는 사람이었기 때문이다. 그는 그야말로 수도원 안에 틀어박혀 지내다가 거기서 죽었다. 그는 아름다운 시를 몽땅 잃었으며, 프로테스탄티즘에 반대하는 팸플릿을 56건이나 썼다. 그는 한때 프로테스탄트였으며, 수도원 안에서 신경증이라는 지옥에 갇혀 아주 비참하게 죽었다.

그것은 정반대의 길이었다. 그의 육체가 영혼보다 먼저 죽었던 것이다. 그의 영혼은 무시무시한 악마가 되었다. '방랑하는 천사'(Der Cherubinische Wandersmann)라는, 아름답고 신비한 시를 낳은 사람의 영혼이 말이다. 그리고 프로테스탄티즘에 반대하는 56건의 팸플릿! 이 팸플릿들은 정말로 사탄과도 같다. 그러나 그것은 내향성의 사람에게, 아니면 적어도 그런 메커니즘을 선호하는 사람에게 자연스럽게 일어나는 일이다. 물론 약간은 유형의 문제이기도 하다. 내향적인 사람도 열등한 기능을 이용한다면 외향적인 메커니즘을 이용할 수 있다고 나는 확신한다.

니체는 외향적인 마음을 갖고 있었다. 그래서 그는 외향성의 메커니즘을, 디오니소스의 방법을 이용했을 것이다. 그러나 니체의 예에선 두 가지가 다 보인다. 그는 먼저 바젤 대학에서 교수로 활동했지만, 사람들로부터 거의 이해를 받지 못했다. 그래서 그는 자신의 콤플렉스를 응시하면서 꽤 소외된 상태에서 살았다.

그러다 무의식이 외향성을 끌고 올라왔으며, 그러자 니체는 소외된 상태에서 자신의 콤플렉스를 외향적으로 풀어놓았다. 옛날의 안겔루스 질레지우스와 아주 비슷한 모습을 보였다. 질레지우스는 지하 저장소에 있던 무수히 많은 포도주 병을 발견했어야 했는데 그렇게 하지 않았던 것 같다. 니체가 그런 지하 저장소를 발견했다면, 니체의 신경증은 나아졌을지 몰라도 니체는 아마 간경화로 죽게 되었을 것이다.

                    *   *   *

줄타기 곡예사의 죽음까지 다뤘다. 이젠 서론 중 일곱 번째 파트를
보도록 하자.

　　어느덧 저녁이 되었다. 시장엔 어둠이 깔리기 시작했다. 그러자 사람들
은 뿔뿔이 흩어졌다. 이젠 호기심과 두려움조차도 시들해졌다. 그러나
차라투스트라는 죽은 사람 옆에 땅바닥에 그대로 앉아서 생각에 잠겼
다. 시간도 잊고 있었다. 마침내 밤이 되었고, 찬바람이 이 고독한 사람
을 스쳐 지났다. 그러자 차라투스트라는 일어서면서 속으로 말했다.
　　정말로, 차라투스트라는 오늘 멋진 고기잡이를 했어! 그가 낚은 것이
사람이 아니고 시체이니.
　　인간의 삶이란 우울한데다가 의미까지도 없다. 한낱 광대에 불과한 존
재에도 삶의 뿌리가 송두리째 뽑혀버리니 말이다.
　　난 인간들에게 존재감을 가르치고 싶다. 존재감이란 것이 바로 초인이
아닌가. 인간이라는 시커먼 구름에서 번쩍 하고 터져 나오는 번개 같은
것을.
　　하지만 나는 아직 인간들로부터 너무 멀리 떨어져 있다. 나의 감각은
아직 그들의 감각에 말을 걸지 못한다. 인간들에게 나는 여전히 바보와
시체 사이에 서 있는 그 무엇이다.
　　밤은 우울하고, 차라투스트라의 길들도 우울하다. 자, 가자. 차갑고 뻣
뻣한 동무여! 내 손으로 직접 묻을 곳으로 그대를 짊어지고 갈 것이니.

이 대목에서 가장 두드러진 부분은 차라투스트라가 시신을 동료로

받아들이는 것이다. 곡예사의 재앙을 두 눈으로 본 차라투스트라가 오히려 흥미를 잃을 것이라는 예상도 가능하다. 그는 곡예사의 죽음을 놓고 철학적으로 깊이 생각할 수도 있겠지만, 앞에서 논했듯이 차라투스트라가 인간의 모습으로 나타난 것이 곡예사이고 곡예사는 곧 인간 니체라는 식으로 풀이하지 않는다면 곡예사와 차라투스트라 사이에는 어떤 친밀한 연결도 존재하지 않을 것이다.

차라투스트라가 시체의 곁을 떠나지 않는 것도 그런 관계로 설명된다. 그는 곡예사의 시신 옆에 남아서 곡예사를 자신의 동료로 받아들여야 한다. 꽤 무서운 장면이 아닐 수 없다. 인간 니체가 어쨌든 차라투스트라와 함께하는, 차라투스트라가 짊어질 시신이 되어야 하니 말이다. 실제로 이것은 『차라투스트라는 이렇게 말했다』의 음울한 측면이다. 전체 책 위로 걸려 있는 구름 같다고나 할까.

니체가 차라투스트라라는 인물에 의해 끌려다니는 모습을 상상해 보라. 일이 그런 식으로 전개될 것이라는 암시가 이 대목에서 처음 드러난다. "정말, 차라투스트라는 오늘 멋진 고기잡이를 했어! 그가 낚은 것이 사람이 아니고 시체이니까." 이 문장에 주의를 기울여야 한다. 이 문장이 중요한 이유는 조금 뒤에 차라투스트라가 사람을 낚지 않았다는 점 때문에 다른 사람들을 필요로 한다는 사실을 깨닫는 대목이 나오기 때문이다. 차라투스트라는 시체 대신에 다른 사람을 둬야 한다는 것을 깨닫는다.

만일 이 시신이 차라투스트라면, 그는 정말로 죽은 것이다. 그는 자신이 낚는 다른 사람으로 자기 자신을 대체해야 한다. 다른 사람이 차라투스트라 대신에 나서야 한다. 왜냐하면 그가 자신이 살아야 했던 인간의 삶을 타인들에게 넘겨주기 때문이다. 그래서 그는 인간 존재는 기이하고 의미도 지니지 않는다고 말한다.

어릿광대는 차라투스트라의 부정적인 측면이며, 이는 차라투스트라 같은 무의식 속의 인물도 인간 존재를 파괴할 만큼 심하게 지배할 수 있다는 것을 의미한다. 그러나 차라투스트라는 원형에서만 끝나는 존재가 아니다. 그는 동시에 자기를 갖고 있어서 아주 탁월한 인물이다. 그렇다면 이런 식으로 어떤 원형과 자기를 동일시하는 것도 가능할까?

가능하지 않다고 봐야 한다. 원형은 집단적인 것이다. 원형은 정의상 집단 무의식의 한 내용이기 때문이다. 원형은 사람이 어디서나 조우하는, 온 곳에 있는 영원한 형상이다. 반면에 자기는 어디서나 만날 수 있는 그런 것이 아니다. 자기는 정의상 대단히 개인적인 것이고, 개성의 핵심이다. 자기는 독특함 그 자체이다. 그렇다면 이 자기를 만날 수 있는 곳은 어디일까?

당신 자신 안에서만 만날 수 있다. 그 외에 다른 어느 누구의 내면에서도 당신의 자기를 만나지 못한다. 당신의 유일성을 즉각적으로 자각하는 것이 곧 자기이다. 자기는 대단히 개인적이고 대단히 친밀한 독특함이다. 자기를 지적으로 이해하려 들면 대단히 힘들 수 있다. 자기라는 것이 대단히 모순적인 것이기 때문이다.

먼저, 인도의 개념을 빌리면 자기는 개인의 아트만이라는 점을 명심해야 한다. 그러나 인도 철학의 정의에 따르면 개인의 아트만인 자기는 모든 사람의 내면에 있으며, 그것은 모든 사람의 가슴 속에 있는 아주 작은 것인 한편으로 세상에서 가장 큰 것이 되기도 한다. 바로 초개인적인 아트만, 바꿔 말하면 집단적인 아트만이 될 수도 있는 것이다.

서양인도 이 같은 정의를 받아들일 수 있다. 이 정의는 서양인의 마음에도 지적으로 이해된다. 그럼에도 이 정의가 정확히 이해되기는 어렵다. 왜냐하면 인도인이 말하는 초개인적인 아트만은 모든 사람의 내면에 있는 작은 것이 아니기 때문이다. 자기는 나 자신의 안에 있는 작은 것이다. 나 자신의 안에는 자기만 있다. 그리고 그것은 나의 자기이다. 정의상 개인의 아트만은 하나이기 때문이다.

나 자신도 동양 철학이 자기를 이런 식으로 이해했는지 확실히 모른다. 그럼에도 동양에 만다라와 전통적 가르침이 있다는 사실을 근거로, 동양도 자기의 이런 특별한 점을 이해했다고 보아도 무방하다.

만다라 숭배를 예로 들어 보자. 완성을 의미하는 어느 만다라를 보면, 한가운데에 농축된 신권(神權)의 상징으로 번개가 있거나 서로 포옹하고 있는 시바와 샤크티의 그림이 있다. 입교자가 4개의 기능의 문을 통해 만다라의 중심으로 들어가는 것은 신에게 가까이 다가서는 것으로 이해된다. 우파니샤드 철학에서 신은 초개인적인 절대 아트만이다. 바꿔 말하면, 입교자는 자신의 개인적인 아트만을 그것을 가능하게 한 신에게로, 절대 아트만에게로 돌려준다고 볼 수 있다. 최종적으로 입교자가 4개의 문을 통과해서 중심에 닿을 때, 명상이 절정에 이르고 동시에 입교자는 신과 합일을 이룰 것이다. 남자 입교자는 시바와, 여자 입교자는 시바의 여성적인 측면인 샤크티와 일치되는 것을 경험할 것이다. 두 가지 측면은 마침내 하나로, 존재하지 않음에도 존재하는 브라만으로, 잠재적 세계의 존재로 합쳐질 것이다.

이 경지에 이르면, 개인의 자기는 우주적인 자기가 된다. 그럼에도 개인의 자기를 통해서 우주의 자기로 접근할 때, 당신은 개인의 의식을 우주의 의식 속으로 갖고 간다. 그러면 우주의 의식은 개인의 의식과 동일해지고, 거기서 온갖 특성과 개인적 본성을 다 지닌 자기는 동시에 우주적 자기가 된다. 이것은 대단히 모순적인 내용이다. 앞에서 소개한 독일 시인 안겔루스 질레지우스가 혹시 자신과 신이 동일하지 않은가, 또 자신과 신 사이에 아무런 구분이 없는 것이 아닌가 하고 궁금해 하던 때만큼이나 모순적인 구석을 보이고 있다.

우리의 무의식적 심리에 이런 생각들이 들어 있다는 사실을 알아야 한다. 이 생각들이 인도나 라마교 철학 등으로 발달했고, 서양에서 신비주의적인 사고로 발달했다. 그러므로 우리도 이런 생각들에 대해 반드시 논해야 한다. 이것은 신비주의가 아니라 심리학이다. 이것은 단순히 그런 사실들을 과학적으로 고려하는 것이며, 그런 사실들은 이런 형상 혹은 저런 형상으로 우리의 무의식에 의해 끊임없이 재생산되고 있다.

여기서 우리는 차라투스트라의 내면에서도 그런 형상을 발견하고 있다. 차라투스트라가 한편으로 보면 늙은 현자의 원형임이 매우 분명하고 다른 쪽으로 보면 유일성이라는 개념을 명확히 보이고 있기 때문이다. 따라서 니체와 차라투스트라 사이의 불가분의 연결에 대해서도 반드시 논해야 한다. 이런 특이한 동일시와 비(非)동일시는 개인적 자기와 초개인적 자기, 혹은 개인적 아트만과 초개인적 아트만의 관계와 똑같다. 니체가 차라투스트라일 때조차도, 니체는 자신의 독특성, 말하자면 니체 자신의 개인적 자기이다. 동시에 어떤 원형일 수는 없다. 원형이란 것은 자기와 뚜렷이 구별되는 것이기 때문이다.

자기는 언제나 의식적 과정들과 무의식적 과정들의 총합이다. 자기는 의식을 포함하고, 의식은 큰 원 안의 작은 원처럼 자기 안에 포함된다. 자기가 어떤 원형에 포함되는 것은 불가능하다. 이유는 하나의 원형은 단순히 집단 무의식의 한 내용물이거나 한 형상인 까닭에 자신이 속해 있는 것을 포함하는 것 자체가 불가능하기 때문이다. 원형은 무의식에 포함되어 있으며, 무의식과 의식이 합쳐지며 자기를 이룬다. "자기"는 모든 원형들과 개인의 의식을 동시에 포함하는 전체성의 개념이다.

전체성의 상징은 언제나 원이며, 이런 상징의 경우에 의식이 한가운데에 있고 그 주변을 원형들을 포함하고 있는 무의식이 자리 잡고 있는 것으로 본다. 당연히 이 원형들 중에는 노인의 원형도 포함된다. 그러나 무의식이 자기를 포함하는 것은 불가능하다. 전체 원이 자기, 즉 의식과 무의식의 합계이기 때문이다.

그렇다면 자기는 과도적인 조건에 놓여 있다고 볼 수밖에 없으며, 이 조건 안에서 자기의 개념 혹은 전체성의 개념이 어떤 원형의 한 내용물로 나타난다. 이런 일시적인 조건의 특징은 무엇인가? 그런 조건이 하나의 원형으로, 노인의 원형으로 나타날 수 있는 때는 언제인가? 노인의 원형이 나타날 수 있는 명확한 상황이 한 가지 있다.

늙은 현자는 위대한 스승, 창시자, 영혼 인도자의 형상이라고 볼 수 있다. 그는 한동안 일종의 비전이나 직관으로 자기의 개념을 갖고 있을 수 있다. 그는 입교자를 완성에 이르는 길로 안내하는 영혼의 안내자이기 때문에 그 비전을 알고 있고 또 가르칠 수 있다. 사실, 환자가 늙은 현자의 원형을 깨닫기 시작할 때 환자의 자기가 그 형상 안에 나타난다고 보는 것이 정신 분석의 원칙이다. 사람들이 한때 늙은 현자와 동일시하는 경향을 보이는 이유도 바로 거기에 있다.

자기가 나타날 때, 사람들은 늙은 현자의 안에 이미 들어가 있는 상태에서 현자에게 흡수되면서 자신이 중요해진다는 느낌을 받는다. 따라서 사람들은 자아 팽창을 경험하고, 머리를 꼿꼿이 세운 채 돌아다니게 된다. 이런 사람들의 모습을 보면서 인도 전문가 하인리히 짐머(Heinrich Zimmer)는 그들을 "상상의 비법 전수자"라고 불렀다.

어떤 사람이 뭔가 큰 것을 알게 되어 매우 현명한 존재가 되었다는 생각에 우쭐해 있을 때, 그것은 곧 그 사람이 원형과 자신을 동일시하고 있다는 뜻이다. 그런 경우에 인간으로서의 존재가 엉망이 되기 쉽다. 그 사람이 밤낮으로 늙은 현자처럼 살 수도 없으며, 시체와 어릿광대 사이의 그 어딘가에 해당하는 존재일 수 있기 때문이다. 사람들도 그 사람을 보고 그런 식으로 생각할 것이고 그들도 바로 그런 존재일 것이다. 앞에서 말한 바와 같이, 사람들은 니체가 현실에서 바보처럼 군다고 생각하면서 그 뒤에 광기가 있는 것은 아닌가 하고 걱정했다. 그는 심각한 편두통을 앓았으며, 오직 자신의 건강만을 위하며 살았으며, 살아 있는 시체나 마찬가지였다. 그것은 노인 현자에게 삼켜져버린 사람의 외적 모습이다. 그러나 늙은 현자는 인간 존재가 아니라 날개를 가진 백조여야 했다. 그는 이곳저곳 싸돌아다녀선 안 되고, 늘 그의 내면에 갖고 다니는 비행기를 이용해야 한다.

잘 알다시피, 동양에선 완벽한 사람은 날아다닐 수 있다고 여겨진다. 날아다니는 능력은 하나의 기준이다. 날아다니지 못하는 사람은 아직 지혜의 정상에 이르지 못한 것으로 통한다. 그러니 노인 현자가 나는 존재가 되도록, 날개를 가진 섬세한 육체가 되도록 내버려 두라. 그리고 노인 현자와 동일시하지 않도록 하라.

그것은 정신분석가에게 종종 일어나는 사건이다. 분석가 신경증의 한 형식이다. 분석가들은 매우 특별한 신경증을 앓는다. 분석가들은 온갖 감정 전이에 전염되며 따라서 분석가들의 머리는 복잡하게 뒤얽힌다. 분석가들은 해를 입는데 대체로 보면 예민해지고 까다로워진다.

그것은 언제나 저주받은 직업에 따른 전염이다. 정신분석가들은 완벽한 노인 현자의 저주를 받는다. 정신분석가들은 더 많이 알아야 하는데 그렇지 못하다. 따라서 분석가가 자신이 많이 알지 못한다거나 아는 것이 적다는 점을 고백하는 것이 아주 중요하다. 그러면 그는 환자에게 어떤 기회를 주게 될 것이다.

그러나 누구나 다 잘 알고 있듯이 의사로서 지켜야 할 위신이란 것이 있다. 대중은 의사는 일종의 마법사 같은 존재로 알고 있다. 원시인 사회의 주술사는 물론 그런 위신을 바탕으로 살고 있다. 주술사는 늙은 현자와 동일시되고, 따라서 주술사는 종종 아프거나 광기에 빠지게 된다. 그래서 원시인들은 자신이 주술사가 되는 운명을 타고났을까 봐 걱정한다. 주술사라는 것이 부러워할 신분이 아니기 때문이다.

여기서 그 시체에 대해 조금 더 이야기하고 싶다. 시체는 줄타기 곡예사이며, 또 곡예사는 분명히 그림자이다. 그러나 한 사람의 인간 존재로서 니체 본인과 차라투스트라의 관계는 곡예사와 어릿광대의 관계와 비슷하다. 줄타기 곡예사는 니체와 차라투스트라의 부정적인 태도이고, 또 곡예사는 머뭇거리는 니체를 뛰어넘는 존재이다. 이어 어릿광대가 등장하고, 차라투스트라는 뒷부분의 어느 장에서 머뭇거리거나 망설이는 모든 사람들을 뛰어넘을 것이라고 말한다. "빈둥거리거나 게으름 피우는 모든 사람들을 건너뛸 것이다."

곡예사의 시신을 묻은 차라투스트라에게 인간 존재들을 원하는 새로운 태도가 나타날 것이다. 노인 현자에 의해 자아 팽창이 일어날 경우에 나타나는 또 다른 특징은 그 사람이 사람들을 가르치려 들고 많은 사람들을 천국으로 안내해야 한다는 의무감을 느끼게 된다는 점이다. 이런 경우에 선교사 같은 태도가 생겨나게 마련이다. 당연히 그 길

외의 다른 길은 절대로 없다는 확신도 생겨난다.

대체로 보면, 사람들은 자신이 늙은 현자와 동일시하는 시기를 맞는다. 먼저 원형과 동일시되는 경험을 하지 않고는 어느 누구도 그 원형을 깨닫지 못한다. 모든 원형 중에서 가장 천박한 아니무스나 아니마를 건드린다면, 당신은 아니무스나 아니마가 된다. 그래도 당신은 아니무스나 아니마에게 완전히 사로잡히기 전까지는 아니무스나 아니마를 깨닫지 못한다. 어느 여자도 아니무스와 동일시하지 않고는 아니무스를 깨닫지 못할 것이며, 어느 남자도 아니마와 동일시하지 않고는 아니마를 깨닫지 못할 것이다.

이런 것들에 대해 이야기할 때, 나는 "마치 …한 것 같다"는 표현을 잘 쓴다. 이 원형들 모두가 자아보다 더 강한 것 같다. 원형들은 쉽게 당신을 사로잡으며, 그러면 당신은 마치 원형들이 사자나 곰이라도 되는 것처럼 꼼짝 못하게 된다. 원형은 당신보다 훨씬 더 강한 원초적인 힘들이다. 우리 인간이 쉽게 갖게 되는 편견은 우리가 의식과 의지를 가진 상태에서 산의 정상에, 아무것도 우리에게 닿지 못하는 그런 높은 곳에 앉아 있다는 것이다.

그러나 그때에도 무의식이 아래쪽에서 우리를 붙들고 늘어지고 있다. 사람들은 아래에서 잡아당기는 그것을 "무의식"이라 부르지 않고 "잠재의식"이라고 부른다. 그게 훨씬 더 멋지게 들리기 때문이다. 잠재의식은 말하자면 당신의 발밑에 있는 그 무엇으로, 지하 저장실 같은 것이다. 그러면 당신은 용을 짓밟고 서 있는 영웅처럼 느껴진다.

용을 죽이고 그 위에 올라서는 것은 중세의 야망이다. 그러나 만약에 세상으로 내려오게 되면, 당신은 당신의 자아 콤플렉스보다 훨씬 더 강한 어떤 형상을 만날 것이다. 그것을 영국 소설가 라이더 해거드(Rider Haggard)는 꽤 순진하게도 '복종해야 할 여자'(She-that-must-be-obeyed)라고 부른다. 당신에겐 복종하는 외에 달리 방법이 없다. 그녀가 보다 강한 부분이라는 것이 꽤 분명해진다.

그렇듯 늙은 현자 콤플렉스는 무서운 것이다. 가끔 용이 제압되고, 그러면 우리는 용도 언제나 아주 강한 존재는 아니라고 단정한다. 그러나 영웅을 공격하고 제압하는 고래용이 아주 많다. 이는 영웅이 내적으로 공격을 감행하기 전까지는 용이 훨씬 다 강력하다는 점을 증명한다.

2강

1935년

니체를 통해서, 우리는 새로운 단계로 들어가고 있다. 쇼펜하우어는 고전적인 철학자이지만, 니체는 그와 좀 다른 존재이다. 니체를 통해서 철학이 드라마가 되고 있다. 쇼펜하우어의 철학은 철학자 자신의 존재와 거의 아무런 관계가 없다. 니체의 경우엔 많이 다르다.

니체라는 인간과 그의 삶, 그의 철학은 비극적으로 똑같다. 쇼펜하우어는 세상의 고통에 대해 경이로운 철학을 제시하면서 매일 호텔에 가서 멋진 점심을 즐겼다. 물론, 쇼펜하우어의 철학대로라면 그는 자신의 존재를 부정하고 니르바나로 사라져야 했다.

언젠가 쇼펜하우어가 프랑크푸르트 뒤쪽에 있는 언덕에서 산책을 하는 동안에 사람들이 그를 유심히 지켜보았다. 언덕을 걷고 있던 그를 보면서, 사람들은 그가 혼자 마음속으로 깊은 생각에 잠겨 있을 것이라고 짐작했다. 그런 가운데 누군가가 그의 뒤를 밟으면서 그에게 귀를 기울여 보았다. 그런데 놀랍게도 쇼펜하우어의 말이 들려왔다.

내가 50년 전에 앤이라는 그 여자와 결혼했더라면!

그 이름을 아는 사람이 주위에 없었기에, 사람들은 그녀의 정체를 수소문하고 나섰다. 그 결과 앤이라는 이름의 여자가 콜레라 특효약을 팔았던 약제사의 딸이었다는 사실이 확인되었다. 이 약제사와 얽힌 사연으로는, 죽음과 동시에 조제 비결까지 사라져 버렸다는 이야기가 전해 온다. 아니, 이럴 수가! 쇼펜하우어가 그런 사람이었다니.

쇼펜하우어는 모순덩어리였다. 그의 인간적 존재는 그의 철학과 따로 놀았다. 반면에 니체의 경우엔 이 두 가지가 매우 비극적으로 결합하기 시작했다. 그래서 니체는 철학이 단순히 정신의 일이던 쇼펜하우어보다 훨씬 더 멀리 나아갔다. 그러면서 니체는 철학은 철학자 본인의 전부를 말할 수 있어야 한다고 느꼈다. 니체에게 철학은 곧 자신의 현실이었다. 한쪽에선 이런 식으로 살고, 다른 쪽에선 이와 아주 다른 무엇인가로 사는 것은 불가능한 일이었다. 말하자면 자신의 현실과 아무 상관이 없는 철학을 갖는 것이 니체에겐 불가능했다는 뜻이다.

쇼펜하우어의 철학은 어떤 점에서 보면 기독교 철학이기도 했다. 그가 불교와 기독교가 일치한다는 점을, 말하자면 이 세상은 헛된 것이어서 극복해야 할 대상이고 내세가 현실이라는 점을 받아들였기 때문이다. 이 내세가 천국으로 불리든 열반 속의 비존재로 불리든 이름은 상관없다. 쇼펜하우어는 여전히 이승이 중요하지 않다는 것을 믿었다.

그러나 니체는 내세에 대한 믿음을 버림으로써 육체의 중요성을 강조하기 시작한다. 삶의 초월적인 목표가 사라지자마자, 전체 중요성은 당연히 자아의식에 두게 되고 또 개인적 삶에 두게 된다. 그건 피할 수 없는 현상이다.

아주 정직한 존재인 자아, 자아는 육체에 대해 말하고 여전히 몸에 대해 암시한다. 자아는 꿈을 꾸고 몽상에 잠기고 부러진 날개를 퍼덕일 때에도 육체에 대해 말한다.

자아는 언제나 더욱 정직하게 말하는 법을 배운다. 그리고 배움이 많아질수록, 자아는 육체를, 그리고 대지를 찬양할 근거를 더 많이 발견한다.

자아가 나에게 새로운 긍지를 가르치고, 그러면 나는 그 긍지를 사람들에게 가르친다. 모래 같은 천상의 일들에 더 이상 신경을 쓰지 말고, 머리를 꽂꼿하게 쳐들고 자유로이 다니며 지상의 일에 신경을 쓰라고. 그것이 대지에 의미를 부여하는 일이라고.

여기서 니체는 근본적인 현실을 "나"에게로 돌리고 있으며, "나"의 현실은 육체의 명백한 현실에 있다. 육체야말로 가장 진실한 것이고, 시나 철학을 하거나 다른 공상에 빠질 때조차도, 다시 말해 부러진 날개로 퍼덕일 때조차도 육체가 가장 진실한 것이라는 믿음은 부정할 수 없다.

아시다시피, 형이상학적인 확신들이 붕괴함에 따라, 사람의 "나"가 진정으로 중요하게 되었다. 그것은 개인주의 시대였다. 개인주의는 개성화와 아무런 관계가 없다. 개인주의는 사람의 자아의 팽창이다. 자아가 갑자기 그 전까지 신이 차지하던 위치에 서게 되었기 때문이다.

세상의 위대한 자아는 신이었고, 우리는 신의 생각에 지나지 않았다. 그러던 것이 갑자기 신이 사람의 생각 하나에 지나지 않게 되어 버렸다. 따라서 소박하기 짝이 없던 사람이 갑자기 최초의 우주적 질서의 한 요소가 되었다. 사람이 신의 창조자이기 때문이다. 이리하여 사람이 영원한 종교적 무신론자라는 이상한 위치에 서게 되었다.

종교적 무신론자의 심리는 버나드 쇼(Bernard Shaw)의 희곡 작품에 아주 아름답게 묘사되었다. 이 작품 속의 무신론자는 자신이 무신론적 믿음을 잃어버렸다는 사실을 개탄한다. 자신에게 중요한 확신들을 모두 잃었고, 따라서 이제 더 이상 무신론을 믿을 수 없게 되었다고 불평하는 것이다. 물론, 어떤 사람이 유신론자이거나 무신론자라고 해서 세상이 달라지는 것은 하나도 없다. 그런데도 그 문제는 끊임없이 인간이 몰두해 온 주제였으며 앞으로도 그럴 것이다.

여기서 니체는 자기 시대의 편견에 따라, 말하자면 1880년대의 유물론적 개인주의에 따라 말을 하고 있다. 자아가 원하는 모든 것은 그 자체로 옳다는 인식이 보인다. 현대의 사회주의 철학은 그런 식이며, 칼 마르크스(Karl Marx)도 그 시대의 인물이다. 그런 것이 사회주의라 불리는 계몽된 개인주의이다. 즉 모든 개인에게 품위 있는 생활이 허용되어야 한다는 사상이다.

그것은 개인주의의 이상이라 할 수 있다. 이유는 모든 개인들에게 품위 있는 생활이 허용되지 않을 경우에 사람이 좋은 기분을 느낄 수 없을 것이기 때문이다. 만일 품위 있는 가정을 꾸리는 친구가 하나도 없다면, 나는 친구들의 초대를 받을 기회를 누리지 못하게 될 것이다. 또 만일 내가 품위 있는 가정을 꾸리지 못한다면, 나는 친구들에게 훌륭한 만찬을 베풀지 못하게 될 것이다. 그렇기 때문에 인간 존재들 중 일부는 멋진 가정을 가져야만 한다고 볼 수 있다.

"나"에 대한 이런 식의 평가가 자아 팽창 때문에 일어난 실수이므로, 19세기 말에 이를 극복하려는 움직임이 시작되었다. 곧 니체는 대단히 현대적인 관점을 새로 제시했다. 어떤 면에서 보면, 그는 예언자였다. "자아는 언제나 더욱 정직하게 말하는 법을 배운다. 그리고 배움이 많아질수록, 자아는 육체를, 그리고 대지를 찬양할 근거를 더 많이 발견한다." 말하자면, 당신이 이 같은 자아의식의 분위기 속으로 더 깊이 빠져들수록 육체가 현실에 중요하다는 점을 더욱 절실히 깨닫게 될 것이란 뜻이다.

자아의식은 놀랄 정도로 좁다. 자아의식이 매 순간에 오직 몇 가지 사항만을 포함하고 있고 다른 모든 것들은 무의식에 들어가 있기 때문이다. 그러면 당신은 조사를 위해 이 대륙에서 저 대륙으로 마구 돌아다닐 필요가 있다. 이런 경우에 여러 일들을 종합적으로 파악하기 위해선 추상적으로 생각하려고 노력해야 한다.

의식은 대단히 제한적이다. 그러기에 당신은 의식을 효율적으로 이용하고 추상적으로 사고해야 한다. 인간의 의식은 신의 우주적인 의식과 정반대로 아주 좁다. 어쩌면 이런 식으로 말할 수도 있을 것 같다. 사람은 신의 의식 안에서 우주를 두루 여행한 다음에 자신의 집으로 돌아와서 세상만사의 기원은 인간 마음이 매우 좁고 작은 공간에 지나지 않는다는 사실에, 다시 말해 의식의 제약과 편협에 있다는 사실을 깨달았다고 말이다. 또 사람은 그 제한의 원인이 바로 육체라는 사실을 발견한다.

당신은 단지 어떤 일이 일어나는 곳에 있지 않기 때문에 의식하지 못한다. 예를 들어, 나는 서재에서 벌어지고 있는 일을 의식하지 못한다. 나는 다른 사람이 서재에서 하는 말을 듣지 못한다. 단지 나의 귀가 여기에 있고 거기에 있지 않기 때문이다. 만일 육체가 없는 상태에서도 행동이 가능하다면, 나의 귀는 뉴욕이든 스톡홀름이든 마음대로 갈 수 있을 것이다. 그러면 나는 모든 것을 듣고 볼 수 있을 것이다. 그렇게 되면 아마 나는 모르는 게 하나도 없게 될 것이다.

그러나 사실은 육체가 있고, 육체는 시간과 공간 안에 있다. 만약에 육체가 시간과 공간 안에 없어도 된다면, 지금 의식에 따르고 있는 제한 중 많은 것들이 사라질 것이다. 또 만약에 의식에 아무런 제한이 없다면, 의식 자체가 없어질 것이다. 당신이 온갖 것을 다 의식한다는 것은 곧 아무것도 의식하지 않는 것이나 다를 바가 없기 때문이다. 모든 것을 의식한다고 가정하면, 의식이 지극히 흐려질 것이다.

의식의 진정한 핵심은 배제성이다. 당신이 완벽하게 의식적이기 위해선 많은 것을 배제할 수 있어야 하다. 그렇다면 제한이 의식의 특징이고 의식이 존재할 수 있는 조건이다. 그리고 그 구분, 즉 의식이 치열할 수 있는 특별한 능력의 원인은 바로 당신을 공간적으로 특별한 장소로 제한하고 시간적으로 어떤 순간으로 제한하는 그 육체이다. 의식은 우주의 불명료함으로부터 당신을 보호해준다. 의식이 없다면 세상에 존재하는 것들을 어떻게 구분할 것이며, 세상의 사건들이 어떻게 일어날 수 있겠는가? 아무도 세상을 의식하지 못한다면, 세상이란 것은 절대로 존재할 수 없다. 만약에 세상의 존재에 대해 말하는 사람이 아무도 없다면, 세상은 절대로 존재하지 못한다. 그리고 육체의 제한이 없다면 치열한 의식이 어떻게 존재할 수 있겠는가?

이젠 의식 안에서 의식에 의해서 표현될 수 있는 모든 것들의 종국적 원인이 육체라는 생각이 든다. 19세기 말에 이뤄진 위대한 깨달음은 육체가 대단히 중요하고 또 모든 행위의 바탕을 이루며, 육체에 나타난 변화는 마음에 영향을 미친다는 것이었다. 사람들은 히스테리까지도 육체와 관계있다고 믿었으며, 정신 같은 것은 존재하지 않는다고 믿었다.

물론 이것은 그 전 시대의 형이상학에 대한 극단적인 반작용이었다.

"자아가 나에게 새로운 긍지를 가르치고, 그러면 나는 그 긍지를 다른 사람들에게 가르친다. 모래 같은 천상의 일들에 대해 더 이상 신경을 쓰지 말고, 머리를 꼿꼿이 쳐들고 자유로이 다니며 지상의 일에 신경을 쓰라고. 그것이 대지에 의미를 부여하는 일이라고!" 이건 내가 뜻하는 바와 똑같다. 대지에 의미를 부여하는 것은 곧 대지의 머리이다. 육체는 의식을 보증하는 것이며, 의식은 의미를 창조하는 도구이다. 의식이 없으면, 의미도 있을 수 없다. 육체 없이는 어떠한 의식도 없기 때문에, 육체가 없으면 당연히 의미도 있을 수 없다.

나는 사람들에게 새로운 의지를 가르치고, 사람이 그때까지 맹목적으로 따랐던 길을 새롭게 선택하고 또 승인하라고 가르친다. 또 선택한 길을 더 이상 환자나 죽어가고 있는 사람처럼 피하지 말라고 가르친다.

이 부분은 이런 뜻이다. 사람 혹은 사람의 자아의식은 하나의 살아 있는 육체이다. 그러기에 그 사람의 육체가 종국적 현실이다. 옳은 말이다. 그래서 육체는 자신만의 길을 가야 한다. 그것이 훌륭한 길이다. 거기서 벗어나는 것은 잘못이고, 병적인 상태이며, 생물학적 의미에서 잘못되었다는 뜻이다.

여기서 매우 중요한 무엇인가가 확인된다. 이 구절은 니체가 특히 『차라투스트라는 이렇게 말했다』 때문에 종종 받았던 비판을 정당화할 것이다. 니체는 무모한 이기주의나 개인주의를 옹호한다는 지적을 자주 받았다. 니체가 다른 내용은 전혀 쓰지 않고 이 문장만 썼다면, 그 같은 비판이 합당할 것이다. 그러나 비판은 그가 당대의 언어로 말을 하고 있다는 사실에서 비롯되고 있다. 그는 "나", 즉 자아의식에 대해 말하면서도 "나"의 개념에 대해 명확히 검토하지 않았다.

니체는 "나"가 무엇인가 하는 질문을 진지하게 던지지 않았다. 그는 심리학적 비판을 전혀 하지 않는다. 그 문제를 놓고 심리학적 비판을 하기만 하면, 그도 "나"라는 진술 또는 "자아의식"이라는 표현이 지나치게 좁다는 사실을 금방 확인했을 것이다. 니체의 글에서 "나"는 잘못 쓰이고 있는 개념이다.

> 병든 사람과 죽어가고 있는 사람들. 육체와 대지를 경멸하고 천상의
> 세계와 구원의 피를 창조한 사람들은 바로 그들이다. 그러나 그들은 육
> 체와 대지로부터 달콤하고 음울한 독까지 끌어냈다!

구원의 피는 당연히 예수 그리스도의 피다. 그리고 니체는 그런 것까지도 육체와 대지로부터 끌어냈다고 말하고 있다. 니체는 예수 그리스도의 몸과 피를 달콤한 독이라고 부른다. 이것은 인간의 병적 상태가 우리 인간이 육체적 원리 대신에 형이상학적 원리에 따라 살고 있다는 사실에서 비롯된다고 본다는 뜻이다. 우리는 정신에 따라 살지만 그 정신이란 것은 우리의 상상에 지나지 않는다. 여기서 니체는 심리학적 비판이 부족하다는 점을 또 다시 드러내고 있다. 상상은 왜 필요한가?

> 그들은 자신의 불행으로부터 달아나려고 노력했으며, 별들은 그들이
> 도움을 청하기엔 너무 멀었다. 그래서 그들은 탄식했다. "다른 존재와
> 다른 행복으로 숨어들어갈 수 있는 천상의 길들이 있다면!" 그러다 그들
> 은 샛길과 핏방울을 고안해냈다.

이는 물론 우회적인 표현을 빌려서 성찬식을 모독하는 내용이다.

이 배은망덕한 사람들은 이제 자신들의 육체와 대지의 경계를 넘어서 다른 곳으로 달아났다는 망상에 빠졌다. 하지만 그 탈주의 격동과 환희는 누구의 덕인가? 그들의 육체와 이 대지의 덕이었다.

그건 너무 당연했다. 그들은 육체에 고마움을 느끼지 않았다. 망아(忘我)의 황홀경 속에서 이 대지에서 하늘 같은 곳으로 옮겨갔다고 생각하기 때문이다. 그러나 이 황홀경 자체가 소박한 하인인 육체의 경련 때문에 일어난다. 육체가 그들을 돕지 않았다면, 그들은 황홀경을 느끼지 못했을 것이다. 육체를 통하지 않고, 황홀경이 일어날 수 있는 길이 있는가? 육체는 황홀경을 간접적으로 돕는다. 물론 당신이 육체를 제대로 다루지 않으면, 육체가 당신을 육체 밖으로 집어던질 수도 있다.

그것은 마치 물건들을 형편없이 다루는 것이나 마찬가지이다. 잘 아시다시피, 물건들은 무생물이다. 물건들은 거추장스럽게 놓여 있으며, 다리도 없고 날개도 없다. 사람들은 종종 물건들에게 짜증을 낸다.

예를 들어, 이 책이 책상 한가운데에 놓여 있으면 훨씬 더 안전할 것이다. 그런데 나는 버릇처럼 책을 귀퉁이에 잘 놓는다. 책이라는 이 가엾은 무생물에겐 조금 거북한 자세이다. 어쩌다 건들리기라도 하면 떨어져서 다칠 수 있다. 내가 함부로 다루기라도 하면, 책의 입장에서는 여간 곤혹스러운 일이 아닐 것이다. 그러다 보면 책이 나에게 보복할 수도 있다. 내가 책을 제대로 다루지 않았기 때문에, 이젠 책이 이상한 방법으로 나를 해코지하려 들 것이다.

내가 "생명도 없는 물건인 주제에!"라는 식으로 못마땅해 하는 즉시, 대상들은 생명을 얻는다. 그것들은 마치 생명이 있는 생명체처럼 행동할 것이다. 그러면 어느 독일 철학자가 '사물들의 저주'라고 부른 그런 일들이 관찰될 것이다. 물건들을 저주하는 정도가 심할수록, 당신은 무생물에게 생명을 불어넣을 말을 더 많이 하고 있을 것이다. 예를 들어, "이 놈의 책은 어디 숨어 있어? 발이 있어서 어디 깊이 숨었나?"라거나 "시계에 악마라도 숨어 있는 건가? 도대체 어디 간 거야?"라는 식으로 중얼거릴 것이다.

물건들은 자신들에게 짜증을 특별히 많이 내는 사람들에게 위험하게 구는 그런 특성을 갖고 있다. 물건이 당신의 눈 속으로 튀어들어오거나 당신의 발을 물어뜯거나 의자에 살며시 기어와서 당신의 엉덩이 쪽으로 뾰족한 침을 세우고 있을 수 있다. 독일 철학자 프리드리히 비셔(Friedrich Theodor Vischer)가 쓴 책을 보면 이런 아름다운 예들이 아주 많다.

안경이 복수를 할 수 있는 방법을 예로 들어보자. 무늬가 있는 의자라면, 나의 안경은 의자를 찾다가 그만 의자를 구분하지 못하는 상황에 처할 것이다. 의자의 윤곽이 무늬와 결합하면서 흐려지게 되는 것이다. 그리고 버터를 바른 빵이 바닥에 떨어질 때, 버터를 바르지 않은 쪽으로 떨어지는 경우는 절대로 없다. 그러나 이런 일은 단지 물건들을 성급하게 다루는 사람들에게만 일어난다. 말하자면 당신이 물건들을 제멋대로 다룰 때, 바로 그때 악마가 대상 속으로 들어가서 아주 고약한 장난을 치는 것이다.

차라투스트라는 병든 사람들에게 친절하다. 정말로, 그는 병든 사람들이 나름의 방식으로 얻는 위안과 그들의 배은망덕에 화를 내지 않는다. 그들이 원기를 회복하고 병을 극복하여 스스로 더 건강한 몸을 만들기를 바랄 뿐이다.

차라투스트라는 병에서 회복 중인 사람이 망상을 쫓아서 밤중에 자신이 믿는 신의 무덤에 몰래 가도 화를 내지 않는다. 그러나 그 사람의 눈물 속에도 병과 병자의 태도가 그대로 보인다.

신을 두고 깊이 생각하거나 갈망하는 사람들 중에서 병에 걸린 사람들이 많았다. 그 사람들은 식별력 있는 사람을 증오하고, 가장 최근의 미덕인 정직을 대단히 싫어한다.

여기서 우리는 니체 본인의 개인적 경험을 상당히 많이 확인하고 있다. 예를 들어, 사람이 어떤 편견을 극복하게 되면 대체로 관대해지게 되어 있다. 그런 경우에 당신이라면 이런 식으로 말할 것이다. "정말 그렇지요. 그 문제를 그런 식으로 이해할 수 있는데, 사람들은 아직 모르고 있어요." 그러나 편견에 사로잡힌 사람이라면 그것이 편견이란 사실도 제대로 모르는 가운데 편견을 포기하는 사람에게 상당한 분노를 느낄 것이다.

그들은 언제나 암흑시대를 되돌아본다. 정말이지, 그때만 해도 망상과 신앙은 나름의 의미를 지녔다. 광적인 이성은 신과 비슷한 것으로 여겨졌으며, 회의(懷疑)는 죄였다.

나는 신과 비슷한 사람들을 아주 잘 알고 있다. 그들은 언제나 믿어야 한다고 주장하는 한편으로 회의는 죄라는 점을 강조한다. 나는 또 그들이 믿고 있는 것이 뭔지도 잘 알고 있다.

정말로, 그들이 가장 강하게 믿는 것은 내세와 구원의 핏방울이 아니고 그들의 몸이다. 그들에게 그들의 몸은 물(物) 자체이다.

신과 비슷한 사람들이라는 표현은 무엇을 의미할까? 그들은 암흑 시대를, 분명히 망상과 신앙이 다른 것이었던 중세 시대를 되돌아보고 있다. 그래서 광기 어린 이성도 방향감각을 상실한 마음의 상태로 이해될 수 있었다. 무질서한 이성은 신을 닮았고, 회의는 죄라는 식의 해석이 옳다고 나는 생각한다. 그것은 완벽한 진리이다. 니체가 말하는, 신과 비슷한 사람들은 중세적인 마인드를 가진 사람들이다. 그렇지만 니체가 그들을 두고 신과 비슷하다고 본 이유는 무엇일까? 아마 그들을 신과 비슷하다고 부른 데는 어떤 심리학적 근거가 있어야 할 것이다.

그런 식으로 생각한 심리학적 근거는 중세의 마인드를 가진 사람들이 사는 조건이 신과 같다는 점이다. 만약에 형이상학적인 어떤 신이 있고 사람들이 형이상학적인 존재를 영위하고 있다는 판단이 든다면, 당신은 그런 사람을 보고 신과 비슷한 사람이라고 부를 것이다. 심리학적으로 볼 때, 형이상학적인 곳은 무의식일 것이다. 무의식 안에서 사는 사람들은 무의식처럼 보이고 또 무의식적이다. 그래서 무의식의 본질을 신성이라고 부를 수 있다면, 무의식 안에서 사는 사람들은 신성해 보이고 따라서 신처럼 보이게 된다.

그런데 니체는 "정말로, 그들이 가장 강하게 믿는 것은 내세와 구원의 핏방울이 아니고 그들의 몸이다. 그리고 그들에게 그들의 몸은 물(物) 자체이다."라고 말한다. 이 대목에서, 내세를 추구하는 사람들에게도 몸이 절대적으로 중요한 것이라는 점이 확인된다. 그들까지도 몸을 가장 독실하게 믿는다는 말이다. 우리는 대체로 이와 정반대일 것이라고 짐작했다. 이는 도대체 무슨 의미일까?

지나치게 형이상학적인 사람들이 자신의 몸 때문에 귀찮아 한다는 생각엔 중요한 무엇인가가 들어 있다. 정신이 육체를 완전히 풀어놓을 경우에 육체가 잘못될 확률이 높아진다는 뜻이다. 육체와 정신은 언제나 함께 살아야 한다. 이는 형이상학적일 필요성을 거의 느끼지 않는 직관적인 사람들의 건강 상태가 대체로 좋지 않은 이유를 설명해준다. 직관적인 유형은 단순한 가능성에 지나치게 많이 기대며 살고 있으며, 그러다 보면 소화기관이 고통을 받기 시작한다.

예를 들어, 위나 십이지장에 병이 생겨 만성 질환으로 악화될 것이다. 아니면 다른 신체 부위가 장애를 일으킬 것이다. 많은 장기 질환은 육체에 대한 관심 부족 때문에 생긴다. 그러므로 지나치게 영적인 관념의 세계에 빠져 지내는 사람들은 육체에 관심을 더 많이 쏟도록 노력해야 한다.

이런 말도 있다. 어떤 형이상학적 진리를 발견했거나 형이상학적인 문제에 대한 해답을 찾았다는 생각이 들거든, 한 달 동안 그것을 시도하면서 그것이 당신의 위에 장애를 일으키는지 여부를 확인하라. 위에 장애가 일어나면, 엉터리라고 판단하면 된다. 형이상학적 관념을 가질 필요는 있다. 우리는 그런 관념 없이 세상을 살아가지 못한다. 그러나 그 관념을 놓고 매우 진지하게 검증 과정을 거치려는 노력 또한 중요하다. 그 관념이 인간 존재와 어울리는지를 반드시 확인해야 한다는 뜻이다.

예를 들어 보자. 만일 내가 사후에 5,000만 년이 아니라 5만 년 정도 살 수 있다는 확신을 품게 되었다면, 나는 사후에 5만 년만을 산다고 믿는 것이 무슨 의미인지를 파악하려고 노력한다. 그 같은 믿음이 소화에 이로울 수 있고 나쁠 수도 있을 것이다.

이상하게 들릴지 모르지만, 나는 사람도 살아 있는 신체를 갖고 있다는 확신에서 시작하며, 정신과 신체 중 어느 한 쪽에 진리인 것은 다른 쪽에도 마찬가지로 진리라는 믿음을 갖고 있다. 그렇다면 육체는 무엇을 위한 것인가? 육체는 단순히 영혼이 겉으로 드러나는 것이고, 영혼은 육체의 심리적 경험이다. 그렇다면 육체와 영혼은 정말로 하나이다. 따라서 멋진 진리는 전체 체계 중 반만 아니라 전체에 진실한 것이다.

나의 상상에 무엇인가가 좋게 보일 수 있다. 그러면 그것은 나의 상상과 일치한다. 그러나 그것이 나의 육체에는 전적으로 나쁜 것으로 드러날 수 있다. 그리고 무엇인가가 겉보기에 육체에 꽤 좋을 것 같다. 그러나 그것은 영혼의 경험에 매우 나쁠 수 있다. 이런 경우에 나는 정신적 장염에 걸린 것이나 마찬가지이다. 그래서 나는 두 개의 체계를 하나로 조화시킬 수 있도록 특별히 신경을 쓴다. 유일한 기준은 두 체계가 동시에 균형을 이루는 것이다.

생명이 부드럽게 흐를 때, 나는 생명이 아주 좋은 상태라고 말할 수 있다. 그러나 흥분하게 되면, 나는 무엇인가가 잘못되었거나 질서가 깨어졌다는 것을 안다. 따라서 영적 성격이 강한 확신을 강하게 품고 있는 사람은 육체로부터 육체에 관심을 주라는 신호를 받게 된다. 나는 단지 잘못된 믿음 때문에 온갖 종류의 신체적 고통으로 힘들어 하는 사람을 많이 보았다.

그러나 그들에게 육체는 병든 것이며, 그들은 육체에서 기꺼이 벗어나려 할 것이다. 따라서 그들은 죽음의 설교자들에게 귀를 기울이고, 그들 본인도 내세를 설교하게 된다.

형제들이여, 차라리 건강한 육체의 목소리에 귀를 기울여라. 육체의 목소리가 훨씬 더 정직하고 순수한 목소리이니까.

건강한 육체, 완벽하고 강건한 육체는 보다 솔직하고 순수하게 말한다. 그리고 육체는 대지의 의미에 대해 말한다.

여기서 그는 건강한 육체의 반응을 믿는다. 건강한 몸은 건강한 생명이고, 건강한 생명은 그 사람의 육체의 생명인 것만큼이나 영혼의 생명이기도 하다. 영혼과 육체는 두 개가 아니고 하나이기 때문이다.

*　　*　　*

로고스, 그리고 지성과 정신의 차이에 대해 이야기를 해야 할 것 같다. 로고스의 개념에 대해 말하자면, 로고스는 과학적인 개념이 아니고 직관적인 개념이다. 로고스에 대해 설명하기 전에, 그 점을 분명히 알아야 한다.

사실들에 근거한 심리학적 개념들이 있다. 예를 들면, 내향적 유형이나 리비도 개념이 그런 경우다. 그런 개념들은 어느 정도 증명된다. 직관적인 개념은 어떤 개념을 얻기 위한 시도이다. 직관적 개념은 잠정적 설명에 해당하기 때문이다. 간혹 직관적 개념은 당신이 아직 모르고 있는 무엇인가를 단순히 상징하는 것에 지나지 않는다. 직관적인 유형이 하나의 사실을 창조하지 못하는 것과 똑같다. 직관적인 유형은 어떤 사실의 귀신을 창조할 뿐이다.

물론, 직관적인 유형의 사람은 직관의 결과물을 사실로 다루길 원할 것이다. 예를 들어, 당신이 직관의 망원경을 이용하여 어느 산의 꼭대기를 응시하면서 거기서 작은 바위를 보고는 당신이 그 산의 정상에 올랐던 적이 있다고 단정할 수 있다. 정말 신기하게도, 당신은 거기에 깡통 같은 흔적까지 남겼다. 그래서 당신은 그 산에 올라가지도 않았으면서도 실제로 그 산을 오르려는 가엾은 감각 유형 사람의 기분을 망쳐놓는다. 지금까지 아무도 그 산에 오르지 않았다. 당신은 단지 자신의 망원경으로 깡통을 그곳으로 쏘아 올렸을 뿐이다.

직관에 대해 달리 이야기할 수도 있다. 초심리학적인 사실에 관한 이야기를 한 가지만 더 하고 싶다. 하나의 직관은 혹시 맞을 경우에 희생자에게 엄청난 고통을 안길 수 있는데도 그 같은 사실을 모르는 가운데 떨어지는 고드름과 비슷하다. 직관은 절대로 시시한 것이 아니다. 직관은 직관적인 유형의 사람들이 흔히 생각하는 그런 사실이 아니다. 직관적인 사람들은 자신이 무엇인가에 대해 모든 것을 알고 있다고 말하지만 그저 한번 슬쩍 보았을 뿐이다. 그런 사람들의 의견이 맞을 수도 있다. 낙관적으로 본다면, 그 의견이 맞을 확률은 50대 50이다. 50%는 맞지 않을 수 있다는 말이다. 직관도 긍정적인 결과를 낳지 못하면 아무것도 아니며, 직관이 언제나 긍정적인 결과를 낳는 것도 아니다. 한 가지만은 확실하다. 당신이 어떤 일에 대해 직관을 품고 있는 한 그 일과 직접 맞닥뜨리지 않았다는 사실이다. 그러기에 직관적인 유형인 당신은 아직 그 길을 더 멀리 나아가야 한다.

그렇다면 직관적인 개념은 그런 식의 요행에 기대지 않고는 달리 이해하거나 설명할 길이 없는 무엇인가에 행운의 사격을 시도하는 것에 지나지 않는다. 그것은 마치 구름 속에 걸쳐져 있다는 가느다란 '은실'

을 맞히려고 노력하는 것이나 마찬가지이다. 당신은 구름 속에 있는 실을 보지 못하지만 그것을 겨냥해 화살을 쏘다 보면 그 실을 끊을 수도 있을 것이다. 그런 것이 직관이다.

직관적인 개념은 필요하고 또 피할 수 없지만 그다지 환영할 만한 것은 못 된다. 직관적인 개념은 언제나 당혹스럽다. 그것이 당신 자신만 아니라 당신의 지성에도 덫이 될 수 있기 때문이다. 당신은 정말로 쉽게 직관적 개념의 덫에 걸리게 된다. 당신이 직관적인 개념을 제시하면 누군가가 와서 물을 것이다. "당신의 생각은 정확히 무슨 의미입니까?"

당신은 이미 그 개념에 대해 입이 아프도록 정말 열심히 설명했을 것이다. 로고스와 에로스에 대해 설명하고, 그곳의 모든 사람들은 그런 당신을 보면서 당신이 강의 내용을 훤히 알고 있을 것이라고 생각했을 것이다. 그런데 막상 어떤 사람이 당신에게 다가와 그런 식으로 묻는다면, 당신은 더듬거릴 수밖에 없다. 당신도 잘 모르기 때문이다. 그래서 로고스는 변명의 암시를 풍기는 어색한 미소의 도움을 받아야만 설명이 가능하다. 어느 누구도 로고스에 대해 그 이상으로 명확히 설명하지 못한다. 로고스는 바로 그런 것이다.

예를 들어, 나에게 에로스의 정의를 제시해 보라. 이 요구 앞에서 누구든지 어떤 직감을 갖게 되겠지만 로고스를 정의할 때와 똑같은 상황에 처하게 된다. 그러면 그 사람은 스스로에게 이렇게 물을 것이다. "먼저 로고스에 대해 뭐라고 해야 하나? 나의 능력이 닿는 데까지 로고스에 대해 설명한다면, 어떤 사람의 존재 중에서 그 사람이 특별한 방식으로 식별하고, 추론하고, 판단하고, 구분하고, 이해하도록 하는 어떤 특별한 자질인데…" 그리고 이 모든 내용을 완벽하게 이해하려면 로고스와 대조를 이루는 개념으로 마찬가지로 직관적인 에로스에 대해 반드시 생각해 봐야 한다. 그러면 에로스는 사물들을 함께 놓고 보고, 사물들을 두루 취합하고, 사물들 사이의 관계를 확립하는 관련성의 한 원칙이 될 것이다. 말하자면 사물들을 따로 놓고 보거나 판단하는 것이 아니라 사물들을 끌어당기거나 물리치는 것이다. 그런 것이 에로스이다.

에로스는 발도 없고 손도 없고 머리도 없다. 한마디로 말해 아무것도 없다. 에로스는 가여운 존재이다. 에로스는 땅으로 끌어내려지지 못하는 직관적인 관점이다. 에로스는 날고 있는 새이고 지붕 위의 비둘기인 반면에, 당신의 과학적 혹은 지적인 개념은 손에 잡힌 참새이다. 지붕 위의 비둘기는 어느 때라도 날아갈 수 있다. 그럼에도, 그 비둘기도 하나의 현실이다. 그렇기 때문에 사람에 관한 것들 중에는 이런저런 방식으로 이해는 가능하지만 똑떨어지게 정의되지 않는 무엇인가가 있다.

로고스는 어떤 개념을 확립하기 위한 시도이며, 로고스는 남자의 일반적인 어떤 자질을 규정한다. 로고스는 또한 말의 개념을 포함하고 있다. 그리스어 단어 'legein'(이 단어의 명사형이 로고스이다)은 말하고 대화하는 것을 의미한다. 그것은 남자의 또 다른 특징이다.

남자는 어떤 사상을 말로 표현하고, 그 사상을 설명하고, 거기에 이름을 붙이고, 어떤 개념을 만들어내고, 개념을 활용하는 것을 좋아하는 반면에, 에로스 쪽에 더 가까운 여자는 일들을 '미해결' 상태로 내버려둘 수 있다. 그러면서도 그 일들에 대해 굳이 말로 표현할 필요성을 느끼지 않는다. 그러면 남자는 여자에게 "도대체 왜 그런 사실을 말하지 않아?"라고 묻지만 여자는 말할 필요를 느끼지 않는다. 아니면 여자는 다른 무엇인가를 말할 수 있다. 그러면 남자는 여자가 해서는 안 될 말을 했다고 확신한다. 여자가 남자가 알아들을 수 있도록 콕 찍어 표현하지 않기 때문이다. 그러면 여자가 말을 하지 않은 것이나 마찬가지이다. 이런 식으로 이어지다 보니 남자들 사이에 여자들의 말에 대한 인식이 지금처럼 굳어지게 되었다.

그러나 여자들의 대화를 유심히 관찰해 보면, 남자는 여자가 마치 거미집을 짓는 거미처럼 은밀한 줄을 갖고 사건들을 서로 연결시키고 있다는 사실을 확인할 것이다. 그 그물망엔 파리들이 걸려 꼼짝 못하는 신세가 된 상태에서 어쩌다 그렇게 되었는지 이유를 몰라 어리둥절해 하는 모습도 보일 것이다.

여자들의 우회적인 대화는 단어들로 이뤄지지 않고 거미줄로 이뤄진다. 여자들은 남자의 목적과 다른 목적을 갖고 있다. 남자는 "이것은 의자이지 발을 얹는 곳이 아니야."라는 뜻으로 말한다. 남자에겐 그것이 의자라는 사실이 중요하다. 남자는 이런 특별한 요소를 확실히 해 두길 원한다.

그러나 여자에겐 그건 전혀 중요하지 않다. 이것이 의자가 아니라면 발을 올리는 것이고, 발을 올릴 곳이 없으면 의자에도 발을 얹을 수 있는 문제이다. 나의 삼촌이 평소에 즐겨 하던 말이 있다. "만일 남자가 국을 젓는 스푼을 만들지 않았더라면 여자들은 아마 지금도 여전히 막대기로 국을 젓고 있을 거야." 여자들에게 그런 것은 그다지 중요하지 않다. 여자들에겐 어떤 차이를 덮는 일이나 차이를 받아들이는 일이 더 중요하다. 차이 사이에 다리를 놓아야 하는데, 다리 역할을 하는 것이 바로 플롯이다.

여자의 타고난 마음은 주로 플롯을 짜게 되어 있다. 이건 절대로 농담이 아니고 너무나 명백한 사실이다. 여자를 모욕하는 말도 아니다. 여자의 마음은 그렇게 되어 있을 뿐이다. 여자들은 타고난 마음 안에 거미줄 같은 것을 친다. 이 줄은 여자의 마음에서 시작해 그녀 자신이 연결된 모든 일까지 복잡하게 이어져 있다. 그러다 보면 결국엔 여자도 마찬가지로 그 줄 안에 갇히게 된다. 그러기에 여자들이 마음 안에 거미줄을 엮는 일은 매우 중대한 일이다.

여자들은 타고난 거미들이라고 할 수 있다. 여자들이 그렇게 함으로써 연결들에 대해 많은 것을 알게 되기 때문에 하는 말이다. 바로 그 연결이 에로스이다. 그러나 에로스에 대한 설명이 설득력을 지니기 위해선 정말로 시적이어야 한다. 직관적인 개념은 시인에 의해 멋지게 설명될 수 있다. 과학자는 직관적인 개념을 설명하는 데 적합하지 않다. 어떻게 보면 과학자는 직관적인 개념에 이름을 붙이기엔 지나치게 남성적이다. 그러다 보니 남자는 사물들의 생생한 기능을 제대로 이해하지 못하고 인생 말년에 이르러서야 자연의 분류나 자연의 형성 같은 것을 이해하게 된다.

예를 들어, 칼 폰 린네(Carl von Linné)는 늙은 뒤에야 거의 수학의 체계나 다름없는 엄격한 방법에 따라 식물을 분류하는 체계를 만들어냈다. 꽃잎의 숫자나 식물을 이루는 기관(器官)의 숫자 등에 초점을 맞춘 방법이었다. 그러나 현대의 식물학자들이 식물을 분류하는 방법을 보라. 현대 식물학자들은 공생 집단을 바탕으로 식물의 삶을 관찰한다. 현대의 식물 분류는 지형학적이다. 식물은 그것이 자라고 있는 바위나 다른 식물이나 동물과 공생 관계에 있다. 그러나 그런 결론은 아주 늦게 내려졌다. 무엇보다, 과학이 수학의 법칙으로 자연을 직선으로 나누길 요구하기 때문이다. 그것이 로고스의 두드러진 성격이다.

식물 분류가 여자들의 영역에서 이뤄졌다고 가정해보자. 그러면 여자는 자연히 식물들에 관한 방대한 플롯을 만들었을 것이다. 이런 종류의 꽃은 다른 종류의 꽃을 상대로 어떤 음모를 꾸민다는 식으로 이야기가 전개될 것이다.

여자가 만드는 식물 분류 체계는 하나의 소설이 될 것이다. 어느 식물은 어떤 식물과 결혼했는지, 어느 식물이 어떤 식물과 바람을 피워 어떤 사생아를 낳았는지, 이 사생아는 어느 꽃과 어느 꽃이 만나 낳은 것이라는 등의 이야기가 만발할 것이다. 또 거기에는 처음부터 꽤 분명하게 가족을 이루는 집단도 있을 것이다.

남자가 아주 늦게 깨닫는 유전학적 관점도 당연히 고려될 것이다. 자손에 관한 한, 여자의 본능이 엄청나게 발달해 있기 때문이다. 여자는 누가 누구의 손자이고, 누가 누구의 증조할머니인지, 족보에 훤하다. 이런 족보 이야기는 여자들의 대화에서 아주 중요한 아이템이며, 연결 짓기에 능한 여자들의 특성을 보여주는 대목이기도 하다.

물론 위대한 정신을 소유한 여자들은 이런 대화를 하기 위해 함께 모이지 않는다. 앞에 말한 특성은 평범한 여자들의 대화에서 확인된다. 여자들은 남자의 세계와는 완전히 다른 세계에 관한 정보를 듣는다. 그런 종류의 마음에 남자의 세계는 영 이상해 보인다. 여자의 세계가 남자들에게 이상하게 보이는 것과 다를 바가 하나도 없다.

남자는 그냥 여자들과 똑같은 관점에서 세상사를 보지 않는다. 따라서 아나톨 프랑스(Anatole France)가 남자들에게 한 조언은 상당히 일리가 있는 말이다. 남자들이 함께 머리를 맞대고 일하다가 교착상태에 빠질 경우에 똑똑한 여자를 끌어들이면 문제를 해결할 수 있을 것이라고 프랑스는 조언한다. 이런 내용을 담은 그의 작품이 바로 『펭귄의 섬』(L'Isle des Penguins)이다.

그렇다면 로고스는 관찰을 통해 얻은 넓은 범위의 경험을 익히 잘 알려진 형식으로 요약할 수 없는 상황에서 그것을 전하는 직관적 개념이라고 할 수 있다. 그 경험을 담아낼 형식이 전혀 없기 때문에, 그런 식으로 직관적으로 접근하는 것이 최선의 방법인 것이다. 로고스에 대한 설명으로 이보다 더 훌륭한 것이 제시된다면, 나는 기꺼이 그것을 받아들일 것이다. 하지만 나로서는 로고스에 대해서 지금까지 말한 그 이상을 알지 못한다.

로고스 같은 직관적인 개념을 다룰 때에는 누구나 신중해야 한다. 나는 여러분에게 이런 용어를 가능한 한 쓰지 말라고 권하고 싶다. 그것이 언제나 덫이 될 것이기 때문이다. 여기서 다시 텍스트로 돌아가 '육체를 경멸하는 자들'이라는 장의 한 대목을 보자.

> 감각이 느끼는 것과 정신이 식별하는 것은 그 자체에 어떠한 목적도 갖
> 고 있지 않다. 그런데도 감각과 정신은 자기들이 모든 사물들의 목적이라
> 고 그대들을 설득하려 들 것이다. 그처럼 감각과 정신은 허황되다.

이 대목은 무엇을 두고 하는 말일까? '감각'이라는 단어는 정신과 동일하지 않다. 그 단어는 틀림없이 우리가 감각이라고 부르는 것을 의미한다. 감각을 뜻하는 독일어 단어 'Sinn'은 또한 '의미'로도 번역될 수 있다. 예를 들어, 독일 신학자 리하르트 빌헬름(Richard Wilhelm)은 도(道)를 'Sinn'으로 옮기고, 다른 사람들은 도를 '의미'로 옮겼다.

'Sinn'은 종종 'Gemüt'(기분, 성향)를 의미하고, 'Gemütlichkeit' (기분좋음, 유쾌함)라는 단어는 틀림없이 분화가 덜 되어 있어서 감

각과 혼동을 일으키는 어떤 감정(Empfindung)을 의미한다. 그렇다면 여기에도 감각의 특성이 나타난다. 이유는 게르만 족의 마음에선 감각과 감정이 아직 뚜렷이 구분되는 기능이 아니기 때문이다. 'Gemüt' 또는 'Gemütlichkeit'는 감각과 감정과 정서가 뒤섞인, 이해할 수 없는 수프이다. 그리고 'Gemütlichkeit'는 온갖 종류의 대상과 연상까지 포함한다.

'Gemütlichkeit'라는 단어는 맥주 냄새도 풍기고 담배 냄새도 풍기고 소시지 냄새도 풍긴다. 그을음에 검게 그을린 낮은 천장이 정감을 풍기는 따뜻한 방 안에서 사람들이 난롯가에 앉아 있다. 거기에 커피포트가 있다. 사람들은 따뜻한 커피를 마시면서 여유롭게 이야기를 나누고 있다. 편안한 밤이다. 'Gemütlichkeit'가 의미하는 바를 이해하기 위해선 이 모든 것들에 대한 언급이 있어야 한다.

독일어에서 'Gemüt'만큼 많은 것을 담고 있는 단어도 없다. 당신이 이 단어를 쓸 때 일어나는 일들을 보면 정말로 재미있다. 이 단어는 주문(呪文)만큼이나 포괄적이다. 현실을 불러낼 수 있는 것이다. 이에 비하면 '감각'이라는 표현은 아무것도 아니다. '마음'이라는 단어는 그 의미가 지나치게 명확하다. '의미'라는 단어를 쓸 때, 당신은 무슨 의미인지를 묻고 있다. '의미'라는 단어로는 아무것도 불러내지 못하는 것이다. 그러나 'Gemüt'나 'Gemütlichkeit'라는 단어를 쓰는 독일인은 무엇을, 누가, 어디서 등에 대해선 물을 필요조차 없다.

앞에 제시한 텍스트 다음에 "감각과 정신은 도구이고 장난감일 뿐이다."라는 내용이 나온다. 이것은 그가 두 가지 정신적 요소를 의미하고 있다는 점을 분명히 밝히고 있다. '정신' 혹은 'Geist'는 여기서 '마음'과 똑같은 의미로 쓰이고 있다. 그러나 여기서 중요한 것은 감각과 정신이 "모든 사물의 목적"이라는 점을 우리에게 어느 정도 설득시키는가 하는 것이다. 감각과 사물이 그 자체로 목적이 될 수 있을까? 혹은 감각과 사물이 우리를 어느 정도 설득시킬 수 있을까? 중요한 것은 바로 이런 물음이다. 그가 비판의 대상으로 삼고 있는 것도 바로 그것이다.

감각이나 마음, 지성, 혹은 정신은 언제나 형이상학적인 의미에서 우리를 설득시키려 노력한다는 점을 강조하고 싶다. 말하자면 그런 것들은 그 결과나 진술을 통해서 종국적 진리를 확립할 수 있다는 점을, 그리고 그 진리가 인생의 의미라는 점을 확인시키려 든다는 뜻이다.

예를 들어, 과학적인 지성은 어떤 진리를 확인하는 것을 존재의 목표로 여긴다. 마치 그 진리가 삶의 진정한 목표인 것처럼. 다른 기능들도 다른 목표를 내세우고, 삶의 또 다른 의미를 창조하고, 그리하여 그것이 유일한 의미라고 우리를 설득시키려 든다. 이런 식으로 기능들은 저마다 한쪽 방향으로 분화되어 있다. 그렇기 때문에 당신이 늘 한 가지 기능에만 의지하며 산다면, 그 기능은 쉽게 당신을 능가하면서 인생의 전체 의미는 그것밖에 없다는 식으로 주장하고 나설 것이다.

그러나 당신이 어떤 기능과 자신을 동일시하지 않는다면, 다시 말해 당신이 기능들의 대상이 되지 않고 기능들의 주체가 될 수 있다면, 그때 당신은 나의 목표는 이러이러한 것이라고 말할 수 있게 된다. 그러면 기능이 당신에게 복종하게 될 것이다. 니체가 추구하는 것이 바로 그런 것이다. 당신이 어느 한 기능과 자신을 동일시한다면, 당연히 그 기능이 온갖 자료와 사실들을 제시하면서 그것이 곧 삶의 의미라고 당신을 설득하려 나설 것이다.

그러므로 당신은 당신의 기능의 주인이 되도록 노력해야 한다. 당신이 기능을 부리는 주체이지 기능의 대상이 아니라는 점을 명심해야 한다.

＊　＊　＊

'육체를 경멸하는 자들'이라는 장 중에서 "감각과 정신은 도구이고 장난감이다"라는 문장에 대한 설명이 길어지고 있다. 독일어 단어 'Sinn'과 관련해서 약간의 어려움을 겪었다. 요약한다는 의미에서, 나는 'Sinn'이라는 독일어의 개념은 정신과의 연결에서 보면 일종의 대조라는 점을 강조하고 싶다. 'Sinn'과 'Geist'를 서로 대조적인 관계에 있는 단어로 보자는 뜻이다.

'Sinn'의 의미를 표현하는 단어로 'Gemüt'를 쓸 수 있다. 또한 감정적인 마음과 정신, 즉 'Seele'과 'Geist'는 하나의 전체를 표현한다고 말할 수 있다. 지금 니체는 이것들이 도구이고 장난감이라고 말하고 있다. 이것들이 그 자체로 사물이 아니라 오히려 응용이거나 기능이거나 부수 현상이거나 부록이라는 뜻이다. "감각과 정신의 뒤에 자기가 있기" 때문이다. 바꿔 말하면, 감각과 정신은 어떤 실체의 현상이거나 표현인데, 이 실체는 절대적인 어떤 현실을 의미할 수 있으며 자기 안에서 발견될 것이다.

자기라는 개념의 등장으로 우리는 다시 심리학의 영역으로 들어간다. 심리학은 현재 인간의 전체 심리는 의식만 아니라 무의식으로도 이뤄져 있다는 결론에 도달했다. 틀림없이, 의식의 핵심을 이루는 자아는 우리의 정신적 존재의 전부가 될 수 없다. 전체 심리를 이야기할 때면 반드시 무의식을 포함시켜야 한다.

무의식이 의식에 더해진다면, 의식과 무의식의 결합으로 생기는 핵심적인 존재는 '또 다른 자아'(alter ego)가 될 것이다. 어떤 사람이 무의식을 발견할 때 자기 자신도 발견하게 되는데, 이때 그 사람이 발견하는 자기 자신은 완전히 다른 모습일 것이기 때문이다. 당연히 자신 안에서 또 다른 자기도 발견하게 된다.

이것이 엄청난 갈등을 유발한다. 그 사람이 자신의 무의식과 아직 하나가 되지 않았기 때문이다. 이때 '또 다른 자아'는 그림자로 여겨지는데, 대체로 보면 사람들은 그림자를 받아들이는 데 대단한 어려움을 겪는다. 우리 안에 있는 '또 다른 자아'가 의식의 자아와 너무나 다르다 보니 마치 자아를 부정하는 것처럼 보이기 때문이다. 사람이 두 개의 자아 중에서 어느 것을 받아들여야 할지 모르고 있을 때, 그 갈등은 특히 더 심각해진다. 그림자가 너무나 강한 탓에 그 사람이 자신이 진정 어떤 존재인지를 잘 모르게 되기 때문이다.

예를 들어 보자. 당신이 적을 죽이는 공상을 품는다고 가정하자. 그러면 당신은 그 같은 공상을 근거로 스스로를 잠재적 살인자라거나 악마의 자식이라고 판단할 수 있다. 그러면 당신은 우울한 기분에 빠져들 수 있다. 자신의 기질과 다른 무엇인가를 품는 것은 무조건 나쁘다는 식으로. 당신처럼 생각하는 사람들은 다른 사람을 죽이거나 거짓말을 하거나 훔치는 사람은 내면에 선한 것이라고는 전혀 없는, 완전히 시커먼 사람이라는 식으로 생각하기 쉽다. 그러기에 정신분석가들에겐 환자의 내면에서 선한 부분과 악한 부분을 동시에 드러내 보여주는 것이 여간 힘든 일이 아니다.

인간 존재의 전체는 의식적인 자아와 다른 무엇이다. 다른 이름으로 불릴 만하다. 이유는 당신이 무의식을 흡수해 동화시키게 되면 당신 자신에 대해 어떤 객관성을 느끼게 되기 때문이다. 당신 자신을 '주어진' 무엇인가로, 하나의 전제로 이해하지 않는다면, 당신이 자신을 동화시키는 것은 사실상 불가능하며 따라서 당신 자신의 삶을 충실하게 사는 것이 불가능해진다. 만일 당신이 의식적인 자아에 지나지 않는다고 단정한다면, 그건 당신을 둘러싸고 일어나는 모든 일들은 당신이 원했거나 의도한 것이라고 말하는 것이나 마찬가지이다.

그러나 어떤 일이 그저 일어난 것 같다는 인상을 지우지 못할 때도 틀림없이 있다. 마치 당신이 그 일들을 조우한 것처럼, 혹은 당신이 객관적이고 이상한 무엇인가에 압도당하는 것처럼 느껴질 때도 있는 것이다. 그래서 당신의 그림자를 동화시킬 수 있으면, 당신은 주관적이면서 동시에 객관적인 존재가 될 수 있다. 무의식을 동화시킬 경우에, 당신은 당신의 존재의 범위를 상상을 초월할 만큼 크게 확장할 수 있다. 게다가, 당신은 당신 자신의 전체에 당신의 통제를 받지 않는 것까지 포함시키게 될 것이다. 당신이 통제할 수 있는 것은 의식에 속하는 것뿐이기 때문이다.

그것은 마치 당신이 부분적으로만 알고 있는 어떤 땅의 지배자가 되는 것과 비슷하다. 또 거주자들의 얼굴을 제대로 모르면서 한 나라의 왕이 되는 것과 비슷하다. 당신은 거주자들이 어떤 사람인지, 거주자들의 처지가 어떤지에 대해 잘 모른다. 그럼에도 당신은 당신의 나라에 당신이 알지 못하는 거주자들이 많다는 사실을 거듭 확인하게 된다. 그래도 당신은 이 거주자들에 대한 책임을 질 수 없다. 당신은 이렇게만 말하면 된다. "나 자신이 한 나라의 통치자라는 사실은 안다. 하지만 나는 이 나라의 국경도 모르고 거주자도 모른다. 거주자들의 특성에 대해서도 아는 바가 전혀 없다."

이런 식으로 말하는 즉시, 당신은 자신의 주관성에서 빠져 나오면서 동시에 당신이 일종의 죄수가 되는 그런 상황에 직면하게 되고 또 미지의 가능성을 직면하게 된다. 왜냐하면 통제 불가능한 많은 요소들이 언제라도 당신의 행위나 결정에 영향을 미치게 될 것이기 때문이다. 그러면 당신은 그 나라에서 아주 이상한 왕이 된다. 진정으로 왕이 아닌 왕, 말하자면 자신의 의지로 처리할 수 없는 미지의 조건에 휘둘리는 그런 왕이 되는 것이다.

이젠 왕이 되지 않는 게 차라리 더 낫겠다는 소리가 나올 수 있는 그런 상황이, 다시 말해 자신이 통치하게 되어 있는 영토 안에서 다른 거주자들과 마찬가지로 귀퉁이 일부만을 가진 그런 존재가 될 것이다. 경험이 쌓일수록, 당신이 차지하고 있는 귀퉁이가 당신이 모르고 있는 거대한 넓이에 비하면 한없이 작다는 사실을 더욱 절실히 깨닫게 될 것이다. 그러면 당신은 완전히 새로운 견해를 갖게 된다. 자기라는 것은 엄청난 영향력을 행사하고 또 대단히 이상한 그 무엇이며, 당신은 자기 중 극히 작은 일부에 지나지 않는다는 사실을 깨닫게 되는 것이다. 그래도 당신이 차지하고 있는 그 부분이 아주 작다는 사실을 온전히 깨닫기는 어렵다.

어쨌든, 당신은 지금까지의 태도를 버리고 무한히 넓은 대륙 안에 아주 작은 왕국을 건설한 사람의 태도를 취해야만 한다. 당신의 의식이라는 왕국의 희미한 경계선 밖에 있는 것은 당신이 전혀 모르는 미지의 세계라는 사실도 명심해야 한다. 당신의 작은 왕국이 포함되어 있는 넓은 대륙이 중앙의 어떤 권력에 의해 통치되고 있다고 가정한다면, 이 중앙 권력이 당신의 왕이 될 것이고, 당신은 이 미지의 큰 권력의 신하가 될 것이다. 이 큰 권력이 흔히 심리학에서 말하는 자기가 될 것이다.

물론 나는 니체도 그런 개념을 갖고 있다는 사실을 잘 알았다. 왜냐하면 내가 겨우 스물세 살 때 처음으로 『차라투스트라는 이렇게 말했다』를 읽었고 그 다음에 1914년과 1915년에 걸쳐 겨울 동안 이 작품을 매우 깊이 연구하면서 주석을 많이 달았기 때문이다. 그때 이미 나는 자기라는 개념에 관심을 두고 있었지만 당시에 내가 자기를 어떤 식으로 해석했는지는 분명하지 않다.

그러나 나는 자기와 관련 있는 문장을 만날 때마다 나름대로 해설을 달았다. 그때 이미 그런 문장들이 나에게 매우 중요해 보였던 것이다. 그럼에도 나는 자기라는 개념을 이용하지 못했다. 『차라투스트라는 이렇게 말했다』를 읽다 보면 곧잘 무의식의 개념을 잊고 말기 때문이다. 이 작품엔 오직 의식만 있는 것이다. 'Gemüt'(성향)와 'Geist'(정신)는 의식의 내용물이나 특성이 될 것이다. 따라서 니체가 실제로 자아와 자기를 동일시하는 실수를 범했을 가능성이 있다. 나는 그럴 가능성을 이미 『차라투스트라는 이렇게 말했다』에서 보았다. 말하자면 니체가 자아를 자기와 동일시하고, 따라서 자아와 초인을 동일시하는 것이 확인된 것이다. 그의 자아는 간단히 초인에 흡수된다.

그러나 자기는 대단히 크다. 그렇기 때문에 사람은 치명적인 자아 팽창의 위험을 감수하지 않고는 자기와 동일시할 수 없다. 잘못될 경우에 전체 이야기가 치명적인 종말을 맞게 된다. 말하자면 위로 던진 공이 자기 자신에게로 떨어지는 꼴이 되는 것이다. 그런 동일시는 오직 폭발 같은 것만을 낳을 뿐이다.

그럼에도, 니체의 작품에서 자기의 개념이 끊임없이 모습을 드러냈다. 나는 니체가 심리 현상 뒤에 있는 일종의 물(物) 자체(이마누엘 칸트(Immanuel Kant)가 자주 사용한 용어로, 감각과 상관없이 존재하는 대상을 일컫는다/옮긴이)를 뜻하는 것으로 자기를 썼을 것이라고 생각했다. "자기는 감각의 눈으로 찾고, 정신의 귀로 듣는다."는 문장의 경우에 자기는 분명히 그런 뜻으로 쓰이고 있다. 자기는 우리의 정신적 및 심리적 현상을 일종의 전달 수단으로 이용한다. 말하자면, 우리의 정신이 자기를 표현하는 수단으로 쓰이거나 자기에 의해 이용된다는 뜻이다.

이어서 나는 니체가 자기의 개념을 동양의 아트만과 같은 것으로 쓰고 있는 것을 보았다. 니체가 그때까지 읽었던 인도 관련 책들의 영향을 받았는지 확실하지 않지만, 나는 그가 동양의 영향을 받았을 가능성이 크지 않다고 생각한다. 나에겐 니체의 개념이 매우 독창적인 발명처럼 보인다. 당연한 이야기이지만, 이 모든 개념들을 포함하고 있는 집단 무의식이 있고 동양도 이 집단 무의식에서 그런 개념들을 끌어냈다는 사실은 마이스터 에크하르트(Meister Eckhart)의 글과 심지어 이마누엘 칸트의 글에서도 동양 사상과 비슷한 것이 발견되는 이유를 설명해 준다.

*   *   *

자기라는 개념은 하나의 상징이다. 우리는 다른 수단으로 표현이 불가능한 무엇인가를 표현하고자 할 때 상징을 이용한다. 그렇기 때문에 그보다 더 나은 표현이 발견되는 즉시, 그 상징은 더 이상 상징이 아니게 된다. 당신이 상징의 뒤까지 들여다볼 수 있게 될 때, 그 상징은 즉시 붕괴하고 만다. 자기에 대해 보다 간단한 방법으로 말할 수 있게 되었는데, 굳이 복잡하게 생각하고 암시 같은 것을 이용해야 할 이유가 있을까?

자기를 대략적으로 그림으로 그려 보이는 것은 가능하다. 예를 들어, 차크라(chakra: 산스크리트어로 '바퀴'를 뜻하는 단어이며, 인간의 몸 여러 군데에 있는 정신적 힘의 중심점을 의미한다/옮긴이)들은 자기의 단계들이며, 다양한 단계의 차크라 안에 자기가 들어 있다.

혹은 아주 완벽한 만다라, 다시 말해 정사각형 사리탑을 그린 티베트 만다라를 보자. 아주 추상적인 만다라이다. 이 만다라는 하나의 상징이다. 그럼에도, 당신은 이 만다라에 대해 설명할 수 있다. 그러나 당신은 자기가 어떤 것인지에 대해서는 절대로 설명하지 못한다. 왜냐하면 자기 자체가 생각할 수 없는 것이기 때문이다.

그런데『차라투스트라는 이렇게 말했다』에선 자기가 그렇지 않다. 니체에게 자기는 그보다 훨씬 더 명확하다. '육체를 경멸하는 자들'이라는 장을 보면 니체는 자기를 설명 가능한 것으로 다루고 있다. 또 니체는 자기를 육체와 동일시하고 있다.

자기는 언제나 듣고 있고 또 언제나 찾고 있다. 자기는 비교하고, 통달하고, 정복하고, 파괴한다. 자기는 지배하며 자아의 지배자이다.

니체가 말하는 자기는 "나"가 포함되는 그런 자기이고, "나"가 종속되는 그런 자기이다.

형제들이여, 그대들의 사상과 감정의 뒤에는 막강한 군주, 미지의 현자가 있다. 바로 자기라 불리는 존재이다. 자기는 그대의 육체 안에 거주하고 있고, 자기는 그대의 육체이다.

여기서 니체는 자기에 대해 설명하려다가 결국 실패하고 만다. 자기란 것이 이것이거나 저것이라는 식으로 말할 수 없는 것이기 때문이다. 자기는 언제나 이것도 아니고 저것도 아니다. 그런데 니체는 자기를 육체로 알고 있다. 그것이 잘못이다. 만약에 육체와 자기를 동일시한다면, 니체는 자기를 육체 속으로 끌어들이거나 육체를 자기 속으로 끌어올리고 있다. 그러면 육체의 팽창을 낳게 된다.

직관적인 유형인 니체가 여기서 육체를 그 정도로 과대평가해야 했다는 사실이 호기심을 자극한다. 물론, 육체도 매우 중요하지만 그건 분명 과대평가이다. 그리고 니체가 자기를 "막강한 군주"라고 부른 것도 흥미로운 부분이다. 왜냐하면 막강한 군주라는 표현이 우파니샤드와 탄트라 철학의 텍스트에서 그대로 따온 것이기 때문이다.

차크라 체계에서 군주는 의식이 '아나하타 차크라'까지 발달하는 단계에 나타난다. 거기서 몸의 두 가지 원리가 분리되어 '프라나'(산스크리트어로 호흡과 숨결을 뜻한다)와 정신이 되고, 가슴은 아래에서 올라오는 '마니푸라'라는 불을 담고, 폐는 위에서 내려오는 천상의 얇은 물질을 담는다. 그러면 자기에 대한 이해가 화해의 원리로 등장하고, 막강한 군주는 이 차크라에서 '이슈바라'라 불린다. '아나하타 차크라'에서 '이슈바라'가 삼각형의 한가운데에 있는 '손가락 크기의 사람'으로, 군주로, "미지의 현자"로 처음으로 눈에 보이게 된다.

자기가 늙은 현자로 이해되는 것은 동양의 사상이기도 하다. 예를 들어, 일본의 철학서에 중국의 한 텍스트가 들어 있는데, 거기에 이런 글이 담겨 있다. "당신이 홀로라고 생각하며 하고 싶은 대로 한다면,

그때 당신은 당신의 가슴 안에 살면서 당신이 하는 모든 것을 알고 있는 늙은 현자를 망각하고 있는 것이나 마찬가지이다.” 그것은 ‘아나하타 차크라’ 안에, 다시 말해 가슴 한가운데에 살고 있는 자기이며, 당연히 늙은 현자의 원형일 것이다. ‘아나하타 차크라’에만 이른 사람에겐 여전히 늙은 현자의 원형이 자기의 상징을 덮고 있을 것이기 때문이다. 마치 자기가 현자 안에 포함되어 있는 것처럼 보인다. 어느 차원에 이르면, 아니마가 뒤이어 나타나는 늙은 현자와 자기 같은 모든 형상들을 다 포함하는 것처럼 보이듯이 말이다. 이 단계에서 자연히 아니마는 라이더 해거드가 다소 맹목적으로 부른 바와 같이 “복종해야 할 여자”가 된다. “복종해야 할 여자”, 다시 말해 과거의 지혜를 상징하고 모든 은밀한 기술들을 이해하고 실질적으로 불멸인 그 여자는 또한 무당을 포함하고 있으며, 또 거의 신성하기까지 한 원리를 상징한다는 점에서 보면 자기도 포함하고 있다. 무의식에 포함되어 있는 이 모든 형상들은 마치 그 사람이 실제로 지각하는 인물을 통해 빛을 발하는 것 같다.

간혹 아니마는 자웅동체의 측면을 보인다. 아니마와 늙은 현자 사이에 자웅동체의 어떤 원형이 있다. 이 자웅동체 원형은 단순히 아니마가 남성적인 원리를 포함하고 있다는 사실에서 비롯된다. 그것은 마치 아니마가 아니무스를 갖고 있는 것과 비슷하지만, 아니무스는 정신이다. 아니무스는 늙은 현자이다. 만일 어떤 사람이 아니마 그 너머의 무엇인가를 깨달을 수 있는 단계에 있다면, 무의식의 여성적인 측면이 다소 약해지고 남성적인 아니무스의 측면이 그 자리를 대신 차지할 것이다.

아니마는 ‘아나하타 차크라’에서 나타날 수 있다. 감정을 의식하는 가슴 부분에서 당신이 구별하고 판단하기 시작하기 때문이다. 그렇게 되면 당신은 당신 자신의 것이 어떤 것이고 다른 사람의 것이 어떤 것인지를 알게 된다. 당신은 당신 자신 안의 다른 것을 인식할 뿐만 아니라 당신 자신과 다른 사람들 사이의 차이까지 인식한다. 그러면 당신은 그 차원에서 아니마를 깨달을 기회를 갖고, 그런 다음에 아니마를 통해서 '이슈바라'를 어렴풋이 보게 된다.

그 다음의 중심, 즉 목 안에 있는 '비슈다 차크라'가 로고스 센터이다. 탄트라 철학의 텍스트를 보면 비슈다 차크라 단계까지 이르는 사람들에겐 말의 힘이 주어지고, 또 그곳이 늙은 현자의 영역으로 되어 있다. 비슈다 차크라에서, 당신은 흰 코끼리의 유령을 갖게 되는데, 이 흰 코끼리가 바로 대지와 동격인 '물라다라 차크라'에 포함된 신성한 큰 힘이다. 말하자면, 대지가 균형을 이루도록 하고, 당신의 현실이 균형을 이루도록 할 일종의 지혜가 바로 그 힘이다.

그렇다면 당연히 그 다음 단계는 '아즈나 차크라'이다. 이 단계에 서면 당신은 당신의 자기를 다소 선명하게 볼 수 있다. 그러나 자기는 '사하스라라 차크라'에서만 진정으로 온전하게 나타난다. 사하스라라 차크라는 자기의 상징으로, 천개의 꽃잎을 가진 연꽃 한 송이로 그려진다.

이런 내용은 니체의 글에 나타나지 않는다. 이는 니체가 동양 철학에 관한 특별한 지식을 전혀 갖추지 않았다는 점을 보여준다. 동양 철학에 관한 지식이 있었더라면, 아마 자기와 육체를 동일시할 수 없었을 것이다. 물론, 자기를 육체와 연결시켜야 한다. 자기가 3차원 공간에서 분명하게 표현된 것이 육체이기 때문이다. 그럼에도 육체는 당연히 마음과 비슷한 하나의 기능이다. 육체도 자기의 한 기능이라는 점을 인정하지 않고는, 마음이 자기의 한 기능이라고 말할 수 없다.

물론 마음을 육체의 한 기능으로 볼 수도 있다. 그렇게 할 경우에 정신의 원리는 육체의 화학 작용에 따른 일종의 부수 현상에 지나지 않을 것이다. 그러나 육체가 어떤 정신적 기능의 한 기능이라고 말하는 것이나 정신적 기능은 절대로 기능이 아니고 육체의 부수 현상에 불과하다고 말하는 것이나 실질적으로 같은 뜻이라는 것을 우리는 현재의 지식으로도 알 수 있다. 그러나 당연히 육체는 육체만 아니라 정신까지 만들어내는 그 미지의 실체의 한 기능이기도 하다. 우리가 정신과 육체를 나누는 것은 어디까지나 인위적이다.

정신과 육체를 구분하는 것은 이해를 보다 쉽게 하기 위한 방편일 뿐이다. 실제로 보면, 살아 있는 하나의 육체 외에는 아무것도 없다. 그게 사실이다. 육체가 살아 있는 정신이듯이, 정신은 살아 있는 육체이다. 예전엔 "육체"라고 하면 구체적인 무엇인가를 표현하는 것으로 여겨졌지만 지금은 하나의 단어에 지나지 않는다. 차라투스트라는 이렇게 말한다.

그대의 육체 안에는 그대의 최고의 지혜 안에 든 것보다 더 많은 현명이 들어 있다. 그런데 그대의 육체가 그대의 최고의 지혜를 필요로 하는 이유를 누가 알겠는가?

그대의 자기는 그대의 자아와 자아의 거만함을 비웃고 있다. 자기는 "사상의 이런 의기양양과 비상(飛翔)이 나에게 무슨 의미가 있단 말인가?"라고 혼잣말을 한다. "나의 목적을 이루는 샛길일 뿐이야. 나는 자아를 이끌면서 자아가 생각하도록 격려하고 있어."

자기가 자아에게 말한다. "고통을 느껴라!" 그러자 자아가 고통을 느낀다. 그러면서 자아는 이 고통을 어떻게 하면 끊을지에 대해 깊이 생각한다. 바로 그 목적을 위해 자아는 생각하게 되어 있다.

자기가 자아에게 말한다. "쾌락을 느껴라!" 그러자 자아는 즐거워한다. 그러면서 어떻게 하면 쾌락을 더 자주 즐길 수 있을 것인지에 대해 생각한다. 바로 그 목적을 위해 자아는 생각하게 되어 있다.

육체를 경멸하는 사람들에게 나는 한마디 할 생각이다. 그들이 육체를 경멸하는 것은 그들의 긍지에서 비롯된다. 그런데 무엇이 긍지와 경멸, 가치와 의지를 창조했는가?

창조하는 자기가 스스로 긍지와 경멸을 창조하고, 쾌락과 고통도 창조했다. 창조하는 육체는 자신의 의지의 손으로 삼기 위해 정신을 창조했다.

니체가 이 대목에서 자기에 대해 말한 내용은 전적으로 맞는 말이다. 자기는 스스로의 힘으로 긍지와 경멸까지 창조한다. 그것은 동양의 전형적인 이해이다. 서양 철학과 다른 것이다. 그러나 그것은 전형적으로 니체이다. 여기서 니체는 대단히 훌륭한 면모를 보이고 있다. 니체는 매우 깊은 원천에서 자신의 철학을 끌어내고 있다. 동양에서는 오래 전부터 그 진리를 알고 있었다. 그래서 동양 사람들에겐 신의 사랑과 신의 미움은 기본적으로 똑같다. 왜냐하면 당신이 어떤 것에 신경을 쓰는지 여부가 중요한 상황이라면, 당신이 사랑 때문에 신경을 쓰는지 미움 때문에 신경을 쓰는지가 별로 중요하지 않기 때문이다.

그래서 동양엔 이런 속담이 있다. 신을 사랑하는 사람은 신에게 닿기 위해 7번의 전생이 필요하지만, 신을 미워하는 사람은 3번의 전생만 필요하다. 대체로 보면 사람들은 사랑할 때보다 미워할 때 신경을 훨씬 더 많이 쓰게 된다. 이 동양 속담에서, 그런 심리가 확인된다. 그렇기 때문에 당신이 사랑하느냐 경멸하느냐 하는 것은 자기에게 별로 중요하지 않다. 당신이 신경을 쓴다는 사실만 중요할 뿐이다.

그러나 여기서 다시 니체는 육체와 자기를 일방적으로 동일시하고 있다. 당연히 그 같은 동일시가 만족스럽지 않다. 그래서 그는 육체에 창조적인 능력 혹은 의미 있는 능력을 부여한다. 아무리 상상력을 발휘하려고 노력해도, 육체에 창조적 능력을 부여하는 것이 그다지 매끄럽지 않다. 육체가 생물학적 기능이라는 사실을 우리가 너무나 잘 알고 있기 때문이다. 육체가 작동하는 방식이 실험 생물학을 통해 훤히 드러나고 있으니 말이다.

손상된 세포 조직을 복구하는 것도 육체가 아니다. 그것은 그런 일을 하는 특별한 생명의 원리이며, 이 생명의 원리가 육체의 화학 작용에 압도되는 일은 절대로 없어야 한다. 예를 들면, 육체가 손상된 세포 조직을 그 세포 조직과 완전히 다른 세포 조직을 갖고 복구한다는 사실을 육체의 특별한 화학적 구성요소를 바탕으로 설명하지 못한다. 그럼에도 손상된 세포 조직의 복구는 이뤄지고 있다.

예를 들어, 도롱뇽의 눈을 대상으로 아주 흥미로운 실험을 실시했다. 도롱뇽의 눈에서 수정체를 제거시켰더니, 새로운 수정체가 성장하면서 제거된 수정체를 대체하는 것으로 확인되었다. 그런데 새로운 수정체가 만들어진 홍채 조직이 중배엽(中胚葉)으로, 원래의 수정체가 생겨난 배아 조직인 외배엽(外胚葉)과 완전히 달랐다. 그렇다면 육체의 어떤 특별한 세포 조직이 육체 안의 살아 있는 어떤 원리에 의해 완전히 다른 세포 조직의 무엇인가를 생산하는 데 이용될 수 있다는 뜻이다.

우리가 배우기로는, 육체의 세포 조직들이 매우 세세하게 분화되어 있기 때문에 어떤 선(腺)의 세포로는 그 선의 세포 조직밖에 만들지 못하고, 그 세포가 증식할 수는 있어도 근육 세포로는 절대로 바뀌지 않는 것으로 알고 있다. 그런데도 생명 안에서 그런 일이 가능하다는 것이 확인되고 있다. 이것은 세포 조직의 고유한 특성으로는 절대로 설명되지 않는다. 그래서 일종의 신생기론(新生氣論) 같은 사상이 제기되었고, 이 이론은 지금도 광범위하게 논의되고 있다.

그렇다면 여기서 우리는 특별한 세포 조직의 특성에 의존하지 않고 육체의 세포 조직을 적합한 방향으로 이용할 수 있는 능력을 가진 어떤 생명 원리 같은 것을 상상할 수 있어야 한다. 물론 이런 정보들은 니체의 시대엔 알려지지 않았다. 설령 이런 것들이 알려져 있었다 하더라도, 니체가 그런 분야의 글을 읽었을 가능성은 떨어질 것이다. 그러다 보니 그는 육체를 과대평가하고 있다. 그러나 그는 "창조적인" 육체를 말할 필요성을 금방 확인한다. 창조의 어떤 원리를 인정하지 않을 수 없었기 때문이다.

육체를 경멸하는 자들이여, 그대들이 어리석음에 빠져 경멸하고 있을 때조차도, 그대들은 그대들의 자기에 봉사하고 있다. 그대들에게 말하노니, 그대들의 자기는 죽기를 원하고 삶을 멀리하고 있다.

그대들의 자기는 더 이상 자기가 원하는 것을 하지 못하고 있다. 자기 자신을 초월하는 창조 행위를 못하고 있다는 말이다. 그대들의 자기가 간절히 원하는 것이 바로 그것인데. 그것이 자기의 열정인데.

그런데 그렇게 하기에는 너무 늦어 버렸다. 육체를 경멸하는 자들이여, 그래서 그대들의 자기는 죽기를 바라고 있다.

이 구절은 무슨 의미인가? 죽음에 관한 언급이 눈에 띈다. 니체는 살다가 죽고 또 다시 태어나는 세상의 일반적인 측면보다 실제의 시간에 훨씬 더 많은 관심을 쏟고 있다. 생과 사, 그리고 부활은 우파니샤드 철학의 특징이었으며, 니체에 와서 사물들이 영원히 부활한다는 사상에서 다시 나타나고 있다. 그러나 여기서 니체는 명확한 어떤 시간에 대해 말하고 있다. 자기가 죽기를 원하고 있는 것은 바로 지금이다.

육체를 경멸하는 자들은 기독교 관점을 상징할 것이다. 기독교 관점에 따라, 사람은 육체를 경멸한다. 육체가 거추장스럽고 언제나 정신의 진리와 다른 진리를 가르치기 때문이다. 또 육체는 억압되거나 통제되고, 억눌러져야 한다. 사람은 육체의 가르침에 귀를 기울여서는 안 된다. 따라서 교회에서 육체를 박해하고, 육체의 고행을 통해 정신을 영광스럽게 하는 관행이 생겨났다.

어떤 성인(聖人)이 평생 동안 자신을 정화하면서 쇠약해질 때, 은둔자와 탁발승들이 사막으로 들어가 갈증에 목말라 하며 고행할 때, 그것은 신의 영광을 찬미하는 증거였다. 그리고 '신약성경'에 보면 예수 그리스도가 천상의 왕국을 위해 스스로 거세한 사람들에 대해 말하는 유명한 구절이 나온다. 예수 그리스도는 아마 공식적으로 거세를 한, 아스타르테(셈족의 풍요의 여신)를 숭배하던 성직자들 갈로이(Galloi)를 언급하고 있었을 것이다. 특별한 행사가 벌어질 때면 육체를 경시하는 그런 내용의 상징들이 행렬 맨 앞에 나섰다.

갈로이가 거세를 한다는 사실은 근동 지역 전체에 널리 알려진 지식이었다. 다행히도, 우리는 천국의 왕국을 위해 스스로 거세했다는 기독교인에 대해 들은 것은 없다. 그래도 예수 그리스도는 몇 가지 널리 알려진 사실에 대해 언급하고 있었을 것임에 틀림없다. 유대인들 사이에 거세는 더없이 중한 죄로 여겨졌을 것이다. 그렇기 때문에 우리는 예수 그리스도가 유대인에 대해 언급했다고 생각할 수 없다. 그때는 기독교 신자는 없었으며 예수 그리스도의 제자들만 있었다. 그러나 우리는 훗날 기독교의 교부 오리게네스(Origen)가 천상의 왕국을 위해 스스로 거세했다는 것을 알고 있다. 아마 그런 일이 이따금 일어났을 것이다.

이 세상은 공허하고 예수 그리스도처럼 사라질 것이며, 새로 도래할 왕국이 바람직한 곳이라는 것이 일반적인 기독교 사상이었다. 우리는 이승에서 아주 짧은 시간만 살 뿐이기 때문에 영원한 주거를 위해 준비해야 한다는 것이 기독교의 기본적인 가르침이었다.

육체는 어떠한 의미를 지녀서도 안 된다는 사상은 당연히 이 세상을 찬미하는 셈족 사람들의 기질과 정반대이다. 이 세상을 찬미하는 것은 하늘의 왕국을 창조하는 것이 아니라 이 땅 위에 평화와 정의가 지배하는 어떤 왕국을 창조하려는 노력이다. 유대인에겐 이 세상에서 무엇인가를 진정으로 만들어내길 원하는 개혁가의 기질이 있다. 셈족 사람들이 완벽한 어떤 왕국에 대해 말했을 때, 그들은 이 땅 위에 존재하는 왕국을, 이 땅의 영광을 의미했다.

당연히 그 왕국은 신체의 절단 같은 것을 배제한다. 어느 부위도 절단해서는 안 된다. 세상 전체가 나병 환자도 치료되고 사자와 양이 나란히 누워 지내는 그런 상태가 될 수 있어야 한다. '이사야서'에 예언되어 있는 낙원의 상태가 되어야 하는 것이다.

예를 들어, 히브리 신비주의자들은 인류 최초의 부모가 죄를 지은 뒤에 신이 낙원을 미래로 내던졌다는 믿음을 갖고 있다. 이는 곧 낙원이 다시 온다는 뜻이며, 따라서 낙원은 이 땅 위에 건설되게 되어 있다.

그러나 예수 그리스도의 말씀은 이 가르침과 정반대이다. 예수 그리스도의 왕국은 이 땅의 왕국이 아니다. 그것은 미래에 있을, 영적이고 초월적인 왕국이다. 예수 그리스도는 그 왕국이 우리의 내면 아닌 다른 어디에도 없다고 말한다. 영적인 측면을 강조하고 있는 것이다.

당연히 육체는 격하될 것이다. 중세 내내 그런 현상이 이어졌다. 그러다가 마침내 육체가 스스로를 내세우며 들고일어났다. 최초의 시도는 육체가 꽤 두드러지게 드러난 르네상스였다. 그 시대의 그림에서 우리는 그 같은 현상을 볼 수 있다. 그림에 그려진 소위 원시인을 보라. 머리도 기이하게 생겼고, 팔다리가 잘리고, 굶주리고 나병에 걸려 있지 않은가. 그리고 1세기 뒤에, 육신이 기이한 방식으로, 칭퀘첸토(cinquecento: 16세기 이탈리아의 르네상스를 일컫는다/옮긴이)라는 양식으로 활짝 꽃을 피웠고, 대지의 생명을 찬미하는 목소리가 높아졌다. 물론 그것은 위대한 종교개혁으로 이어졌다. 육체가 타락하려 했기 때문에, 프로테스탄트 초기에 엄격한 도덕적 제약이 따랐다. 그래서 육체를 강조하려는 시도는 꽤 의문스런 것으로 드러났으나 곧 서서히 다시 시작되었으며, 지금의 물질주의에 와서 물질이 완전한 승리를 거두기에 이르렀다.

이런 측면에서 보면, 니체는 일종의 유물론적인 예언자이다. 그러나 그는 일부 영적인 본질을 구해내고 있다. 그가 추구하는 것은 그냥 육체가 아니고 초인, 다시 말해 실제의 육체조차 넘어서는 사람이다. 우리가 갖고 있는 상스런 육체가 아닌 새로운 창조물, 말하자면 육체가 의지에 완전히 종속되는 그런 새로운 존재를 추구하고 있는 것이다. 다시 그것은 일종의 영적인 원리 같은 것이다.

니체는 의지의 예언자이다. 이 의지는 본인의 한계를 넘어서려는 그런 의지이다. 그것은 일종의 초월주의이다. 니체는 초월주의에 완전히 등을 돌리지는 않았다. 그러나 이 대목에서 니체가 육체를 경멸하는 자들이라는 표현을 육체의 원리를 경멸하고 정신의 원리만을 절대적으로 믿는 사람들을 의미하는 것으로 썼다는 것이 분명히 드러난다.

그는 그런 사람들의 자기가 죽기를 바라고 있다고 말한다. 이유는 간단하다. 우리가 자기 자신의 중요한 부분에 존재의 권리를 주지 않을 때, 또 무엇인가가 오랫동안 지속적으로 억압받으며 쇠약해질 때, 그것이 자살 소망을 품으면서 복수에 나서기 때문이다. 이렇듯, 우리의 내면에서 일어나는 모든 분열은 시간이 조금 지나면 예외 없이 현실로 나타나게 되어 있다.

예를 들어 보자. 당신이 어떤 측면에서 자신이 어리석다는 사실을 확인한다면, 당신은 그 점을 싫어하면서 어리석음을 드러낼 수 있는 상황이면 무엇이든 피하려 들 것이다. 그런 상황에 처할 경우에 당신이 바보처럼 굴 것이라는 점을 당신 자신이 잘 알고 있기 때문이다.

당신이 나름대로 노력했는데도 그런 상황이 벌어지고 말았다면, 당신은 속으로 이런 식으로 말할 것이다. "미안해. 어리석은 당나귀가 또 나타났어. 어떤 일엔 난 정말 당나귀처럼 바보스럽거든." 이런 것이 '인격화'(personification)이다. 그러면 당신은 정말로 당신의 당나귀를 키울 마구간을 하나 갖게 된다. 하지만 당신은 위층에 살고 있고 겉으론 존경 받을 만한 신사이다.

우리는 어리석은 짓을 우리의 육체로 했다. 그래서 우리는 육체를 마구간에 가둬놓고 형편없는 먹이를 먹인다. 적어도 말로는 그런 식으로 대한다. 그런데 실수로, 정말 기이한 방식으로 육체는 수시로 먹이를 받아먹는다. 만일 당신이 당나귀에게 먹일 꼴을 안고 마구간에 들어갔다가 거기서 누구라도 만나기라도 하면, 당신은 이렇게 말할 것이다. "용서해 줘요. 나는 원래 그렇게 약한 사람이에요. 미안해요. 반성할게요." 그런 다음에 당신은 교회에 나가서 금식 기도를 하면서 당나귀에게 꼴을 먹였다는 사실을 털어놓으며 회개할 것이다.

물론 그렇게 해 봐야 별다른 소득이 없다. 당나귀의 정신적 및 육체적 발달에 그다지 도움이 되지 않는다는 뜻이다. 그러나 자기 중에서 저차원적인 부분은 탐욕적인 동물이어서 먹이를 먹지 않도록 당신이 쉽게 가로막지 못한다. 이 탐욕적인 동물은 합법적으로 먹이를 먹지 못하는 상황에 이르면 불법적인 방법으로라도 먹으려 들 것이다. 그러다 보니 인류는 많은 무의식을 겪어내야 했다.

아마 당신이 깜빡하고 마구간의 문을 열어 놓았을 수 있고, 밤 사이에 당나귀가 마구간을 나가서 이웃 사람들의 정원을 돌아다니며 양배추를 다 먹어치웠을 수도 있다. 그러면 당신은 이웃사람들에게 당신의 당나귀가 입힌 손해에 대해 보상해줘야 했을 것이다. 만일 이웃사람들에게 들키지 않고 그냥 넘어간다면, 당신의 당나귀는 배가 잔뜩 부른 모습으로 나타났을 것이다.

그러나 인간은 곧 심리적 기준이라는 것을 갖기 시작할 만큼 의식을 과도하게 발달시키는 실수를 저질렀다. 통찰력을 키웠고, 그러자 당나귀를 안전하게 묶지 않은 상태에서 마구간 문을 열어놓은 것을 까먹었다는 사실을 부정할 수 없게 되었다. 이웃사람의 양배추를 먹어치운 것이 우리의 당나귀라는 사실을 실토해야 했던 것이다. 그래서 우리는 그것이 전혀 문제가 아니라는 식으로 말할 수 없게 되었으며, 또 당나귀 없이 살 수 있다고도 말하지 못하게 되었다.

겉으로는 전혀 아무 일이 일어나지 않은 것 같은데도, 우리가 모르는 사이에 수없이 많은 일들이 일어났다. 다행한 일인지 모르지만, 사람들은 당나귀를 위해서 한 일을 의식하지 못한다. 그러나 정신에 관심을 기울일수록, 우리는 자신의 정신에서 일어난 일들을 더 많이 자각하게 된다. 그런데 불행하게도 우리는 그런 일들이 일어나는 목적을 알게 되었다. 그래서 육체가 우리에게 도덕적 문제가 되었다.

그렇다면 마구간의 당나귀를 어떻게 할 것인가? 마구간의 문을 열어놓는 것은 절대로 좋은 방법이 아니다. 앞으로 절대로 통할 수 없는 방법이다. 우리는 합법적으로 당나귀에게 먹일 꼴을 기를 목초지를 구입해야 한다. 당나귀 같은 것이 있다는 사실을 인정해야 한다. 그렇게 하지 않을 경우에, 도덕성이나 의식의 양이 엄청나게 커지는 상황에서 마구간의 문을 매우 효과적으로 잠그는 방법을 발견해야 할 것이며, 그러면 당나귀는 자연히 죽게 마련이다. 당나귀가 살아갈 수 있는 분위기를 만들어 주지 않으면, 당나귀는 죽는 쪽을 선호할 것이다. 그러면 우리가 자살 소망을 품게 될 것이다.

물론, 우리는 무엇이든 억누르고 숨기는 능력을 갖고 있기 때문에 그것이 자살 소망이라는 사실을 깨닫지 못한다. 자살 소망은 위장 장애나 변비로 시작할 수 있다. 그런 소망이 꿈틀댈 경우에, 당신은 극도의 피로를 느끼거나 걷지 못할 수 있다. 아마 살고자 하는 의지가 이미 크게 떨어지고 있을 것이다.

신경증 환자들 대부분이 이런 모습을 보인다. 광장공포증이 있는 사람이라면, 길을 건너지 못하게 되거나 사람이 많은 곳을 두려워하거나 구속받는 것을 두려워하게 된다. 이 모든 것은 자살을 하고 싶어 하는 경향이다. 그것은 곧 삶을 살려는 의지가 거기까지라는 것을 의미한다. 생의 의지가 군중 속으로, 삶의 열린 공간 속으로 들어가는 위험을 감수하지 않으려 하는 것이다.

그러면 그 사람은 이미 부분적으로 장애를 안고 있는 것이나 마찬가지이며, 자신이 쓰러질 수 있는 상황을 찾아 나서게 될 것이다. 말하자면 넘어설 수 없는 문지방이나 당신을 칠 자동차를 찾게 된다는 뜻이다. 그 사람에겐 큰 재앙을 위한 준비라고 할 수 있는 자잘한 사건들이 많이 일어난다. 그러다 마침내 재앙을 맞을 것이다.

그 사이에 아무도 재앙을 눈치 채지 못한다. 사람들은 자신에게 일어나고 있는 일들을 자신의 의식만 아니라 다른 사람의 의식으로부터도 아주 쉽게 숨길 수 있기 때문이다.

지금 니체는 살고 싶어 하지 않는 것이 자기라고 설명한다. 자기가 죽음을 생각하는 이유는 사람들이 자기로부터 자기만의 실험을 할 기회를 박탈하고 있기 때문이다. 여기서 논의를 위해 자기 같은 것이, 말하자면 우리의 육체만 아니라 정신의 존재에 대해 책임을 지는 그런 살아 있는 잠재력이 존재한다고 전제하자. 다시 말하지만, 우리의 자아 의지는 자기 의지와 같지 않다. 우리의 자기 의지는 자아가 원하는 것을 원하지 않는다. 왜 자기가 육체를 창조했을까? 나는 우리 인간이 허공의 바람이 아닌 이유를 알지 못한다. 우리도 공기 형태를 취하고 섹스나 식욕, 소화 같은 귀찮은 것들을 갖지 않은 존재로 만들어질 수도 있었겠지만, 우리가 자기에 의해 창조된 육체를 갖고 있다는 것은 하나의 사실이다. 그렇기 때문에 자기가 우리 모두에게 육체 안에서 삶을 살고, 실험을 시도하고, 각자의 삶을 온전히 살라고 권하고 있다고 단정해야 한다.

그리고 자아가 우리가 이런 삶을 살 것인지 아니면 저런 삶을 살 것인지를 선택하도록 내버려 둬서는 안 된다. 우리가 자아와 다른 기준을 가져야 하기 때문이다. 나는 삶으로 살아서는 안 되는 것들도 있다는 데에는 의문을 제기하지 않는다. 그러나 우리는 그런 것들이 무엇인지를 찾아내야 한다. 금지적인 터부와 풍습은 자아가 제시하는 것도 아니고 교회나 국가가 제시하는 것도 아니다. 그런 것들은 단지 경찰의 규제와 비슷하다. 우리의 도덕성도 거기에 포함된다. 그러나 다른 어떤 것보다 훨씬 더 엄격하고 정확한 법이 하나 있다. 바로 자기의 법이다.

그렇다면 당신은 자기가 하고 싶어 하는 실험이 어떤 것인지를 물어야 한다. 그 실험을 방해할 수 있는 것이면 무엇이든 피하도록 노력하고, 실험에 도움이 될 수 있는 것이면 무엇이든 삶으로 살려고 노력해야 한다. 그러면 당신은 실험의 결과를 즉석에서 확인할 것이다. 자기의 실험을 방해하는 무엇인가를 하면, 당신은 즉결 심판소의 처벌보다 훨씬 더 가혹한 처벌을 받게 될 것이다. 반대로 자기의 실험에 이바지할 일을 하면, 당신은 천국의 축복을 받을 것이며 천사들이 당신과 함께 춤을 추기 위해 나타날 것이다.

그 사이에 당신은 큰 도움을 받게 된다. 당신은 자아가 아니라 자기의 의지를 따랐기 때문에 건강이 엄청나게 좋아지고 그 전에 갖지 못했던 힘을 갖게 될 것이다. 여기서 다시, 그런 실험을 하길 원하는 것은 자아가 아니라는 점을 명심할 필요가 있다. 자아는 종종 이런 식으로 말한다. "부디 이 일이 나에게 일어나지 않기만을!" 어쩌다 아주 근본적인 두려움 같은 것이 느껴진다면, 자기의 실험이 이뤄지고 있다고 보면 거의 틀림없다.

육체는 당연히 살아가야 한다. 육체는 봉사를 받아야 하고, 당신의 자기는 육체를 갖고 매우 특별한 목표를 이루길 원한다. 물론, 개별적인 실험이 어떤 것인지를 말할 수 있는 사람은 아무도 없다. 어떤 사람의 자기는 이런 실험을 추구하고, 또 어떤 사람의 자기는 다른 실험을 추구하고 있기 때문이다. 자기가 추구하는 실험이 똑같은 경우는 절대로 없다.

자기의 실험은 어디까지나 철저히 개인의 문제이다. 우리가 개인이기 때문에, 자기의 실험도 당연히 개인적이다. 인생의 핵심은 저마다 다른 개인이 자신의 삶을 스스로 성취해야 한다는 점이다. 자신의 삶에 주인으로 나서지 않으려 드는 존재를 창조한다는 것은 터무니없는 일이기 때문이다.

그것은 마치 옹기장이가 옹기이길 원하지 않고 다른 무엇인가가 되길 원하는 옹기들을 창조한 것이나 마찬가지이다. 그렇다면 당신이 하나의 옹기로 창조된 이유는 무엇일까? 이유가 없다. 단지 옹기로 창조되었기 때문에, 당신은 옹기가 되어야 한다. 모든 옹기는 본래의 모습을 지키며 옹기로서의 역할을 해야 한다.

자기에게 그런 실험을 할 기회를 주지 않을 경우에 어떻게 되는가? 자기는 한 동안 주는 대로 받아먹으며 지내다가 "가치가 없는 실험인가 보네. 그러면 나는 사라지는 게 낫겠어."라고 말할 것이다. 자기가 목적을 저지당하다가 지쳐 쓰러질 때, 당신도 생명력을 제대로 누리지 못하게 된다. 당신의 리비도는 어딘가로 빠져나가고, 당신은 건조하고 메마른 상태로 남을 것이다. 그러면 당신은 그림자를 전혀 만들어내지 못하는 2차원적인 그림을 평평한 벽에 그리는 그런 존재로 전락할 것이다. 한마디로 말해 당신이 껍데기가 되는 것이다.

진정한 생명력은 어디론가 사라져버렸다. 자기에게 실험을 할 기회가 주어지지 않았기 때문이다. 바로 여기서, 니체가 말한 대로, 자기가 사라지기를 바란다. 실험을 계속할 수 없는 상황에서 더 이상 자기가 있을 필요가 없어진 것이다.

실험을 하나씩 연이어 하게 하는 어떤 생명의 잠재력 같은 것이 있다는 사상을 뒷받침할 만한 증거거 있다. 그리고 실험을 하려는 그런 잠재력이 존재한다고 본다면, 그 잠재력에도 끝이 있다고 보는 것이 타당하다.

이 같은 관점에서 보면, 그 끝은 단순히 붕괴하거나 사라지는 것이 아니다. 그 끝은 진정으로 의미 있는 실험을 마무리하는 것이고, 또 결과를 낳을 것이다. 그 끝은 당신이 추구하고 있는 바로 그것이다. 당신은 그런 결과를 낳기 위해 모든 것을 고스란히 겪어내야 한다. 무엇인가가 사라져 없어지도록 하기 위한 실험은 없을 것이다. 실험은 하나의 문제이며, 당신은 그 문제에 대한 해답을 찾아야 한다. 당신이 실험의 끝을 추구하고 그 끝에 저항하지 않는 것이, 그리고 당신이 끝에 대해 확신을 갖고 삶을 사는 것이 당신의 삶이 당신에게 살아주기를 원하는 바로 그 길이다.

그런 식으로 사는 인생은 알찬 삶이다. 이유는 당신이 실험의 끝에 나오는 결론을 받아들이고 있기 때문이다. 그게 옳다. 그런 삶이 건강하다. 그렇게 하지 않고 당신에게 닥치는 것에 지속적으로 저항한다면, 그건 당신 자신의 실험에 저항하고 있는 것에 지나지 않는다. 그래서 죽음이 하나의 목표라는 생각이 일어난다. 그 같은 생각은 당신이 저항하고 있는 실험의 불가피한 결론이다.

이 사상은 니체의 심오한 낙관주의와 잘 맞아떨어지고 있다. 니체는 당신에게 사건들이 영원히 반복되더라도 언제나 "예스"라고 대답해야 한다고 강조한다. 니체는 당신에게 반복할 용기가 있어야 한다고 말한다. 당신은 "한 번 더!"라고 말할 수 있을 만큼 인생을 사랑해야 한다고 니체는 말한다.

> 그대들의 자기는 죽기를 원한다. 그래서 그대들은 육체를 경멸하는 자들이 되었다. 그대들이 그대들을 넘어 더 이상 창조를 하지 않기 때문이다.
> 그 때문에 그대들은 지금 삶과 대지에 분노하고 있다. 그리고 그대들의 경멸하는 눈길에 무의식적인 질투가 담겨 있다.

여기서 무의식이 등장한다. 니체는 기본적으로 무의식에 대해 이미 알고 있었다. 니체는 그림자에 대해서도 알고 있었으며, 니체가 그때 그런 모습을 보이게 된 깊은 이유도 당연히 그림자였다.

자기와 육체를 동일시한 것은 니체의 실수이다. 이 대목에서 자기는 육체를 파괴하길 원한다. 그것이 바로 『차라투스트라는 이렇게 말했다』의 시작 부분에 나오는 곡예사와 어릿광대의 비극이다. 인간 니체이기도 한 곡예사는 추월당하고 버려지게 된다. 곡예사는 아무런 쓸모가 없어진다. 곡예사는 선(善)이 아니다.

니체가 자기와 육체를 동일시한 것은 당연히 비논리적이다. 그렇게 할 경우에 육체가 죽으면 당연히 자기가 죽기를 원할 것이기 때문이다. 그것이 니체의 결론이다. 그러나 자기를 내가 제안한 대로 받아들인다면, 결론은 당연히 다소 다르기 마련이다. 나는 자기와 육체를 동일시하지 않는다. 육체는 자기의 실험들 중 하나일 뿐이며, 그러면 당신은 "그게 제대로 기능을 발휘하지 못한다면 버려야지. 아무런 쓸모가 없으니까."라는 식으로 말할 수 있을 것이다. 이런 일들이 실제 인간의 삶에서 어떤 식으로 일어나고 있는지, 관찰도 가능하다.

자기의 메시지를 듣고도 따르길 거부하는 남자를 보면, 나는 언제나 어느 야생 코끼리에 얽힌 이야기를 떠올린다. 물론 여자도 예외가 아니다.

바나나 플랜테이션에 자그마한 집들이 있었다. 모두 개미나 쥐 같은 해로운 동물을 피하기 위해 나무 기둥 위에 지은 집이었다. 거기에 사람들은 바나나를 저장해두고 있었다. 그런 작은 창고 안에서 늙은 흑인 여자가 바나나 더미 위에 누워 잠을 자고 있었다.

그때 야생 코끼리 한 마리가 플랜테이션으로 쳐들어왔다. 당연히 코끼리는 오두막에 저장되어 있던 잘 익은 바나나 냄새를 맡았다. 그래서 코끼리는 당장 오두막 지붕을 부순 다음에 코를 박고는 늙은 여자를 집어 밖으로 내던진 후 안에 있던 바나나를 먹어치웠다. 늙은 여인은 비명을 지르면서 어떤 나무 위로 떨어졌으나 죽지는 않았다. 삶이 하는 것이 바로 그런 일이다.

삶은 어떤 결과에 닿기를 원한다. 만약에 당신이 삶의 노력에 동의하지 않으면, 당신은 아무것도 아닌 듯이 그냥 내버려진다. 마치 당신이란 존재는 거기에 없다는 듯이. 그런 다음에 실험은 다시 행해진다.

*　　*　　*

자기라는 개념이 이해가 가장 어려울 것 같다. 자기는 상징적인 개념이다. 자기가 정확히 어떤 것이라고는 누구도 말하지 못한다. 자기는 부분적으로만 자각되고 부분적으로만 생각될 수 있다. 자기 중에서 부분적으로 자각되는 것이 의식이고, 자아의식은 자기 중에서 우리의 추리력과 판단력이 즉시적으로 접근할 수 있는 부분이다.

그러나 무의식은 감각과 별도로 존재하며 우리가 즉시적으로 접근할 수 없는 것이다. 무의식은 간접적으로만 접근이 가능하다. 사물들의 본질을 파악하고 초월적인 대상의 비밀을 꿰뚫기 위해선 현미경도 필요하고 대단히 복잡한 물리학 및 화학 장비도 필요하다.

물질적 및 물리적 현상에 대해 우리가 품고 있는 확실성은 하나의 망상에 지나지 않는다. 우리는 사물들의 표면을 건드릴 수 있지만 그 속에 대해서는 아무것도 모른다. 자연히, 과학은 속의 비밀을 어느 정도 들여다보게 하는 방법을 다수 발견했다. 그러나 궁극적인 대상은 언제나 그런 방법들을 초월하고 있다. 궁극적인 대상은 우리의 이해력 밖에 있다. 이유는 간단하다. 우리가 의식 혹은 정신을 이해하려 노력하면서 동원하는 자연이 그 궁극적 대상과 다르기 때문이다. 이것도 하나의 가설이다. 어쩌면 그렇지 않을 수도 있는 것이다.

그러나 만일 초월적인 대상이 정신과 동일하다면, 당연히 우리는 어떤 절대적 이해를 갖고 있을 것이다. 비록 그 이해가 어떤 것인지 실체를 정확히 아는 것은 불가능할지라도. 왜 그 이해의 실체를 아는 것이 불가능할까? 우리가 그 이해와 동일하기 때문이다. 그러기에 우리는 초월적 대상이 정말로 정신으로 이뤄져 있는지 여부에 대해 절대로 알지 못한다. 우리가 곧 우리의 이해라는 것을 알고 있기 때문에, 그리고 인지 과정이 정신이고 우리가 발견하는 것이 정신이기 때문에, 우리는 당연히 그 이해를 파악하지 못한다. 우리는 다만 우리가 지각하는 것이 정신이라고 짐작할 뿐이다. 그럼에도 우리가 지각하는 것이 현실에서도 정신이라는 점을 뒷받침할 증거는 전혀 없다.

물질적 대상은 본래 우리가 "정신"이라고 부르는 것과 다를 수 있다. 우리는 정신 밖으로 절대로 나가지 못한다. 그렇기 때문에 초월적인 대상에 대한 우리의 판단이 옳다고 확신할 수 있는 기회는 절대로 주어지지 않는다. 따라서 부분적으로 의식을 건드리고 부분적으로 의식 밖에 있는 것을 건드리게 마련인, 자기라는 개념에 대한 논의가 많은 질문을 불러일으키는 것은 전혀 이상한 일이 아니다.

여러분에게 내가 의식을 이해하고 있다거나 의식의 열등성을 강조하고 있다는 인상을 주었다면, 정말 미안하게 생각한다. 나는 의식이 자기에 반드시 필요하다는 점을 전하고 싶었다. 자기를 자각하는 기관(器官)이 의식이다. 자아의식은 거의 무한한 무의식의 영역에 비하면 아주 좁다고 할 때, 거기엔 의식의 가치나 중요성을 약화시키려는 뜻이 전혀 들어 있지 않다. 자아의식은 보다 큰 원 안에 들어 있는 작은 원이다.

그러나 작은 원이라고 해서 의식의 가치를 과소평가해도 좋다는 뜻은 절대로 아니다. 바로 그 작은 원이 무의식의 광대한 범위와 비교할 때 대단히 중요할 수 있기 때문이다. 무의식적인 정신에서 예리한 의식을 박탈하면 어떤 상태가 될까? 그런 상태는 아마 자아의식이라고 부르는 것에서만 성취 가능할 것이다.

여기서 내가 강조하고자 하는 바는 이것이다. 우리가 무의식에 대해 이해할 수 있는 것이 무엇이든, 변함없는 사실은 무의식이 매우 약해 보인다는 점이다. 거기에 의식이라는 것이 있다 하더라도, 무의식은 당연히 희미하고 흐릿할 것이다. 자연이 예리한 의식의 필요성을 느끼는 이유도 그것으로 설명될 것이다. 예리한 의식을 탄생시킨 것은 자연의 장엄한 성취였다. 우리가 자연의 등을 두드려주며 칭찬할 것이 있다면, 바로 의식을 낳은 일일 것이다. 의식은 자연의 걸작이었다. 정말로 눈부신 성취가 아닐 수 없다.

의식의 여명이 시작된 이후에야 세상이 존재하게 되었다. 그 전까진 아무것도 없었다. 아무도 뭔가가 존재한다는 것을 몰랐으니 말이다. 신은 창조에 대해 알고 있었다고 짐작할 수 있다. 그러나 그것은 단순히 가정일 뿐이다. 인간이 의식을 가진 뒤에야, 세상이 확실히 존재하게 되었다. 우리 모두가 어떤 세상이 있다는 것을 알게 된 것이다.

바로 그 순간부터 세상은 존재하고 있다. 만일 세상이 철학적 관점에서 비판의 대상이 될 수 있다면, 만일 어떤 사람의 내면에 세상의 전체 현상을 보려는 욕망이 일어난다면, 그 사람은 당연히 앞에서 말한 식으로 생각해야 한다. 그는 철학하기 시작할 것이고, 그러면 불가피하게 "의식이 있어야 했던 이유는 뭘까?"라는 질문을 물고 늘어져야 한다. 그는 인간들이 꽤 모호하고 흐릿하다는 것을 느끼지 않았더라면 아무도 의식을 만들어야 할 필요성을 느끼지 못했을 것이라는 결론에 도달해야 한다.

지금은 낮이기 때문에 아무도 방에 불을 켜지 않을 것이다. 방이 어두울 때에만, 사람이 방안을 밝힐 생각을 하게 될 것이다. 그것은 낮에 아테네 시장에서 등을 켜고 돌아다녔다는 늙은 디오게네스(Diogenes)의 이야기와 비슷하다. 디오게네스의 그런 모습을 보고 주변 사람들은 의아하게 생각했지만, 그는 사람을 찾기 위해 낮에 불을 밝혔다. 아테네에 정직한 사람이 드물었기 때문이다. 그렇듯, 자연이 의식을 낳았다면, 그것은 빛의 필요성 때문이었고 그 전까지는 꽤 어두웠을 것이라고 우리는 단정해야 한다.

여기서 원시인이 그런 어둠 속에서 지내면서 겪었을 곤경을 그려보면, 의식에 대한 이해가 조금 더 쉬워질 것이다. 원시인은 어둠 속을 다니다가 자주 넘어졌으며, 그래서 밤에 불을 피울 필요성을 강하게 느졌다. 그들에겐 어느 정도의 의식이 필요했다. 의식을 가진 사람이 그렇지 않은 사람보다 훨씬 더 낫다는 사실이 확인되었기 때문이다. 그래서 의식이 다소 유행하게 되었으며, 그 유행은 지금까지 계속 강화되고 있다. 갈수록 의식의 필요성은 더 높아지는 것 같다. 그렇듯 창조주는 빛, 즉 예리한 자각의 필요성을 느꼈고, 따라서 의식을 갖고 있고 또 시간적 특징을 지닌 3차원의 사물들까지 알아볼 수 있는 그런 존재를 창조했다.

이런 식으로 전개된 것이 사실이라면, 우리가 알고 있는 세상의 유일한 빛은 세상에 대한 우리의 지각이다. 그러면 우리는 인간의 의식이 형이상학적으로 대단히 중요하다고 말할 수 있다. 인간의 의식은 신이 볼 수 있는 유일한 눈이다. 그래서 모든 가톨릭 교회와 심지어 프로테스탄트 교회에서까지도 신은 삼각형 안의 빛나는 눈으로 그려진다. 그건 곧 인간의 의식을 상징하는 이미지이기도 하다. 이로써 우리는 신이 하나의 눈이고, 우리의 의식이 그 눈이라고 선언한다. 바꿔 말하면, 신이 인간을 어둠 속에서도 볼 수 있는 그런 존재로 만들었다고 할 수 있다.

형이상학적인 방향으로 이야기를 끌고 가고 싶지 않다. 다만 그런 사색도 심리학에 속하기 때문에 형이상학적인 이야기를 잠깐 했을 뿐이다. 인간이 이런 식으로 생각하고, 우리의 의식이 이런 식으로 작동하는 것은 심리학적 사실이다. 모든 개인들의 내면에서 똑같이 일어나고 있는 사실이다.

무한할 정도로 광대한 무의식이 있고, 이 무의식 중 일부만 명확하다. 그것이 중심을 차지하고 있는지에 대해서 우리는 알지 못한다. 짐작컨대, 아마 중심이 아닐 것이다. 그것과 중심의 관계는 아마 지구와 태양의 관계와 비슷할 것이다. 태양계의 중심은 태양이고, 우리의 중심, 즉 우리의 세계가 태양을 돌고 있다.

우리는 지구의 자식들이며, 그래서 우리의 의식은 중심과 비교해서 약간 별난 모습을 보인다. 지구가 태양과 비교해서 조금 별난 모습을 보이는 것처럼. 이 말이 맞을 수 있다. 우리의 의식은 눈에 보이지 않는 어떤 태양, 즉 무의식의 중심 주위를 돌고 있는 행성과 비슷할지 모른다. 눈에 보이지 않는 이 태양은 아마 자기로 불릴 수 있을 것이다. 그것이 무의식과 의식의 중심이기 때문이다.

*   *   *

'새로운 우상'이라는 장에서 차라투스트라가 하는 말이다.

아! 위대한 영혼을 가진 그대들의 귀에도, 국가는 음흉한 거짓말을 속삭이고 있다! 아, 국가는 자신을 기꺼이 바치려는 뜨거운 가슴을 가진 자들의 마음을 꿰뚫어보고 있다!

그렇다. 국가는 낡은 신들을 정복한 그대들의 마음까지 들여다보고 있다! 그대들은 갈등에 지쳐 이제 새로운 우상을 섬기고 있다!

영웅들과 명예로운 인물들을, 국가는 새로운 우상인 국가 주변에 세우려 한다! 국가는 선한 양심이라는 햇볕을 기꺼이 쬐려 한다. 냉혹한 괴물이여!

그대들이 새로운 우상인 국가를 숭배하기만 하면, 국가는 그대들에게 뭐든 주려고 한다. 그리하여 국가는 그대들이 가진 숭고한 미덕과 그대들의 자랑스런 눈길까지 돈으로 매수하려 한다!

국가는 그대들을 이용하여 너무나 많은 군중을 유혹하려 든다! 그렇다. 여기 가증할 만한 하나의 수단이, 신의 영광을 말해주는 장식품들이 딸랑딸랑 소리를 내는 죽음의 말(馬)이 하나 만들어졌다!

여기서 니체는 중요한 것에 대해 언급하고 있다. 그로서는 결코 그냥 넘기지 못했을 사항이다. 즉, 국가라는 개념이 발휘하는 특이하고 암시적인 권력에 대한 의견을 밝히고 있는 것이다. 국가가 편견이 없는 사람들과 국가가 대단히 무서운 괴물이라는 사실을 잘 알지 못하는 사람들에게 행사하는 영향력은 정말 대단했다. 그러나 시민들 중에서 가장 선량한 사람들까지도 국가라는 개념을 쉽게 떠올리게 되는 것은 충분히 이해된다. 하나의 국가가 매우 현실적인 실체로서 기능을 하기 때문이다. 국가가 카오스에서 질서를 창조해 내는 신의 손가락과 같은 존재라고 주장할 때, 그 말은 어느 정도 맞는 말이다.

국가는 인간적이지 않고 잔인하다. 그러나 전체성을 이룬 상태의 사람도 마찬가지로 인간적이지 않다. 국가는 하나의 큰 동물이며, 따라서 국가는 국가를 길들여줄 또 다른 괴물을 필요로 한다. 그것이 냉혹한 사실이기 때문에, 가장 세련된 사람들조차도 국가의 개념에 영향을 받지 않을 수 없다. 그들조차도 국가가 무엇인가로 기능을 한다는 점을 인정해야 하고, 동시에 국가에 존경을 표해야 한다. 그렇게 하지 않을 경우에 자신들이 패배할 것이라는 사실을 그들이 매우 분명하게 느끼기 때문이다.

그들은 틀림없이 국가보다 훨씬 더 약하고, 특별히 조심하지 않으면 그 괴물에게 짓밟혀 죽을 위험도 있다. 유명한 인물들은 종종 지적이기 때문에 그런 점을 보지 않을 수가 없다. 유명한 인물들은 세상의 권력을 무시하기보다는 잘 다루는 것이 자신들에게 훨씬 더 유리하다는 사실을 알 것이다. 오직 아주 어리석은 사람들만이 너무나 명백한 위험을 무시하려 들 것이다.

그래서 니체는 자신의 선호와 달리 선한 사람들까지도 국가의 존재를 인정하지 않을 수 없다는 점을 받아들였다. 그리고 선한 사람들은 국가가 선전 도구로 이용하기 위해 자신들에게 미덕을 포기할 것을 종용한다는 점을 알면서도 그런 국가에 존경을 표할 필요가 있다는 점까지 인정했다.

국가는 큰 조직과 다를 바가 없다. 국가도 조직과 마찬가지로 비중 있는 인물이 합류하면 그것을 좋은 선전거리라고 판단하고 그 같은 사실을 널리 알릴 것이다. 국가는 언제나 선전을 필요로 한다. 국가의 입장에서 보면 언제나 대중의 믿음과 확신이 필요하기 때문이다. 국가나 조직은 존립을 위해 매우 큰 인물들이 있다는 사실을 강조할 것이다. 조직의 구성원들이 매우 하찮은 사람들이라는 사실이 드러나면, 조직은 평판을 잃고 조직으로서의 기능을 더 이상 할 수 없게 된다. 그렇기 때문에 중요한 인물이 그 괴물과 완전히 등을 돌리고 지내는 것은 사실상 불가능한 일이다.

중요한 인물이 세상을 다루길 원한다는 것은 곧 그 괴물을 다룬다는 의미이다. 괴물이 중요한 인물보다 월등히 더 강하기 때문에, 중요한 인물은 흥분하지 않도록 조심해야 한다. 중요한 인물은 괴물이 소외된 개인을 다소 정중하게 다루도록 하기 위해 괴물에게 먹을 것도 주고 괴물을 즐겁게도 해 주고 이따금 달콤한 것도 줘야 한다.

일이 잘못되는 때는 오직 사람이 자기 자신에 대한 생각을 놓칠 때, 말하자면 자신의 영혼을 조직에 팔 때이다. 개인이 영혼을 파는 것은 조직에도 마찬가지로 나쁘다. 왜냐하면 그 개인이 좋은 쪽으로 행사할 수 있는 영향력이 그만 나쁜 쪽으로 흐르게 되기 때문이다. 그 개인은 자신의 영혼을 팔아버린 멋진 예가 되며, 다른 사람들은 금방 그를 모방할 것이다. 본보기가 제시되기만 하면, 보통 사람들은 너무나 쉽게 영혼을 팔게 된다.

구성원들이 영혼 없는 존재가 된다는 것은 당연히 조직에 큰 위험을 의미한다. 조직 안에서도 자신의 영혼을 꿋꿋이 지켜나갈 수 있을 만큼 용감한 사람들이 몇 명은 있어야만, 조직도 영혼을 가질 수 있다. 조직 안에 한 사람이라도 인간적인 영혼을 갖고 있다면, 그 조직은 적어도 그 사람의 인간적인 영혼을 갖고 있으며, 그런 영혼이 하나라도 있는 것이 전혀 없는 것보다 언제나 더 낫다.

그리고 조직 밖에서 소외된 채 지내는 개인들은 전혀 아무런 권력을 갖고 있지 않다. 그들은 괴물을 다루지 않기 때문이다. 욥의 신도 세상을 지배하는 괴물을 둘이나 두었다. 리바이어던과 베헤모스이다. 리바이어던은 바다의 3분의 1을 채우는 바다의 지배자이고, 베헤모스는 땅을 지배한다. 만일 신 자신이 두 괴물 없이 지낼 수 없다면, 인간이 어떻게 괴물 없이 지낼 수 있겠는가? 국가가 대중을 낚기 위해 중요한 인물들의 이름을 미끼로 이용하는 것은 너무나 분명한 사실이다. 그리고 그런 행태가 옳다. 국가가 존재하는 목적이 거기에 있다. 다른 모든 조직의 목적도 마찬가지이다.

나는 미국 석유회사 스탠더드 오일 컴퍼니까지 옹호할 것이다. 사실 스탠더드 오일은 대단히 편리한 조직이다. 작은 회사라면 오지(娛地)에 송유 시설을 갖추지 못하고, 자본도 확보하지 못했을 것이기 때문이다. 그러나 큰 조직은 그럴 능력이 있으며, 또 석유의 기준 가격이 어떤 가치를 지닌다는 점을 부정하기 어렵다.

가톨릭 교회도 일종의 기준 가격 같은 것을 갖고 있다. 가톨릭 교회는 정신이 어떤 것인지를 상상하지 못하는 많은 사람들에게 정신을 쉽게 상상하도록 만든다. 가톨릭 교회에는 형상과 인상 깊은 의식들이 많으며 또한 이해심 깊고 세련된 성직자들이 있다. 예를 들면, 프란체스코회의 수도사들은 모든 것을 보통 사람들이 가장 쉽게 이해할 수 있도록 설명한다. 프로테스탄티즘은 그런 조직이 없어 힘들어 한다.

가톨릭 교회는 난폭하고 혼란스러울 수 있는 대중 중 많은 사람들을 억제한다는 점에서 아주 중요한 임무를 수행하고 있다. 가톨릭 교회는 대중을 일정한 크기로 구분하고, 신문에 영향력을 행사하여 나쁜 영향을 미칠 것들을 사전에 배제시키고, 어떤 일은 대중에게 보다 쉽게 받아들여지도록 미화한다. 그렇게 함으로써 가톨릭 교회는 매우 유익한 착각들을 창조해낸다. 그런 조직이 제대로 작용하면 많은 악을 피할 수 있을 것이라는 착각도 그런 예의 하나이다.

평소에 나는 조직이 결정적으로 필요하지 않으면 조직이 생겨나지 않는다고 말한다. 따라서 우리는 조직보다 우위라고 느낄 것이 아니라 조직이 존재한다는 데에 대해 감사해야 할 것이다. 그러나 조직의 위험도 볼 줄 알아야 한다. 위험은 언제나 개인이 영혼을 팔고 있을 때 찾아오게 되어 있다. 그렇기 때문에 영혼을 팔고 있는 사람은 국가를 해치고 있다고 생각할 줄 알아야 한다. 그런 경우에 자연히 국가가 범죄를 저지르게 되기 때문이다. 무엇보다도, 국가가 당신이 영혼을 팔도록 유혹한다는 사실 자체가 죄이다. 그러나 당신은 괴물이 범죄를 저지른다고 말할 수 없다. 그건 말도 되지 않는다. 괴물이라는 존재 자체가 원래 도덕과 무관하기 때문이다.

괴물은 죄를 저지를 수 없다. 선한 일을 할 수 없는 것과 마찬가지이다. 선과 악은 개인의 고려사항이지 괴물의 고려사항은 아니다. 괴물이 할 수 있는 선과 악이 뭐가 있는가? 니체처럼 도덕성을 근거로 괴물을 판단한다면, 괴물은 코뿔소나 하마처럼 도덕성이 극히 낮은 존재일 수밖에 없다. 그런데 인간도 다를 게 없다. 덩치가 큰 양서류 같다.

> 다수를 위한 죽음이, 말하자면 죽음 자체를 삶으로 찬양하는 그런 죽음이 고안되었다. 정말로, 이런 죽음이야말로 죽음을 설교하는 모든 이들에게 봉사하는 죽음이다.

니체는 국가의 기능의 예를 정말 고약한 것으로 제시했다. 그러나 개인도 다를 바가 하나도 없다.

> 선한 자나 악한 자나 상관없이 모두가 독을 마시는 곳을 나는 국가라 부른다.

그런데 사람들이 독을 마실 필요가 없는데도 독을 들이키는 이유는 무엇인가?

> 선한 사람이든 나쁜 사람이든 모두가 자기 자신을 잃는 곳, 그곳이 국가이다. 모든 사람의 점진적 자살이 "삶"이라 불리는 곳이 국가이다.

그들은 왜 자기 자신을 잃을까? 당신은 무엇에든 당신 자신을 잃지 않고는 그것의 일부가 되지 못한다. 물론, 교육이 소위 사람들에게 정직을 주입시키면서 속임수를 쓴다. 남의 것을 취하면 분명히 탄로 나게 되어 있다거나 국가에 봉사하려면 국가를 믿어야 한다는 식의 가르침도 그런 예들이다.

이 편견은 종교에서, 말하자면 완전한 존재가 되어야 한다는 프로테스탄트 교회의 꽤 비논리적인 주장에서 비롯되었다. 교회에 봉사하는 사람은 교회의 기본적인 교리도 믿어야 한다는 주장이다. 교회의 일부라면, 당신은 교회에 완전히 포함된다. 당신의 영혼을 교회에 팔아야 하고, 그렇게 하는 것을 대단히 훌륭한 일로 보아야 한다.

그러나 당신은 가톨릭엔 겉으로만 영혼을 팔고 교리를 믿지 않아도 된다. 나는 지옥으로 영원히 떨어진다는 교리를 믿을 수 없어 개종하지 못하겠다고 성직자에게 털어놓은 어떤 남자를 알고 있다. 이 사람의 고백에 성직자는 "아, 그것이 방해가 되어서는 안 되지요. 나도 믿지 않으니까요."라고 대답했다. "아니, 어떻게 성직자가 교리를 믿지 않을 수 있어요?" "물론 그 교리는 진리입니다. 영원한 파멸이 있지요. 하지만 사람은 죽는 즉시 하느님의 목적을 보게 되고 그와 동시에 자신이 세상에서 저지른 실수도 보게 됩니다. 그러면 누구나 즉시 회개하게 되기 때문에 영원히 지옥으로 떨어지는 일은 일어나지 않습니다. 그러니 그런 건 존재하지 않는 것이나 마찬가지요." 가톨릭 교회가 대단히 부드럽게 돌아가고 있다는 점을 보여주는 에피소드이다.

언젠가 매우 유능한 예수회 수사와 재미있는 이야기를 나눈 적이 있다. 교리에 대한 믿음이 대화의 주제였다. 이야기를 나누던 중에 나는 나 자신이 그런 역사 깊은 문제를 프로테스탄트처럼 논하고 있다는 사실을 깨달았다. 우리는 가톨릭교도들이 교리를 믿는다고 믿을 만큼 바보이다. 그 예수회 수사는 이렇게 말했다.

"물론 교회는 절대 진리인 교리를 가져야 한다. 그런데 교리는 언제나 살아 있는 생물이다. 교리는 수 세기를 내려오는 과정에 자란다. 어떤 교리들은 항상 존재했던 것은 아니며, 어떤 교리들은 새로 더해졌다. 교황은 새로운 교리를 선언할 수 있다. 그러면 그것이 새로운 진리가 된다. 당신은 그 진리에 동의하지 않을 수 있다. 그것은 개인의 자유이다. 그 진리에 반드시 동의할 필요는 없다. 하지만 그 같은 사실을 크게 외쳐서는 안 된다. 주머니 속에서 주먹을 쥐고 기다려야 한다. 예를 들어, 독일인들은 로마의 추기경들에겐 당연히 좀 이상한 새들 같은 존재이다. 로마의 추기경들은 독일인들의 심리를 이해하지 않는다. 그렇기 때문에 독일인들이 다른 견해들을 갖는 경우가 종종 있다. 이 견해들이 훗날 교리가 될 수도 있다. 그러나 교황은 당장은 그것을 교리로 택할 생각이 없다. 그래서 사람들은 당분간 '아버지, 죄를 지었나이다'라는 식으로 고백하고 용서를 받는다."

나는 또 이 예수회 수사에게 어떤 역사적 사실을 비판한 어느 가톨릭 교수의 문제에 대해 물어보았다. 이 교수의 비판에 나쁜 요소는 없었지만, 그래도 그건 주교의 지시를 위반하는 것이었다. 이에 대해 예수회 수사는 교수를 징계하는 것이 옳다고 밝혔다. 이유는 그가 가르치던 젊은 학생들이 그런 일을 올바른 관점에서 제대로 판단하지 못한다는 사실 때문이었다. 학생들의 영적 행복에 좋지 않은 혼란이 일어났다는 이유였다. 그래서 나는 이렇게 말했다. "당신 말이 맞다. 사람은 말을 신중하게 해야 한다. 큰 집단을 이끄는 사람이라면 혼동과 모순을 피하도록 더욱더 노력해야 한다."

그러므로 모두가 지켜야 할 일반적인 규칙이 정해져야 한다. 리더도 이 규칙을 지켜야 하는 것은 말할 필요도 없다. 그렇지 않으면, 한 사람이 교회를 뒤엎을 수 있다. 교회의 생명을 위해 모두가 조심해야 하고, 모두가 입을 닫아야 한다. 가톨릭 교회의 견해는 사람들에겐 교회를 믿는 것보다 교회 안에 있는 것이 훨씬 더 중요하다는 것이다. 교회를 믿는 것은 별다른 의미를 지니지 않는다. 사람들은 교회를 믿는 것에 대해 이야기하지만 그것은 사람들에게 그다지 중요하지 않다.

이건 오래된 사상이다. 신성한 곳 안에 있는 것이 종교의 기본적인 준수사항이다. 교회는 초자연적인 힘으로 충만하다. 성변화(聖變化)가 일어나고 미사가 행해지는 방 안에 있으면, 당신은 은총의 일부를 받는다. 당신은 기도 시간 틈틈이 사업 얘기를 할 수 있다. 하지만 미사의 일부를 듣고 있거나 성찬식의 특이한 냄새를 맡고 있으면, 당신은 마음이 거기 있고 없고를 떠나서 그런 것들을 몸으로 받고 있다. 그것이 교회 안에 있다는 것의 진정한 의미이다.

물론, 우리는 가톨릭 교회를 판단하면서 중대한 실수를 저지른다. 가톨릭 교회의 교리 중에서 단순히 대중을 결집시키는 데 필요한, 매우 원시적이고 전통적인 관점에 대해 우리가 더 이상 알지 못하기 때문이다. 초기의 원시적인 사람들 모두가 영적인 태도를 가졌을 것이라고 예상할 수도 없다. 원시적인 사람들은 심지어 영적 태도라는 것이 무엇인지도 모른다. 그들은 신성한 곳에 들어가 있기만 하면 어쨌든 축성을 받는 것으로 안다. 그들은 신성한 것을 보고, 듣고, 냄새를 맡고, 같은 지붕 아래에 함께 있다. 그것으로 충분하다.

예를 들어, 대부분의 사람들에겐 아주 탁월한 인물을 친구로 두는 것만으로도 자신이 특별한 존재라고 느끼기에 충분하다. 그들 자신이 특별히 두드러진 인물이 될 필요도 없으며, 특별한 사람과 접촉만 할 수 있으면 된다. 그러면 그들은 자신도 올바른 존재가 된다고 믿는다.

그리고 세상의 눈에도 그들이 옳은 존재로 보인다. 가톨릭 교회는 세계관을 다루고 있으며, 따라서 세상의 흐름을 따라잡고 있다.

물론 프로테스탄티즘은 시류를 따르지 않는다. 프로테스탄티즘은 확신과 자기희생을 강조하는 멋진 관점을 개발하고 어떤 영적 원칙에 전적으로 헌신하고 있다. 그러나 영적 원리가 사라질 때 어떤 일이 벌어지는가? 그러면 그들은 똑같이 전체성을 주장하는 무엇인가를 추구하게 된다.

그래서 지금은 국가가 교회 대신에 전체성을 주장한다. 사람들에겐 전체성의 느낌이 필요하기 때문이다. 누군가가 국가를 지지하지 않는다면, 그 사람은 국가에 반대하는 것으로 여겨진다. 마치 국가가 예수 그리스도인 것처럼 말이다. 그리고 누군가가 국가를 믿지 않으면서 국가에 소속되어 있다면, 그 사람은 그 같은 짓이 위선이라고 생각한다.

그러나 이 말은 맞지 않다. 왜냐하면 당신이 괴물인 국가를 믿지 못하기 때문이다. 당신은 괴물이 가진 지능의 범위 안에서만 신뢰할 수 있고 그 이상은 믿지 못한다. 그리고 당신은 국가와 인간적인 관계를 맺고 있지 않다. 따라서 괴물인 국가가 형편없이 행동한다거나 사악하게 굴거나 불쾌하게 군다는 식으로 말하지 못한다. 그런 것들은 괴물에게 기대할 수 있는 것이 절대로 아니다.

예를 들어, 어떤 코뿔소가 코뿔소들이 평소에 하는 그대로 행동한다면, 그 코뿔소는 지극히 정상이며 나쁜 코뿔소가 절대로 아니다. 오히려 당신을 보고도 뿔을 받지 않는 길들여진 코뿔소가 형편없는 코뿔소일 것이다.

프로테스탄트는 자신이 소속된 조직을 믿는 것을 최고의 의무로 생각할 위험에 특별히 심하게 노출되어 있다. 프로테스탄트가 자신의 고

용주인 국가를 믿어야만 한다고 생각하기 때문이다. 이것은 큰 실수이다. 프로테스탄트는 자신의 영혼을 잘 알지도 못한 상태에서 일종의 이상주의 같은 것을 통해 영혼을 팔고 있고, 마치 국가가 신이라도 되듯이 영혼을 국가에 바치고 있다.

우리 모두가 세상 속에서 살고 있기 때문에, 영혼을 신에게 몽땅 바치는 것조차도 위험한 일이다. 당신의 영혼을 신에게 바치면서 당신 자신이 어디로 향하는지 유심히 관찰해보라. 당신은 아마 세상 밖으로 나가서 영원히 귀신같은 존재가 될 것이다. 당신은 더 이상 살지 않고 더 이상 시간 속에 있지 않을 것이다.

당신은 언제나 여기에 있다. 그러기에 어떤 것에도 당신 자신을 바치지 못한다. 그렇듯 인간 존재가 신에게 자신을 온전히 바치는 것은 불가능한 일이다. 신비주의자들은 신과의 결합을 추구하면서도 자신과 신까지의 거리는 아득히 멀다는 점을 인정한다.

이런 쓰레기 같은 인간들을 보라! 그들은 발명가들의 작품과 현자들의 보물을 훔치고 있다. 그러면서 자신들의 도둑질을 문화라고 부른다. 그래서 모든 것들이 그들에게 병이 되고 문제가 된다!

이런 쓰레기 같은 인간들을 보라! 그들은 언제나 병들어 있다. 그들은 울화를 토해내면서 그것을 신문(新聞)이라고 부르고 있다. 그들은 서로를 삼키고 있지만 자기 자신조차도 소화시키지 못하고 있다.

자신조차 소화시키지 못하는 것, 바로 그것이 문제이다.

이런 쓰레기 같은 인간들을 보라! 부(富)를 챙기지만, 그 일로 오히려 더 가난해지고 있다. … 그리고 허공으로 돌진하고 있다.

여기서 니체는 모든 금지를 벗어던진다. 그는 국가를 단지 독사와 사악한 것들이 득시글거리는 늪으로 보고 있다. 그러나 그것이 인간성이다. 늪에 있는 것들은 인간 존재들이다. 국가는 고약한 냄새조차 풍기지 않는다. 국가란 것이 존재하지 않기 때문이다.

국가는 하나의 합의이고 하나의 추상 개념이다. 아주 어리석은 사람들만이 국가가 존재한다고 생각한다. 국가는 하나의 상상이며, 다수의 개인들을 뜻하는 인습적인 단어이다. 유일한 현실은 국가가 아주 많은 사람들의 협약, 일종의 동의라는 점이다.

혹시 어떤 악취라도 난다면, 그건 인간의 냄새이다. 사람이 많이 들어 있는 방으로 들어가 보라. 즉시 인간의 냄새를 맡게 될 것이다. 매우 좋은 냄새는 절대로 아니다. 동물의 냄새 같다. 아프리카 흑인들은 야생 동물이 사람을 피하는 것은 사람의 냄새가 사자의 냄새와 비슷하기 때문이라고 한다. 사람들이 고기를 즐겨 먹는다는 점에서 본다면 우리한테서 맹수의 냄새가 날 수도 있다.

서양인들은 흑인들의 냄새에 강한 인상을 받는다. 흑인들의 체취가 서양인들의 체취와 많이 다르기 때문이다. 솔직히 말하자면 더 심한 표현을 쓸 수도 있겠지만, 많은 사람들이 모일 경우에는 흑인들의 냄새나 유럽인들의 냄새나 별로 다를 게 없다. 여기서, 엄청난 수의 개인들의 냄새를 통해 군중 심리학을 확인할 수 있다.

개인들은 정확히 각자의 심리에 따라 냄새를 맡는다. 냄새를 맡는 것은 반(半)정신적 기능이다. 말하자면 사람은 나지도 않는 냄새까지 맡을 수 있다는 뜻이다. 특이한 어떤 특성을 냄새 맡는다고나 할까.

악취가 진동하는 곳으로 가지 마라! 쓰레기 같은 인간들의 우상숭배를 멀리하라!

악취가 진동하는 곳으로 가지 마라! 인간 제물들에서 나는 텁텁한 김을 멀리하라!

그래도 대지는 훌륭한 영혼들에게 활짝 열려 있다. 혼자 혹은 둘을 위한 자리는 아직 많이 비어 있다. 거기엔 고요한 바다 냄새가 맴돌고 있다.

이 대목은 국가가 아니라 국민을 향한, 그 집단성을 향한 훈계처럼 들린다. 그래서 은둔자에 대해 이야기하고 있는 것이다. 그는 국가에 저항하는 것은 곧 인간에게 저항하는 것이라는 느낌을 강하게 받고 있다. 그래서 그는 자신이 마지막에 닿고자 하는 곳에 닿으려면 인간들로부터 벗어나야 한다고 생각한다. 그렇기 때문에 위대한 영혼은 군중에 속하지 못하며 반드시 군중 밖에 있어야 한다.

그는 이 점에 있어서 매우 분명한 입장을 취하고 있다. 그는 세상은 아직 열려 있다고 말한다. 위대한 영혼들이 고립된 채 살 수 있는 곳이 많다는 뜻이다. 내가 항상 궁금해 하면서 의문을 품었던 점이 바로 여기서 나온다.

니체가 무슨 의미로 "혼자 혹은 둘"이라고 할까? 다른 한 사람은 누구일까? 다른 사람과 함께 사는 은둔자? 그런 은둔자라면 많은 궁금증을 불러일으킬 것이다. 이 대목에서 나는 니체가 이중성의 특이한 느낌을 받은 것이 아닌가 하고 짐작해본다. 자신에게 또 다른 존재가 있다고 느끼지 않았을까? 그렇게 생각할 이유는 많다. 예를 들면, 차라투스트라와 니체는 둘이다. 이것이 가장 그럴듯한 설명이 아닐까 싶다.

틀림없이 니체는 자아를 생각하고 있었을 것이다. 문제는 자아가 그에게 어떤 식으로 나타나는가 하는 것이다. 자아는 니체와 차라투스트라 사이의 교류일까, 아니면 다른 누군가와의 이해(理解)일까? 그것이 아니마일 수도 있지만, 니체는 『차라투스트라는 이렇게 말했다』의 끝에 가서야 아니마의 심리학을 발견하며 그 이후로 광기를 보이게 된다. 그때까지 자아는 전적으로 그와 차라투스트라의 관계의 문제였다.

니체는 라인 강 동쪽에 사는 민족에 속한다. 거기엔 아직 아니마 심리학이 존재하지 않는다. 그곳 민족들의 역사가 짧기 때문에 남성성 심리학, 즉 '영원한 젊음'(puer eternus)의 심리학만 있다. 라인 강 서쪽의 역사 깊은 문명에는 아니마 문제가 등장하고 있지만, 라인 강 동쪽에는 일반적으로 남자와 복종 원칙, 예를 들면 어떤 관념 혹은 열정 혹은 모험과의 관계에 관한 문제가 있다.

라인 강 동쪽의 심리학은 주로 남자들의 세상인 삶 속으로 들어가는 젊은이들의 심리학이다. 어떤 목적, 예를 들어 종족 번식이나 낭만적 감정에 기여하는 종속적인 여자들이 있지만, 여자들에겐 그 외에 다른 역할은 주어지지 않았다. 그래서 여기서 다시 여자는 부엌일과 아이들을 낳는 일에만 유용하다는 사상이, 다시 말해 여자에겐 심리적 문제가 전혀 없고 영혼을 발달시킬 잠재력이 전혀 없다는 사상이 퍼지고 있는 것이 목격된다.

위대한 영혼들에겐 아직 자유로운 삶이 활짝 열려 있다. 정말이지, 적게 소유한 자는 그만큼 지배를 덜 받는다. 소박한 가난이야말로 축복이 아닌가.

그래, "소박한 가난"이 찢어지게 가난한 것보다야 낫지!

국가가 사라지는 곳에서, 오직 거기서만 쓰레기 같지 않은 진정한 인간들이 나타난다. 거기서 세상에 꼭 필요한 인간들의 노래가 시작된다. 단 하나뿐이고 대체 불가능한 그런 노래가.

형제들이여! 국가가 사라지는 곳, 그곳을 보라! 거기서 초인의 무지개와 다리들이 보이지 않는가?

차라투스트라는 이렇게 말했다.

쓰레기 같지 않은 인간, 세상에 꼭 필요한 인간이 자신의 영혼을 조직에 팔지 않은 사람, 다시 말해 혼자 힘으로 스스로 설 수 있는 사람이라는 말은 완벽하게 맞는 말이다. 그런 사람은 언제나 필요하다. 대부분의 사람들이 홀로 서지 못하기 때문이다. 대부분의 사람들은 영혼을 팔며, 그러고 나면 자유를 전혀 누리지 못한다.

자유의 유일한 흔적과 유일한 희망은 당연히 괴물에게 잡아먹히지 않고, 괴물을 다루다 마지막에 괴물을 올라탈 수 있는 사람이 되는 것이다. 그래서 옛날의 중국 사람들은 자신의 영웅이나 위대한 현자를 괴물을 타고 있는 모습으로 표현했다.

공자에게 누군가가 그가 개인적으로 알지 못하는 노자에 대해 어떻게 생각하느냐고 물었다. 그러자 공자는 노자가 병기를 다루는 데 전문가인지 아니면 전차를 모는 데 전문가인지는 확실히 모르지만 용을 타는 데는 틀림없이 전문가일 것이라고 대답했다. 다시 말하면, 노자가 괴물을 다루는 방법을 잘 알았다는 뜻이다. 여기서 용은 당연히 집단 무의식의 상징이고, 국가는 단지 천 개의 머리를 가진 괴물의 외양이다. '요한계시록'을 보면, 머리가 여러 개인데다 뿔까지 여러 개 가진 괴물은 국가를, 예를 들어 로마인들을 의미한다. 인간들의 조직은 하나의 거대한 뱀이다.

사람은 그런 꿈을 꾼다. 역사 속에 소개되는 꿈에도 그런 것이 있다. 예를 들어, B.C. 3세기의 한니발(Hannibal)은 젊을 때 이탈리아를 정복하는 예언적인 꿈을 꾸었다. 거대한 용이 그의 뒤를 따르면서 온 나라를 쑥대밭으로 만드는 그런 꿈이었다. 이는 당연히 그의 뒤를 따르는 군대가 나라를 황폐화한다는 뜻이었다. 이 꿈은 또한 내면에 있는 군중, 즉 집단 무의식을 의미한다. 그것은 사람의 집단 영혼이다.

그렇다면 괴물에 맞서 저항하다가 괴물을 올라타는 사람은 자신의 영혼을 괴물에게 팔지 않은 사람이며, 그런 사람은 세상에 필요한 존재이다. 그런 사람은 자신의 고립을 지켜나가기 위해 상당한 정도의 고독을 추구해야 한다. 그러나 그도 군중을 다루는 방법을 모른다면 실패하고 말 것이다. 예를 들어, 그 사람은 소박한 가난만 아니라 극단적인 가난에도 직면해야 할 것이다.

*   *   *

1부 중 '시장의 파리떼'라는 장 중에서 한 대목을 보자.

> 그들은 자주 그대에게 상냥한 존재처럼 군다. 그러나 그건 언제나 비겁한 자들의 잔꾀일 뿐이다. 그렇다! 비겁한 자는 영악하다!
> 그들은 편협한 마음으로 그대에 대해 이런저런 생각을 하고 있다. 그들에게 그대는 언제나 미심쩍은 존재이니까!

그는 이 대목에서 아직 의식까지 닿지 않은 어떤 일반적인 생각을 묘사하고 있다. 이 생각은 지금 집단 무의식 안에 있으며, 의식을 파고들려고 하고 있다. 이 생각에 최종적으로 전염되면 의식에 자아 팽창 같은 것이 일어나게 된다.

어떤 사람이 무의식적 내용물을 갖고 있을 때, 다시 말해 사람이 어떤 원형과 연결될 때, 그의 의식은 그 내용물이 무엇인지 알지도 못하는 가운데 활성화된 그 원형의 영향으로 인해 부풀어 오를 것이다. 그렇게 되면 그 사람은 무의식적으로 마치 자신이 그 원형인 것처럼 행동하면서 그 동일성을 자신의 자아 인격으로 표현할 것이다. 그러면 편견을 갖지 않은 사람들은 그를 보고 "아니, 저 사람의 자아 팽창이 대단한데. 마치 허풍쟁이처럼 터무니없이 굴고 있어."라고 말할 것이다. 그가 무의식적으로 어떤 역할을 하면서 자신의 자기라고 여기는 것을 표현하려 하기 때문에 생기는 현상이다. 여기서 말하는 자기는 당연히 철학적 의미의 자기가 아니다. 무의식적 원형의 발산에 의해 과장된 자아 인격일 뿐이다.

여러분도 잘 아시다시피, 활성화된 무의식의 원형은 떠오르는 태양과 비슷하다. 그 사람의 내면에서 자아 인격을 고양시키는 에너지나 온기(溫氣)의 원천이 된다는 뜻이다. 그러면 자아 인격은 마치 대단히 중요한 존재가 된 것처럼 발산을 시작한다. 그러나 자아 인격은 자체의 색깔을 발산하고, 그 원형을 개인적인 방식으로 표현한다. 따라서 자아가 아주 중요한 것처럼 보인다. 자아가 현실에선 전혀 중요하지 않은데도 그 사람의 내면에서 일어나는 일 때문에 떠밀려서 전면으로 나서게 되는 것이다. 중요한 것은 그 뒤에 있는 위대성이다.

예를 들어 보자. '우파니샤드'를 보면 최초의 존재인 프라자파티를 중심으로 하는 우주 탄생 신화가 나온다. 프라자파티는 자신이 혼자라는 것을 알게 되었을 때, 말하자면 그 자신이 아닌 것은 아무것도 없다는 것을 알았을 때에 자신의 위대성에게 말을 걸기 시작한다. 아니면 그의 내면에 있는 위대성이 그에게 말을 걸기 시작한다.

여기서 보듯이, 최초의 철학적인 정신은 그런 구분을 하고 있다. 자아는 "나 혼자뿐이구나."라고 생각한다. 비참한 처지가 아닐 수 없다. 그러나 거기엔 기이하게 나 자신인 위대성도 있다. 그럼에도 이 위대성이 나 자신은 아니다. 이 위대성이 나에게 말을 걸고 심지어 내가 모르는 것까지 일러주고 있기 때문이다. 그렇다면 이것은 단순히 원래 마음의 투사일 뿐이다. 이 원래의 마음은 의식의 의견은 별로 중요하지 않다는 점을 분명히 알고 있고 또 진리를 말하고 있는 것은 의식 뒤에 있는 위대성이라는 것을 잘 알고 있다. 그러나 이 같은 사실을 모르는 사람이라면, 그 사람은 자연히 자아 팽창을 겪으면서 자신이 마치 위대성인 것처럼 행동할 것이다.

자아 팽창을 분명하게 보이는 사람이 있으면, 당신은 당연히 그 사람의 자아가 팽창되어 있어서 거만하게 굴고 있다고 지적할 수 있다. 그러나 당신은 또한 그 사람을 두고, 어떤 자극을 받고 있는 것으로, 다시 말해 그 사람이 보지 못하는 어떤 중요한 것을 상징적으로 표현하고 있는 것으로 이해할 수도 있다. 그런 경우엔 그 사람이 추구하지 않은 어떤 중요한 것을 뜻하지 않게 건드렸다고 보면 무난하다. 그러나 그것이 그 사람에게 너무나 달콤하기 때문에 그가 그것을 놓는 것은 참으로 힘든 일이다.

당신이 그런 상황에 처한다 해도 마찬가지이다. 누군가가 당신에게 "대단한 인물이시군요!"라고 말하면, 물론 당신은 "아뇨, 절대로 그렇지 않아요!"라고 말할 것이다. 하지만 여기서 그 사람이 왕관을 당신

쪽으로 조금 더 가까이 밀면, 당신은 그것을 덥석 받아들 것이다.

"그들은 편협한 마음으로 그대에 대해 이런저런 생각을 하고 있다. 그들에게 그대는 언제나 미심쩍은 존재이니까!"라는 구절을 보자. 여기서 그는 사람들이 자신들의 자아 팽창을 야기하고 있는 그것을 대표하는 동료를 발견하는 것에 대해 이야기하고 있다. 니체에 따르면, 자아 팽창을 일으키는 원인은 바로 초인, 즉 인간의 위대성이라는 원형적 개념이다. 그리고 그의 이상 혹은 야망은 그 위대성을 획득하는 것이다. 이런 이상을 품는 것이 합당하지 않다고는 아무도 말하지 못한다. 그런 확신을 갖고 있는 철학이나 종교가 많은 것은 사실이다. 그런 이상을 가르치는 철학이나 종교도 있다.

인간은 초월해야 한다거나 선해야 한다는 사상은 초인 사상과 별로 다르지 않다. 이것저것 갈망하지 말고, 상반된 것으로부터 자유롭고, 선과 악을 넘어서 열반의 경지에 이르도록 노력해야 한다는 가르침은 단지 인도판 초인 사상에 지나지 않는다. 도(道)를 지키는 것은 중국판 초인 사상이다. 이것들은 똑같은 사상이 다른 모습으로 나타난 것에 불과하다.

그렇다면 자신이 위대성 그 자체가 되겠다는 그의 포부는 정당하다. 이 생각이 니체의 내면에서 의식이 되었고, 따라서 그가 자신과 초인의 위대성을 동일시했다는 점에서 본다면 그 당시에 많은 사람들을 불편하게 만든 것은 바로 그였다는 것이 분명해진다.

만일 니체가 이 사상을 의식하고 있고 또 이 사상과 동일시하고 있다면, 그가 수상쩍어 보일 것이라는 점은 충분히 예상할 수 있다. 이유는 이렇다. 사람들이 자신의 내면에서 자아 팽창을 일으키고 있는 원천과 아주 비슷한 사람을 만난다고 가정해 보자. 그러면 사람들은 즉시 눈에 두드러진 그 사람을 억누르려 들 것이다. 바로 그 사람이 자신들의 자아 팽창을 위협하기 때문이다. 그들이 더 이상 하늘의 유일한 태양이 아닐 것이기 때문이다. 또 다른 태양이 나타난 것 같은데, 그것이 태양이 되어서는 안 된다는 생각이 앞서는 것이다. 왜냐하면 그가 그들의 주머니에서 그들의 자아 팽창의 행복한 원인인 가치를 빼앗겠다고 위협하고 있기 때문이다. 이건 당연히 불쾌한 일이다. 그래서 사람들은 그 가치를 알고 있는 듯한 사람을 의심하게 된다. 일이 이런 식으로 진행되는데도, 그들은 그 가치를 진정으로 알지 못한다. 그리고 전반적인 자아 팽창을 야기하는 사상을 의식하고 있는 것은 이미 하나의 자산이다. 그건 무의식적으로 그 사상을 받아들이고 있는 그 이상이기 때문이다.

자신의 자아 팽창의 원인을 의식적으로 잘 알고 있는 니체는 보다 유리한 입장에 서 있다. 그는 자기 시대보다 앞서 가고 있으며, 당연히 시기의 대상이 되고 있다. 이유는 다른 사람들도 자신들이 갖고 있는 것이 무엇인지를 정확히 알기를 원하기 때문이다.

다른 사람들은 자기도 모르는 가운데 주머니에 100달러짜리 지폐를 한 장 갖게 된 사람이나 비슷하며, 니체는 자신이 100달러를 갖고 있다는 사실을 알고 있는 사람이다. 차이는 바로 그것이다. 그러나 그의 시대의 사람들과 마찬가지로, 니체도 그 100달러가 단순히 융자라는 사실을 모르고 있다. 그 100달러의 가치는 위대성의 것이었다. 그러다 보니 당연히 사람들이 니체가 훔쳐가거나 속이거나 거짓말을 할 것이라고 의심한다.

이 보통 사람들이 자아 팽창에도 불구하고 자신들이 보잘것없는 존재라는 것을 깊이 믿고 있는 것도 또한 사실이다. 그들은 자신이 사는 큰 도시에 위대한 인간은 지금까지도 없었고 앞으로도 없을 것이라고 믿고 있다. 그들은 위대한 인간도 평범한 이름의 거리에 살 수 있다는 생각은 절대로 하지 않는다. 위대한 인간은 거리도 매우 특별한 이름으로 불리고 집들도 매우 특별해 보이고 사람들도 매우 특별한 그런 머나먼 곳에 살 것처럼 여겨지는 것이다. 보통 사람들은 더 나아가 위대한 인간은 잠도 자지 않고 먹지도 않을 것이라고, 또 날개나 그 비슷한 것을 갖추고 있을 것이라고 짐작한다.

　　이리저리 자주 생각되는 것은 무엇이든 결국엔 미심쩍게 여겨지게 마련이다.

　이 말은 맞다. 그들의 생각이 자아 팽창을 야기한 바로 그것을 중심으로 이뤄지기 때문이다. 그래서 그들은 자신들의 자아 팽창의 원천을 만나게 되자마자 당연히 생각하기 시작한다. 그러나 그들이 어떤 식으로 생각하는가 하는 것이 문제이다.

　　그들은 그대가 온갖 덕을 가졌다는 이유로 그대를 처벌한다. 그들은 그대의 실수만을 진심으로 용서할 뿐이다.

　의심의 눈길을 받던 초인이 실수를 저지르는 것을 지켜보는 것은 종종 보통 사람에게 큰 위안이 된다. 초인의 실수는 보통 사람들의 임무를 경감시켜주고 보통 사람들에게 자아 확장에 계속 매달릴 어떤 끈 같은 것을 주게 된다.

그대는 친절하고 솔직한 성격이라서 이렇게 말한다. "그들이 보잘것없
는 존재로 살아간다고 해도 그건 탓할 일이 아니야." 그러나 그들의 편
협한 영혼은 이렇게 생각한다. "모든 위대한 존재들의 잘못이야."

이 대목은 아주 이상하게 들린다. 그럼에도 이 말은 위대한 진리이
다. 현실에 존재하는 모든 위대성은 죄를 짓게 된다. 그것이 보통 사람
들을 파괴하기 때문이다. 눈으로 볼 수 없는 것들은 집단적인 사람을,
다시 말해 무의식적인 존재를 고문하거나 파괴하지 않고는 현실로 존
재하지 못한다. 당신이 무엇인가를 존재하도록 하기 위해선 언제나 죽
이고 파괴하는 일이 수반되어야 하기 때문이다. 당신이 무슨 행동을
하든, 그것이 중요한 일이라면 동시에 파괴를 의미하게 되어 있다.

그것은 인간에게 불을 건넨 프로메테우스의 비극적인 죄이다. 불은
언제나 인류에게 대단히 큰 혜택을 안긴다. 그럼에도 프로메테우스는
불을 신들에게서 훔쳤으며, 그 일로 신들이 화가 났다. 그래서 인간이
위대성을 갖고 있거나 인간이 위대성과 접촉하거나 인간이 위대성에
닿을 수 있다는 사상은 하나의 절도이다. 무의식에서 위대성을 훔쳐서
인간의 손길이 닿는 곳으로 끌어내려야 하기 때문이다. 그렇게 되면
보통 사람은 매우 위험한 처지에 놓이게 된다.

그 원형에 가까이 있는 보통 사람들은 자아 팽창을 일으키고 광기를
보이게 된다. 그런 식으로 원형을 제시하는 일은 가능한 한 오랫동안 억
제해야 한다. 그것이 세상에 끊임없이 혼란을 야기할 것이기 때문이다.

당연히 그런 사상의 창조자나 발명자도 원형의 영향을 받는다. 유일
한 차이가 있다면, 이 창조자나 발명자는 신경계가 대단히 예민하기
때문에 그 원형을 보지 않을 수 없다는 점이다. 그는 원형을 보고 이해

한다. 그래서 그는 다른 사람들만큼 불리한 입장에 서지 않는다. 그렇지만 그는 당연히 그런 사상의 파괴적인 결과에 대해 책임을 져야 할 것이다.

그대가 그들에게 친절하게 대하고 있을 때조차도, 그들은 그대에게 경멸당한다는 느낌을 받을 것이며, 그대의 은혜를 악행으로 갚는다.

그대의 침묵의 긍지는 언제나 그들의 감정에 거슬린다. 그러기에 그대가 천박해 보일 정도로 겸손해지면 그들은 기뻐한다.

우리가 어떤 사람의 내면에서 인지하는 것, 그것도 그 사람을 화나게 만들 수 있다. 그러니 비열한 인간들을 조심하라!

그대 앞에서 그들은 스스로 한없이 쪼그라드는 것을 느낀다. 상스러운 그들의 마음은 그대를 향한 눈에 보이지 않는 복수심으로 불타고 있다.

그대가 그들에게 가까이 다가서기만 하면 그들이 입을 닫아버리는 경우가 얼마나 자주 있던가? 또 그들의 에너지가 꺼져가는 불의 연기처럼 그들에게서 빠져나가지 않던가?

그가 보통 사람들에게 다가서자마자, 그들의 자아 팽창은 저절로 붕괴한다. 그가 그들의 자아 팽창을 일으킨 가치를 지니고 있다는 사실이 명백히 보이고, 따라서 보통 사람들이 그때까지 가졌던 스릴이나 동기를 상실하기 때문이다. 100달러짜리 돈을 잃게 되는 것이다. 그 즉시 그들이 갖고 있던 상상 속의 100달러가 사라져 버리는데, 바로 그때 그가 자신의 주머니에 정말로 들어 있던 100달러를 끄집어내서 테이블 위에 놓을 수 있다는 것이 확인되기 때문이다.

그러면 모든 사람들은 그가 알 수 없는 속임수로 100달러를 강탈하고 또 자신들의 주머니에 들어 있던 모든 가치를 빼앗아갔다고 생각한다. 당연히, 그들은 그를 미워하며 복수를 꾀할 것이다. 물론 그들은 그의 100달러까지도 그의 재산이 아니라 융자라는 사실을 깨닫지 못한다. 그도 나머지 사람들과 똑같이 가진 것이 별로 없는 것이다.

> 그렇다. 친구여, 그대는 이웃이 양심의 가책을 느끼게 하고 있다. 그들은 그대에게 아무런 가치가 없기 때문이다. 그래서 그들은 그대를 미워하고 그대의 피를 빨려고 들고 있다.
> 그대의 이웃들은 언제나 독을 품은 파리로 남을 것이다. 그대의 내면에 있는 위대성, 바로 그것이 그들로 하여금 더욱 독을 품게 만들고 파리처럼 굴도록 만들고 있다.

자연스런 일이지만, 그도 자신이 그들 중 한 사람이라는 것을 보지 못하고 자신이 위대하다고 생각하는 실수를 저지른다. 그는 100달러를 내보이면서 "내가 가진 것을 보라. 이건 나의 것이야!"라고 말한다. 그건 거짓말이다. 그 대목에서 그는 그들을 속이고 있다. 그래서 니체가 나타나면서 "이것이 나의 사상이야. 나는 그 초인과 동일해."라고 말할 때, 그의 운명에 대한 예감이 강하게 느껴진다. 그는 자신이 아닌 것과 자신을 진정으로 동일시하고 있다. 그러나 그것은 꽤 자연스런 일이다. 아마 누구라도 그런 식으로 행동할 것이다. 어떤 사상을 갖게 되면 누구나 쉽게 그 사상과 자신을 동일시할 것이기 때문이다.

예를 들어, 어떤 사람도 일류급 테너가 위대한 사람이 아닐 수 있다고 생각하지 않을 것이다. 사람들은 심지어 대단히 높은 목소리를 근거로 테너의 성격까지도 아주 멋질 것이라고 곧잘 짐작한다. 그리고 소녀들도 바로 그런 이유로 그를 사랑한다.

그의 목소리가 망가지는 경우를 가정해보자. 이때 테너가 자신의 목소리와 자신을 동일시할 만큼 어리석다면, 그는 목소리와 함께 완전히 사라지고 말 것이다. 테너는 어디 갔지? 등불을 켜고 그를 찾아 나서야 할 것이다.

매우 아름다운 여자들도 마찬가지이다. 아름다움이 사라지고 난 뒤 그 여자들은 어디에 있는가? 얼굴에 주름이 생기고 시들면, 그 여자들의 모든 것은 사라진다. 이유는 얼굴 뒤에 아무것도 없었기 때문이다. 클레오 드 메로드(Cleo de Mérode)는 어디 있으며, 라 벨 오테로(La Belle Otéro)는 어디에 있는가? 그들은 사라져 버렸다. 아마 라 벨 오테로는 마이어 부인이 되어 어느 집 뒤뜰에서 살고 있을 것이다. 그렇다면 파리들한테서 나오는 모든 독은 100달러의 표면상 소유자의 자아 팽창에서 야기된다고 볼 수 있다.

> 친구여, 달아나라. 그대의 고독 속으로. 그리고 거센 바람이 부는 곳으로. 파리채가 되는 것은 그대의 운명이 아니다.

이 조언에는 긍정적인 무엇이 있다. 거기서 그는 자신이 위대성이 아니라는 사실을 깨달을 기회를 가질 것이다. 그러나 그는 자신이 보통 사람과 비슷하고 또 그런 사실을 알아야만 한다는 점을 절대로 깨닫지 못할 것이다.

예를 들어, 그가 진정으로 현자였다면 아마 자신에게 이런 식으로 말했을 것이다. "거리로 나가서, 비천한 사람들 틈에 섞여 그들처럼 살도록 하자. 그러면서 그런 하찮은 사람들을 어느 정도 즐길 수 있는지 보도록 하자. 그것이 나의 모습이니까." 그러면 그는 자신이 위대한 존재가 아니라는 사실을 배우게 될 것이다.

혹은 그는 이렇게 말할 수 있다. "하찮은 사람들을 멀리하고, 산의 광대함 속으로 들어가자. 거기서 위대성과 동일해지도록 노력하자. 그러면 위대성과 동일해질 수 없다는 것을 확인할 것이고, 따라서 내가 위대하지 않다는 것을 깨닫게 될 것이다."

이미 보았듯이, 그런 깨달음을 얻는 길은 두 가지이다. 그러나 친구들이나 인정, 영향 등을 갈망해 고독 속으로 사라지는 것은 깨달음과 거리가 멀다. 그렇게 할 경우에 사람은 자신에게 느끼고 있는 위대성과 자신이 같지 않다는 사실을 절대로 깨닫지 못한다.

"우리가 어떤 사람의 내면에서 뭔가를 그냥 지각할 뿐인데, 그것이 그 사람의 내면까지 흔들어 놓기도 한다."라는 말이 있다. 위대한 진리이다. 당신이 어떤 사람의 내면에서 무엇인가를 지각할 때, 당신은 그것을 그의 밖으로 끄집어내게 된다.

당신이 어떤 사람의 내면에서 어떤 특성을 본다고 가정하자. 그것은 일종의 직감이며, 그 직감은 절대로 하찮은 것이 아니다. 누군가가 당신에게 어떤 나쁜 직감을 품는다면, 당신은 그게 뭔지도 모르는 가운데 막연히 느끼게 된다. 직감이 무의식을 통해 움직이는 하나의 사실이기 때문에, 당신은 뭔가 위축되는 느낌을 받게 된다.

직감이 어떤 식으로 일어나는지에 대해 우리는 아직 모른다. 그러나 직감은 언제나 무의식에 있는 무엇인가와 관계있다. 무의식이 당신에게도 마찬가지로 있기 때문에, 당신도 그 직감을 직접적으로 받는다. 그러면 어떤 사람에게 직감을 일으키게 한 요소가 거의 틀림없이 당신의 내면에서 밖으로 나올 것이다. 이 모든 상황은 직감의 성격에 따라, 말하자면 당신이 좋은 인상을 주느냐 아니면 나쁜 인상을 주느냐에 따라 달라진다.

만일 누군가가 당신이 어떤 생각을 품었다는 직감을 품는다면, 당신이 그 생각을 하게 될 가능성이 아주 높아진다. 직감은 교감신경계를 통해 작동하는 것 같다. 또 직감은 반(半)무의식적인 기능이기 때문에 직감의 대상이 된 사람의 내면에 무의식적 영향을 낳는다.

매우 신기한 예가 있다. 어떤 세일즈맨은 당신의 눈을 보고도 당신이 원하는 것이 무엇인지를 읽어낸다. 그러면 당신은 멋진 물건을 사 놓고는 그걸 왜 구입했는지 모르게 된다.

동양의 마술사들은 당신의 내면에 무엇인가를 집어넣을 것이다. 그러다 보면 당신은 순진하게도 덫 속으로 스스로 걸어 들어가게 된다. 언젠가 마술사가 나에게도 그런 시도를 한 적이 있는데, 나는 덫에 걸려들었다. 마술사는 직감이 놀랄 정도로 발달했기 때문에 나의 뇌 속의 세포까지 비틀 수 있었다. 유명한 '로프 묘기'도 바로 그런 식으로 이뤄진다. 일종의 투사(投射)인 셈이다.

인도의 어느 군대 주둔지에서 로프 묘기를 선보인 마술사에 관한 이야기를 들은 적이 있다. 장교들이 원을 그리며 빙 둘러선 자리에서 마술이 펼쳐졌다. 마술이 한창 진행되고 있을 때, 어떤 사람이 늦게 현장에 도착했다. 그는 사람들이 쭉 둘러서 있는 곳으로 걸어갔다. 모두가 로프를 타고 올라가고 있던 소년을 올려다보고 있었다. 그러나 그에겐 아무것도 보이지 않았다. 그가 마술 묘기가 행해지던 현장을 보았을 때, 소년은 마술사 옆에 서 있었고 로프는 땅바닥에 놓여 있었다.

그가 막 소리를 지르려는 순간, 마술사가 그를 붙잡고 이렇게 말했다. "저 신사를 보라. 머리가 사라졌어!" 마술사가 보라는 곳을 보니 정말 머리가 없는 신사가 있었으며, 그 길로 늦게 온 그 사람도 현장에

빨려들었다. 로프가 있고 그걸 타고 올라가는 소년이 보였다. 마술사는 당연히 늦게 도착한 사람이 분위기에 젖지 않았다는 사실을 알고 있었고, 따라서 그 자리에서 그가 현장에 몰입하도록 만들어야 한다는 것을 알고 있었다. 일부 경우에 직감은 그런 식으로 작동한다.

당신도 어떤 생각이 떠올랐는데 조금 지나고 나서 생각해 보면 그것이 당신 본인의 생각이 아니었다는 사실을 깨달은 경험이 있을 것이다. 사람들은 그것을 마술이라고 부르지만, 그것은 단지 무의식을 통한 효과에 지나지 않는다. 물론, 그 바탕에는 3가지 다른 기능, 즉 지각과 사고와 감정이 마치 의식 안에서처럼 작용하고 있다.

그러나 직감은 깊은 무의식을 통과하며, 그 깊은 곳에서 당신은 누구와도 하나가 될 수 있다. 그렇기 때문에 그런 일이 벌어지면, 모두가 흔들리게 되어 있다. 내가 의자를 옮긴다면, 당신은 방해를 받지 않을 수 있다. 그러나 당신의 바탕인 영혼이 흔들리면, 당신은 지진을 느끼고 방해를 받을 것이다.

직감은 마룻바닥을 관통하면서 모든 사람을 흔들어놓는 어떤 물건과 비슷하다. 직감은 정신적 전염의 중요한 원천이다. 당신은 직감의 효과를 절대로 억누르지 못한다. 효과는 반드시 나타나게 되어 있다. 당신이 할 수 있는 유일한 조치는 이 생각 혹은 효과 혹은 감정이 정말로 당신 자신의 것인지를 가능한 한 빨리 결정하는 것뿐이다. 그러나 만약에 당신이 대부분의 사람들처럼 그걸 가만히 내버려두면, 직감의 전염을 피할 수 없다.

정신분석가에겐 정신 분석에 임하는 것이 엄격히 따지면 특별히 불편한 '참여'가 된다. 정신분석가는 전염 같은 것을 피하고 정신 건강을 유지하기 위해서 매일 환자들의 직관을 털어내는 과정을 거쳐야 한다. 그렇게 하지 않고 그냥 내버려두면, 직관들의 축적이 결국엔 자아 팽창을 일으킬 것이다. 그러면 어느 날 아침에 잠자리에서 일어나면서 팽창을 겪을 것이고, 당신은 곧 곤경에 처하게 될 것이다.

정신분석가들은 매우 조심해야 한다. 물론 니체는 그런 위치에 있지 않았다. 그는 단지 위대성과 동일시하고 있다. 그리고 니체 같은 사람들은 독을 기쁜 마음으로 삼킨다. 그들은 일종의 정신적 아편 중독자나 알코올 중독자라고 할 수 있다. 그들은 행복의 수준을 유지하기 위해 독을 삼켜야 한다. 자아 팽창은 멋져 보인다. 당신이 땅에서 벗어나 하늘을 날면서 대중을 자애로운 눈빛으로 내려다볼 수 있게 되니 말이다.

*   *   *

이제 '순결'이라는 제목의 장을 논할 차례이다.

> 나는 숲을 사랑한다. 도시에서 사는 것은 좋지 않다. 거기엔 욕정에 굶
> 주린 사람들이 너무 많다.

이 장의 제목이 암시하듯이, 지금 니체는 성애에 대해 논하려 한다. 니체는 각 장을 어떤 그림 혹은 사상 같은 것으로 시작해 마지막 부분에서 보통 새로운 그림의 가능성을 제시한다. 이 새로운 그림은 동시에 새로운 문제를 내포하고 있으며, 이 문제가 그 다음 장의 내용을 이룬다.

따라서 『차라투스트라는 이렇게 말했다』의 전체는 그림들의 연속이며, 각 그림은 하나의 문제를 갖고 있고 각 그림은 일관된 논리로 서로

연결되어 있다고 볼 수 있다. 앞에서 '시장의 파리떼'에 대해 이야기했는데, 어떤 점이 순결을 예고했다고 볼 수 있을까?

니체의 감수성이 특별히 예민한 개인적인 이유 하나는 아마 그가 매독에 감염된 것이 다소 운명적이라는 느낌을 받았다는 사실일 것이다. 그 감염이 니체에게 자의식을 강하게 느끼도록 만들었을 것이다. 아니면 그것이 그로 하여금 하류층의 인간들과 어떤 연결을 맺도록 했을지 모른다. 사람들은 대개 그런 감염에 신경을 쓰지 않거나 그런 것 때문에 특별히 자의식이 강해지거나 하지 않는다. 그러나 우리는 그 감염이 지극히 예민한 니체의 심리 구조 안에서 그런 효과를 일으켰을 것이라고 예상할 수 있다. 그럼에도 우리는 '시장의 파리떼'라는 제목의 장에서 어떤 문제가 제기되었는지를 알아야 한다. 이 문제가 니체로 하여금 순결을 돌아보게 만들었을 테니까.

파리들은 작은 존재들의 특별한 집합체를 의미할 것이다. 니체는 보통 사람들을 일종의 해충 같은 존재로, 다시 말하면 유일하게 뛰어난 것이라곤 놀라운 번식력밖에 없는 그런 존재로 묘사하는 일에 결코 지치지 않는다. 실제로 니체가 보통 사람들에게 부여하는 유일한 특성은 다수라는 것뿐이다. 그래서 그는 자신을 대중으로부터 배제시키고 있으며, 그는 그 가증스런 군중 인간을 극복한 초인이다.

이 같은 생각을 우리는 『차라투스트라는 이렇게 말했다』의 끝부분에서 '대단히 추악한 인간'을 부정하는 대목에서 더욱 분명하게 확인할 것이다. 성장을 추구하는 사람은 가장 추하고, 열등하고, 본능적인 집단적인 존재이다. 그리고 그가 가장 혐오하는 사람이 바로 그런 사람들이다.

집단적인 보통 사람들의 무리에서 빠져나온다는 것은 초인의 높이에 닿는다는 의미가 아닐까? 그리고 사람이 어떻게 사람보다 위일 수 있을까? 그도 살아 있는 사람의 한 사람일 뿐이다. 그렇다면 그런 식으로 생각할 경우에 어떤 일이 벌어질까?

그에겐 이미 자아 팽창이 일어난 상태이다. 그래서 그는 이제 풍선처럼 하늘로 두둥실 떠오르고 있다. 위로 오르기 위해선 팽창이 필요하다. 바로 그 팽창 때문에 하늘에 머물 수 있다. 그렇다면 그런 사람들의 심리 상태는 어떤가? 니체는 물론 신경증 환자이다. 초월의 상태에서 땅 위에 떠 있는 그런 환자의 꿈들을 분석하면 무엇이 발견될까?

땅 위에서의 문제들이 확인될 것이다. 또 납덩이처럼 무겁고, 저열한 것과 완벽하게 동일시하고 있는 그런 땅 위의 사람이 보일 것이다. 초월의 상태에서 땅 위에 떠 있는 사람이나 땅 위의 사람이나 같은 사람이기 때문에, 둘 사이에 어떤 연결이 있음에 틀림없다. 그 연결은 무엇일까? 낮은 곳에 있는 육체와 높은 곳에 있는 풍선 사이를 연결하는 탯줄은 어디에 있는가?

땅 위에 있는 사람은 풍선을 타고 떠난 부분을 박탈당했기 때문에 오직 본능 상태로만 남아 있다. 그래서 그는 저급한 성애만을 표현할 수 있을 뿐이다. 물론 성애라고 해서 반드시 저급한 것은 아니다. 그러나 이 예의 경우엔 성애는 보다 저급하다. 고상한 부분이 위로 날아 올라가 버렸기에 아래 땅 위에서 벌어지는 일에 대해 아무것도 모르게 되기 때문이다. 그래서 땅 위의 사람은 매우 열등한 성애를 표현할 뿐이다.

구름 속의 남자는 그런 성애에 대해 막연히 어떤 느낌을 받는다. 이유는 그것이 그와 땅 위의 사람을 묶어놓고 있고, 따라서 그가 그에 따른 저항을 느끼게 되기 때문이다. 그러나 그 저항은 아래 땅 위의 사람의 성애에 대한 저항이다. 말하자면 갈등을 통한 연결인 셈이다.

만일 아래쪽의 사람이 음탕한 종류의 성욕을 갖고 있다면, 구름 속의 사람은 그에 상응하는 저항을 보일 것이다. 당신이 어떤 사람이나 대상을 미워하든 사랑하든 관계없다. 미워하거나 사랑하거나, 자연의 심리학에선 똑같다.

물론, 인간 존재에겐 당신이 어떤 것을 사랑하느냐 사랑하지 않느냐에 따라 엄청나게 달라진다. 그러나 심리학에서는 당신이 어떤 것을 사랑하든 사랑하지 않든 똑같다. 당신이 무엇인가를 미워할 때에도 그것을 사랑할 때만큼이나 깊이 연결된다. 어쩌면 미워할 때의 연결이 더 강할 수 있다. 이유는 사람의 내면에 있는 자질 중에서 나쁜 자질이 선한 자질보다 더 강하기 때문이다.

어떤 사람의 내면에 있는 진짜 힘은 결코 그 사람의 강점이 아니다. 오히려 그 사람의 약점이다. 약점이 가장 강한 강점보다도 훨씬 더 강하기 때문이다. 그래서 니체는 저급한 사람들로부터 배제되기 위해 높은 산을 사랑하고, 따라서 그는 육욕에 휘둘리는 사람들이 너무 많은 도시에서 사는 것이 좋지 않다고 말한다. 그러나 그 자신의 보통 사람은 도시의 가장 나쁜 부분들 속에 있다.

음탕한 여자의 꿈속으로 들어가느니 차라리 살인자의 손아귀에 잡히는 것이 더 낫지 않을까?

아니, 이럴 수가! 그는 도시에도 살지 않고 음탕한 여자의 꿈속에 살고 있다. 그러면 유명하다는 그 음탕한 여자는 누구인가?

당연히 아니마이다. 그녀가 그가 풍선에서 아래로 내려오도록 설득하려고 노력하고 또 그의 열등한 사람을 돌보려고 노력했기 때문이다. 그런 경우에 그런 종류의 육욕을 예상할 수 있다. 뒷부분에서 이 아니마에 대한 찬가를 발견할 것이다. 니체는 광기를 보이며 미쳐가면서 너무나 에로틱한 글을 남겼다. 상상을 초월할 정도로 에로틱했기 때문에, 대단히 고상한 그의 여동생은 태워버리는 방법 외에 다른 길을 찾지 못했다.

그때 니체의 정신은 온갖 성적 공상으로 넘쳐나고 있었음에 틀림없다. 친구들에게 보낸 편지에 다소 천박한 내용이 보인다. 남자가 풍선을 타고 높이 올라가는 경우에 늘 그렇듯이, 그의 아니마는 당연히 그림자 쪽에, 그의 내면에 있는 열등한 인물에 있다. 아니마는 심지어 그 사람과 결혼까지 하고 그림자와 완전히 하나가 된다.

이때 그의 생각은 이렇다. 그는 매우 높이 올라가 있기 때문에 자연히 추락할 위험이 있다. 그런 경우에 그는 음탕한 여자, 즉 그의 아니마의 꿈에 내릴 것이다. 이때 그의 아니마는 끔찍한 존재인 그림자의 아내이다. 그러나 그는 자신에게 그림자가 있다는 사실을 모른다. 그가 자신의 육체를 잃어버렸기 때문이다. 그는 귀신이고, 귀신은 그림자를 절대로 드리우지 못한다. 그래서 그는 자연히 손길이 느껴지는 아래쪽의 여자가 자신과는 아무런 상관이 없는 낯선 여자라고 생각한다. 그 여자는 아마 다른 사람의 아내일 것이기 때문이다.

그럼에도 그는 그녀의 손길을 느낀다. 그렇기 때문에 두 가지, 즉 높은 곳에 있는 것과 낮은 곳에 있는 것을 서로 연결시키는 것은 섹스나 섹스를 둘러싼 갈등이 아니다. 그것은 아니마이다. 그러나 아니마는 하나의 갈등을 의미한다. 따라서 여자는 언제나 모순적인 존재로 나타난다.

여자가 둘로, 높은 존재와 낮은 존재로, 매력적인 존재와 사악한 존재로 갈라진 상태로 나타나는 경우도 자주 있다. 그 여자가 너무나 현실적이기 때문에 남자들은 그녀와 사랑에 빠지기도 한다. 남자들은 매력적인 아니마나 사악한 아니마를 사랑하며, 이 아니마들은 현실의 무대에서 진짜 여자로 등장한다. 니체는 이런 무서운 여자들이 남자들과 나쁜 방향으로 연결된다는 것을 알게 되었을 때 이렇게 말한다.

그리고 이 남자들을 보라 …

이것이 시장의 파리들과 비슷한 그의 그림자라는 점을 기억하라.

그들의 눈이 말하고 있다. 세상에서 여자와 자는 것보다 더 나은 것을
알지 못한다고.

그것은 그의 그림자의 열등한 성욕이지만, 그 성욕이 열등한 것은 오직 그가 기구를 타고 높이 올라갔기 때문이다. 그가 아래에 그대로 머물렀다면, 그 성욕은 열등하지 않을 것이다. 성욕은 언제나 그 사람 본인과 함께 하는 것이기 때문이다. 성욕은 사람과 떼어놓을 수 없는 것이며, 물(物) 자체가 아니다. 성욕은 사람의 내면에 있는 하나의 기능이며, 따라서 성욕은 그 사람이 어떤 존재인지를 보여준다.

그들의 영혼의 바닥에 오물이 깔려 있다. 그 오물이 정신까지 갖고 있다면, 이 얼마나 슬픈 일인가!

맞는 말이다. 그의 정신은 지금 기구를 타고 위로 올라갔다. 그러니 당연히 오물 안에 정신은 전혀 없다. 오물에 정신이 남아 있다면, 그건 오물이 아니고 깔끔한 인간의 육체일 것이다.

그들이 최소한 짐승만큼이라도 완벽하다면! 짐승에겐 그래도 순진무구한 구석이라도 있으니까.

이 말도 진실이다. 만약에 그가 짐승이었다면, 그는 철저히 무의식적인 존재일 것이다. 그에겐 정신도 없고, 기구를 타고 높이 올라갈 기회도 주어지지 않았을 것이다. 물론 정신을 갖고 있다면 그 정신과 동일시하려는 유혹을 받게 된다. 이유는 의식이란 것이 당신이 특별히 노력을 기울이지 않아도 당신 자신을 포함시킬 수 있을 만큼 자율적인 체계이기 때문이다. 그러다 보니 당신은 당신 자신을 당신의 의식 안에 집어넣은 다음에 꼭꼭 잠그고, 주변 환경에 맞서 당신 자신을 지키고, 의식과 당신을 동일시하고, 그러다가 언제든 의식과 함께 높이 날아갈 수 있다. 의식의 이 같은 자율성은 엄청난 자산이다. 의식에 자율성이 없다면, 우리는 의지를 갖지 못할 것이다.

의식의 자율성이 겉으로 표현된 것이 바로 의지력이다. 이 의지력이 있기에 선택도 가능해진다. 의식의 자율성이 없다면, 선택의 자유는 절대로 있을 수 없다. 의식이 자율성을 누리는 한에서만 환경의 조건에 구애받지 않고 자유의지를 가질 수 있다. 그렇다면 의식이 자율성을 지나치게 주장하지만 않는다면, 의식이 그 바탕에서 떨어져 나올 수 있는 가능성은 단점이 절대로 아니다. 그런 가능성은 자유의지가 존재하는 데에 반드시 필요한 조건이다.

의지가 주변 조건으로부터 떨어질 수 있는 한에서만, 우리는 자유의지를 누릴 수 있다. 오늘날엔 분명히 자유의지가 윤리의 바탕이다. 의식이 주변 조건으로부터 분리될 수 있거나 자율적이어야만, 어떤 도덕적 태도가 가능해진다. 그러나 지나치게 멀리 나가면, 이를테면 상상력을 지나치게 키워 의식의 자율성을 과도하게 높이면, 당신은 기구처럼 위로 올라갈 것이다. 그러면 당신은 자신이 삶의 진정한 바탕인 자연의 법칙을 이기고 있다고 생각하게 된다. 당신은 사람이 떠안을 수도 없고 또 떠안아서도 안 되는 일에 대해서까지 책임감을 느끼면서 구름 위로 사라질 것이다. 그러다 보면 당신은 니체가 처한 상황과 비슷한 상황에 맞닥뜨리게 될 것이다.

니체가 최고의 단계에서 아래쪽을 향해 퍼붓는 저주는 자기 자신을 향한 저주에 지나지 않는다. 아래에서 서로 함께 잠을 자고 있는 지저분한 짐승들은 그 자신의 다른 측면이다. 그는 자신의 초인의 의식에서 해충을 배제하며, 자신은 그 해충보다 위라고 상상한다. 그러나 그건 사실이 아니다. 그렇게 할 수 있는 사람은 아무도 없기 때문이다. 니체는 여기서 어떤 회의를 품는다. 그는 이렇게 말한다.

> 내가 그대에게 그대의 관능을 죽이라고 권하고 있는가? 그렇지 않다.
> 나는 그대에게 관능의 순진무구함을 권하고 있다.
> 내가 그대에게 순결을 권하고 있는가? 그렇지 않다. 순결은 어떤 사람
> 에겐 미덕일 수 있지만 많은 사람에겐 악덕이다.

그가 아득히 먼 곳에 떠 있는 구름 위에서 사람들에게 할 수 있는 조언이 어떤 것인지가 확인된다.

확실히, 이들은 자제한다. 그러나 개 같은 정욕이 그들이 하는 모든 일을 질투하고 있다.

그들의 미덕의 높은 경지까지, 그들의 냉철한 정신 속까지도 정욕이 따라다니며 불화를 일으키고 있다.

그는 지금 우리가 말하고 있는 것을 그대로 확인시키고 있다.

그리고 이 개 같은 관능은 한 점의 살점을 요구했다가 거부당할 경우에 한 점의 정신을 내놓으라고 얼마나 간절히 구걸하는가!

그대들은 비극과 가슴을 찢는 모든 것을 사랑하는가? 그러나 나는 그대들의 개 같은 정욕을 믿지 않는다.

그대들의 눈길은 너무나 잔인하며, 그대들은 고뇌에 찬 사람들을 음탕한 눈빛으로 바라본다. 그대들의 정욕은 가면을 쓰고 스스로를 동정이라고 부르지 않는가?

저 아래에 있는 가엾은 해충을 향한 이런 훈계에서, 그는 자기 자신의 심리를 드러내고 있다. 이 모든 것들이 그의 내면에서 일어나고 있다. 잔인한 눈길은 그의 눈길을 닮았다. 그가 냉정한 마음에서 사태를 주시하면서 말을 하고 있기 때문이다. "고뇌에 찬 사람을 음탕한 눈으로 바라본다."는 구절 속의 고뇌에 찬 사람은 누구인가? 자신의 연약한 신경계를 흔들어 놓을 것이면 무엇이든 피하면서 자신을 불쌍히 여기며 자신을 보살피고 있는 존재는 누구인가?

그리고 나는 이런 비유를 그대에게 전하고 싶다. 자신의 악마를 몰아

내려 했던 많은 사람들이 그 일로 그들 자신이 돼지가 되어버리고 말았
다는 이야기를.

이것은 매우 일반적이고 매우 위대한 진리이다. 다른 사람들에게 훌
륭한 조언을 하려고 노력하고, 또 많은 사람들을 구하거나 도와주려고
노력하다가 끝내는 자기 자신이 수렁에 빠지고 마는 사람들이 많다.
그들이 동정이나 연민, 이해라는 이름으로 나아가고 있던 곳이 결국엔
수렁이었던 것이다.

니체 본인의 운명도 그렇다. 『차라투스트라는 이렇게 말했다』의 끝
부분에서, 우리는 니체가 광기로 힘들어 할 때 보였던 병적 에로티시
즘과 연결되는 구절을 만나게 될 것이다.

순결을 지키는 것이 어렵다고 판단하는 사람에겐, 순결을 지키지 않도
록 권해야 한다. 그래야 순결이 지옥으로, 오물과 영혼의 욕정으로 향하
는 길이 되지 않을 것이다.
지금 나는 지저분한 것에 대해 말하고 있는가? 나에겐 그것이 최악의
행위는 아니다.
분별력 있는 사람이 진리의 물속으로 뛰어들지 않으려 하는 때는 진리
가 더러울 때가 아니고 진리가 얕을 때이다.

이것 또한 위대한 진리이다.

진정으로, 천성적으로 순결한 사람들이 있다. 그런 사람들은 가슴도 그
대들보다 더 따뜻하고 미소도 더 환하게, 더 자주 짓는다.

그들은 순결에도 웃으면서 이렇게 묻는다.

"순결은 어리석음이 아닌가? 그러나 어리석음이 우리에게 다가온 것이지, 우리가 어리석음으로 다가간 것이 아니다.

우리는 어리석음이라는 손님에게 쉴 곳과 마음을 베풀었다. 지금 어리석음은 우리와 함께 있다. 머물고 싶을 때까지 마음 놓고 쉬려무나!"

순결이 무엇인지를 모르는 똑똑한 사람들이 차라투스트라의 형제들이라는 것이 꽤 분명하게 드러난다. 차라투스트라도 그들 중 하나이다. 그리고 여기서 니체가 차라투스트라와 동일하다는 것이 확인되고 있다. 그것이 초인이 말을 하는 방식인 것이다. 그렇다면 우리는 이것이 예언가 차라투스트라가 말하는 방식이라고 할 수 있다. 그러나 인간 니체가 말한다고 본다면, 이 말은 무엇을 전하고 있을까?

순결을 보는 니체의 관점은 매우 특별하다. 순결이 무엇이냐고 묻고 있으니 말이다. 이는 곧 그가 순결 같은 문제에는 전혀 신경을 쓰지 않는다는 뜻이다. 순결은 니체의 세속적 존재보다 우월한 무엇인가를 의미하는데, 그것을 성취하는 것은 거의 불가능한 일이라는 뜻이 담겨 있다. 그런데 이 구절이 조금 이상하게 들린다. 예언자가 그런 식으로 말한다면, 그건 별 문제가 되지 않는다. 어쨌든 예언자가 하는 말에 반론을 제기하는 것은 어려운 일이니까. 그러나 인간의 말이라면, 그 말엔 신경증적인 요소가 있다고 볼 수 있다.

*　　　*　　　*

조로아스터의 가르침에서 선과 악이 가장 중요한 것은 사실이다.

니체는 자신이 조로아스터가 이 세상에 일으킨 문제를 바로잡으라는 부름을 운명적으로 받았다고 생각했다. 니체는 여전히 사람이 가치를 창조할 수 있다고 본 B.C. 3세기의 그리스 철학자 에우에메로스(Euhemeros)의 관점을 그대로 갖고 있었다. 이 관점은 당연히 엄청난 실수이며, 사람이 신들을 창조했다는 낡은 가설이었다. 그래서 니체는 사람이 도덕을 발명했다는 사상을 고집했다.

이것은 니체 시대의 유물론적인 관점이다. 이것은 또한 프로이트가 가졌던 편향이기도 하다. 프로이트는 사람이 본능을 억누를 수 있는 무엇인가를 발명했다고 생각한다. 물론, 다른 본능이 아니고는 본능을 누를 수 있는 것은 절대로 없다. 그것은 본능들의 갈등이다. 어떤 본능을 누를 수 있는 힘은 확실히 사람만큼 강하고 어쩌면 사람보다 더 강하다. 지금 니체는 자신의 이상을 구체적으로 제시하려 한다.

> "그대는 언제나 최고여야 하며 다른 사람들보다 탁월해야 한다. 질투심에 불타는 그대의 영혼은 친구 외에는 누구도 사랑해선 안 된다." 이 말이 어느 그리스인의 영혼을 전율하게 만들었고, 이 가르침으로 그는 위대한 인물이 되었다.

이것이 니체가 그리스인이 품었던 이상의 핵심을 설명하는 방식이다. 아마 이런 식으로 요약될 것이다.

> "진리를 말하고, 활과 화살을 능수능란하게 다룰 줄 알아야 한다." 나의 이름이 유래한 그 민족에겐 그것이 기쁨이면서도 힘든 일로 보였다. 나의 이름도 나에게 마찬가지로 기쁨이면서 힘든 것으로 다가온다.

여기서 니체는 자신이 가장 아끼는 생각 하나를 펼쳐 보이고 있다. 니체라는 이름이 폴란드 이름이라는 점이다. 그는 자신이 경이로운 폴란드인의 후예라는 사실을 아주 자랑스럽게 생각했다. 그런 니체를 보면, 자신이 자기 부모의 아들이 아니라고 말한 르네상스 시대 이탈리아 조각가 벤베누토 첼리니(Benvenuto Cellini)가 떠오른다. 첼리니는 무대 뒤에 숨어 있는 미지의 어떤 큰 존재가 자기를 낳았다는 식으로 생각했다. 영웅들은 언제나 자신은 신들의 작은 실수의 산물이라는 식의 편견을 갖고 있다.

1936년

1부 중 22장 '베푸는 미덕'을 분석할 차례이다.

정말로, 그런 식으로 사랑을 베푸는 사람은 모든 가치들의 횡령자가
된다. 그러나 나는 이 이기심을 건강하고 신성한 것이라고 부른다.
또 다른 이기심이 있다. 너무도 굶주리고 가난한 그런 종류의 이기심
이다. 그런 이기심은 언제나 훔친다. 그것은 병든 사람들의 이기심이고
병든 이기심이다.

여기에 중요한 도덕적 차이가 있다. 우리가 이기심에 대해 이야기할
때, 이기심은 악덕처럼 들린다. 대체로 우리가 니체가 병든 이기심이
라고 부른 그런 이기심만을 알고 있기 때문이다.
우리는 이기심을 개인주의로 알고 있다. 이기심을, 다른 사람들에게
강요하고, 다른 사람들로부터 훔치고, 다른 사람들의 가치를 빼앗고

싶어 하는 욕망으로 알고 있는 것이다. 이런 것을 사람들은 병적인 이기심이라고 부른다. 자기중심적인 이기심이라고 할 수 있다.

그러나 세상에는 신성한 이기심도 있다. 다만 아무도 그것을 알지 못할 뿐이다. 이 사상은 중세 초기 이후로 사라져 버렸다. 누군가가 자기 자신 속으로 깊이 침잠할 때, 그래서 그가 다른 사람들이 그를 먹는 것을 허용하지 않을 때, 우리는 그가 병적이거나 극도로 자기중심적이라고 생각한다. 이는 단순히 옛날의 기독교가 예수 그리스도의 초기 가르침을, 말하자면 "네 이웃을 사랑하라"는 가르침을 믿으면서 그리스도가 진정으로 가르쳤던 "네 자신과 같이"라는 부분을 언급하지 않은 데서 비롯된다.

하지만 당신 자신을 사랑하지 않는 상태에서 어떻게 남을 사랑할 수 있겠는가? 자기 자신을 사랑하지 않는 당신은 다른 사람에게 탁발승의 보시기 같은 것으로 왔으며, 그러기에 다른 사람이 무엇인가를 내놓아야 한다. 그러나 당신이 진정으로 자신을 사랑하는 사람이라면 마음이 포근하고 충만감에 넘칠 것이다. 그러면 당신은 당신 자신을 진정한 선물로 느낄 것이기에 이웃을 사랑한다고 말할 수 있을 것이며 당연히 상냥한 사람이 될 것이다. 그런 당신은 친구들에게 갈 때에도 당신이 사랑스런 친구가 되기 위해서 무엇인가를 베풀 수 있다.

그렇지 않다면, 당신이라는 존재는 오히려 부담이 될 것이다. 만약에 당신이 음울하고 굶주리고 갈증에 목말라 한다면, 당신은 그야말로 해악이 되고 빈 자루에 지나지 않을 것이다. 그런데 이 기독교인들이 꼭 그렇다. 그들은 공허하고, 다른 사람에게 요구하고 있다. 그들은 "우리는 당신을 사랑한다. 그러니 당신도 우리를 사랑해야 한다."고 말한다. 그러나 나는 예수 그리스도가 "네 이웃을 네 자신과 같이 사랑하라"고 말씀하셨다는 점을 언제나 강조한다. 그러니 당신 자신부터 먼저 사랑하도록 하라.

당신 자신을 먼저 사랑하는 것은 무척 어려운 일이다. 그러다 보니 당신은 오랫동안 다른 사람에게 당신을 사랑해달라고 요구하지 못한다. 당신 자신을 사랑하는 것이 정말 힘든 일이라는 것을 당신 자신부터 잘 알고 있기 때문이다. 당신은 자신을 미워하고, 자신을 경멸하고, 방 안에서 혼자서는 2시간도 견디지 못한다. 어느 목사처럼 말이다. 이 목사는 아침 7시부터 밤 11시까지 사람들과 함께 지낸다. 그러다 보니 그의 속은 텅텅 비었고, 그 때문에 온갖 장애가 그를 괴롭히고 있다.

당신은 자신에게도 뭔가를 줘야 한다. 당신 자신에게 느긋하게 베풀며 이해하려 하지 못하는 상황에서 당신이 어떻게 다른 사람들에게 베풀 수 있겠는가? 먼저 당신 자신을 이해하는 방법을 배워라. 나는 사람들에게 간혹 혼자만의 시간도 가질 수 있어야 한다고 조언하는데, 그럴 때마다 그래야만 하는 이유를 설명하는 것이 여간 어렵지 않다는 사실을 확인한다. 어떤 사람은 아내와 함께 책을 읽거나 피아노를 치는 시간이 혼자 있는 시간이라고 생각하고 있었다. 그러다가 정말로 혼자 남아야 한다면 하루에 한 시간도 견디지 못하고 미쳐버릴 것 같은 생각이 든다고 했다.

당신도 제법 긴 시간을 혼자 지내지 못한다면, 당신의 방엔 동물들이 가득하다고 보면 틀림없다. 당신이 고약한 냄새를 풍기고 있으니 동물들이 꼬여드는 것이다. 그러면서도 당신은 이웃에게 당신을 사랑할 것을 요구한다. 그건 마치 맛이 너무 형편없어서 당신도 먹지 않을 음식을 당신의 친구나 어머니, 아버지에게 내놓는 것과 다를 게 하나도 없다.

자신을 사랑하지 못하는 사람은 다른 사람을 사랑할 자격이 없으며, 다른 사람은 그를 집 밖으로 내쫓아 버릴 것이다. 그런데 다른 사람들의 그런 조치가 정당하다. 자신을 사랑하는 것은 대단히 어려운 일이다. 다른 사람을 진정으로 사랑하는 것이 대단히 어려운 것과 다를 게 없다.

그럼에도 당신은 자신을 사랑할 줄 알아야만 다른 사람을 사랑할 수 있다. 기준은 당신이 자신을 사랑할 수 있는가, 당신이 자신을 견뎌낼 수 있는가 하는 것이다. 자신을 사랑하는 일은 대단히 어렵다. 자신의 살점을 먹는 것보다 더 형편없는 식사는 없기 때문이다.

의식(儀式)이라고 생각하고 당신의 살점을 먹으려고 해 보라. 또 당신의 피를 마시려고 해 보라. 맛이 어떤지 보라. 비위가 상해 뒤로 나자빠질 것이다. 그런 맛을 내는 당신이 당신의 친구나 가족에게 어떤 존재일지 곰곰 생각해 보라. 당신은 당신 자신에게 형편없어 보이는 것과 똑같이 다른 사람들에게도 형편없는 존재로 보일 것이다.

당연히 그들은 모두 맹목적이고, 옛날식의 기독교인들이다. 그래서 그들은 당신을 사랑하면서 마시게 되는 독을 보지 못할 것이다. 그러나 이 같은 이치를 안다면, 당신은 간혹 혼자 있어 보는 것이 얼마나 중요한지를 이해할 것이다. 혼자만의 시간을 갖는 것이 당신이 다른 사람들과 건전한 관계를 확립할 수 있는 유일한 길이다. 그렇게 하지 않으면, 다른 사람들과의 관계는 언제나 서로 주고받는 관계가 아니라 훔치는 관계가 된다.

이기심은 찬란한 모든 것을 도둑의 눈으로 바라본다. 이기심은 풍성하게 가진 사람을 굶주린 사람의 탐욕의 눈으로 본다. 그러면서 이기심은 베푸는 사람들의 테이블 주위를 맴돈다.

그것이 바로 빈 자루들의 사회이다.

그런 탐욕에서 병이 생기고, 눈에 보이지 않는 퇴화가 일어난다. 이런 이기심의 탐욕은 육체가 병들었음을 말해준다.

이 "병든 육체"는 또 무엇인가? "병든 영혼"보다는 훨씬 더 낫지 않은가? 옛날의 기독교인들에겐 사람은 학교 선생이나 의사가 학생이나 환자를 돌볼 때의 관심으로 자기 자신을 돌봐야 한다는 사상을 전할 수 있다. 그들은 사람에겐 영혼의 교육이 어느 정도 필요하다는 것을, 자신의 정신적 행복을 돌볼 필요가 있다는 점을 이해한다.

사람이 가장 두려워하는 것은 눈앞에 존재하지 않는 영혼이 아니라 육체이다. 사람들이 보고 싶어 하지 않는 것도 바로 육체이다. 다시 말해, 사람들이 혼자가 될 때 그들에게 어떤 말을 해주려고 기다리고 있는 동물이나 악한 정령을 피하려 든다는 뜻이다. 혼자 있으면서 어떤 동물이나 정령의 말을 듣는 것은 아주 불쾌한 일이다. 육체는 어둠이며 매우 위험한 것들을 불러낼 수 있다. 육체가 하는 말을 듣지 않으려면 피아노라도 두드리는 것이 좋다. 그러기에 차라투스트라의 말은 꽤 진리이다. 병든 영혼만 문제가 아니라 병든 육체도 문제이다.

말하라, 나의 형제여. 우리가 가장 저열하다고 생각하는 것이 무엇인가? 퇴화가 아닌가? 베풀려는 영혼이 부족한 곳에선 언제나 퇴화를 의심해야 한다.

니체의 시대에 퇴화에 대한 논의가 아주 활발하게 이뤄졌다. 제목이 기억나진 않지만, 퇴화에 관한 어느 프랑스 책은 1880년대에 엄청난 화제였다. 퇴화라는 단어가 슬로건이 되다시피 했으니. 오늘날 퇴화는 발달이 원래의 형태에서 벗어나서 이뤄지는 것을 뜻한다. 퇴화하는 호랑이는 채식 동물 쪽으로 발달할 것이고, 퇴화하는 원숭이는 소시지를 좋아하는 원숭이가 될 것이다.

지저귀는 새들도 간혹 퇴화의 흔적을 보인다. 철도 가까이에 사는 개똥지빠귀는 원래의 멜로디를 잃고 기차 엔진 소리를 흉내 내고 있다. 아마 이 새들은 인간의 멜로디까지 배울 것이다. 전쟁터에서 참호 가까이서 살던 새들의 지저귐이 총탄 날아가는 소리를 모방하고 있는 것이 확인되었다. 속(屬)(genus)은 어떤 생물이 속한 종류를 의미한다. 당신도 만약에 이 속에 해당하는 패턴에서 벗어나면 퇴화로 힘들어하게 된다.

물론 니체는 이 단어를 훨씬 더 넓은 의미로 쓰고 있다. 니체는 사람의 내면에 있는 패턴으로부터의 이탈을 뜻하는 것으로 쓰고 있다. 그 패턴이란 곧 자기이다. 사람의 내면에 있는 패턴은 본래의 의미 그대로 성취되어야 한다. 성취되지 않으면, 거기서 벗어나게 된다.

당신 자신에게 고유한 패턴을 성취한다면, 당신은 자신을 사랑하고, 내면에 많은 것을 축적하고 풍요롭게 가꾸었음에 틀림없다. 그러면 당신은 광휘를 갖출 것이기 때문에 덕을 베풀 수 있게 된다. 당신은 빛을 발하고, 당신의 풍요로부터 무엇인가가 흘러넘칠 것이다.

그러나 당신이 자신을 미워하고 경멸한다면, 다시 말해 당신이 자신의 패턴을 받아들이지 않는다면, 그러면 당신의 체질 안에 굶주린 동물들이 생기게 된다. 이 동물들은 이제 당신이 채워주지 않은 욕구들을 만족시키기 위해 파리처럼 당신의 이웃으로 날아간다. 그래서 니체는 자신의 개인적 패턴을 성취하지 않은 사람들에게 베풀려는 영혼이 부족하다고 나무란다. 거기에는 빛의 방사도 전혀 없고, 온기도 전혀 없다. 오직 굶주림과 은밀히 훔치는 행위만 있을 뿐이다.

> 속(屬)에서 상속(上屬)으로, 우리의 길은 위로 향한다. 그러나 "모든 것은 나 자신을 위해서"라고 말하는, 퇴화하는 감각은 우리에게 공포감을 불러일으킨다.

"모든 것은 나 자신을 위해서"라고 말하는 퇴화한 감각은 충분히 성취하지 못한 운명이다. 퇴화한 감각은 그 사람이 자신을 온전히 살지 않았거나, 자신에게 필요한 것을 주지 않았거나, 태어날 때 자신에게 주어진 패턴을 성취하려고 노력하지 않았다는 점을 말해준다. 타고난 패턴은 그 사람의 '속'(屬)이기 때문에 반드시 성취되어야 한다. 그것이 성취되지 않는 한, 거기엔 "모든 것은 나 자신을 위해서"라고 말하는 굶주림이 자리하게 된다.

이것은 자기 자신에 대한 사랑이 아니고 자기 자신을 위해 뭔가를 요구하는 굶주림이다. 이때 굶주림은 다른 사람들로부터 훔치거나 빼앗는 것으로 채워질 것이며, 그런 것을 다른 사람들로부터 일종의 선물 같은 것으로 기대한다. 그러면서 다른 사람들이 자신에게 주는 것은 너무도 당연한 의무라고 생각한다. 옛날의 기독교의 가르침은 그런 식이었다.

그리스도가 당신을 사랑하듯이, 당신의 이웃을 사랑하라. 만약에 온갖 죄나 정신적 또는 도덕적 문제로 마음이 무거우면, 예수 그리스도의 육체를 먹어라. 그러면 치유될 것이다. 성체 형식으로 예수 그리스도를 먹으면, 당신은 순결해지고 성취를 이룰 것이다. 사람들은 그런 식으로 교육받고 있다.

곤경에 처하면, 예수 그리스도가 당신의 짐을 지는 동물이라고 생각하고 그 곤경을 그에게 벗어 던져 버려라. 그리고 배가 고프면 그를 먹어 버려라. 그는 당신을 배불리 먹일 것이다.

언제나 양식이 준비되어 있다는 식으로, 당신은 영원히 아기가 되라고 배운다. 양식은 당연히 빵과 포도주 같은 신성한 음식을 영원히 제공하는 어머니 교회로부터 나온다. 그리스도의 가르침을 따르기만 하면, 당신은 대단히 중요한 것까지도 즉석에서 얻는 데에 익숙해진다. 당신은 그냥 교회에 나가기만 하면 된다. 교회에만 가면 중요한 것을 얻을 수 있다. 만약에 어떤 것이 당신이 짊어지기에 너무 힘들면, 그걸 그냥 예수 그리스도의 등에 얹기만 하라. 그러면 그가 짊어지고 갈 것이다.

고백과 참회, 용서의 가톨릭 관행이 바로 그런 것이다. 참회하고 죄에 대해 모든 것을 털어놓아라. 그러면 용서를 받을 것이다. 그러면 당신은 모든 죄를 씻을 것이다. 그런 다음에도 당신은 다시 고백하고 참회하고 용서를 받을 수 있다. 이제 당신은 다시 글을 쓸 수 있는 깨끗한 서판이다. 종교개혁이 고백을 폐지한 이유이다.

이 조치는 한편으론 다행이었고, 또 한편으론 불행이었다. 불행이었던 이유는 사람들이 죄를 씻어낼 수 있는 길이 없어졌기 때문이다. 그것이 옥스퍼드 운동(Oxford Movement: 19세기 잉글랜드 성공회에 일어난 고교회(高敎會) 운동으로 교회의 세속화에 반대했다/옮긴이)이 성공을 거둔 이유이다. 이 운동 덕에 당신은 자신의 죄를 다른 존재들에게 넘길 수 있고, 그러면 다른 존재들이 그것을 제거해줄 수 있었다. 그러나 그것은 좋지 않은 방법이다.

프로테스탄트는 죄를 혼자 져야 한다. 프로테스탄트는 죄를 고백하더라도 용서가 보장되지 않는다는 것을 알고 있다. 천만 번을 고백해도 용서가 되지 않는 건 마찬가지이다. 고백이 잦을수록, 프로테스탄트는 자신이 한 짓을 잊어서는 안 된다는 사실을 더욱 뚜렷하게 새길 뿐이다. 그것이 프로테스탄트 신자에게 좋다. 프로테스탄트 신자는 "예, 제가 그런 죄를 지었습니다. 그 일로 제 자신을 저주해야 합니다."라고 말할 수 있는 수준에 이르러야 한다.

그러나 나는 먼저 나 자신부터 기분이 좋지 않은 상황이라면 나를 괴롭히는 사람에게 상냥하게 대하지 못한다. 나는 나의 형제에게 동의해야 한다. 가장 골치 아픈 형제가 나 자신이니까. 그러기에 나는 인내심을 발휘해야 하고, 내적으로 독실한 기독교인이 되어야 한다.

나의 패턴을 성취한다면, 나는 나의 죄를 받아들이고 "그건 대단히 나쁜 짓이지만, 그런 죄를 지었다는 사실을 인정해야만 해."라고 말할 수 있게 된다. 그러면 나는 타고난 패턴을 성취할 것이고, 그러면 황금이 빛을 발하기 시작할 것이다. 자기 자신을 받아들일 수 있는 사람은 황금과 같다. 그들은 매우 좋은 향기를 풍긴다. 그러면 온갖 파리들이 그들의 뒤를 따를 것이다.

*　　*　　*

퇴화에 대해 조금 더 설명하고 싶다. '베푸는 미덕'의 일부이다.

우리의 감각은 위로 향한다. 따라서 우리의 감각은 우리의 육체의 비유이며 향상의 비유이다. 향상의 비유들은 미덕의 이름들이다.

그러므로 육체는 향상 중인 존재이고 전사(戰士)로서 역사를 뚫고 나아간다. 그리고 정신은 육체와 어떤 관계인가? 육체의 전투와 승리를 예고하는 전령이고 육체의 동료이자 메아리이다.

선과 악의 이름들은 모두 비유이다. 그 이름들은 분명하게 말하지 않고 암시만 할 뿐이다. 그러니 이런 이름들로부터 지식을 얻으려는 자는 바보가 아닌가!

형제들이여, 그대들의 정신이 비유로 말할 때면 반드시 주의를 기울이도록 하라. 거기에 그대들의 미덕의 기원이 있으니까.

그때 그대들의 육체는 고양되고 높이 올라간다. 환희에 찬 그대들의 육체는 정신을 황홀경으로 몰아넣을 것이다. 그러면 정신은 창조자, 가치 평가자, 연인이 되고 모든 것을 이롭게 하는 존재가 된다.

그대들의 가슴이 강물처럼 넓게 넘쳐나면서 저지대에 사는 사람들에겐 축복이자 위험이 될 때, 거기에 그대들의 미덕의 기원이 있다.

그대들이 칭찬과 비난을 초월하면서 그대들의 의지가 사랑을 베푸는 사람의 의지로서 모든 것을 지배할 때, 거기에 그대들의 미덕의 기원이 있다.

그대들이 유쾌한 것들과 편안한 침실을 경멸하고 연약한 사람들로부터 아무리 멀리 벗어나도 충분하지 않다는 생각이 들 때, 거기에 그대들의 미덕의 기원이 있다.

그대들이 하나의 의지를 갖기를 원하면서 곤경에 따라 변화를 추구해야 한다고 생각할 때, 거기에 그대들의 미덕의 기원이 있다.

정말로, 그건 하나의 새로운 선과 악이다! 정말로, 새로운 샘에서 흘러나오는 깊고 새로운 속삭임이다!

이 새로운 미덕, 그것은 힘이다. 또 그것은 지배적인 사상이다. 이 사상을 예민한 영혼이 둘러싸고 있다. 이 새로운 미덕은 황금의 찬란한 태양이며, 그 주변을 지혜의 뱀이 감고 있다.

이 대목은 이해가 어렵지만, "정말로, 그건 하나의 새로운 선과 악이다! 정말로, 새로운 샘에서 흘러나오는 깊고 새로운 속삭임이다!"라는 문장에서 힌트를 얻을 수 있다.

이 새로운 선과 악은 무엇을 가리킬까? 아마 지금까지 전혀 아무런 역할을 하지 않았던 완전히 새로운 원천을 의미할 것이다. 또 새로운 형식의 에너지가 이전과 다른 영역에서 솟아오르고 있다는 뜻이기도 할 것이다.

그런데 어떤 조건에서 그런 일이 일어날 수 있을까? 그 전까지 있던 갈등이 사라질 때, 그런 일이 일어날 수 있다. 그렇다면 어딘가에 반대가 있었고, 그러다 갑자기 상반된 것들의 짝이 서로 화해를 했고, 그때까지 그 갈등에 투입되었던 에너지가 새롭게 방출되고 있다. 그렇다면 여기서 말하는 상반된 것들은 무엇이었을까?

육체와 정신이다. 니체는 "정신은 육체와 어떤 관계인가?"라고 묻는다. 그렇다면 여기서 니체의 정신관과 육체관이 나올 수 있다. 정신과 육체는 오랫동안 서로 반대되는 것으로 여겨져 왔다. 그러나 니체는 여기서 정신과 육체의 화해를 발견했다. 이 화해는 이 장의 텍스트 중 어디서 발견되는가? "형제들이여, 그대들의 정신이 비유로 말할 때면 반드시 주의를 기울이도록 하라."라는 문장이다.

말하자면, 비유 자체는 지혜나 이해의 원천이 아니다. 단어들은 아무것도 의미하지 않는다. 단어들은 단지 단어일 뿐이다. 중요한 것은 정신이 비유로 말하는 때이다. 달리 말하면, 정신이 비유로 말하는데 그때 어떤 심리적 조건의 결실이나 결과로 에너지의 새로운 원천이 뚫렸다면, 그 비유는 의미를 지닌다는 뜻이다. 이때도 의미를 지니는 것은 비유 자체가 아니라 결과이다.

앞에서 말하는 심리적 조건은 무아경이다. 그때까지 알지 못했거나 이해하지 못한 무엇인가가 그에게 드러나는 순간이다. 그때 그에게 주어진 단어로는 그걸 충분히 표현하지 못하기 때문에 일련의 비유를 길게 제시할 것이다.

이를 보여주는 아주 탁월한 예가 바로 산상설교에서 하늘의 왕국을 표현하기 위해 제시하는 비유들이다. 하늘의 왕국이라는 사상은 위대한 계시이고, 화해의 상징이며, 상반된 것들의 결합이다. 예수 그리스도는 유명한 비유를 이용해 동료들에게 그 계시를 전하려고 노력했다. 한 마디로는 절대로 표현하지 못할 그 특이한 사상의 핵심을 전하는 것은 생각보다 훨씬 더 힘든 일이었다.

하늘의 왕국은 누구를 위한 것인가? 하늘의 왕국은 무엇으로 이뤄져 있는가? 대답하기 어려운 질문이다. 지금도 마찬가지이다. 이 개념에 대해 사람들에게 물어보라. 각양각색의 대답이 나올 것이다. 신학자들에게 물어도 크게 다르지 않다. 어떤 사람은 천국이 인간 존재들 사이에서 발견된다고 말할 것이고, 또 어떤 사람은 전통적인 관점에 보다 충실한 모습을 보이면서 천국이 당신 안에, 예를 들어 당신의 가슴 안에 있다고 대답할 것이다.

그러나 가슴이나 마음의 귀를 갖지 못한 사람은 그런 말뜻을 이해하지 못할 것이다. 그러면 그 사상을 전하기 위해 당연히 다수의 비유가 동원되지 않을 수 없다. 그래서 니체도 비유를 동원하고 있다. 그 비유들이 단순히 선과 악의 이름이라는 점에서 보면 단어들에 지나지 않지만, 어떤 무아경의 상태를, 말하자면 보통 인간이 갑자기 무의식적 내용물에 사로잡히며 말을 하게 되는 그런 상태를 가리키는 단어들이다.

니체는 단순히 어떤 무의식적인 내용물을 나타내는 것으로서 비유를 다듬어냈을 것이고, 그렇다면 이 비유들은 저마다 가치를 지닐 것이다. 그래서 그는 논리적으로 계속 이어간다. "그때 그대들의 육체는 고양되고 높이 올라간다. 환희에 찬 그대들의 육체는 정신을 황홀경으로 몰아넣을 것이다. 그러면 정신은 창조자, 가치 평가자, 연인이 되고 모든 것을 이롭게 하는 존재가 된다."

이 구절은 육체 안에 있는 무의식으로부터 계시가 흘러나오면서 비유를 낳는다는 뜻이다. 그러면 사람은 창조적인 존재가 되어 비유를 창조하고, 그 비유를 통해서 동료들에게 은총의 상태를 전한다. 그 사람은 모든 사람들을 이롭게 하는 존재가 된다. 이유는 그가 새로운 생명의 원천이 되고 새로운 에너지의 원천이 되기 때문이다. 니체가 "그때 그대들의 육체는 고양되고"라고 말한 것이 흥미롭다. 니체 외의 다른 사람들은 아마 고양되는 것이 육체가 아니고 정신이라고 생각했을 것이다. 왜 이런 차이가 날까?

무아경에 빠지면, 마치 육체가 부양되는 것처럼 느껴진다. 성인들이 그런 경험을 자주 한 것으로 전해지고 있다. 아시시의 성 프란치스코(St. Francis)도 그런 경험에 대해 이야기한다. 성인들은 제단 앞에서 기도를 올리다가, 마치 무아경이 겉으로 표현되는 것처럼 몸이 위로 뜨는 경험을 많이 했다. 그러나 기독교식의 이해라면, 그들이 정신 속에서 고양되는 것으로 해석된다. 성인들도 니체가 말하는 식으로 육체가 공중으로 뜬다고 말하지는 않는다.

니체의 말은 그의 유형과 관계있다. 그는 육체를 철저히 무시하는 직관 유형이다. 그러다 보니 그의 육체는 언제나 여러 고통으로 힘들어 했다. 심인성 질병의 반 정도는 사람이 지나치게 직관적으로 흐를 때 생긴다. 직관에 사람들이 일상의 현실로부터 벗어나도록 만드는 특징이 있기 때문이다.

직관적인 유형은 언제나 자신보다 앞서 나간다. 여기 이 순간에 몰입하는 경우는 거의 없다. 직관 유형은 미래에 다가올 가능성들을 미리 찾아내고 있기 때문이다. 육체는 특히 지금 여기 이 순간에 충실하다. 말하자면 사람들을 여기 이 순간에 가둬두는 감옥이 육체인 셈이다.

그러나 직관은 시간과 공간의 차원에서 지금 이곳으로부터 사람을 배제하는 기능이다. 그러기에 그에 대한 보상 작용으로 육체는 언제나 병을 통해서 직관적인 사람에게 반발하고 있다. 그 때문에 직관적인 사람은 장의 장애나 위궤양 등 온갖 종류의 질환으로 고통을 겪는다. 마치 교감신경계통, 특히 자율신경계통과 소화기계통이 발작을 일으키고 있는 것처럼 보인다. 그런 질환들은 개인이 육체의 현실에 관심을 쏟도록 하려는 의도에서 생기는 것일 수 있다.

직관을 지나치게 많이 갖는 것은 위험한 일이다. 직관에 지나치게 휘둘리는 사람은 자신이 지금 이곳에 있지 이상한 미래의 다른 나라에 있지 않다는 사실을 완전히 망각하게 되기 때문이다.

니체가 꼭 그런 경우다. 그래서 니체는 언제나 자신의 몸과 사이가 좋지 않다. 줄타기 곡예사와의 연결에서도 그런 면이 보인다. 그렇기 때문에 니체는 진정한 무아경에 대해 묘사할 때 자연히 육체에 특별한 비중을 두게 마련이다. 그가 여기서 계시를 주는 것이 정신이 아니라는 것을 깨닫기 때문이다.

직관적인 지식인의 경우에 계시의 원천이 육체이다. 그런 경우엔 무의식이 육체를 부담지게 된다. 마음과 직관이 육체를 돌보지 않기 때문이다. 니체는 바람 같고 숨결 같은 영적 존재인 차라투스트라와 자신을 꽤 동일시하고 있기 때문에 자연히 자신의 육체보다 높은 공중에 떠 있다. 거긴 먹을 것은 하나도 없고 들이마실 공기만 있다. 그렇다면 니체에게 오는 실질적인 모든 것은 육체에서 와야 한다. 무의식이 육체와 동일하기 때문이다.

당연히, 감각 유형의 경우에는 그렇지 않다. 감각 유형의 마음과 의식은 대부분이 지금 여기에 있다. 그런 유형의 사람들은 계시를 위로부터, 정신으로부터 듣는다. 시대가 지나치게 육체에 매료되어 있을 때, 사람들은 당연히 정신은 언제나 위에서부터, 공기로부터 온다고 배우게 될 것이다. 정신은 하늘에서 오는 빛 또는 바람이며, 계시는 생명력에서 일어난다.

계시는 육체에서 나오는 것이 아니라 정신에서 나온다는 것이 고대로부터 내려오는 가르침이다. 기독교 가르침의 정신도 마찬가지이다. 그래서 니체는 일반적이고, 집단적이고, 전통적인 무엇인가를 통해 자신의 개인적 심리를 표현하려는 경향을 보인다.

이 대목에서 흥미로운 것은 계시가 정신의 왕국에서 일어날 때 정신이 되살아나거나 치유된다는 점이다. 그때 정신이 제대로 기능을 하기 때문에 나타나는 현상이다. 그리고 계시가 육체의 면에서 일어나면, 그때는 육체가 되살아나면서 생기를 다시 띠게 된다. 그리고 직관 유형인 니체에게나 그가 대표하는 선한 기독교인들에게나 똑같이, 육체의 작용이 진정한 계시이다.

육체가 지금 여기라는 것은 그 뜻만 적절히 이해되기만 한다면 직관적인 유형에게 하나의 진정한 계시가 된다. 그리고 기독교 가르침의 정신이 사고와 직관이고 공기와 동일하다는 점에서 본다면, 지금 여기라는 것이 있고, 그 지금 여기가 정신과 생명을 포함하고 있고, 그것이 정말로 작동하는 무엇이라는 것은 진정한 계시이다.

직관 유형의 사람에겐 지금 여기 온전히 존재한다는 것은 감옥의 황폐함에 지나지 않으며, 그것은 물론 옛날의 기독교 가르침과 정확히 일치한다. 우리의 육신은 영혼의 감옥이고, 지금 이곳은 비참과 치욕의 계곡이고, 우리 인간은 지금 고통만 있고 자유는 없는 감옥에 갇혀 있으며 미래에만 온전하게 존재하게 된다는 가르침 말이다.

니체는 여기서 상반된 것, 즉 정신과 육체의 결합을 보고 있다. 그것이 그에겐 계시인 것이다. 그는 유명론자(중세 초기부터 있었던 보편 논쟁에서 보편이 우선해 존재한다는 실재론에 맞서 개체가 우선해서 존재한다고 주장한 사람을 일컫는다/옮긴이)의 관점에서 정신에 대한 평가를 낮춤으로써 이 같은 결합을 끌어내고 있다. 기독교인은 정신은 로고스이자 단어이고 생명력과 계시로 충만하다는 식으로 말할 것이다. 그러나 니체는 정신이 로고스이지만 동시에 정신은 말을 의미하는 것에 지나지 않는다고 주장했다.

물론 이 같은 정신의 개념을 두고 대단히 일방적이라고 말할 수 있다. 나도 그렇게 말하고 싶다. 정신의 전통적 의미에서 그치는 것 같다. 로고스는 틀림없이 매우 일방적이다. 독일어에서 'Geist'(정신)라는 단어의 원래 의미는 라틴어 단어 '스피리투스'(spiritus)와 다른 무엇인가를 가리킨다. 그리스어 단어 '프네우마'(pneuma)가 그냥 바람을 의미하듯이, 스피리투스는 틀림없이 숨결을 뜻하며 기독교의 영향 아래에서만 영적인 의미를 얻었다.

현대 그리스의 텍스트를 보면 '프네우마'라는 단어는 정신을 의미하지 않고 바람이나 공기를 의미한다. 그렇다면 우리가 오늘날 사용하는 고대 로마와 그리스의 개념, 즉 'spirit'라는 단어는 명확히 공기를 의미하는 반면에 'Geist'는 공기를 의미하지 않는다. 앞에서 설명한 바와 같이, 'Geist'라는 단어는 역동적인 무엇인가와 관계있다. 샴페인 병마개를 딸 때 솟아오르는 거품처럼, 그것은 샘솟아 오르는 것이며 또 새로운 표현이다. 그것은 포도주 안에 내포되어 있는 휘발성 있는 물질이다. 그리고 '스피리투스 비니'(spiritus vini)는 알코올이고 공기로부터 돌아오고 있는 정신이다. 'Geist'는 원래 공기의 의미를 갖지 않았으며, 어떤 역동적인 과정을, 뭔가가 폭발하는 것을 표현하는 단어이다. '신약성경'을 보면, 성령의 강림은 불의 혀나 강력한 바람을 통해 나타나는 것으로 묘사된다.

『차라투스트라는 이렇게 말했다』 전편에 나타나는 엄청난 분출과 약진, 열정은 원래 형식의 정신이다. 니체는 이런 정신에 압도되었으며, 역동적인 분출의 희생자였다. 성령강림절의 사도들처럼. 이때 거리로 쏟아져 나오는 사도들을 보고 사람들은 술에 취했다고 생각했다. 그러나 사도들은 정신의 힘에 압도되어 있었다. 우리가 생각하는 정신의 개념은 꽤 모호하다. 옛 기독교에서 정신이 부자연스럽고 추상적이었기 때문이다. 니체는 정신에 압도당하는 현상에서 육체와 "정신"이라 불리는 것이 어떤 계시를 통해 함께 나타나는 것으로 느끼고 있다. 그에게 이 계시는 정말로 육체에서 나온다. 그래서 니체에게 계시는 기독교에 없는 일종의 육체의 구원이다. 기독교의 경우 지금 이 순간의 육체는 언제나 경시되어 왔다.

그래서 니체가 자신의 직관과 사상 세계를 모두 동원하여 『차라투스트라는 이렇게 말했다』를 쓰고 있을 때, 그는 자신이 지금 이 순간을 향해 내닫는 것을 느꼈고, 그것이 그에겐 하나의 계시였다고 말할 수 있다. 그때 육체와 정신이 함께 결합되었고, 니체는 그것을 미래를 말해주는 전조로 느꼈다. 예를 들어, 그는 "정말로, 그건 하나의 새로운 선과 악이다. 정말로, 새로운 샘에서 흘러나오는 깊고 새로운 속삭임이다!"라고 말하고 있다. 'Ein neues tiefes Rauschen'이 '깊은 속삭임'으로 번역되고 있지만, 바위 사이를 흐르는 지하의 강이 실제로 내는 소리를 제대로 전하지 못하고 있다.

이 문장은 현재 이 순간의 아래에 있는 무엇인가를 가리킨다. 그것은 곧 미래이다. 니체는 자신이 미래의 무엇인가를 들었다고 느끼고 있다. 그래서 그가 땅에서 솟아오르는 새로운 샘으로 느끼고 있는 그것은 다가올 매우 큰 무엇인가를 예고하는 일종의 징후이다.

지금 분석하고 있는 대목은 퇴화라는 사상에서 시작했다. 거기서 나는 퇴화를 개인이 자신이 속한 '속'(屬)에서 이탈하는 것과 비슷하다고 설명했다. 어떤 사람이 '속'의 법칙에서 벗어난다고 가정해 보자. 그건 그 사람이 생명의 흐름 중에서 물살이 가장 센 중심을 비켜나서 점점 해안 쪽으로 밀리다가 마침내 뭍에 걸려 정지하게 되는 것이나 마찬가지이다.

이제 생명의 흐름 밖에 놓이게 된 그 사람은 강이 어떤 식으로 흐르는지를 볼 수 있지만 더 이상 움직이거나 살아 있지 않다. 삶의 실제 과정은 언제나 새로워지는 변화이고, 날마다 시간마다 달라지는 변화이기 때문이다. 한동안은 당신도 높은 곳에서 생명의 흐름을 내려다

볼 수 있다. 그러나 그 시간이 길어질수록 당신에게서 더 많은 생명이 달아나게 된다. 그러면 당신은 생명을 더욱더 상실로 느끼게 된다. 그러다 보면 마지막에 당신은 생명이 정말로 당신을 떠나고 당신이 죽고 있다는 느낌을 받을 것이다.

따라서 퇴화는 어느 정도 죽음을 낳는다. 그러나 생명력이 부족하다는 것이 느껴지는 즉시, 무의식은 보상작용으로 예전의 조건을 다시 회복하려 노력할 것이다. 그러면 원래의 강의 본류를 찾으려는 추구가 무의식적으로 시작된다. 그러다 생명의 흐름에 다시 닿게 되면, 당신은 흐름의 한가운데에, 오른쪽과 왼쪽이 합쳐지는 중도의 위치에 서게 될 것이다. 그러면 당신은 다시 움직이게 되는데, 니체가 이 대목에서 묘사하고 있는 것이 바로 그런 과정이다.

니체는 샘이 솟아나고 있다고, 강이 흐르고 있다고 느낀다. 그가 발을 떼고 강 하류로 옮겨지기 때문이다. 그래서 그는 재생했다는 느낌을 받는다. 그의 정신이 육체에서 떨어져 나왔는데, 그가 그것을 다시 발견했기 때문이다. 니체는 생명의 강을 따라 흐르고 있다.

그것은 치열하고 역동적인 현상이며, 니체의 경우엔 당연히 개인적인 사건이지만, 내가 말한 바와 같이, 그것은 집단적인 현상이기도 하다. 처음에는 오직 한 개인만이 그 현상을 지각하지만, 그와 동시에 그 개인은 자신이 고양되는 것을 느낄 뿐만 아니라 개인의 샘보다 훨씬 더 막강한 강물이 지하에서 우르르 소리를 내며 흐르는 것을 듣는다. 이것은 개인의 샘이 비롯되고 있는 강이다. 이것은 겉으로 드러나지 않은 가운데 무의식에서 일어나고 있는 집단적인 현상이다. 니체는 이것을 미래에 나타날 바로 그것이라고 느끼고 있다.

미래에도 많은 사람들이 다시 그 강물의 흐름에 부딪칠 것이고, 그

강은 매우 거센 강이 되어 도도하게 흐르면서 흘러가는 길에 있는 모든 것을 휩쓸 것이다. 내가 이 점을 강조하는 특별한 이유가 있다. 그것이 우리 시대에 벌어지고 있는 일에 대해 많은 것을 말해주기 때문이다.

지금 우리는 다양한 측면에서 새로운 시대와 새로운 정신의 발아를 목격하고 있다. 나이 든 사람들은 이 새로운 시대와 새로운 정신을 쉽게 이해하지 못할 것이다. 우리는 지금 분열되어 있고 현대의 의미에 대해 확신을 품지 못하고 있다. 주변에서 너무나 기이한 일들이 많이 일어나고 있지만, 우리는 그것을 어떤 식으로 평가해야 하는지 모르고 있다.

예를 들어, 금본위제를 버리고 있다는 사실은 인류 역사상 가장 놀라운 일 중 하나이다. 국가들이 약속을 어길 수 있다는 것에 대해 우리는 예전에도 알고 있었다. 그러나 국가들이 그처럼 쉽게 약속을 어길 수 있다는 것은 주목할 만한 일이 아닐 수 없다. 영국인이나 미국인이나 똑같이 매우 도덕적인 기독교인들이라는 사실에 자부심을 느껴 왔다는 점에 비춰보면, 그건 정말로 놀라운 일이다.

금본위제를 포기하는 것은 곧 이런 뜻이다. 내가 어떤 사람에게 100프랑을 빚지고 있다. 그런데 내가 그 사람에게 50프랑을 주면서 "당신에게 진 빚을 다 갚았어."라고 말한다. 그러자 그 사람이 "아니지, 100프랑을 빌렸잖아."라고 항의한다. 그러면 나는 "내가 빌린 금액이 뭐가 중요해? 받기 싫으면 그만둬."라고 말한다. 나에겐 사람들을 속일 권리가 있고, 나는 그 권리를 행사하고 있을 뿐이다. 부끄러워하는 기색도 없이! 아무도 나의 행동에 대해 특별히 잘못된 것이 있다고 느끼지 않는다. 그것이 나의 국가를 발전시키는 길이라고 말한다. 교회는 이 문제에 대해 무슨 말을 했는가? 아무 말도 하지 않았다. 아무도 그 일에 부끄러움을 느끼지 않았던 것이다.

신도 나쁠 수 있지만, 교회가 지금까지 강조해 온 가치들을 진정으로 믿는다면 금본위제를 포기하는 데 대해 나름의 의견을 제시해야 했다. 그러나 교회는 아무 말을 하지 않았다. 누구도 입을 열려고 하지 않았다. 놀라운 현상이 아닐 수 없다. 정말 새로운 현상이다.

여기서 나는 이런 새로운 정신이 조성됨에 따라 독일이 큰 이점을 누릴 수 있다는 사실에 대해 언급하고 싶다. 독일인들은 이 새로운 정신이 옛날의 보탄(Wotan: 게르만 족의 주요 신/옮긴이)이고, 그로 인해 자신들은 이교도가 되었다고 말한다. 그들은 벨기에를 침공할 때에도 조약을 어겼다고 솔직하게 말했다. 그리고 그건 사악한 짓이라고도 했다. 테오발트 폰 베트만홀베크(Theobald von Bethmann Hollweg) 수상이 "독일은 약속을 어겼다."고 한 말에도 그런 정신이 작용하고 있다. 그때 베트만홀베크는 대단히 냉소적이었고, 독일인들은 어쨌든 이교도적인 사람으로 변해 있었다.

흥미로운 것은 보탄이다. 스위스 사람 마르틴 닌크(Martin Ninck)가 최근에 『보탄, 그리고 운명에 대한 독일의 믿음』(Wotan and the German Belief in Destiny)이라는 매우 재미있는 책을 썼다. 그는 히틀러(Adolf Hitler)의 뒤에서 움직이고 있는 정신이 바로 보탄의 화신이라는 점을 뒷받침할 자료들을 많이 제시했다.

보탄은 숲속의 소리이고, 재앙을 낳으며 맹렬히 쏟아지는 물의 소리이고, 인간 존재들 사이의 전쟁의 소리이다. 보탄은 위대한 마술사이다. 그래서 로마인들은 보탄을 메르쿠리우스와 동일시했다. 물론 상인들의 신으로서가 아니라, 마술사들, 말하자면 어둠 속으로 들어가서 어떤 식으로든 은밀스럽게 행동하며 은밀한 목적을 추구하는 사람들의 신으로서 메르쿠리우스와 동일시한 것이다.

보탄은 또한 영혼을 저승으로 안내하는 저승사자이고 영혼들의 지도자이고 폭로의 신이다. 그러므로 보탄은 흥청망청 술잔치의 신인 트라키아의 디오니소스와 매우 비슷하다고 볼 수 있다.

지금 그 옛날의 보탄이 유럽의 중앙에 자리 잡고 있다. 마술사의 낭만적인 성격을 포함해, 보탄이 상징하는 심리적 징후들이 유럽의 중앙에 다시 나타나고 있는 것이다. 유럽에서 게르만 족의 심리 상태가 영향을 미치는 곳에서, 이를테면 우랄산맥에서부터 스페인에 이르기까지 종교가 혼란을 겪고 있다. 유럽에서 가톨릭 성향이 가장 강한 스페인에서, 교회는 완전히 전복된 상태이다. 그런 상태가 바로 옛날의 보탄이다. 보탄이라는 이름보다 더 적절한 것이 없다. 바람이 거세게 불어와 종교를 산산조각으로 깨뜨려버렸다. 이탈리아의 파시즘도 옛날의 보탄이다. 로마인의 흔적은 전혀 없고, 모두 게르만족의 피가 흐른다. 이탈리아인들은 랑고바르드족이며 게르만의 정신을 갖고 있다. 물론 스위스는 작은 예외이다.

여기서 차라투스트라는 잠시 멈추고 제자들을 그윽한 눈으로 바라보았다. 그런 다음에 그는 계속 말을 이었는데, 돌연 목소리가 바뀌었다.

형제들이여, 그대들의 미덕의 힘으로 대지에 충실하라! 그대들의 베푸는 사랑과 지식을 대지의 의미에 바치도록 하라! 내가 그대들에게 이렇게 기도하며 간청한다.

그대들의 미덕이 대지를 떠나 하늘로 날다가 날개를 영원의 벽에 부딪지 않도록 하라! 아, 얼마나 많은 미덕이 그런 식으로 날아갔는가!

나처럼, 허공으로 날아간 미덕을 다시 대지로, 육체와 삶으로 데려오도록 하라. 그래서 미덕이 대지에 의미를 주도록 하라. 인간의 의미를!

지금까지 정신도 미덕처럼 수백 번이나 날아올랐다가 떨어지곤 했다. 아, 슬프도다! 우리 육체 안에 아직도 이런 망상과 실수가 있다니. 거기서 이 망상과 실수가 육체와 의지가 되었다.

지금까지 정신도 미덕처럼 수백 번도 더 시도하다가 실패했다. 그렇다. 인간도 하나의 시도였다. 아, 그 많은 무지와 실수가 우리의 육체가 되었다.

수천 년 동안 내려온 이성뿐만 아니라 수천 년 된 광기도 우리의 내면에서 폭발한다. 그러기에 상속인이 되는 것은 위험한 일이다.

우리는 걸음마다 우연이라는 거인과 싸우고 있으며, 지금까지도 무의미와 몰상식이 인류를 지배하고 있다.

형제들이여, 그대들의 정신과 미덕을 대지의 의미에 바치도록 하라. 모든 것들의 가치가 그대에 의해 새롭게 결정되도록 하라! 그래서 그들은 전사가 되어야 한다! 그래서 그대들은 창조자가 되어야 한다!

이 부분은 그 계시의 의미를 매우 분명하게 보여주고 있다. 즉 대지와 육체가 영적 가치를, 말하자면 그 전까지 정신의 특권으로만 여겨졌던 영적 가치를 지녀야 한다는 것이다. 만약에 대지와 육체가 영적 존엄을 확보하게 된다면, 대지와 육체의 특별한 본질도 예전에 정신의 기본 원리를 고려하던 때와 똑같은 방식으로 고려될 수 있을 것이다. 그러면 정신과 함께 허공에 떠 있던 것들 중 많은 것이 자연히 대지로 돌아올 것이다. 정신의 날개 위에 올라타고 있던 많은 것들이 물질 속으로 들어갈 것이다.

사람들이 정신 속에서 살기를 더 선호하는 이유는 바로 공중에 뜬 상태로 살 수 있기 때문이다. 대지 또는 육체의 삶이 미래에 일어날 것이지만, 그들은 당분간 그 삶을 흔쾌히 미루며 잠정적인 삶을 살면서 꽤 행복할 수 있다. 그것은 마치 결코 정착하지 않는 거대한 새 위에다가 사람의 집을 짓는 것이나 마찬가지이다.

정신 속에 사는 사람은 지금 여기에 있지 않으며, 그래서 문제들을 뒤로 미룰 수 있다. 그러나 지금 여기가 고통 받기 시작하는 순간, 말하자면 개인의 육체가 고통 받거나 정치적 혹은 경제적 상황이 나빠질 때, 그 사람은 어쩔 수 없이 땅으로 내려와야 하며, 그러면 정신이 대지를 건드리는 순간에 대지에 갇히게 된다. 그는 대지의 아름다움과 사랑스런 여자의 얼굴을 보게 되고, 따라서 세상의 중대한 문제에 얽히게 된다. 그는 '누스'(nous: 정신) 또는 '프네우마'로 남아 있었더라면 계속 날개 위에 얹혀 있었을 것이고, 또 물 위를 날아다니면서도 절대로 물을 건드리지 않는 그런 신의 이미지를 닮아 있었을 것이다.

그러나 그는 물을 건드렸고 그것이 인간적인 삶의 시작이었다. 온갖 고통과 온갖 아름다움을 다 지닌, 천국도 있고 지옥도 있는 그런 세상의 시작이었던 것이다. 물론, 이 우주 발생의 신화에서 신비적인 직관이 천국과 지옥으로 표현하고 있는 것들은 실제 인간 삶에서 거듭 일어나고 있다. 그것은 하나의 원형적인 그림이다.

여기서 벌어지고 있는 일이 꼭 그런 식이다. 정신이 물질에서 자신의 이미지를 보고, 물질을 건드리고, 물질에 갇힌 것이다. 그것은 열정적인 포옹이었다. 분명히 무아경의 순간이었다. 그 결과, 정신이 대지와 한 번 더 얽히게 될 것이다. 이런 현상은 우리 시대의 상황에 그대로 나타나고 있다.

지금 우리 시대를 지배하고 있는 상황과 제1차 세계대전 발발 전의 시대를 지배했던 상황을 비교해 보라. 그러면 뚜렷한 차이가 보일 것이다. 여권을 갖지 않고 이 나라에서 저 나라로 여행하는 것이 더 이상 가능하지 않다. 화폐도 전쟁 전의 화폐와 같지 않다. 통화(通貨)와 법 등에서 차이가 있다는 점을 고려해야 한다. 한마디로 말해, 사람들이 족쇄를 차게 되었다고 할 수 있다. 우리의 가능성이 엄청나게 줄어들었으며, 자유로운 이동의 폭도 크게 축소되었다. 어떻게 보면 사람들이 대지라는 감옥에 갇혀 있다고 볼 수 있다.

사람은 다시 대지로 내려왔다. 모든 사람이 단순한 존재가 되고, 보다 자연적이고 소박한 삶을 사는 것에 대해 말하고 있다. 그것은 대지에 더 가까이 다가간다는 것을 의미한다. 예전에는 사람들이 이리저리 날아다닐 수 있었으나 지금은 대지에 남아 있어야 한다. 그러면서 지금 이곳의 현실을 매우 고통스럽게 절감하고 있다. 이것은 단지 정신이 하늘에서 밑으로 다시 내려와 대지를 포용하고 대지에 갇혔다는 사실이 외적으로 표현되고 있는 것에 지나지 않는다. 당연히 그 포용은 처음에 아주 아름답고 경이로워 보이지만 그 결과를 생각하면 절대로 멋져 보이지 않는다. 『차라투스트라는 이렇게 말했다』를 끝까지 분석할 수 있을지 두고 봐야 하지만, 끝부분에서 이 포용의 결과가 나타날 것이다.

이 포용은 이상적이고 아름다워 보인다. 육체가 신격화되고, 우리는 다시 지금 이 순간을 살고 또 대지와 그 주변에서 산다. 또 우리는 다음에 일어날 것들의 친구이다. 그러나 다음의 것들이 더 가까이 다가올 때까지 기다렸다가 그것들과 친구가 될 수 있는지 보도록 하자. 언제나 다음의 것들은 매우 미심쩍다.

지금까지 우연이 세상을 지배했다. 그러나 사람이 대지의 가정(家

庭)으로 돌아왔기 때문에 이젠 사람의 마음이 세계를 지배할 것이다. 사람의 마음이 지배한 결과가 어떤 식으로 나타나고 있는지 보라! 우리는 과거 어느 때보다 더 심하게 우연에 휘둘리고 있다. 전쟁 이후의 정치는 그야말로 엄청난 실수 그 자체이다. 사람은 상황을 다루는 데 완전히 부적절한 존재라는 것이 확인되었다.

상황의 전개에 모두가 놀랐다. 어느 누구도 일어날 일을 명쾌하게 예측하지 못했다. 사람들은 과거에 대한 모든 것을 망각했다. 그래서 인류의 운명까지 운에 맡겨야 하는 상황이 벌어지게 되었다.

지금 니체는 사람의 마음이 대지로 돌아왔기 때문에 이 무서운 우연과 지금까지 인간을 지배해 왔던 난센스를 해결할 것이라고 생각한다. 그러나 난센스는 지금 그 어느 때보다 더 심각하다. 이유는 정신과 육체의 결합 또는 정신과 대지의 결합이 사람이 판단력을 잃게 만들 무엇인가를 형성해내고 있기 때문이다. 사람은 그것이 무엇인지 절대로 이해하지 못할 것이다. 만약에 그걸 이해하게 된다면, 사람은 삶이 무엇인지를, 삶이 하나의 신비라는 것을 알게 될 것이다.

우리는 삶의 목적이 무엇인지를 모를 뿐만 아니라 삶이 목적을 갖고 있는지조차도 모른다. 그렇기 때문에 우리는 이 삶이 단지 무의미한 카오스에 지나지 않는다는 식으로 믿으면서도 별다른 의심을 품지 않는다. 여기저기에 분별력이 있을 것이고 또 우리 개인들은 전반적으로 분별력이 있기를 바랄 수 있지만, 세상의 분별력은 그다지 크지 않은 것 같다.

유일하게 확실한 것은 일부 일들이 분명 법을 따르고 있을지라도 지배적인 특징은 운에 휘둘리고 있다는 점이다. 법을 행동으로 준수하려는 노력보다 말을 앞세우는 경향이 있다. 법이 제대로 작동하지 않을 때, "아, 이건 운이잖아."라는 소리가 절로 나온다. 우리는 우연을 얕보며 우연이 주인이라는 점을 인정하지 않는다. 그래서 자연의 법칙을 찾기를 원할 때, 우리는 성가신 우연을 배제하기 위해 연구실을 짓고 또 매우 복잡한 실험을 실시한다.

그런 식으로 삶을 열린 공간에서 짧은 시간 동안 관찰할 때에는 삶이 다소 제대로 돌아가는 것처럼 보인다. 그럼에도 중요한 것은 카오스와 우연이다. 이 세상을 꽤 정확히 그리면 그런 그림이 된다.

법과 이성에 대해 말을 많이 하는 이유는 우리가 법과 이성을 갖기를 원하기 때문이다. 합리적인 존재가 되는 것도 대단히 어려운 일이고, 법을 준수하는 것도 대단히 어려운 일이다. 그래서 우리가 법과 이성에 대해 이런저런 말을 하고 있는 것이다. 우리는 늘 일들을 놓고 어떤 식으로 전개되어야 한다고 말하며, 일들에 대해 지금의 모습이 옳다는 식으로 말하는 사람들을 증오한다. "당신은 …를 해야 해"라는 말은 마음의 평화를 안겨준다.

누군가가 우리에게 사물을 다루는 방법이나 행동 방법에 대해 말해준다면, 여전히 이성이 세상을 지배하고 있다고 볼 수 있다. 물론 이성은 제대로 먹히지 않는다. 사물들은 인간의 이성과 관계없이 모두 제 갈 길을 가고 있으며, 우리 인간은 사물들을 변화시키는 일에 특별히 약하다.

니체는 "모든 것들의 가치를 당신이 새롭게 결정하도록 하라."고 말한다. 하지만 누가 사물들을 결정하는가? 예를 들어, 사람들은 금본위제라는 주제에서 의견의 일치를 이루고 있는가? 그래서 니체는 "그리하여 그대들은 전사가 될 것"이라고 말한다. 그런데 그것이 전쟁과 파괴로 직결된다. "그리고 그대들은 창조자가 될 것이다." 그렇다. 여하튼 뭔가를 창조할 것이니 말이다.

*　　*　　*

이제 『차라투스트라는 이렇게 말했다』 중 2부로 들어갈 것이다. 니체는 1부의 시작 부분과 마찬가지로 끝에서도 신은 죽었다고 선언한다. "모든 신은 죽었다. 이제 우리는 초인이 살기를 바란다." 여기서 심리학이 요구된다. 신들은 다 죽었고, 그래서 이젠 보통 사람보다 탁월한 존재인 초인을 불러내야 한다. 이 사상은 기독교에서 말하는 사람의 아들이라는 사상과 별로 다르지 않다. 예수 그리스도는 사람이다. 그래서 그는 초인이고, 신인(神人)이다. 니체의 사상은 거기서 그리 멀리 벗어나지 않았다.

이어서 니체는 제자들에게 자신을 뒤쫓거나 동일시하거나 따르지 말라고, 그리하여 자기 자신을 피하는 일이 없도록 하라고 조언한다. 니체의 제자들은 자신의 진짜 모습을 발견하기 위해서 니체의 적이 되어야 한다. 니체는 이제 자신은 입을 닫고 제자들에게 기회를 줘야 한다고 말한다. 그런 생각 뒤에도 어떤 은밀한 경향이 작용하고 있다. 말하자면, 이제 초인을 발견할 시간이 되지 않았을까, 하는 생각이 작용하고 있었던 것이다.

초인을 발견하거나 창조하는 가장 좋은 방법은 언제나 당신 자신이 혹시 초인이 아닌지 확인하기 위해서 당신 자신을 테스트하고, 고독 속에 묻히고, 스스로를 강화하는 것이다. 신성한 사람이 되기를 원하는 사람들이 하는 것이 바로 그런 것이다. 이런 경향이 『차라투스트라는 이렇게 말했다』의 2부로 이어지고 있다. 차라투스트라가 고독 속으로 숨어들 때 그에게 일어나는 일을 보게 될 것이다. 첫 번째 장의 제목은 '거울을 가진 아이'이다.

> 그 후 차라투스트라는 다시 산으로 들어가 사람들을 피하면서 씨앗을 뿌려놓은 농부처럼 동굴의 고독 속에서 살았다. 그러나 그의 영혼은 초조해졌고, 사랑한 사람들을 만나고 싶은 마음이 간절해졌다. 아직도 그에겐 그들에게 줄 것이 많았기 때문이다. 폈던 손을 사랑의 마음에서 다시 오므리고 베푸는 사람으로서 겸손을 지키는 것, 이거야말로 세상에서 가장 힘든 일이다.

이 단락에서 차라투스트라가 처한 특별한 어려움을 한 가지 볼 수 있다. 그에겐 관중이 절실히 필요했다. 관중을 두는 것이 즐거운 일이기 때문이다. 관중은 언제나 당신에게 무엇인가를 증명해 준다. 반면에 홀로 있으면 자긍심을 잃게 된다. 홀로 있는 것은 마치 당신이 점점 작아지다가 마침내 광대한 우주에서 하나의 작은 점이 되는 것이나 마찬가지이다. 그렇게 되면 당신은 과대망상증을 일으키거나 무(無)가 될 것이다. 따라서 당신이 어떤 존재인지, 당신이 어떤 존재가 되고 있는지, 당신이 다른 평범한 사람들과 비슷한 수준인지, 당신이 육체 안에서 살고 있는지를 확인하기 위해서라도 어느 정도의 관객을 두는 것이 바람직하다.

홀로 지낼 때, 이런 여러 가지 사항들을 고려할 기회를 잃게 된다. 지금 차라투스트라는 자신이 베풀지 못한다는 사실 때문에 특별히 더 힘들어 하고 있다. 그리고 그는 자신의 메시지를 전해야 한다는 느낌을 강하게 받고 있다.

그리하여 고독한 삶을 사는 가운데 달이 가고 해가 갔다. 그 사이에 그의 지혜는 더욱 많이 쌓여갔고, 그 풍성함이 오히려 그에게 고통을 안겼다.

그러던 어느 날, 그는 동이 트기 전에 잠에서 깨어나 침상에서 오랫동안 명상에 잠겼다. 그러다 마침내 속으로 이렇게 말했다.

왜 꿈을 꾸다가 놀라 잠을 깼을까? 아이가 거울을 들고 나에게 오지 않았어?

아이가 나에게 말했다. "오, 차라투스트라여. 이 거울에 비친 당신의 모습을 보시오!"

나는 거울을 들여다보다가 비명을 질렀다. 심장이 쾅쾅 뛰었다. 거울에 나의 모습이 비치고 있었던 것이 아니라, 악마의 찡그림과 조롱이 있었기 때문이다.

정말로, 나는 그 꿈이 예고하고 경고하는 바가 무엇인지 잘 이해했다. 나의 가르침이 위기에 빠져 있다. 잡초가 밀이라 불리기를 원하고 있다!

나의 적들이 지나치게 막강해져 나의 가르침의 얼굴을 완전히 일그러뜨려 놓았다. 그래서 내가 사랑하던 사람들도 내가 준 선물 때문에 부끄러워할 지경이 되었다.

이 꿈은 어떤 식으로 해석해야 하는가? 심리학을 잘 모르는 사람이라면 다른 누군가가 자신을 검게 칠했음에 틀림없다는 식으로 결론을 내릴 것이다. 그에겐 나쁜 것들은 언제나 다른 곳에 있는 것처럼 보이기 때문이다. '나는 매우 선한 사람이야. 그러니 악마의 얼굴을 하고 있을 리가 없어.'

그러나 이 꿈은 그가 악마의 얼굴을 하고 있다는 뜻이다. 그에게 악마의 얼굴이 있다. 아이의 마음에 그를 비추니 그 악마가 드러난다. 아이와 바보는 진실을 말하기 때문에, 그 사람은 그런 식으로 보일 수밖에 없다. 이것이 이 꿈의 단순하고 솔직한 의미이다.

나는 그가 그즈음에 정말로 이 꿈을 꾸었을 것이라고 생각한다. 그가 사람들을 멀리하고 고독 속으로 물러났을 때 그런 일이 일어났을 가능성이 크다. 그리고 차라투스트라의 두 개의 부분 사이에 갈등이 있었다. 그 갈등 속에서 그는 물살의 소음과 소동이 가득한 창조의 거센 강으로부터 뒤로 물러났다. 그런 경우에 사람은 자기 자신으로 돌아가고, 모든 것이 차분해진다. 당연히 자신의 얼굴을 들여다볼 가능성도 커지게 마련이다.

꿈은 아주 적절한 상징을 제시하고 있다. 거울은 지성 혹은 마음이고, 거울을 가진 아이는 당연히 아이의 마음을, 소박한 마음을 의미한다. 그러기에 이 아이 앞에서 사람은 아이가 마법의 거울을 갖고 진리를 말한다는 결론을 피할 수 없다. 그렇다면 그의 얼굴이 악마의 얼굴로 보이는 것은 무슨 의미일까?

차라투스트라가 신인 한, 그의 이면은 당연히 악마이다. 여기서 이런 질문도 던져야 한다. 누가 신들에 대해 이야기하고 있는가? 그 사람이 동양 사람이라면, 거울에 당연히 악마가 비칠 것이라고 말할 수 없다. 동양의 신들은 선하거나 악한 것이 아니라 선하기도 하고 악하기도 하기 때문이다. 동양의 신들은 두 가지 모습으로, 자애로운 모습과 분노한 모습으로 나타난다. 대승불교인 티베트의 신들의 모습이 특히 더 그러하다. 힌두교의 모든 신들도 다 다른 모습을 보이며, 거기엔 별다른 이견이 없다. 선하고 자애로운 여신인 칼리도 그 이면을 보면 피에 굶주린 괴물이 있고, 생명을 낳는 다산의 신인 시바도 파괴의 신인 것이 꽤 분명하다. 이 같은 사실은 동양의 역설적인 마음에는 전혀 아무런 문제를 일으키지 않는다.

그러나 특별히 범주별로 구분하는 성격을 가진 서양인의 마음엔 그런 이중적인 측면이 부드럽게 다가오지 않을 것이다. 서양 사람들에게 신이 악마라거나 악마가 신이라고 말하는 것은 신을 모독하는 것으로 여겨진다. 그럼에도 만일 신과 같은 보편적인 어떤 존재가 있다면, 그 존재는 틀림없이 인간보다 더 완전할 필요가 있다. 또 인간이 선한 특성과 악한 특성의 특이한 결합이기 때문에, 보편적인 존재도 더더욱 그런 결합을 보일 것이다.

어느 유명한 독일인 프로테스탄트 신도는 책에서 신은 선할 수밖에 없는 존재라고 말함으로써 신에게 큰 제약을 가하고 있다. 그 말은 곧 인간의 행복을 관장하는 신에게서 권력의 반을 빼앗아버리는 것이나 마찬가지이다. 신이 오직 선하기만 하다면 그런 권력으로 어떻게 세상을 지배할 수 있겠는가? 모든 악이 선을 위해 존재한다는 말은 상당히 틀린 말일 것이다. 모든 선이 악을 위해 존재한다는 식으로 말할 수도 있을 것이기 때문이다. 그러므로 사물들은 선하기도 하고 악하기도 하다고 말하는 것이 훨씬 더 합리적이다. 그리고 사물들이 다 똑같이 선한 쪽이 더 강할 것인지에 대해서도 의문을 품어야 한다. 모든 것이 선한 경향보다 악한 경향을 더 자주 보이기 때문이다.

그러나 니체는 악에 대해 그렇게 공개적으로 이야기하지 않을 것이다. 당시에 인기 있던 주제가 아니었기 때문이다. 그러나 만일 신이 선하기만 하다면, 이 세상의 모든 악은 누가 만들어낸단 말인가? 따라서 신의 전능은 명백히 둘로 나뉘어져 있다. 반은 악한 것을 다뤄야 하는 것이다.

전지전능한 신은 선과 악을 능가한다고 말하는 것이 더 맞는 말일 것이다. 니체가 초인을 두고 한 것처럼, "선과 악을 넘어선다"는 표현이 더 맞을 것이다. 그런 전능한 존재는 악도 다룰 수 있다. 선을 다루는 것은 기술도 아니지만, 악을 다루는 것은 어려운 일이다.

플라톤(Plato)은 두 마리의 말이 끄는 전차를 모는 사람의 비유를 통해 이 어려움을 표현하고 있다. 말 한 마리는 선한 기질의 백마이고, 다른 한 마리는 사악한 기질의 흑마이다. 전차를 모는 사람은 세상에서 전차를 몰면서 온갖 어려움을 다 겪는다. 악을 다루는 방법을 모르는 사람은 선한 사람이다. 대체로 보면 선한 사람은 악을 잘 다루지 못한다. 그러기에 선하기만 한 신은 악에 관한 한 무지하다. 그런 상태에서 신은 문제를 제대로 해결하지 못하게 된다.

니체의 인생에서 리하르트 바그너(Richard Wagner)와의 우정이 아주 중요한 요소였던 것은 틀림없는 사실이다. 바그너가 니체의 감정 측면을 대표했기 때문이다. 『차라투스트라는 이렇게 말했다』1부를 끝냈을 때 그런 바그너가 세상을 떠났다는 사실은 니체에게 운명적인 사건으로 다가오게 마련이다.

『차라투스트라는 이렇게 말했다』로, 니체는 자신의 인생에 뚜렷한 족적을 남겼다. 이 작품은 그의 숙명이었다. 이 작품을 통해서 그는 자신의 이면을 직시하게 되었다. 따라서 이 장('거울을 가진 아이')이 그가 정말로 악마처럼 보이는 자신의 다른 면을 보았을 것이라는 무의식적 암시로 시작한다는 사실은 매우 중요하다.

그러나 니체는 순진한 마음으로 돌아가 자신의 내면에 있는 악마를 봐야 한다고 생각하지 않고 다른 누군가가 자신의 가르침을 공격했다는 식으로 생각하는 끔찍한 실수를 저지른다. 그러다 보니 바그너와의 관계를 포함해서 그가 경험한 많은 것들이 완전히 다른 모습으로 다가 오게 된다.

만약에 니체가 보통의 선한 기독교 은둔자 중 한 사람이었다면, 그 도 아마 악마가 자신을 유혹하기 위해 자신의 얼굴에 무서운 얼굴을 씌웠을 것이라고 생각하면서 악마의 속임수라는 결론에 도달했을 것 이다. 아울러 자신의 어두운 면을 익명의 적들의 집단으로 투사하지 않고 기존의 분명한 악마에 투사하면서 악마를 내쫓으려 노력했을 것 이다. 동양의 철학자였다면 아마 악마를 향해 빙그레 웃음을 지어보이 면서 자신이 매우 선하긴 하지만 이것 역시 자신의 다른 한 측면이라 고 결론을 내리며 이렇게 말할 것이다. "나는 이것도 아니고 저것도 아 니야. 이건 전부 착각일 뿐이야."

심리학적 결론은 물론 동양 철학자의 판단과 똑같지는 않다. 심리학 적으로 접근하고 있는 우리가 이 대목에서 "나는 매우 선했지만 매우 나쁘기도 해. 나는 그런 상황에 별 관심이 없는 사람이야."라는 식으로 만한다면 너무 가벼운 태도일 것이다. 선과 악은 진정한 힘이기 때문 에 절대로 사라지지 않을 것이다. 만약에 한 순간이라도 선과 악이 진 정한 힘이라는 사실을 잊어버린다면, 당신은 자신과의 동일성을 잃고 악마의 부엌에 가 있을 것이다.

동양의 철학자가 인간 존재와의 동일성을 어느 정도로까지 잃는지, 나는 잘 모른다. 동양의 철학자들이 인간 존재를 진정으로 외면하는 일은 없지만, 그들에겐 동일성을 잃는 것이 어느 정도는 허용되는 것 같다. 노자(老子)는 자신이 인간 존재보다 우수할 수 있다고, 또 이것 은 왼쪽이고 저것은 오른쪽이고 이것은 빛이고 저것은 어둠인데 자신은 이것도 아니고 저것도 아니라고 말할 수 있었을 것이다.

　지혜가 높던 그가 관직을 버리고 산으로 들어갈 때, 어떤 무희(舞姬)가 그를 동행했다. 그렇듯 그는 현실 속에 깊이 발을 담근 채 살고 있었으며 자신이 평범한 인간에 지나지 않는다는 사실을 잊은 적이 결코 없었다. 그런 그를 보면서 서양인은 "아니, 어떻게 그런 품위 없는 짓을!"이라고 생각할 것이다.

　그러나 그 같은 면도 인간으로서 너무나 자연스러웠기 때문에 그는 전혀 개의치 않았다. 어쩌면 인간적인 면을 대단히 중요하게 여기는 태도가 오히려 그를 다른 인간 존재들보다 두드러진 존재로 만들었을지 모른다. 오직 인간 존재로 살아갈 수 있을 때에만 우리는 자신을 두드러지게 만들 수 있다. 선과 악을 받아들이지 못하거나 선과 악에 대해 망상을 품고 있는 한, 우리는 자신으로부터 멀찍이 떨어져서 자신을 보는 여유를 갖지 못한다.

　따라서 진정한 우월은 갈등을 겪고 또 선과 악을 인정하는 데에 있다. 그것은 말로만 자신이 우월하다고 상상하는 것보다 월등히 더 탁월한 태도이다. 분명히 그런 사람들이 있다. 그런 사람들은 이 모든 것이 착각이고 이것도 아니고 저것도 아니라고 말한다. 그러면서 초인처럼 "선과 악보다 6,000피트 높은 곳"에 이를 때까지 자신을 높이라고 말한다. 그럼에도 그들은 몇몇 지옥을 경험한다.

　늙은 노자는 그런 고통을 겪지 않았을 것이라고 나는 믿는다. 아마 그 소녀와 이따금 추한 모습을 보였을 테지만, 그럴 때면 그는 어느 정도 고뇌를 하는 한편으로 그 모든 일을 일상적인 일로 받아들였다. 『도덕경』(道德經)에 그런 내용이 나온다.

　그렇듯, 차라투스트라도 악마의 얼굴을 보고 누군가가 자신의 순결한 가르침에 시커먼 먹칠을 했다는 식의 터무니없는 결론이 아닌 다른 결론을 끌어낼 수 있었다면 아마 더 현명했을 것이다. 그가 지금 새로운 결정을 내리려 하는 이유가 거기에 있다.

*　　*　　*

2부 '행복의 섬에서'라는 장을 보자. 거기에 이런 구절이 있다.

> 신은 하나의 억측에 불과하다. 그러나 나는 그대들의 억측이 그대들의 창조의 의지보다 더 멀리 나가기를 바라지 않는다.

신이란 것은 하나의 억측에 불과하다는 사상이 자주 보인다. 그것은 그 시대, 그러니까 19세기 후반의 특별한 편견이었다. 그 시기에 사람들은 고대에 에우에메로스설로 알려진 어떤 가설에 대해 이야기하기 시작했다. 에우에메로스설은 그리스 철학자 에우에메로스가 제시한 사상으로, 신들은 한때 모두 인간이었다는 가설이다.

예를 들어, 제우스는 왕이거나 헤라클레스 같은 막강한 사람이었는데 훗날 사람들이 이들을 신으로 생각하게 되었다는 것이 에우에메로스의 주장이다. 전설이 그들을 신으로 만들었다는 뜻이다. 그래서 올림포스 산에 살았던 다른 모든 신들도 역사적인 인물이었다가 나중에 전설적인 인물이 되었고, 오시리스도 원래 인간이었다는 식이다.

토머스 칼라일(Thomas Carlyle)의 유명한 책 『영웅과 영웅 숭배』(Heros and Hero Worship)에도 이와 똑같은 사상이 보인다. 칼라일은 에우에메로스설에 동의하는 쪽이다. 이는 신의 개념이 존재하게 된 과정을 합리적으로 설명하려는 노력이었다. 그러다 19세기 후반으로 접어들면서 사람들은 신은 인간도 아니었다는 식으로 생각하기 시작했다. 신이라는 개념은 어떤 것에서도 비롯되지 않았으며, 순전히 인간이 만들어낸 발명에 지나지 않는다는 것이었다.

여러분도 잘 알다시피, 19세기는 사람들이 인간이 하는 일을 자각하게 된 시기였다. 어떤 생각이 사람의 머리를 통과할 때, 또 자신이 말을 하거나 생각을 하고 있다는 사실을 발견할 때, 사람은 자신이 바로 그것을 생각하고 있다는 것을 알게 되었고, 따라서 자신이 그 생각을 만들어내는 주체라고 단정하기에 이르렀다. 그리고 사람이 하고 있는 것을 그런 식으로 들여다보는 것을 "심리학"이라 불렀다.

심리학은 인간 행동을 연구하는 과학으로, 전적으로 의식의 과학으로 이해되었다. 어떤 사람의 내면에서 어떤 사건이 일어날 때에는 그 사람이 그 사건 혹은 과정을 수행하고 있는 존재로 여겨진다. 그러나 그 사람이 암이나 장티푸스에 걸릴 때에는 그가 이런 질병으로 고통을 받기로 작정을 한 것으로 여겨지지 않는다. 암이나 장티푸스가 그에게 일어난 것이 너무나 분명하기 때문이다.

사상의 문제이거나 정신적 상태의 문제라면, 사람은 광기를 보이지 않는 이상 그런 사실에 대해 다소 책임을 졌다. 정신병의 경우에는 본인이 일으키는 것으로 여겨지지 않았다. 정신병이 장티푸스처럼 다른 요인에 의해 일어나는 것처럼 보였기 때문이다. 그러나 20세기가 시작되고 최초의 정신 감정 의사들이 등장하면서, 정신병도 그 사람 본인이 일으키는 것으로 믿어졌다. 사람이 비행이나 나쁜 습관, 부도덕성 등을 통해서 정신병을 직접 일으키는 것으로 여겨진 것이다.

그 시대의 어느 유명한 독일 교과서를 보면, 사람이 광기를 스스로 일으킨다는 가설을 전제로 하고 있다. 말하자면 환자가 직접 장티푸스를 일으킨다는 식으로 정신병에 접근한 것이다. 그러나 우리 현대인도 마찬가지로 우리가 확인하고 있는 우리의 심리와 마음, 정신 작용이 우리에게 일어난다는 식으로 단정하는 단계에는 아직 이르지 못했다. 이 같은 생각은 대단히 모험적인 사상처럼 보인다. 그럼에도 정신이 약간의 광기를 보이기만 하면, 우리는 광기가 우리에게 일어났다는 식으로 말하며 인간적인 모습을 보인다.

예를 들어, 당신도 니체의 특별한 사상에 익숙해지면 이런 식으로 말할 것이다. "아, 그건 광기야. 그는 그런 식으로 말할 수밖에 없었어. 그건 하나의 '징후'야. 그러나 그에겐 그것이 광기가 아니야. 그가 원한 것이었어. 그건 그런 말을 하려는 그의 의지야." 물론 그가 그런 일들이 자신에게 일어나고 있다는 사실을 볼 수 있었더라면, 그것이 그에게도 훨씬 더 편했을 것이다. 그랬더라면 그도 그런 것들이 자신에게 진정으로 어떤 의미를 지니는지를, 막후에 숨어서 그가 그런 말을 하도록 하는 존재가 누구인지를 스스로에게 물어보았을 것이다. 그러면 그도 차라투스트라로부터 자신을 분리시킬 수 있었을 것이다.

그러나 그는 그렇게 할 수 없었다. 그가 자신을 차라투스트라의 창조자로 여겼기 때문이다. 그의 무의식은 그에게 꽤 공정하게 대하고 있었다. 무의식은 그가 차라투스트라와 자신이 하나가 아니라 둘이라는 것을 보도록 만들었다. "그러자 하나가 둘이 되고, 차라투스트라가 돌연 스치듯 지나갔다"고 한 그의 말에서 무의식의 작용이 보인다. 그러나 그는 전혀 관심을 기울이지 않았다. 사람이 하는 것은 무엇이든 그 사람 본인이 하는 것이고, 자아가 자신의 의지를 바탕으로 그런 것들을 발산하고, 그런 것들을 낳게 하는 것은 자아의 창조적 의지라는 식으로 그가 생각했기 때문이다.

이런 생각을 품고 있을 때, 사람은 자신에게 일어나는 모든 정신 작용에 대해 책임을 져야 한다. 그러면 내가 신을 만든 존재가 되고, 차라투스트라를 만든 존재가 된다. 그때 나는 홀로이다. 나는 나 자신의 세계의 창조자이다. 아무것도 나에게 일어나지 않는다. 무엇이든 나 자신의 것이 되기 때문이다.

니체는 전적으로 세상을 창조하는 위치에 서 있다. 그러면 그는 신의 입장에서 이렇게 말할 수 있다. "나 자신이 세상이다. 세상 어느 구석에나 내가 있다. 세상에 일어나는 것은 무엇이든 나 자신이다. 내가 그런 일을 일으키고 있다. 온갖 어리석은 일과 범죄, 즐거움, 아름다움도 나이다. 나는 모든 것이며 나 외에는 아무것도 없다."

알다시피, 신과 이런 식으로 동일시하는 것은 19세기 후반부가 마침내 걸려들게 될 덫이다. 그 시대의 사람들이 얼마나 많은 일들이 자신의 마음에 그냥 일어나고 있는지를 보지 못했기 때문이다. 과학이 이미 큰 발전을 이룸에 따라 사람이 정신적으로 병드는 것을 부도덕의 특별한 신호로 보지 않게 되었는데도 말이다. 정신적인 병은 그저 불행한 일일 뿐인 것으로 여겨졌다. 정신병을 앓는 환자의 아버지가 아마 알코올 중독자이거나 매독으로 고통을 겪었을 수도 있다. 가족 중에 간질 환자가 있었다면, 똑같은 성격의 환자가 나타나는 것은 꽤 당연하고, 연약한 뇌를 가진 상태에서 태어난 탓에 광기를 보일 수도 있다는 식이었다.

이 같은 생각은 새롭고 진정한 어떤 개념의 시작이었다. 19세기의 편견을 제거하려면 거기서 조금 더 나아가야만 한다. 그러면 우리는 자신의 모든 생각이나 행동에 대해 전적으로 책임을 지지 않아도 된다. 사건들이 그냥 우리에게 일어나기도 한다는 것을 알게 될 것이다.

우리 인간은 자유롭지도 않고 초인을 창조할 만큼 창조적이지도 않다. 우리는 매우 약하다. 우리의 자유 의지는 상당히 제한적이다. 우리는 각자의 환경과 교육, 부모에 아주 많이 의존한다. 이유는 우리가 어떤 원형이나 장애를 갖고 태어나기 때문이다. 그리고 광기를 보이는 사람에게 자신의 광기에 대해 책임을 지라고 할 수 없다. 그러므로 니체가 신을 만들거나 해체할 수 있다고 생각하거나 아니면 그가 초인이나 차라투스트라를 만들 수 있다고 생각한 사실에 대해서도 책임을 지우지 못한다. 그는 무엇보다 시대 분위기 때문에 그런 식의 생각을 피할 수 없었다. 그도 똑같은 편견 아래에서 살았던 것이다.

니체가 차라투스트라라는 예언자가 자기보다 오래 전에 존재했다는 사실을 전하기 위해서 이 예언자의 이름을 선택했지만, 그는 자신이 차라투스트라를 만들어냈다는 생각을 피할 수 없었다. 늙은 현자의 원형은 아득히 먼 옛날부터 존재해 왔으며, 지금도 이 원형은 어디서나 발견되며 결코 니체의 창조물이 아니다. 그럼에도 니체는 자신이 그런 존재를 창조할 수 있다고 생각했다. 그래서 그는 객관적인 의식이 충분히 발달하지 않았던 그 시대의 태도에 동참하게 되었다.

20세기를 사는 우리는 지금 객관적이고 과학적인 관점을 소위 마음의 정상적인 기능이라는 영역까지 확장하기 시작했다. 또 우리의 정신 작용들 중에서 우리에게 그냥 일어나는 사건들의 비중이 지금까지 생각한 것보다 훨씬 더 크다는 것도 이해하기 시작했다. 만약에 이런 이해를 바탕으로 접근한다면, 당신이 원형적인 인물과 자신을 떼어놓을 가능성이 훨씬 더 커질 것이다. 그리고 이 가능성이 대단히 유익한 것으로 확인될 것이다. 당신은 그 형상들이 자체 생명력을 가진 상태에서 스스로를 형성해 간다고 단정할 수 있다. 또 당신이 어쩌다 신의 눈길 속으로 들어갈 수 있다고 생각하거나, 바로 그 신의 눈길 때문에 나쁜 유전의 영향으로 고통을 받는다고 단정할 수도 있다.

가족 중에 간질이 있는 경우에 당신은 간질을 물려받거나, 아니면 지나치게 감정적으로 흐르는 성격이나 꿈 등을 통해 간질의 흔적을 보일 수 있다. 그러면 당신은 자신이 그런 꿈이나 감정을 보인다고 생각하면서 스스로에 대해 매우 나쁜 존재라는 식으로 생각하기 쉽다. 그러다가 당신은 모든 것이 유전 탓이라는 사실을 확인하게 된다. 그게 유전인데 어떻게 피할 수 있겠는가? 당신은 자신이 이런저런 단점을 지닌 육체 안에 들어 있다는 사실을 발견하게 된다. 당신이 나쁘거나 좋은 자질을 가진 뇌를 갖고 태어났다는 사실을 깨닫는 것이나 마찬가지이다.

아시다시피, 당신은 자신과 악덕을 동일시하지 않고는 자신과 미덕을 동일시할 기회를 절대로 갖지 못한다. 인간이라는 존재는 미덕을 물려받는 만큼 악덕도 물려받기 때문이다. 하지만 미덕이나 악덕과 자신을 동일시하지 않으면, 우리는 이 가엾은 자아가 어떤 존재인지를 발견할 기회를 누리고 또 마음의 요소들 중에서 물려받은 것을 다루는 방법을 배울 수 있다. 그러면 우리는 자유를 획득할 기회를 누린다. 자신의 인생의 부침을, 말하자면 인생의 날씨를 스스로 만들고 있다고 단정해 봐야 당신이 할 수 있는 것은 무엇일까? 당신은 인생의 날씨를 화창하게 이어가려고 노력하지만 절대로 성공하지 못할 것이다. 그러면 당신은 비를 뿌리는 날이 계속되는 데 대해 늘 화를 내다가 절대로 우산을 발명하지 못하게 될 것이다. 훌륭한 우산을 발명하기는커녕 지긋지긋한 열등감에 시달릴 것이다.

니체가 신이란 것은 하나의 억측에 불과하다고 단정하는 한, 그가 "나는 그대들의 억측이 그대들의 창조적 의지를 능가하기를 원하지 않는다."라고 말하는 것은 꽤 논리적이다. 달리 말하면, 당신은 성취할 수 없는 것을 추측해서는 안 된다는 뜻이다. 그는 이런 이유를 제시한다.

그대들은 신을 창조할 수 있었던가? 그렇게 하지 못한다면 신에 대해서는 말을 않도록 하라! 그러나 그대들은 초인을 창조할 수는 있다.

당연히 당신은 신을 창조하지 못한다. 그런데 왜 신을 추측하는가? 이 말은 물론 사람이 창조하는 것들만 존재한다는 견해에 바탕을 두고 있다. 그러나 사람이 발명하지 않고도 신이 존재할 가능성을 열어놓는다면, 이 논의는 당연히 아무런 의미가 없을 것이다. 사람이 신과 아무런 관계가 없기 때문이다.

신은 사람의 힘이 미치지 못하는 곳에 있다. 신의 개념이나 신의 이미지는 사람이 시간과 공간 안에서 서 있는 위치나 기질 등의 영향을 강하게 받는다. 그러나 인간의 이런 기본적인 경험, 즉 인간의 의지의 밖이나 옆에, 그 정체가 정확히 파악되지 않지만 또 하나의 의지가 있다는 경험과 일치하는 사상이 어딜 가나 확인되는 것은 하나의 보편적인 사실이다. 예를 들어, 당신이 상냥하게 대하려고 노력하는데도 왠지 시무룩한 표정을 짓게 되기도 한다. 또 좋은 말을 하려고 노력하는데도 이상하게 나쁜 말을 하게 되기도 한다. 또 진실을 말하려고 노력하는데도 거짓말을 하게 되기도 한다. 당신은 자신의 의지가 아닌 다른 무엇 때문에 지속적으로 방해를 받는다. 그러면 당신은 귀신이나 악령에 홀린 것처럼 행동하게 된다.

이런 근본적인 경험은 인간의 발명이 아니고 그냥 하나의 사실이다. 매일 당신 앞에서 벌어지고 있는 그런 사실인 것이다. 만일 사람들이 최종적으로 "신"이라고 부르게 된 그것이 어떤 식으로 생겨나게 되었는지를 알고 싶다면, 원시인들의 생활을 연구하면 된다. 아니면 당신 눈앞에서 벌어지는 사건들을 통해서도 알 수 있다.

예를 들어, 당신이 쉽게 화를 내고 감정적으로 흐르는 신경질적인 사람과 어떤 관계를 맺고 있다고 가정해 보자. 당신이 듣기 싫은 소리라도 하면, 이 사람은 곧잘 주먹을 날린다. 그러면 당신은 그에게 이렇게 말할 것이다. "아니, 제정신이 아니구나. 정신을 차리고 이성적으로 생각해 봐. 당신이 뭣에 씌었기에 그런 어리석은 짓을 하는지 도무지 이해를 못하겠어." 당신은 그 사람을 마치 자기 자신으로부터 소외되어 있는 사람처럼 다룰 것이다. 마치 낯선 존재가 그를 사로잡고 있는 것처럼.

이때 만일 원시적인 환경에 살면서 주변에서 쓰는 언어를 이용한다면, 당신은 "그렇지, 간혹 나쁜 혼이 저 사람에게 들어가곤 하지."라고 말할 것이다. 그러면 당신은 그 나쁜 혼을 쫓으려고 노력하거나 그 혼이 사라지고 사람이 정상으로 돌아올 때까지 기다릴 것이다. 원시인은 평범한 감정 발작을 마법 같은 것으로 설명한다.

종교의 역사를 세심히 연구하면서 이런 사상의 뒤에 자리 잡고 있는 것을 면밀히 분석한다면, 이때 사람에게 영향력을 행사하는 것이 바로 심리적 비아(非我)(psychological non-ego)라는 것이 확인될 것이다. 그러기에 매우 주의 깊고 과학적인 사람이라면, 신이 우리가 늘 관찰해 왔던 것, 즉 우리의 의지를 간섭하고 있는 그 의지라는 사실을 알게 될 것이다. 이 의지는 지능이나 이성, 교활 등 온갖 종류의 인간의 심리적 특성까지 보이지만 꼭 인간과 같지는 않다. 왜냐하면 그 의지는 인간의 의지가 따라잡지 못할 만큼 교활하고, 악마 같거나 온화하고 친절하기 때문이다.

그래서 인간의 것이 아닌 어떤 특별한 특성이나 습관은 언제나 그 다른 의지의 것으로 돌려졌으며, 그 의지는 겉모습이 인간과 많이 다른 것으로 상상되었다. 예를 들면, 유익한 동물, 병을 낫게 하는 동물, 혹은 특별히 마술 능력을 지닌 사람, 몸의 반은 동물인 일종의 초인 같은 것으로 그려졌다. 그런 존재들은 신의 최초의 상징들이었다.

그리고 역사에서, 심지어 가장 발전한 형태의 기독교 종교에서도 그런 사상이 발견된다. 예수 그리스도는 양으로 상징되고, 성령은 비둘기로 상징된다. 예수 그리스도의 신비의 세례에서 신은 비둘기로 내려왔다. 그리고 순회 전도사들은 반(半) 동물이나 전신 동물로 상징되고 있다. 천사들은 새 인간이거나 몸은 없고 두 개의 날개와 머리만 갖고 있다. 이런 것들은 모두 신성한 존재들의 괴물 같은 측면을 보여주는 것이다.

니체가 그런 식으로 생각했더라면, 그는 "차라투스트라"라고 불러야 했던 이 형상에 대해 스스로 많은 것을 물어보았을 것이다. 그는 이 형상에 다른 이름을 붙일 수도 있었지만 "차라투스트라"를 선택했다. 물론 그는 이에 대해 합리적인 설명을 제시할 수 있다. 그러나 만약에 니체가 우리 시대를 살았더라면, 그는 분명히 자신에게 그 이름이 뜻하는 바를 물어보았을 것이다. "여기에 형상이 하나 나타나고 있다. 그런데 그건 내가 만든 형상인가? 내가 이 형상에 대해 미리 생각했던가? 나는 처음부터 '차라투스트라'라 불릴 형상을 창조하기로 작정했던가?" 이런 질문을 던졌더라면, 니체는 그런 것을 할 생각은 꿈에도 하지 않았다는 결론에 도달했을 것이다. 그런 것들이 그저 그에게 일어났을 뿐이라는 것을 깨달았을 것이란 뜻이다.

그는 이 대목에서 무엇인가가 일어났다는 사실을 발견하지 않을 수 없었을 것이다. '나'가 그 일을 창조한 것이 아니라 그 일이 스스로 일어났고, 또 그것은 신비의 경험이고 따라서 니체 자신이 거기에 어떤 이름만 아니라 형태까지 부여하고 있다는 것을 몰랐을 리가 없었을 것이다. 아마 그 형상은 말을 할 것이고, 생명까지 가질 것이다. 니체가 발명한 것이 아니라 그것이 스스로를 발명했기 때문이다. 그러면 그는 이런 확신을 품고 대지로 내려왔을 것이다.

차라투스트라가 다시 생명을 가질 수 있다면, 신이 그렇게 하지 못할 이유가 뭐야? 여하튼 차라투스트라가 신의 개념과 다른가? 전혀 다르지 않다. 신은 늙은 현자의 개념으로 이해되어 왔으며, 악마나 영웅이 생명을 다시 가질 수 있다면, 신이라고 해서 안 될 이유가 뭐야? 그리하여 그는 자신의 시대의 엄청난 실수를, 신이 인간에 의해 발명되었다는 사상의 실수를 발견했을 것이다.

신은 절대로 발명되지 않았다. 신은 언제나 하나의 심리적 경험으로 일어날 뿐이다. 오늘도 신은 똑같이 하나의 심리적 경험이다. 그러나 19세기의 상황은 신에 관한 추측 때문에 특별히 불리했다.

아시다시피, 일들을 규제하지 않고 그냥 내버려둘 수는 없다. 특히 국가를 건설하거나 교회 같은 제도를 만들 때엔 그 일에 대해 반드시 명확하게 정의해야 한다. 신이 숭배의 대상이기 때문에, 신에 대한 정의는 더욱 확실히 내려져야 한다. 그래서 예수 그리스도의 말씀이 이용된다. 예를 들면, 신은 선하고, 세상에서 진정으로 가장 훌륭한 존재이고, 사랑스런 아버지라는 정의들이 있다.

이 모든 말씀은 완벽하게 진리이지만 '구약성경'의 관점도 있다. 바로 신에 대한 공포이다. '구약성경' 없이 '신약성경'만 존재할 수는 없다. '신약성경'은 유대교 신자가 '구약성경'을 개혁한 것이었다. 말하자면 '신약성경'은 유대교 프로테스탄티즘 같은 것이었다.

유대인들은 철저히 신에 대해 두려움을 품었으며, 율법을 지키는 것을 아주 중요하게 여겼다. 따라서 개혁가는 신이 공포의 대상만 되어서는 안 된다고 주장해야 했다. 많은 성경 구절과 찬송가를 근거로 보면, 신은 법을 부여하는 존재일 뿐만 아니라 법을 위반할 경우에 그 즉시 처벌하는 경찰관의 역할도 하고 사랑과 자비심을 베풀기도 하는 존재이다. 신은 대단히 현명하고 친절하며 사람들에게 원하는 모든 것을 줄 것이다.

당시에 이 유대교 프로테스탄티즘은 유대교에서 떨어져 나왔으며, 그런 조치가 필요했다. 복음전도사들의 설교를 들은 비유대인들은 분노한 신이라는 개념을 전혀 갖고 있지 않았기 때문이다. 비유대인들이 생각하는 신의 개념은 인간의 심리를 가진, 아름답고 무서운 자연의 힘이었으며, 도덕적 목적과는 전혀 아무런 연결이 없었다.

제우스는 부도덕하기 짝이 없는 신이었다. 제우스는 제멋대로 굴었으며, 올림포스나 다른 천상의 신전에는 대단히 존경할만한 점은 하나도 없었다. 지켜야 할 법도 없었고, 선과 악의 개념도 전혀 없었다. 자연히 신들은 매우 나쁜 사람들이었다. 행동이 형편없는 사람은 마르스나 그 비슷한 신에게 사로잡히거나 베누스와 연애를 하다가 베누스의 남편에게 들킨 것으로 여겨졌다. 올림포스 산의 온갖 스캔들은 이런 것이 세상의 조건이고 인간이 살고 있는 자연의 조건이라는 점을 증명했다.

유대인의 관점은 도덕성과 복종, 율법 준수였다. 분노한 신은 복수심에 불탔다. 물론 그리스 신들도 가끔 복수심을 보였다. 그러나 그리스 신들의 복수는 단순히 기분 나쁜 선에서 그치며, 도덕적으로 완벽한 신이라는 개념도 전혀 없었다. 제우스는 올림포스의 이사(理事)였지만 세상의 이사회인 '모이라'(moira: 그리스 신화에서 운명을 관장하는 여신들을 일컫는다/옮긴이), 즉 눈에 보이지 않는 힘들에 책임을 져야 했다. 그러기에 제우스마저도 자신이 원하는 것을 할 수 없었다. 그는 단순히 임명된 이사에 지나지 않았으며, 그 위에 모이라가 있었다. 그래서 신들은 어떤 의미에서 보면 구속받는 운명이었으며, 인간의 성향을 상징하는 '비대한' 인간 존재들이라고 볼 수 있다.

유대교의 신은 완전히 다른 존재였다. 이스라엘에서 이 신보다 위에 서는 판사는 전혀 없다. 그는 최고의 존재였다. '욥기'에 이 탁월성이 나타난다. 여기서 신은 인간의 영혼을 놓고 악마와 내기를 건다. 바로 이 경험을 위해서 신은 선한 인간 욥의 동물들과 여자들, 아이들, 노예들을 파괴했다. 신은 악마를 상대로 공정한 재판을 한다는 명분으로 욥에게 하늘 아래의 온갖 해충들을 다 보냈다. 그런 다음에 신이 마침내 승리를 거두고, 모든 것을 욥에게 다시 돌려주었다. 그것은 봉건 영주가 신하에게나 했을 법한 매우 무례한 장난이었다.

그러나 그것은 매우 심각한 일이었다. 그것은 신 자체가 운명, 다시 말해 법을 만드는 독단적인 운명이라는 의미이다. 누구라도 절대적으로 복종하면 어떤 운을 누리지만 복종하지 않으면 아무것도 없다. 완전한 파괴만 있을 뿐이다. 이것은 세상을 매우 사실적으로 그린 그림이지만 다소 무서우며, 당연히 신이라는 개념을 발달시킨 특별한 민족의 역사와 깊은 관계가 있다.

유대인의 역사는 피와 파괴로 점철되었다. 새로 발굴된 유물은 유대인이 번영을 누렸을 것 같은 시대에도 이집트 왕들의 지배를 받았다는 사실을 보여주었다. 당시의 유대인들은 틀림없이 낯선 통치자 밑에서 특별히 좋은 날을 보내지 않았을 것이다. 그래서 그들은 신을 바로 그런 존재로, 법을 만드는 독재자로 보았다. 이 법에 복종하지 않는 유대인은 당연히 감옥에 갇혔을 것이다.

시대적 상황에 따라 이집트로 이주한 유대인은 그때 인간의 법이 있는 문명의 삶을 누렸을 것이다. 예를 들면, 알렉산드리아에 대규모 유대인 식민지가 있었다. 이어서 당연히 큰 변화가 일어났으며, 그 변화상이 특별히 '잠언'과 '전도서'의 지혜에 담겨 있다.

그러던 중에 기독교라 불리는 유대교 종교개혁이 일어났다. 기독교에서 신의 순진하고 자비로운 측면은 계속 강조되었으며, 케케묵은 법 개념은 상당 부분 폐지되었다. 이 신흥 종교를 비유대인들에게 가르칠 때, '신약성경'과 '구약성경'을 분리시킬 필요가 있었다. 이 분리 작업은 상당히 조심스럽게 진행되었다. '신약성경'의 메시지가 완전히 다른 전제, 다시 말해 그 옛날의 올림포스 산의 판테온을 바탕으로 다듬어져야 했기 때문이다. 이 판테온의 아름답고 유쾌하고 우스꽝스러운 신들을 다른 종류의 체계로 녹여내야 했던 것이다. 이리하여 헬레니즘 기독교가 탄생하게 되었다. 우리 시대까지 가톨릭 교회라 불리고 있는 것은 주로 헬레니즘 혼합주의의 결과물이다.

이 혼합주의는 매우 고차원적이며, 원시적인 이교도의 잔재들을 두루 보이고 있다. 혼합주의는 더불어 성장한다는 뜻이다. 응집과 비슷하다. 복합 물질은 서로 응고된 다양한 사물들로 이뤄져 있으며, 혼합주의도 이와 아주 비슷하게 여러 가지가 하나로 녹는 것을 말한다. 헬레니즘 혼합주의는 B.C. 200-300년에 시작해 A.D. 3세기 혹은 4세기까지 이어진 것으로 통한다. 근동과 서양의 모든 종교와 철학이 더불어 성장하면서 완전히 새로운 정신적 분위기를 일궈냈다.

이제 신의 다양한 측면들이 전문화되고, 교리로 다듬어졌다. 이는 신이 기독교 의식에서 핵심적인 역할을 맡을 수 있도록 다듬어져야 했기 때문에 반드시 필요한 과정이었다. 기독교 신은 선한 아버지가 되어야 했고, 악마에 대한 이야기도 많아야 했다. 기독교식 개념의 악마는 유대교에는 없다. 물론 유대교에도 사악한 힘들은 있지만 신의 모습 자체가 수시로 바뀌었다. 유대교의 신은 분노의 신이기도 했다. 유대인의 주된 종교적 감정이 신에 대한 두려움이기 때문에, 그들에겐 악마의 개념이 그렇게 절실히 필요하지 않았다.

기독교의 등장으로, 그 분열이 상반된 것의 짝을 이루게 되었다. 그래서 기독교에선 신의 사악한 측면을 표현할 악마를 발명해내야 했다. 그러나 그런 독단적인 조치로 인해 어떤 편견이 생겨났다. 신이 명백한 어떤 존재가 되고 또 꽤 일방적인 무엇인가가 된 것이다.

예를 들어, 이런 존재에게 저질스런 장난을 거는 것이 불가능하게 되었다. 인간의 운명은 매우 잔인한 장난으로 가득한데도 말이다. 기독교의 신이 세상을 괴롭힌다거나 세상을 춤추게 한다거나 세상을 취하게 한다는 식의 생각은 불가능하게 되었다. 그런 개념은 배제되어야 했으며, 그러다 보니 신은 점점 빈약해지다가 마침내 하나의 명확한 존재가 되었다.

이런 이미지가 인간이 만든 것이라는 식으로 논의되기 시작하자마자, 당연히 반발이 나오게 되어 있었다. 이미지는 사물이 아니다. 그러기에 신의 경험은 언제나 거기 그대로 있다. 신의 이미지야말로 사람이 가장 빈번하게 겪는 경험이다. 그러나 지금까지 오랜 세월을 흘러오는 동안에 신의 이미지를 경험하는 예가 갈수록 드물어지고 있다. 온 세상을 다 돌아다녀도 신을 전혀 경험하지 않는 사람도 있다. 그들은 신이 무엇인지를 모르는 사람들이다.

그러나 신은 아주 단순하다. 당신이 방을 나가다가 문지방에 걸려 넘어진다고 생각해보라. 그러면 가장 먼저 방을 탓하는 소리부터 나올 것이다. 문지방에 나쁜 정령이 불쑥 나타나서 당신이 넘어지도록 다리를 걸었기 때문이다. 그것은 당신이 원하지 않은 일이 일어날 때의 경험이다.

운명은 매일 당신을 방해하고 있다. 우리는 언제나 자신이 원하지 않은 일을 하고 있다. 그러면 그 일을 하고 있는 것은 누구인가? 그것이 바로 다른 존재이다. 당신이 그 존재의 뒤를 밟는다면, 그러면서 그 존재가 당신을 방해할 때 그 의미를 유심히 분석해본다면, 당신의 눈에 뭔가가 보일 것이다.

그러나 우리는 절대로 그 의미를 멀리까지 파고들지 못한다. 우리가 모든 것을 그 사건 자체로만 설명하기 때문이다. 이번엔 문지방에 걸려 넘어진 것이고, 그 다음엔 의자에 걸려 넘어진 것이다. 문지방은 절대로 의자가 아니며, 그러기에 우리가 의자와 문지방에 걸려 넘어진다는 사실은 중요하지 않다. 혹은 우리가 오늘은 이런 특별한 거짓말을 하고 내일은 또 다른 특별한 거짓말을 한다. 그것이 우리가 사물들을 파악하는 방식이다. 우리는 언제나 신의 경험을 세세하게 나누며 파악한다. 그래서 우리는 신을 절대로 경험하지 못한다. 우리는 단지 아무런 의미를 지니지 않는 작은 사실들만을 경험한다.

그 경험들은 아무런 의미를 지니지 않는다. 우리가 그런 경험들에 전혀 아무런 의미를 부여하지 않기 때문이다. 그것은 마치 당신이 알파벳 글자만을 한 자 한 자 길게 읽고 있을 때에는 그 소리가 자연히 이상하게 들리다가도 그 글자들을 모으면서 예를 들어 'In the Happy Isles'라고 읽으면 금방 무엇인가를 의미하게 되는 것과 비슷하다.

그러나 우리가 우리의 심리나 신의 심리를 읽는 방법은 그런 식이다. 신의 심리를 지속적으로 읽어보라. 그러면 당신은 경이로운 것들을 볼 것이다. 우리가 분석 심리학에서 하는 것이 바로 그런 것이다. 우리는 알파벳 글자들만을 읽는 것이 아니라 그 글자들을 함께 모으려고 노력할 것이다.

예를 들어, 며칠 전 밤에 당신이 이런저런 꿈을 꾸었는데 그 다음날 밤에 철도에 관한 꿈을 꾸고 그 다음날에는 보병 대대에 관한 꿈을 꾸고 간밤에는 당신이 아기를 낳는 꿈을 꾸었다고 하자. 매일 밤 꿈을 꿀 때마다, 당신은 그 꿈들이 서로 아무런 관계가 없다고 말할 것이다. 그러면 나는 그 글자들을 자연스럽게 순서대로 한꺼번에 모아보라고 조언할 것이다. 그렇게 하면서 그 연결이 어떤 식으로 이어지는지 유심히 살펴보라. 당신은 아마 놀라운 무엇인가를 볼 것이다.

그것은 연속적인 텍스트이다. 비아(非我)의 심리에 관한 무엇인가를 발견하고, 사람들이 그것을 "신"이나 "악마"라고 부르는 이유를 확인할 것이다. 이 꿈들은 전혀 아무런 관련이 없는 요소들을 모아놓은 것이 아니며, 서로 의미로 연결되어 있다.

신의 이미지가 독단적으로 교리로 다듬어졌다는 점에서 본다면, 신은 하나의 억측이며, 내가 말한 바와 같이, 이 같은 사실은 그런 사상이 최종적으로 뒤집어져야 했던 이유이다. 삶 자체가 최종적으로 '신'

이라 불리게 된 정신적 현상의 힘 혹은 가능성을 모독적으로 제한하는 것을 더 이상 참아줄 수 없었다. 이런 식의 정신적 전개는 본능적으로 계속 이뤄지고 있었으며, 그러다 교리로 굳어진 이미지가 파괴되기에 이르렀다. 그리고 니체는 그 이미지의 전복이 특징으로 꼽히는 시대를 살고 있다.

그러나 언제나처럼 사람은 당연히 지나치게 멀리 나가게 마련이고, 그 결과 니체는 신은 존재하지 않는다고 단정함으로써 힘들어 한다. 무의식 같은 것은 존재하지 않는다고 단정하는 사람들이 그 같은 판단으로 인해 힘들어 하는 것과 마찬가지이다.

이 같은 단정은 당연히 유치하다. 그러나 유치한 사람들이 여전히 많기 때문에, 그런 유치한 판단은 종종 되풀이되며 신봉되기까지 한다. 보통 수준의 지능이 있는 사람이라면 누구나 이런 이야기들은 모두 허튼소리라는 것을 알 수 있다. 어떤 것이 실제로 존재하는데도 그것이 존재하지 않는다고 말한다고 해서 그것을 무시하고 살아갈 수는 없는 노릇이 아닌가.

당신이 어떤 소리를 하든, 그 현상은 여전히 존재하고 있다. 신이 하나의 억측에 지나지 않는다는 말이 돈다고 해서 신이 존재하지 않는다는 식으로 단정하는 것은 무의식이란 것은 없다고 말한다고 해서 무의식이 존재하지 않는다고 단정하는 것과 비슷한데, 이런 식으로 단정할 때 매우 기이한 일이 벌어진다. 말하자면 무엇인가가 당신의 의지를 방해하고 나서는 것이다.

그러면 당신은 뭐라고 말할 수 있을까? 당신은 자신이 당신의 의지를 방해하는 것처럼 꾸미지 못한다. 당신이 당신의 의지를 방해하지 않고 있기 때문이다. 당신의 의지는 다른 무언가의 방해를 받고 있는 것이다.

그렇다면 당신은 철학적으로 그 같은 사실을 어떻게 설명할 것인가? 물론 당신은 그것에 대해 설명하지 않고 그냥 지나가거나 우연적인 사건일 뿐이라고 말할 수도 있다. 굳이 그것을 철학이나 과학의 주제로 삼을 필요가 없다. 무수히 많은 사람들이 아무 생각 없이 살고 있다. 당신도 그런 부류의 사람이라면 이 문제도 그냥 넘어갈 수 있다.

그러나 만약에 당신이 생각하지 않고는 살아가지 못하는 사람이라면, 당신은 그 문제에 대해 어떻게 설명할 것인가? 만약에 당신의 의지를 간섭하는 것이 전혀 없다고 생각한다면, 다시 말해 신이나 비아(非我)의 정신 같은 것이 전혀 존재하지 않는다고 생각한다면, 당신은 그 일들을 어떻게 설명할 것인가?

사람들은 매우 똑똑하다. 모든 것에 책임을 지는 것은 거북한 일이다. 사람들에겐 책임을 지지 않으려는 본성이 있다. 그래서 사람들은 간단히 그 책임을 다른 사람에게로 넘긴다. 그러면 다른 사람들이 책임을 질 것이고, 그 사람 본인은 겸손한 존재라서 늘 희생자의 입장에 선다면서 스스로를 칭송할 것이다. 이것이 소위 "열등감"에 대한 설명이며, 모든 일에 책임을 지고 나서는 것은 "과대망상증"에 대한 설명이다.

만일 어떤 사람이 진정으로 일관된 마음을 보이면서 자신을 간섭하는 어떤 의지 같은 것은 전혀 존재하지 않는다는 점을 강력히 믿는다면, 그 사람은 최종적으로 편집증을 보이게 될 것이다. 그는 자신이 그런 간섭을 했다는 식으로 아주 강하게 확신하지만, 실은 그런 간섭을 한 어떤 존재가 덫을 만들어놓고는 그가 걸려들도록 은밀히 조작하고 있다. 그러면 그 사람은 그것이 프리메이슨 회원이나 예수회 수사, 나치 요원, 공산당 스파이들이라고 말할 것이다. 이런 것들은 최종적으로 일종의 편집증을 낳게 될, 에우에메로스설에 입각한 설명들이다.

니체가 신은 하나의 억측이라고 설명하면서 누구나 자신이 창조하지 못하는 것을 추측해서는 안 된다고 말할 때, 그 뜻은 그것이 실현될 수 없는 가설이라는 의미이다. 그런 다음에 그는 신은 존재하지 않는다고 말한다. 이유는 사람이 신을 절대로 만들지 않았으며 단지 신이 있다고 단정하기 때문이다. 사람들이 소망이나 의지를 품지 못하도록 막을 수 있는 것은 아무것도 없다. 의지를 간섭하는 것이 있다면, 그것은 다른 사람의 내면에 잘못된 무엇인가 때문일 것이다.

니체는 자신의 심리를 다른 사람들에게 투사할 사람이 아니었다. 물론 『차라투스트라는 이렇게 말했다』에도 니체가 자신의 심리를 외면화하고 있다는 점을 보여주는 증거는 있지만, 그건 별로 중요하지 않다. 니체에게는 책임을 지는 것이 매우 중요하다. 불완전한 일들이 있으면 반드시 완벽하게 만들어야 한다. 따라서 초인이 되고, 자신이 진정으로 원하는 인간이 되어야 하고, 신이 존재하지 않는다는 이론을 뒷받침할 인간이 되어야 한다. 말하자면, 의지가 절대로 방해를 받지 않는 사람, 모든 것이 가능한 사람이 되어야 한다는 뜻이다.

이것은 결코 매우 독특한 사상은 아니다. 프로테스탄트의 설교에서 이런 종류의 이야기가 자주 나온다. 당신은 자신이 되고자 하는 존재가 되어야 한다는 사상은 프로테스탄트와 가장 잘 어울린다. 당신은 유쾌한 무엇인가를 소망할 수 있지만, 유쾌한 것은 어느 것이든 부도덕하다. 그러므로 당신은 언제나 불쾌한 것을 소망해야 한다. 그렇다면 초인은 유쾌한 것이 아니기 때문에, 초인이 되는 것은 하나의 도덕적 과제이다. 당신은 초인이 되어야 하며, 일요일마다 초인을 위해 기도를 하지 않으면 저주를 받을 것이다. 이렇듯, 초인 사상은 프로테스탄트적인 사상의 파생물이랄 수 있다.

프로테스탄티즘은 당연히 신의 은총에 대해 이야기를 많이 한다. 신의 은총이 없으면 아무것도 할 수 없다는 식이다. 그런 가운데 당신은 신이 만든 법을 반드시 따라야 한다는 믿음을 갖도록 강요받는다. 그러므로 모든 진정한 프로테스탄트는 '구약성경'을 설교하는 유대교 아니마를 갖고 있으며, 그래서 프로테스탄트는 기독교인이 아니라 훌륭한 옛날의 유대교도라고 할 수 있다. 당연히 진정한 유대인들도 기독교 아니마를 갖고 있다. 두 가지 관점을 다 가져야 하기 때문이다. 그래야만 신을 두려워 한 뿐만 아니라 신을 사랑하기도 할 것이다.

그러기에 기독교 콤플렉스를 갖지 않은 유대인도 없고, 유대교 콤플렉스를 갖지 않은 선한 프로테스탄트도 없다. 유대인과 프로테스탄트는 서로 아주 비슷하다. 한쪽이 장갑의 겉이라면, 다른 한쪽은 장갑의 안쪽이다. 신의 은총에 대한 프로테스탄트의 믿음은 다른 한편으로 율법의 준수로 균형이 맞춰지고 있다.

따라서 미국을 비롯한 일부 나라에서 볼 수 있듯이, 프로테스탄트 공동체의 진정한 신은 훌륭한 태도이다. 그것은 곧 기독교의 사랑과 아무런 관계가 없는 하위의 한 관점인 율법의 준수를 의미한다. 그것은 기독교의 두려움이다. 프로테스탄트가 스스로를 이상적인 상태로 유지하기 위해 펴는 이 같은 노력은 진정으로 보면 신의 은총에 대한 불신이다. 프로테스탄트가 진정으로 신의 은총을 믿는다면 자신이 사는 동안에 신이 자신을 위해 정당한 것을 베풀 것이라고 기꺼이 단정해야 하기 때문이다.

그리고 어느 프로테스탄트가 지금 불완전하다 하더라도, 그것이 신의 입장에서 보면 은총을 내릴 좋은 기회이기 때문에 별로 싫어할 것이 못 된다. 오늘의 죄인이 미래에 보다 나은 존재가 될 것이기 때문이다. 그러나 진정한 프로테스탄트는 실제로 이것을 믿지 않는다. 진정한 프로테스탄트는 자신이 노력해서 진정으로 선한 존재가 되어야 한다고 믿는다. 선한 존재가 되는 것은 순전히 프로테스탄트의 책임이라는 인식이 강한 것이다.

프로테스탄트의 정신을 매우 아름답게 그린 시가 있다. 프로테스탄트의 이중의 도덕성을 보여주는 작품이다. 대략 옮기면 이런 내용이다. "신을 믿으면서 아무것도 소유하지 않는 사람, 신에게 희망을 걸면서 아무것도 하지 않는 사람, 그런 사람을 신은 기적을 통해 부양해야 한다. 그렇게 하지 않으면, 아무것도 제대로 돌아가지 않을 것이다." 이것이 바로 프로테스탄트의 관점이다. 모든 것은 그 사람 본인의 도덕성, 말하자면 그 사람 본인의 책임감에 달려 있다. 속죄 같은 것은 절대로 없으며, 프로테스탄트는 신의 은총을 믿는다.

프로테스탄트에게 축적되는 엄청난 양의 도덕적 책임감은 그로 하여금 자신의 능력에 대한 믿음이나 희망을 과도하게 품도록 만든다. 그가 스스로 경이로운 존재가 되기를 바랄 수 있기 때문이다. 텍스트는 바로 이 같은 생각을 이야기하고 있다.

형제들이여, 그대들 자신은 아마 초인을 창조하지 못할 수도 있다! 그러나 그대들은 초인의 아버지와 조상은 될 수 있다. 그리고 그것이 그대들의 최고의 창조일 것이다.

당신 자신을 준비시켜라. 당신은 천상의 왕국에 닿지 못할 수 있지만 당신의 아들이나 손자는 최종적으로 천국에 닿을 것이다. 그런 식으로 노력하는 사람이 가장 훌륭한 형식의 프로테스탄트이다. 내가 성취하지 못한 것은 나의 아들에게 부담으로 지워질 것이다. 그러면 아들이 나의 부담을 대신 처리할 것이다. 언제나 그 바탕에는 예수 그리스도가 도와줄 것이라는 생각이 깔려 있다. 나의 내면에서 어떤 갈등이 일어나면, 나는 그것을 예수 그리스도에게로 넘길 것이고 그러면 예수 그리스도는 그것을 갖고 사막으로 들어갈 것이다.

우리 시대에 그런 현상을 낳을 종교적 운동이 도도하게 벌어지고 있다. 이 운동은 불행에서, 그리고 프로테스탄트 양심의 욕구에서 비롯되었다. 그래서 이 운동을 진지하게 받아들이는 사람들은 자신들의 죄를 해결하기 위해 사막으로 희생양을 보낸다는 사상을 만들어야 한다. 그리고 그들은 예수 그리스도를 그 희생양으로 받아들이고 있다.

그들은 예수 그리스도에게 짐을 지우고 있다. 그가 십자가에 못 박혀 신격화된 희생양이기 때문이다. 이 사람들은 단순히 도덕적 긴장을 더 이상 버텨내지 못하고 있다. 그들은 자신의 책임을 누르면서 그것을 예수 그리스도의 책임이라고 부르고는 자신들은 거기서 벗어난다. 그러나 그때부터 그들은 더 이상 인간이 아니다. 그들이 자신의 죄를, 다시 말해 영적으로 비옥한 땅인 시커먼 물질을 잃어버렸기 때문이다.

속죄의 희생양이라는 사상은 꽤 유익하다. 희생자의 역할을 맡는 신성한 대변자가 그 기관이나 공동체의 일원이라면, 희생양 사상은 심리적으로 효과를 발휘한다. 그때 짐을 누가 지는가 하는 문제는 중요하지 않다. 성직자나 제물, 또는 신이나 왕을 상징하는 죄인도 괜찮다. 공동체 안에서 죄를 짊어지는 사람으로 누가 선택되는가 하는 문제도 중요하지 않다. 선택되는 사람이 전체 공동체이고, 전체 공동체가 그 사람이기 때문이다.

이것은 서양인에게 아주 이상하게 비치는 집단적인 감정이다. 서양인은 지금 집단적인 감정을 좀처럼 상상하지 못한다. 집단적인 감정은 철저히 원시적이다. 물론 신비를 체험하는 수행자의 입장에 있을 때, 당신은 감정의 전율을 느끼고 무아경에 이를 수 있고 다른 모든 사람들이 똑같아진다. 그러기에 누가 쓰러지는가 하는 문제는 중요하지 않다. 당신이 될 수도 있고 다른 누군가가 될 수도 있다. 그러면 당신은 자신의 살가죽을 벗기거나 목을 딸 것이다. 아니면 성직자가 와서 당신의 목을 따고 당신을 제물로 바칠 것이다.

그땐 모두가 하나가 된다. 당신 자신은 존재하지 않는다. 희생양 사상이 제대로 효력을 발휘하기 위해선 그런 감정과 그런 일체감이 필요하다. 오늘날엔 희생양 사상이 먹히지 않을 것이다. 우리의 의식이 지나치게 개인적이기 때문이다.

사람에 의해 창조될 초인이라는 사상은 그 시대에 현대적이었던 찰스 다윈(Charles Darwin)의 사상들로부터 많은 도움을 받았다. 물론 다윈은 초인이 의지대로 만들어질 수 있다고 주장하지 않는다. 다윈은 단지 종의 변환 가능성, 예를 들어 원숭이에서 사람으로 변환될 가능성만을 보여주고 있다.

그러나 당장에 문제가 제기되었다. 원숭이가 사람으로 발달했다면, 사람은 무엇으로 발달할 수 있는가? 사람은 계속 발달하면서 실제 인간보다 더 탁월한 어떤 존재가 될 수도 있을 것이다. 그러면 프로테스탄트의 이상(理想)이 끼어들면서 말할 것이다. 그게 당신이 열심히 노력해야 하는 이유라고. 만일 프로테스탄트 원숭이가 있다면, 그 원숭이는 어느 일요일 아침에 이렇게 말할 것이다. "이제 나는 정말로 사람을 낳아야 해." 이런 것이 바로 니체가 여기서 제안하고 있는 것이 아닌가. 물론 한 세대 만에 일어날 일은 아니지만. 니체는 초인의 창조에 적어도 3세대를 예상하고 있다.

만일 우리가 니체 앞에서 이런 식의 반론을 폈다면, 그는 당연히 이 모든 것을 이해했을 것이다. 그럼에도 그 반론은 니체에게 아무런 영향을 미치지 못했을 것이다. 그의 진정한 동기가 종교적이기 때문이다. 초인 사상은 전적으로 상징적이다. 누군가가 니체에게 그것은 상징적인 개념이며 몇 세대 만에 우리보다 탁월한 사람을 낳을 수 있을 것이라고 생각해서는 안 된다고 말했다면, 그는 그 점을 부정했을 것이다. 그가 상징적인 초인이라는 존재를 받아들이는 것이 불가능했기 때문이다. 상징적인 초인은 심리학적인 초인이고, 단순히 하나의 탁월한 의식(意識)이다. 그런 초인은 니체와 전혀 어울리지 않을 것이다.

그래서 니체가 초인이라는 개념을 자기를 뜻하는 것으로 썼다는 식으로 말할 수 있을지라도, 그것은 하나의 짐작일 뿐이며 확실한 것은 절대로 아니다. 왜냐하면 그가 자기라는 표현을 우리가 이해하는 자기와 같은 뜻으로 쓰지 않았기 때문이다. 그는 초인을 자기가 말한 뜻 그대로, 말하자면 심지어 육체적으로도 다른 탁월한 사람, 아름다운 사람, 그가 추구하는 바와 똑같이 성숙하고 건전한 사람을 의미했다.

그런 생각은 당연히 자기와 아무런 관계가 없다. 아무도 자기가 될 수 없다는 사실을 우리는 잘 알고 있다. 자기는 사물들의 완전히 다른 질서이다. 그렇기 때문에 만약에 니체의 사상을 표현하길 원한다면, 자기라는 표현을 써서는 안 된다.

그럼에도 불구하고, 그가 초인에 대해 말하는 것을 보면, 단순히 꼬리가 조금 더 짧거나 귀가 더 이상 뾰족하지 않을 그런 미래의 사람을 의미하는 것만은 아니라는 분위기가 느껴진다. 니체는 또한 사람보다 더 위대한 사람을 의미한다. 초인이 마치 무엇인가 중요한 존재를 말하는 것처럼 들린다. 그것이 하나의 상징이기 때문이다. 그리고 초인이 상징인 것은 그것에 대한 설명이 이뤄지지 않고 있기 때문이다. 그러나 만약에 초인을 설명하려 들었다면, 니체의 시대에도 있었고 그의 내면에도 있었던 온갖 모순을 다 확인하게 되었을 것이다.

알다시피, 초인은 정말로 죽음을 당해 죽었다고 선언된 하나의 신이다. 그러다 보니 이 신은 자연히 구원을 위한 뜨거운 욕망으로 다시 나타난다. 그것이 초인의 탄생을 의미한다. 다시 그 신이 나타난 것이다. 그래서 초인이라는 단어는 선한 기독교인들에게 "신"처럼 들렸다. 초인은 감정과 욕망, 희망, 지고한 의미 등 많은 것을 잉태하고 있는 단어이다. 그러기에 건조하고 비판적인 방식으로 초인을 분석한다면, 초인이라는 개념을 제대로 다루지 못할 게 틀림없다.

그러나 우리는 니체 이후의 시대를 살고 있다. 우리는 상징에 대해서 알고 있고, 심리학이 무엇인지를 알고 있다. 심리학을 이용할 수 있다는 한 가지 사실 때문에도 당연히 니체의 세계에 접근하는 방식은 옛날과 같을 수 없다.

*　　　*　　　*

'행복의 섬에서'라는 장은 매우 복잡하고 어렵고 심오하다. 여기선 대단히 중요한 문제들이 다뤄지고 있다. 나도 이 장을 해석하는 것이 조금 망설여진다. 깊이가 아주 깊기 때문이다. 우리가 초인의 할아버지쯤 될 수 있을 가능성에 대해 언급하고 있다. 그의 말을 보도록 하자.

신은 하나의 억측이다. 그러나 나는 그대들의 억측이 생각 가능한 것
으로 국한되기를 바란다.

그대들은 신 같은 것을 마음 속에 그릴 수 있는가? 모든 것을 인간이
생각하고 보고 식별할 수 있는 것으로 바꿔놓는 것, 그것을 그대들은 진
리를 향한 의지라고 불러야 한다! 그대들은 분별력을 최대한 발휘해야
한다!

니체가 신을 인간의 억측으로 본다는 사실과 그런 식으로 추측하는
것이 그다지 바람직하지 않다는 점에 대해서는 이미 앞에서 말한 바
있다. 니체는 또 신은 죽었다고 선언하고 있다. 이 대목에서 우리는 이
런 특별한 태도가 나온 깊은 이유를 본다. 그것은 그가 살았던 시대의
정신에 양보하는 것이라기보다 그 자신의 정직에 양보하는 것이라고
할 수 있다. 그가 인간의 범위를 벗어나는 억측을 별로 달가워하지 않
기 때문이다.

이 같은 태도는 이마누엘 칸트에 의해 준비되었다. 잘 알다시피, 칸
트는 형이상학적 가정이 불가능하다는 점을 반박 불가능할 정도로 철
저하게 보여주었다. 그럼에도 니체가 신은 인간의 억측에 불과하다고
말한 데에는 당시의 시대정신이 큰 영향을 미쳤다. 그런 식으로 말하
지 않고 신은 하나의 경험이라는 식으로 말할 수도 있었을 테니까.

칸트가 그 문을 활짝 열어놓은 셈이다. 칸트는 자신의 지적 혹은 철
학적 비판은 단지 철학적 비판일 뿐이며 경험 분야, 특히 신학적 비판
의 대상이 될 수 없는 것들의 경험 분야는 절대로 건드리지 않는다는
점을 분명히 밝혔다. 알다시피, 칸트는 신의 존재를 통해서 세상을 설
명하는 것이 너무나 당연했던 시대를 살았다. 그때는 그런 식으로 생

각하는 것이 상당히 합리적인 것으로 여겨졌다.

18세기 말까지도 과학책 거의 전부는 하느님이 6일 동안의 작업 끝에 세상을 창조했다는 이야기로 시작했다. 신이 세상을 창조했으며 지금도 여전히 세상이 작동하도록 지켜나가고 있다는 주장이 아무런 논의도 없이 너무나 확실한 진리로 받아들여졌다.

그러나 니체의 시대에 와서 이 같은 확실성이 어디론가 사라져 버렸다. 그러다 보니 신은 하나의 억측에 불과하다는 니체의 말은 시대정신을 인정하는 것일 뿐만 아니라 입증 불가능하거나 인간의 범주 밖에 있는 것을 다루지 않으려는 비판적인 철학자의 양심을 따르는 것이기도 하다. 독단적인 기독교 교리처럼, 신은 무한하거나 영원한 존재라고 단정하거나 신은 이런저런 특성을 지녔다고 단정하는 것은 순전히 인간의 단정에 지나지 않는다.

정직한 사람은 인간 정신의 한계를 벗어나는 진술을 절대로 하지 않을 것이다. 그런 식의 단정은 마치 당신이 다른 사람에게 200년 뒤에 100만 프랑을 지급하겠다고 약속하는 것이나 마찬가지이다. 당연히 200년 후에는 당신이란 존재가 이 세상에 없을 것이고, 무엇보다 당신에게 그만한 능력이 없을 것이기 때문에 그 약속은 당신의 한계를 크게 벗어난 것이다.

그러므로 정직하고 책임감 있는 사상가는 그런 추측을 제시하는 것을 자제할 것이다. 오류는 물론 신이 하나의 억측에 지나지 않는다고 한 부분이다. 왜냐하면 신이 하나의 경험이 될 수 있기 때문이다. 그러나 신이 하나의 경험일 가능성은 니체의 시야로부터 완전히 벗어나 있었다.

아시다시피, 신의 개념은 정말로 인간이 만든 것이라는 가설은 하나의 가설로서 아무런 문제가 없다. 어느 누구도 이 가설을 반박하지 못한다. 교리에 대한 맹목적 믿음이 철학적 논의의 대상이 될 수 없는 것과 똑같다. 그래서 니체는 "그대들은 신 같은 것을 마음 속에 그릴 수 있는가?"라고 묻는다. 아니다. 당신은 신을 그리지 못한다. 당신은 인간의 범위 밖에 있는 무엇인가에 대해 생각하지 못한다. 당신이 무엇인가를 두고 그것이 영원하다는 식으로 말한다고 해서 그것이 영원해지는 것은 아니다. 말하자면 당신이 영원성을 창조하는 것은 아니다. 하나의 단어만 창조할 수 있을 뿐이다.

그래서 니체는 인간이 생각하지 못하는 것을 창조하지 않도록 막는 것은 인간의 내면에 있는, 진리를 향한 의지라고 말한다. 그리고 자신이 만들어낼 수 있는 그 이상의 것을 절대로 단정하지 않기 위해선 이같은 태도를 사고의 원칙으로 받아들여야 한다고 그는 말한다. 이어 그는 이렇게 말한다.

그대들이 세상이라고 부르는 것은 그대들에 의해 창조되어야 한다.

또한 세상의 본질에 관해서도 당신은 인간의 한계를 넘어서는 가정을 해선 안 된다. 당신은 또 사람의 모습을 닮은 세상을 직접 창조할 용기를 가져야 한다. 달리 말하면, 모든 개념들 안에 의인관(擬人觀: 인간 외의 생물이나 무생물에 인간의 특성을 부여하는 것을 말한다/옮긴이)이 담겨 있다는 점을 인정해야 한다는 뜻이다. 의인관은 우리가 매일 접하는 태도이다. 왜냐하면 과학적 진리는 인간이 만든 그 이상의 무엇이며 또 어느 정도의 객관성을 확보하고 있다는 식으로 단정하는 경향이 지금도 여전하기 때문이다.

그러나 사실은 우리가 건드리거나 경험하는 모든 것은 심리학의 범위 안에 있다. 만일 내가 어느 철학 교수에게 이런 말을 한다면, 그 교수는 아마 그 자리에서 나를 죽이려 들 것이다. 그 말이 곧 자신의 사고는 심리학을 벗어나 있다는 그의 단정을 허물어뜨리기 때문이다. 하지만 세상의 보편적인 이미지는 하나의 심리학적 사실이거나 특징이다. 비록 그 이미지가 심리학을 벗어나 있는 무엇인가의 영향을 받을지라도, 크게 보면 그렇게 말할 수 있다. 이 무엇인가가 무엇인지는 우리는 잘 모른다.

이에 대해선 물리학자의 말을 들을 수밖에 없다. 물리학자는 그것이 원자와 원자 안에 있는 특이한 것으로 이뤄져 있다고 말한다. 그러나 이 가설도 끊임없이 변화하고 있으며, 거기서 우리는 최종적 결론에 도달할 수 있을 것이다. 조금만 더 나아가면, 물리학자는 사색에 빠질 것이고 당연히 마음을 들여다보게 될 것이다. 아마 물리학자는 집단 무의식 같은 것을 보면서 바로 거기서 심리학자가 이미 연구 활동을 벌이고 있다는 사실을 깨달을 것이다. 사색적인 현대의 물리학자는 확실히 심리학자와 매우 가까이 접촉하게 될 것이다. 실제로 보면 물리학자와 심리학자 사이에 이미 접촉이 이뤄지고 있다.

그래서 니체는 진리를 향한 뜨거운 열정에 휩싸인 가운데 칸트 전통을 충실히 따르고 있지만, 그도 역시 신은 하나의 억측이거나 하나의 개념이며 경험은 아니라는 오해가 지배하던 시대의 아들이었다.

그대들 식별하는 자들이여, 그대들은 그런 희망도 없이 어떻게 삶을 견디려 하는가? 그대들은 이해 불가능한 것이나 비이성적인 것에서 태어나야 할 이유가 없다.

친구들이여, 그러나 나는 나의 마음을 그대들에게 다 털어놓을 것이다.
만일 신이란 것이 존재한다면, 나 자신이 신이 아니라는 사실을 어떻게
내가 견뎌낼 수 있겠는가? 그러므로 신들은 절대로 존재하지 않는다.

여기서 주된 사상은 만일 신과 같은 것이 있다면 그 같은 사실이 사람에게 재앙이 될 것이라는 점이다. 이유는 사람이 완벽한 존재가 이미 세상에 존재한다는 사실 때문에 포부와 희망을 박탈당할 것이기 때문이다. 신이 존재한다면 이미 더없이 완벽한 행위나 수행이 있었을 것이고, 그런 완벽한 무엇인가가 이미 존재한다면 위대한 것을 이루려고 노력해 봐야 무슨 소용이 있겠는가? 그런 것을 이루려고 안달해야 할 이유가 있을까? 게다가, 당신은 이 지고한 존재와 소통할 기회를 갖고 그로부터 무엇인가를 받았을 수도 있다. 당연히 거기에 당신이 더할 것은 하나도 없다.

그렇기 때문에 당신은 스스로 최고의 존재가 되기 위해서 신이 없기만을 바랄 뿐이다. 만일 누군가가 당신이 차지하기를 원하는 자리에 이미 올라가 있다면, 당신에겐 그것을 제거하든가 가치 있는 것을 이루려는 희망을 접고 물러나든가 둘 중 하나를 선택하는 길밖에 없다. 그래서 그는 "만일 신이란 것이 존재한다면, 나 자신이 신이 아니라는 사실을 내가 어떻게 견뎌낼 수 있겠는가? 그러므로 신들은 절대로 존재하지 않는다."고 말한다.

그래서 신은 절대로 없어야 한다. 신이 있다고 예상하면, 그가 모든 희망을 잃고 말 것이니까. 지금 그는 신을 예상하는 것은 타당한 결론이 아니라고 느낀다. 그가 누군가를 자신의 머리 위에 두고 있다는 사실을 견디지 못할 것이기 때문에, 신들은 없어야 한다.

이건 정말로 오만이고 너무 멀리 나갔다. 그러나 신이 '최고선'이라는 인간의 정의로 인해 신이 고통을 겪은 역사의 관점만 아니라 니체의 관점에서 봐도, 신이 최고선이라는 정의는 인간이 신에 대해 꽤 불경스럽게 추측하는 것에 지나지 않는다. 신이 최고선이라면, 가장 낮은 악은 어떻게 되는가? 어떤 것을 두고 최고로 선하다고만 말할 수는 없다. 가장 낮은 악에 해당하는 것도 틀림없이 있어야 한다. 어둠이 없는데 빛이 있을 수 있는가? 또 낮은 것이 없는데 높은 것이 있을 수 있는가?

그런 식으로 접근하면, 신에게서 전능한 힘을 박탈하고 또 신에게서 세상의 어두운 특성을 배제함으로써 신의 보편성을 박탈하는 결과를 낳을 것이다. 무한한 악을 인간의 특성으로 돌리고 선한 모든 것을 신의 특성으로 돌리는 것은 인간을 지나치게 중요한 존재로 만든다. 인간이 신만큼 커지는 것이다. 이유는 빛과 빛의 부재는 서로 동등하고, 빛과 빛의 부재가 서로 합해서 하나의 전체를 이루기 때문이다. 그래서 니체가 신을 보는 시각은 당연히 그런 결론으로 이어지게 되어 있지만, 그의 전제를 바탕으로 보면 그의 결론이, 그 앞의 여러 세기 동안에 인식되어 온 것처럼, 신은 하나의 억측이라는 결론이 옳다. 그리고 아무도 신이 하나의 즉시적 경험이라는 식으로 단정하지 않는다.

기독교 교회 안에서 신에 대한 믿음의 필요성이 아주 강하게 강조된다. 그러다 보니 거기선 신이 하나의 경험이 될 수 있는지에 대해 의문을 품는 사람이 많다. 아시다시피, 무엇이든 경험을 하게 되면 그것을 굳이 믿을 필요가 없게 된다. 그래서 확신과 충성을 의미하는 그리스 단어 '피스티스'(pistis)는 믿음을 통해 이해하는 그런 것이 전혀 아니다. 이 단어는 경험한 사실에 대한 충실을 의미한다.

이를 보여주는 전형적인 예가 바로 바오로이다. 아마 자신의 일생에서 최악의 순간을 맞고 있었을 바오로는 다마스쿠스의 기독교인들을 처벌하러 가는 길에 신의 경험에 의해 쓰러졌다. 그때 그는 신을 알았으며, 그가 '피스티스'를 가졌다는 것은 그가 그 경험을 소중히 여기며 그 같은 사실을 멀리하지 않는다는 의미였다.

세상에 대한 굳은 믿음이 세상을 만들어내지는 못한다. 사람이 믿으면서도 아무것도 경험하지 않는 것도 가능하기 때문이다. 물론 은총이 가능하다고 믿는다면, 그것을 은총이라 부를 수도 있다. 그럴 경우에, 사람이 평생 동안 신을 경험할 기회를 누리지 못할지라도 적어도 은총을 기대할 수는 있을 것이다. 그러나 신을 경험하지 않은 상태라면 신을 믿으려고 노력할 이유가 전혀 없다. 신을 믿으면서 신에게 다가가려고 노력해 봐야 아무곳으로도 가지 못할 것이기 때문이다. 그런 경우엔 사람이 신을 경험할 기회를 아직 누리지 못했다고 말하는 것이 더 타당하다. 이처럼 불충분한 전제에서 어떤 결론을 끌어내는 사람은 다소 불안한 느낌을 받기 마련이다. 니체도 다음 문장에서 그런 불안감을 나타내고 있다.

맞아, 내가 이런 결론을 내렸지만 …

곧 매우 흥미로운 진술이 이어진다.

지금은 거꾸로 이 결론이 나를 이끌고 있다.

니체가 신들은 존재할 수 없다는 결론을 끌어낼 수는 있지만, 지금 그 결론의 힘이 니체 본인보다 훨씬 더 강하다는 뜻이다. 그가 덫에 갇힌 것이다. 어떻게 된 일일까?

세상에 신이란 존재는 없다는 결론이 갑자기 자동적인 어떤 성격을 띠게 되었다. 마치 자동적인 에너지가 실린 것처럼 말이다. 그것은 강박관념과 비슷하다. 이 사상이 지금 니체 자신보다 더 강하기 때문이다. 그는 이 사상의 희생자이다. 생기에 넘치는 진정한 무엇인가에 대해 엉터리 단정을 내릴 때, 언제나 이런 일이 벌어진다. 엉터리 단정이 자동적인 어떤 성격을 띠는 것이다.

강박 신경증 환자들을 보면 이런 현상이 잘 드러난다. 그런 환자들은 세상에 도덕률 같은 것은 없다는 생각에서 무책임하고 무례하게, 그야말로 악마처럼 행동하면서도 전혀 문제가 되지 않는다는 식으로 단정한다. 혹은 꽤 정상적으로 보이는 사람도 대중이 모르기만 하면 대단히 부도덕한 짓을 해도 아무런 문제가 되지 않는다고 판단할 수 있다. 사실, 다른 사람에게 방해가 되지만 않는다면 어떤 행동도 중요하지 않으며 심지어 살인까지 저지를 수 있다는 생각이 널리 퍼져 있다. 그러나 사실은 그런 행위 자체가 중요하다.

20년 전에 살인을 저질렀다가 완전히 파멸의 길을 걸은 여자 환자가 기억난다. 살인 행위는 매우 치밀하게 저질러졌다. 그녀는 매우 지적인 여자였으며, 자신의 흔적을 감쪽같이 감출 수 있었던 의사였다. 그러기에 그녀는 아무도 그런 사실을 모르는 상태에서 자신이 파괴되는 이유를 이해하지 못했다.

그녀는 그녀 자신이 그 사건을 알고 있다는 사실을, 그녀 자신이 하나의 국가, 아니 국가 그 이상이라는 사실을 망각했다. 모두가 알고 있듯이, 그런 그녀를 따뜻하게 환대할 국가는 이 세상에 없다. 그녀의 무의식이 전 세계와 접촉하면서 그녀에게 피난처를 제공하지 말라고 일렀기 때문이다.

그녀는 자신의 자아가 자신의 전부가 아니라는 사실을 잊었다. 그녀의 자아가 아는 것은 중요하지 않을 수 있지만, 그녀의 내면에는 그 외에 다른 무엇인가도 있었다. 그녀 자신보다 훨씬 더 중요한 것이 "너는 살인을 저질렀어. 세상 모든 사람이 그 사실을 알고 있어. 그래서 네가 숨을 곳은 이 세상엔 없어."라고 속삭였다.

우리는 자아 안에서가 아니라 자기 자신 안에서 하나의 온전한 세계가 된다. 우리의 자아는 마치 하나의 큰 대륙 혹은 전체 우주 안에 있는 것처럼 우리 자신 안에 있다. 그녀의 우주가 그녀를 살인죄로 고발했고, 따라서 그녀는 처벌을 받았다. 그녀는 가는 곳마다 따라다니는 영원한 감옥에 갇혀 지냈다. 그래서 모든 인간 존재들이 그녀에게서 배제되었다. 그녀는 마지막엔 오직 동물하고만 지낼 수밖에 없는 상황에 이르렀다. 그렇게 되자, 그녀는 세상에 그 같은 사실을 고백했고 나에게도 고백했다. 그녀가 나를 찾아왔을 때, 그녀의 개는 절름거리고 있었다. 그래도 나는 그녀의 이름조차 묻지 않았다.

지금 니체에게 일어난 일이 꼭 그런 식이다. 니체는 자신이 이해하지 못하는 상황을 다루고 있었다. 그는 신은 하나의 억측에 불과하다는 단정으로 시작했다. 그가 그런 식의 결론을 끌어내자, 이제는 그 결론이 그를 주무르기 시작했다.

니체는 신 같은 것은 존재할 수 없다고 말했다. 그러자 자기, 즉 무의식이 말했다. "너는 나의 손아귀에 잡혀 있어. 네가 나의 존재를 부정했기 때문이야. 이젠 너는 나의 희생자야." 『차라투스트라는 이렇게 말했다』의 전체 드라마 중에서 가장 극적인 순간이다. 그는 미지의 요소에 끌려다니게 될 것이다. 그가 부정한 것이 그의 내면에서 어떤 식으로 작동하는지가 앞으로 여러 장에서 매우 분명하게 드러날 것이다. 이 대목은 『차라투스트라는 이렇게 말했다』 이후 니체의 삶을, 그의 비극적 운명을 설명해 주기도 한다.

*　　*　　*

2부 중에서 '동정하는 자들'이라는 제목의 장을 보자.

정말로, 나는 고뇌하는 자들을 위해 이런저런 것을 했다. 그러나 나 자신을 더 잘 즐기는 법을 배웠을 때, 나는 언제나 더 훌륭한 무엇인가를 하는 것 같았다.

당연히 배워야지!

이 세상에 존재한 이후로, 인간은 자신을 좀처럼 즐기지 못했다. 형제들이여, 그것만이 우리의 원죄일 뿐이다!

정말 맞는 말이다. 인간이 자신을 즐기는 방법을 배울 수만 있다면! 그걸 배우는 것이 정말 큰 문제이다. 당신은 자신을 어떤 식으로 즐길 수 있는가? 당신은 그 방법을 아는가? 언젠가 어느 정신 감정 의사가 스위스 정신 감정 의사들에게 행복의 정의를 묻는 설문지를 돌린 적이 있다. 그 사람은 딱히 행복한 사람이 아니었으며, 그래서 심리학에 대해 많은 것을 알고 있을 것 같은 정신 감정 의사들로부터 행복의 비결이 무엇인지, 행복을 이루는 방법이 무엇인지를 배우고 싶어 했다. 당신이라면 이 설문에 어떤 식으로 대답할 것인가? 또 당신을 즐기는 방법을 어떻게 배울 것인가?

나라면, 먼저 즐길 수 있는 존재부터 되라, 그러면 자신을 즐기게 될 것이라고 대답할 것이다. 당신 자신이 즐길 수 있는 존재가 되지 않는다면, 당신은 결코 자신을 즐기지 못한다. 사람들은 자신이 무엇인가를 즐겨야만 한다고 생각하지만, 그 무엇인가에서 즐거움이나 고통이 저절로 나오는 것은 아니다. 그 무엇인가는 당신의 행복에 무관심하다. 당신이 그것을 어떤 식으로 받아들이는가 하는 문제만이 중요하다.

예를 들어, 매우 훌륭한 포도주가 있는데 당신이 포도주를 좋아하지 않는다면, 당신이 어떻게 그 포도주를 즐길 수 있겠는가? 당신이 먼저 포도주를 좋아할 줄 알아야 한다. 물음은 이것이다. 당신 자신을 어떻게 즐기도록 만들 것인가?

열등한 기능을 발달시킬 수 있어야 한다. 니체의 경우에도 대답은 아주 분명하다. 감정과 감각 없이 그가 어떻게 자신의 삶이나 세상 혹은 다른 사람들을 즐길 수 있겠는가? 어떤 것을 즐길 수 있기 위해선 꽤 세련된 감정이 필요하다. 감정이 당신에게 다가와야 한다. 그렇기 때문에 즐기는 능력은 그야말로 신의 은총이다.

당신이 순진하지 않다면, 당신의 열등한 기능이 원시인처럼 순박하지 않다면, 당신은 즐기지 못한다. 너무나 분명한 진리이다. 당신은 어린아이나 동물의 생생함도 가져야 한다. 그렇기 때문에 당신이 분화가 덜 된 기능들을 받아들일수록, 당신이 무엇인가를 즐길 능력은 그만큼 더 커진다. 아이의 생생함으로 즐기는 것이 최고의 기쁨이다.

이 기쁨은 대단히 단순한 그 무엇이다. 지나치게 세련된 사람이라면, 뭔가를 진정으로 즐기기가 어려워진다. 즐기지 못하는 것은 결코 고지식이 아니라 다른 사람에게 피해를 안기는 태도이다.

예를 들어 보자. 다른 사람이 당신이 쳐놓은 덫에 빠질 때, 당신은 그것을 즐긴다. 그러나 다른 사람은 당신의 즐거움을 위해 덫에 빠지는 대가를 치른다. 그런 것이 바로 내가 '불순한 쾌락'(sophisticated pleasure)이라고 부르는 것이다. 다른 사람이 당신이 파놓은 구덩이에 빠지는 것을 즐기는 것을 상상하면 이해가 쉽다.

그러나 진정한 즐거움은 다른 사람이 대가를 치르게 하면서 즐기는 것이 아니다. 진정한 즐거움은 자체적으로 즐거움을 발산한다. 진정한 즐거움은 기본적으로 소박하고 순박하다. 진정한 즐거움은 자연히 열등한 기능에서 나온다. 그런 기능들이 생명력을 담고 있기 때문이다.

한편, 상위의 기능들은 이미 지나치게 정제되어 있기 때문에 즐거움을 흉내만 낼 수 있을 뿐이다. 이런 즐거움은 다른 누군가의 대가로 이뤄지기 때문에, 다른 사람이 꼭 끼어들면서 그 대가를 치러야 한다.

> 그리고 우리가 자신을 즐기는 방법을 더 잘 배우게 되면, 다른 사람들에게 고통을 안기고 또 고통을 고안해 내는 방법을 더 쉽게 잊게 될 것이다.

우리가 자신을 거의 즐기지 않기 때문에 다른 사람에게 고문을 가하면서 특별한 쾌감을 느낀다는 말은 완벽한 진리이다. 예를 들어, 동물들이나 동료들에게 잔혹한 아이들은 언제나 집에서 부모에게 학대당하는 아이들이다. 그리고 이 부모들이 아이들을 학대하는 이유는 그들 자신이 부모들에게 고통을 당했기 때문이다. 이 부모들은 자기 부모가 죽은 뒤에도 나쁜 교육을 계속하면서 자신을 괴롭힐 것이다. 그들은 자기 부모가 없는 상황에서도 부모의 가르침을 계속 이어가는 것이 자신의 의무라고 생각하고, 자신에게 불쾌한 무엇인가를 가하는 것을 도덕성의 이상으로 여긴다. 그들이 야만적인 믿음을 갖고 있기 때문에, 부자연스런 잔인성이 그들의 아이들에게로 그대로 넘어간다. 그러면 아이는 동물이나 보모 또는 동료 아이들을 괴롭히게 된다.

인간은 언제나 자신이 물려받은 것을 물려주게 되어 있다. 그렇기 때문에 아이들의 행동은 그들의 부모가 아이들을 어떻게 대하는지를 들여다보게 하는 거울이다.

당연히 이 모든 것은 무의식적으로 이뤄진다. 그것이 전형적인 프로테스탄티즘이고, 물려받은 죄이다. 사람들은 이런 것들을 다음 세대에 그대로 물려주며, 그러면 다음 세대도 당연히 그 다음 세대에게 물려준다. 니체는 이 같은 사실에 대해 많은 것을 알고 있었으며, 그 지식은 완벽하다.

만일 사람들이 자기 자신을 즐기게 된다면, 잔인성을 다음 세대에게 많이 넘기지 않을 것이다. 그러면 사람들은 불쾌한 짓을 즐기거나 그런 것을 고안하는 일을 피할 것이다. 그런 경우에도 사람들이 스스로 매우 부도덕하다고 말할 수 있지만, 그렇다 하더라도 자신의 행동에 대해 반드시 책임을 질 것이다. 그들은 일종의 도덕적 열등감 같은 것을 느끼지만 그에 합당한 처벌을 받을 것이며 따라서 부정적인 면을 다음 세대에 넘기지 않을 것이다. 그러나 그들이 어떤 의무감을 느끼면서 그것을 도덕이라고 부른다면, 그들도 그것을 다음 세대로 넘겨야 한다고 생각하고 따라서 다음 세대도 똑같은 방식으로 처벌을 받을 것이다.

그리하여 나는 고통 받는 사람을 도왔던 손을 씻으며, 아울러 나의 영
혼도 씻는다.

고통이야말로 스스로 자초하는 불행이라는 가설을 전제로 한다면,
이 말은 완벽하게 맞는 말이다. 여기서 말하는 불행은 니체가 고통받
게 만든 바로 그 전제, 즉 특이한 프로테스탄트 심리에서 비롯된다.

내가 고뇌하는 사람이 고통스러워하는 모습을 보면서 부끄러워하도록
만든 것은 그의 수치심이었다. 그리고 나는 그를 도와주면서 그의 자존
심에 상처를 깊이 냈다.

니체의 도움으로 인해 자존심에 상처를 입는 사람이라면 틀림없이
정신 세계가 니체만큼 세련되어 있을 것이다. 그런데 사실은 그렇지
않은 것 같다. 바로 여기서 니체가 자신의 깊은 지식 때문에 복잡하게
생각하면서 영웅의 역할을 맡으려 하고 있기 때문이다.

정말 비참한 상황에 처한 사람이 영웅적인 인물과 자신을 동일시하
려고 노력하고 있다면, 그 사람은 자연히 매우 예민해지고 영웅을 다
루는 일에도 매우 민감해질 것이다. 그의 불행이 영웅과 모순되기 때
문이다. 그는 자신의 열등이 뚜렷이 드러나고 있음에도 불구하고 다른
사람들이 자신을 위대한 영웅으로 봐 주길 원한다. 그러면 우리는 그
가 불행을 숨길 수 있도록 도와줘야 하지만, 그것은 거짓말이다. 이젠
당신의 손이 지저분해졌고, 당신은 그 손을 씻어야 한다. 당신이 그런
상황에서 수치심을 느끼는 것은 지극히 당연하다. 그러나 만일 당신이
진정한 고통을 다루고 있다면, 그것은 다른 문제이다. 진정한 고통을

건드린 다음에 당신의 손을 씻어야겠다는 느낌을 받는 경우는 오직 당신이 인정하고 싶지 않은 불행에 빠져 있을 때뿐이다.

큰 은혜는 감사의 마음이 아니라 복수심을 일으키며, 잊히지 않은 작은 친절은 당신을 물어뜯는 한 마리 벌레가 된다.

4강

1937년

『차라투스트라는 이렇게 말했다』는 심리학적 분석 대상으로 아주 흥미로운 작품이지만 다소 길고 다루기가 매우 어렵다. 물론 어렵다는 사실이 이 책을 다루길 꺼리게 하는 이유는 될 수 없다. 어려운 것이 단순하고 쉬운 것보다 언제나 더 흥미롭다.

『차라투스트라는 이렇게 말했다』는 니체의 작품 중에서 가장 중요한 작품이다. 니체는 이 작품에서 자기 자신과 자신의 특이한 문제들을 진정으로 표현하고 있다. 그가 창작열을 가장 뜨겁게 불태운 때가 19세기 후반인 1880년대였으며, 그는 자기 시대의 자식이면서 여러모로 다가올 시대의 선구자였다.

인구의 단층을 보면 역사적인 측면이 보인다. 인구 중엔 아직 살아서는 안 되는 삶을 살고 있는 사람들이 일부 있다. 그들은 앞으로 다가올 시대의 삶을 살면서 미래를 예고하고 있다.

또 우리 시대에 속하는 사람들이 있다. 그러나 많은 사람들은 우리

시대에 속하지 않고 우리의 부모와 할아버지 시대를 사는 사람들이다. 그 외에 중세에 속하는 사람도 많고, 심지어 혈거인 시대에 속하는 사람들도 있다. 길거리나 기차 안에서 그런 사람을 만날 수 있으며, 이따금 더 이상 살지 말아야 할 혈거인도 보인다.

시대의 일부 문제들이 어떤 사람들에게는 전혀 아무런 문제가 되지 않는데도 다른 많은 사람들에게 의식적인 문제가 되는 것은 바로 이같은 사실 때문이다. 그렇듯 니체는 자신의 시대를 살면서도 미래를 사는 인간이었다. 그의 특이한 심리는 제1차 세계 대전의 대재앙을 겪은 뒤인 오늘날을 살았을 법한 사람의 심리였다. 따라서 그의 심리를 파고드는 것은 우리에게 매우 특별한 관심거리이다. 그의 심리가 여러모로 우리 시대의 심리이기 때문이다.

『차라투스트라는 이렇게 말했다』는 단순한 제목 그 이상의 역할을 한다. 차라투스트라라는 인물은 어떤 면에서 보면 니체 본인이다. 말하자면, 차라투스트라가 처음 그에게 나타났을 때에 니체가 "하나가 둘이 되고"라면서 그 인물과 자신을 뚜렷이 구분한다는 점을 강조하고 있음에도 불구하고, 니체가 자신과 차라투스트라를 상당히 동일시하고 있는 것이다. 그래도 그 같은 동일시가 그에게 문제가 되지 않았다. 그가 전반적으로 취한 철학적 태도가 대단히 미학적이었기 때문이다.

그는 차라투스트라를 다소 형이상학적인 인물로 받아들이면서 그 인물과 동일시했다. 그런데 지금 이 동일시가 중요한 사건이 되고 있다. 말하자면, 니체와 니체가 동일시하고 있는 대상 사이에 차이가 엄청나게 두드러지고 있는 것이다. 니체는 차라투스트라와 자신을 동일시하고 있다는 사실을 명확하게 느끼지 못하고 있었다. 그는 "신은 죽

었다"라는 선언이 자신이 제대로 파악하지 못한 무엇인가를 의미한다
는 사실을 깨닫지 못했다. 그에게 있어서 신의 존재는 하나의 의견이
거나 일종의 지적 확신이었으며, 그래서 신은 존재하지 않는다고 말만
하면 신은 존재하지 않는 것으로 여겨졌다. 그러나 실제로 보면 신은
의견이 아니다. 신은 사람들에게 일어나는 하나의 심리적 사실이다.

신이라는 개념은 '누미노줌'(numinosum)의 경험에서 비롯되었다.
누미노줌은 사람이 압도되는 느낌을 받는 순간에 하는 정신적 경험을
말한다. 독일의 신학자이며 철학자인 루돌프 오토(Rudolf Otto)가 『종
교의 심리학』(Psychology of Religion)에서 그런 순간을 '누니노줌'이
라고 불렀다. 힌트나 신호를 뜻하는 라틴어 '누멘'(numen)에서 따온
표현이다.

고대인은 신에게 직접 기도를 올릴 때면 신이 기도 소리를 잘 듣도
록 신상 옆에 놓인 돌 위에 올라서서 신상의 귀에 대고 기도를 큰 소리
로 외쳤다. 그런 다음엔 신이 머리를 끄덕이거나 눈을 깜빡이거나 어
떤 식으로든 대답을 할 때까지 신상을 응시했다. 바로 이런 경험에서
신의 개념이 비롯되었다고 볼 수 있다.

이 경험은 신상이 움직임을 보일 때까지 신상에 정신을 집중하면서
상상력을 발휘하는 과정을 압축적으로 표현한 것이다. 신상이 움직이
면서 동의나 거절 혹은 다른 암시를 제시하는 것이 바로 '누미노줌'이
다. 이것은 분명히 하나의 심리적 사실이다. 니체는 훌륭한 심리학자
라 불릴 만한데도 이 부분에 대해 잘 몰랐기 때문에 신을 순수한 지적
개념으로 다뤘으며 또 신은 죽었다고 말만 하면 신은 존재하지 않게
된다는 식으로 생각했다. 그래도 그런 심리적 사실은 니체에게 그대로
남아 있으며, 그러면 문제는 그 심리적 사실이 언제 어떤 형태로 나타

나는가 하는 점이다.

니체의 경우에 그런 심리적 사실이 니체 본인의 분열로 나타났다. 즉, 차라투스트라가 그의 내면에 등장했을 때, 니체는 그 형상이 하나가 아니고 둘이라는 것을 분명히 느꼈고 그도 그렇게 말했다. 그럼에도 그의 내면에 그 자신 외에 다른 것이 하나도 없었기 때문에, 그는 당연히 차라투스트라가 자신이라고 말해야 했다. 그는 차라투스트라와 동일했다. 그래서 니체는 누미노줌의 상태와 동일했다. 그는 누미노줌이 되어야 했다. 그것은 그가 자아 팽창을 겪고, 공기로 가득 찼으며, 대단한 존재로 느꼈다는 뜻이다. 곧 니체가 자신을 채우고 있는 공기에 대해 이야기하면서 이 같은 사실을 털어놓는 장이 나타날 것이다.

어떤 명확한 이미지가 무(無)로 환원될 때, 그것은 마치 "정신"이라 불리는 '프네우마'가 공기에 지나지 않는 원초적인 형태로 환원되는 것과 똑같다. 누미노줌을 경험하면서 어떤 이미지를 떠올리게 될 때, 바로 그것이 정신의 경험이다. 그러나 어떤 이미지를 환원시키면서 그 존재를 부정할 때엔, 단지 당신의 내면이 공기로 가득차게 될 뿐이다. 그러면 그것 때문에 당신이 신경증에 걸릴 수 있고, 그때 당신은 숨이 막히는 온갖 징후를 겪게 될 것이다. 아니면 배가 그야말로 바람으로 가득찰 수도 있다.

정신은 또한 영감과 열정의 원천이다. 이유는 정신이 샘솟듯 올라오는 것이기 때문이다. 독일어 단어 'Geist'는 화산 분출이나 간헐천을 의미한다. 정신의 그런 측면은 알코올이 'spirit'로 불리는 이유이기도 하다. 알코올은 정신의 압축된 형태이다. 따라서 정신이 부족한 많은 사람들이 술을 마신다. 그런 사람들은 자신을 알코올로 채운다. 나는 그런 예를 많이 보았다. 여자들도 그러긴 하지만, 알코올로 자신을 채우는 행태는 남자들 사이에서 자주 보인다.

니체의 책은 이런 상태와 그에 따른 특별한 문제들에 대한 고백이다. 이 책은 사람의 내면에서 어떤 사건들이 벌어지고 있는지, 다른 사람이나 가치에 대해선 어떻게 느끼는지, 내면의 사건들이 어떤 식으로 왜곡되는지 등에 대해 길게 이야기한다.

예를 들면, 니체는 온갖 가치들의 파괴와 변화에 대해 말한다. 당신이 신이나 예전에 한 번도 되어 보지 못한 그런 존재가 될 때, 당연히 가치들이 모두 달라지게 되어 있다. 당신이 지나치게 커지면, 다른 모든 것들은 작아질 것이다. 그것은 마치 당신이 마천루만큼 큰 경우나 마찬가지이다. 그렇게 되면 당신과 나머지 세상의 관계가 대단히 꼴사나워 보일 것이다. 어쩌면 당신은 자신의 집에도 들어가지 못하게 되고, 그래서 어떤 것도 제대로 돌아가지 않게 될 것이다. 이런 식으로 이 책에서는 기존의 가치들에 대한 논의가 주로 이뤄지고 있다.

'덕이 높은 사람들'이라는 장을 보자. 여기서 던지는 물음은 이것이다. 신은 덕이 높은 사람들을 어떻게 보는가? 덕이 높은 사람들은 신의 눈에 어떻게 비치는가? 물론, 이 시도는 그다지 순수하지 않다. 차라투스트라의 뒤에 니체가 숨어 있고, 또 니체가 자아 팽창을 겪음에 따라 신이 다소 거북한 위치에 서게 되었기 때문이다.

신이 니체와 자신이 동일시되고 있다는 것을 알게 된다면, 자연히 공간은 비좁고 답답해지며 따라서 신의 판단도 편협해질 것이다. 그런 경우에 우리는 니체의 전기와 그의 시대의 제한적인 요소들을 참고해야 한다. 니체도 틀림없이 시대의 자식이기 때문이다. 그러나 그의 텍스트의 대부분에서 니체가 아니라 신이 말을 하고 있다는 사실을 기억해야 한다. 그 신은 분명히 독단적인 신이 아니고 하나의 심리적 사실로서의 신이다.

아시다시피, 하나의 심리적 사실로서의 신은 교회나 교리가 만들어 낸 그런 신이 절대로 아니다. 예를 들어, 프로테스탄트 신자이나 신학자라면 신은 선하기만 하다는 점을 설득시키려 들 것이다. 그러면 그런 이야기를 듣는 사람은 왜 그런 식으로 말하느냐고 물을 수 있어야 한다.

신을 상징하는 심리적 요소가 정말로 선하기만 해서 그렇게 말할 수도 있겠지만 신이 선하지 않을 수도 있다는 두려움 때문에 그렇게 말할 수도 있다. 프로테스탄트 신자나 신학자가 자신을 보호하거나 신을 달래기 위해 일종의 액막이 같은 것으로 그렇게 말할 수도 있는 것이다. 화를 내려는 사람에게 잘 참는 사람이라는 믿음을 갖도록 하기 위해 "참아라. 평소에 잘 참잖아."라고 말하듯이, 사람들이 신에게 선할 것을 간청할 수도 있는 일이다.

그건 결코 불경스런 일이 아니다. 가톨릭 교회도 인정하는 부분이다. 아니면 신이 항상 선한 존재는 아니라는 점을 인정한 독일의 종교개혁가 마르틴 루터(Martin Luther)도 있다. 현대의 신학자들과 달리, 루터는 세상에서 일어나는 모든 사악한 일과 무서운 일들을 책임지는 '숨어 계신 하나님'(Deus absconditus)을 인정했다.

우리는 선한 신이 온갖 터무니없는 일을 일으킨다는 것을 쉽게 상상하지 못한다. 사람을 선한 그릇으로 만드는 것은 분명히 전능한 신의 권력 안에 있지만, 신은 인간을 매우 불완전한 그릇으로 만들기를 더 좋아한다. 신은 세상에 인간의 능력 밖에 있는 온갖 종류의 특이한 죄들을 일으키기를 좋아하고 사람의 일을 완전히 부조리하게 만들기를 좋아한다. 그래도 우리 인간이 그 모든 것을 신이 인간을 위해서 한 일이라고 단정할 수 없기 때문에, 나쁜 일만은 악마의 짓으로 여기게 되었다.

신은 전능하지만, 악마의 존재만은 예외이다. 어릴 때 나는 아버지에게 신이 전능한데 왜 악마가 존재하는가 하는 질문을 던지곤 했다. 이 질문에 아버지께서는 신이 사람들을 시험하기 위해 악마를 어느 정도 허용한다고 대답했다. 그러면 나는 "하지만 예를 들어서 그릇을 만드는 사람이 자신이 만든 그릇이 훌륭한지 여부를 직접 검사하기를 원한다면, 악마도 필요 없지 않은가요?"라고 되물었다.

지금도 '주기도문'을 보면 "시험에 들게 하지 마옵시고"라는 대목이 있다. 나의 딸 하나는 선한 신이 사람들을 시험에 들게 할 수 없다고 말했는데, 나도 딸의 말을 고쳐주고 싶지 않았다. 그렇듯, 신이 니체의 내면에서 말을 할 때, 그 내용은 매우 충격적일 수 있다. 이것이 『차라투스트라는 이렇게 말했다』에 충격적인 것들이 많이 나오는 이유를 설명해줄 것이다. 다시 '덕이 높은 사람들' 중 한 구절을 보자.

우리는 게으르게 빈둥거리며 졸고 있는 감각에게 천둥과 하늘의 불꽃으로 말해야 한다.

신이 말을 하고 있다는 것을 기억한다면, 이것은 천둥과 번개로 말을 하고 세상에 혼란을 많이 일으킨 여호와의 심리와 아주 비슷하다.

그러나 아름다움의 목소리는 나직이 말을 한다. 아름다움은 오직 온전히 깨어 있는 영혼에만 호소한다.

나의 방패는 오늘 나를 향해 부드럽게 떨면서 웃음을 지었다. 그것은 아름다움의 성스러운 웃음과 전율이었다.

덕이 높은 자들이여, 오늘 나의 아름다움이 그대들을 비웃고 있다. 그
목소리는 나에게 이렇게 말했다. "그대들은 아직도 대가를 바라는구나!"

차라투스트라는 미덕에 보상이 따르기 때문에 대부분의 사람들이
덕을 갖추기를 선호하고 따라서 사람들의 미덕이 칭찬할 만한 것이 못
된다는 점을 매우 분명하게 암시하고 있다. 미덕이 어떤 목적에 이바
지하고, "덕이 높다"는 소리를 듣고, 따라서 보상을 받을 것이란 기대
에서 선하게 처신하는 사람들이 많다는 뜻이다.

덕이 높은 자들이여! 그대들은 대가를 바라는구나! 그대들은 미덕에
대해 보상을 바라고 있다. 그대들은 이 땅의 삶에 대한 대가로 천국을 바
라고 오늘 대신에 영원을 바라는가?

그리고 그대들은 내가 대가를 지급하는 존재도 없고 보수를 지급하는
존재도 없다고 가르친다는 이유로 나를 비난하는가? 그리고 정말로, 나
는 미덕이 그 자체로 보답이라고도 가르치지 않는다.

아! 이것이 슬픈 일이로구나. 사물들의 밑바닥까지 보상과 처벌이 스
며들었으니. 덕이 높은 그대들이여! 지금은 그대들의 영혼의 밑바닥까
지 보상과 처벌이 스며들었다.

여기서 니체가 전하고자 하는 사상은 신이 존재하지 않으면 보상을
지급하는 존재도 없고, 당연히 우리의 삶이 끝날 때 우리의 미덕에 대
해 대가를 지급할 존재도 없다는 것이다. 미덕의 적절성을, 미덕 자체
의 가치를 강조하는 이 사상은 니체를 상당히 만족시키고 있다. 그래

서 그는 미덕의 가치에 조금 몰입하고 있다. 이것이 그 다음 문장의 특이한 스타일을 설명해준다.

> 그러나 멧돼지의 주둥이처럼, 나의 말은 그대들의 영혼의 바닥을 파헤칠 것이다. 나는 그대들에게 쟁기라 불리기를 바란다.

아시다시피, 미덕은 언제나 힘든 것이다. 미덕이란 것이 있을 필요가 없었다면 미덕이 존재하지 않았을 것이기 때문이다. 그러기에 당연히 미덕보다 질이 떨어지는 것이 있을 것이라고 예상해야 한다. 예를 들어, 모든 사람이 진리나 정직, 솔직함 등을 지나치게 많이 요구할 경우에, 그 뒤에 뭔가 숨어 있다고 보면 틀림없다. 사람들이 솔직함을 강조하는 것은 세상에 거짓말을 하고 숨기는 경향이 있기 때문이다. 변명하는 사람은 스스로를 고발하는 것이나 마찬가지이다. 미덕의 특징도 그렇지 않은지 걱정된다.

미덕들이 닫힌 문처럼 느껴질 때, 당신은 당연히 그 문 뒤에 무엇이 숨겨져 있는지 알고 싶어진다. 물론, 당신이 발견하는 것들이 언제나 꽤 무해한 것은 아니다. 그리고 당신은 숨겨진 것을 찾아 흙을 파낼 때 돼지와 아주 비슷해진다. 그래서 멧돼지가 등장하고, 온갖 종류의 엉터리 비유들이 니체에게 떠오른다. 사악한 냄새를 풍기는 비밀을 파내기 위해선 멧돼지의 코가 필요하다는 듯이. 이런 종류의 관심이 니체를 거의 정신분석가로 만들고 있다.

> 그대들의 가슴에 있는 모든 비밀들은 백일하에 드러날 것이고, 그대들이 파헤쳐지고 부서지며 태양 아래 드러누워 있을 때, 그대들의 거짓도

진리로부터 분리될 것이다.

그대들의 진실은 이렇다. 그대들은 복수나 처벌, 응징, 보복 같은 지저분한 말을 입에 올리기에는 너무 순결하다.

그대들은 마치 어머니가 자기 아이를 사랑하듯이 그대들의 미덕을 사랑한다. 하지만 어머니가 자신의 사랑에 대해 대가를 받기를 원한다는 소리를 들은 적이 있는가?

여기서 다시 "너무나 인간적인" 것이 요술을 부린다. 나는 자식을 사랑하는 데 대해 대가를 원하는 어머니에 관한 이야기를 자주 들었다. 니체가 그런 말을 듣지 않은 것은 그가 직관과 지성이 매우 발달한 반면에 감정이 비교적 덜 발달한 사람이기 때문이다.

니체는 자신의 감정을 진정으로 갖지 않은 사람이었다. 그런 남자들은 언제나 자기 어머니의 감정을 갖고 있으며, 그들은 어머니의 감정을 지켜나간다. 니체의 전기를 보면 이 같은 사실을 뒷받침하는 증거가 아주 많다. 어머니의 감정이 면밀한 분석의 대상이 된 적은 한 번도 없었다. 자기 어머니의 감정을 가진 남자는 어머니의 감정을 믿고 또 자신의 어머니 감정이 순수하고 막강하고 경이로우며 당연히 대가를 바라지 않는다고 믿는다. 그러나 아주 분명하게 대가를 바라는 어머니의 사랑도 있다는 점을 고려한다면, 남자의 내면에 있는 어머니의 감정도 보상을 기대하고 있을 것임에 틀림없다.

그대들의 미덕은 그대들의 가장 소중한 자기이다. 그대들의 내면에는 고리에 대한 갈망이 들어 있다. 모든 고리는 다시 자신에게 닿기 위해 몸부림치며 스스로 돌고 있다.

이 고리는 영원히 회전하는 고리이다. 그것은 니체가 생각하는 불멸의 개념이다. 니체에겐 우주 안에서 일어나는 가능성의 숫자가 제한되어 있었다. 이 같은 내용은 이 책에 없다. 영겁 회귀라는 니체의 사상은 아우구스트 호르네퍼(August Horneffer)가 니체 사후에 니체의 원고를 묶어 펴낸 책에 담겨 있다. 그 책에서 니체는 우주 안에서 일어나는 가능성의 숫자는 제한적이라는 사상을 다루었다. 시간의 무한한 공간 안에서 똑같은 것이 돌아오고 모든 것이 예전의 것으로 다시 돌아간다는 사상이다. 니체는 이 사상에 특히 강한 열정을 보였다.

나는 이 사상의 깊은 뜻을 잘 이해하지 못하겠으나 그건 별로 중요하지 않다. 그것은 고리, 고리 중의 고리, 영겁 회귀의 고리의 상징과 관계있다. 지금 이 고리는 전체성의 상징이고 당연히 개성화의 상징이다. 고리는 자기의 절대적 완전성을 의미한다. 니체가 의미하는 바는 당신이 더없이 뜨겁게, 더없이 치열하게 사랑한다는 사실 자체가 바로 미덕이라는 것이다.

니체가 바로 이것을 뜻한다는 사실은 그 다음 문장에서 확인된다. 고리에 대한 갈망이 당신의 내면에 있다는 부분이다. 갈망은 역동적인 요소이며 또 가치 혹은 미덕이다. 고리와 함께 전체성이라는 개념이 등장하는데, 이 전체성은 항상 존속과 불멸, 영겁 회귀 사상과 연결된다. 이는, 종교적 경험으로 언제나 신을 경험하는 것으로 표현되는 전체성이라는 심리적 경험이 불멸성과 영원성의 특성을 지닌다는 사실에 의해 뒷받침되고 있다. 또한 전 세계의 문헌에서도 이를 뒷받침하는 증거가 발견된다. 그러기에 이 문장은 니체가 미덕이라는 역동적인 개념을 확대하고 있다는 점을 보여줌과 동시에 당신 안에서 가장 막강하고, 가장 치열하고, 가장 효과적인 것이 곧 미덕이라는 점을 강조하

298

고 있다.

그것이 바로 고리에 대한 갈망이다. 다시 말해, 가장 소중한 미덕은 고리에 대한 기대와 욕망, 갈증이라는 뜻이다. 이것이 미덕이며, 이 미덕으로부터 자기까지는 자연히 한 걸음 거리밖에 되지 않는다. 그래서 니체는 다음 문장에서 "모든 고리는 다시 자신에게 닿기 위해 몸부림치며 스스로 돌고 있다."고 말한다. 바꿔 말하면, 미덕인 역동적 치열성이 원 운동으로, 고리의 회전으로 표현되고 있다는 뜻이다.

지금 고리의 원 운동은 자연히 중심을 돌고 있으며, 이것이 그 유명한 순환이다. 중심을 향하는 것이 곧 미덕이라는 것이 니체의 사상이다. 이 욕망은 일시적이지 않고 영원하다. 그것은 불멸이다. 그래서 바로 여기서 개성화의 전체 상징이 압축적으로 확인되고 있다. 이 사상을 확장하면서, 니체는 이렇게 말한다.

그대들의 덕이 하는 모든 일은 멀리 나아가는 별과 같다. 별의 빛은 언제나 여행 중이다. 별은 언제 여행을 멈출 것인가?

이 문장도 다소 어렵다. 전하고자 하는 사상은 미덕은 고리이고 영원한 파워이고 우주적이라는 것이다. 미덕은 하나의 위대한 원(圓)인 일종의 은하수이거나 태양 주위를 도는 행성의 회전이다. 그래서 니체는 별을 떠올리고 있다. 고리는 별이고, 따라서 미덕의 모든 행동은 별처럼 반짝인다. 아니면 고리는 미덕의 행위가 더 이상 미덕이 아니어서 꺼져가고 있는 별과 비슷할 수 있다. 그러나 니체는 그렇지 않다고 말한다. 이유는 영속성의 감정이 있기 때문이라고 한다. 미덕은 결코 꺼질 수 없는 힘이라는 것이다. 그래서 미덕은 하나의 별과 같다. 별

자체가 꺼진다 하더라도 그 빛은 공간의 무한성 때문에 영원히 여행을 하게 될 것이기 때문이다. 사람이 별을 볼 수 있을 것인지 여부는 그 사람에게 달려 있다. 그가 별과 가까운 곳에 있다면, 그 별은 그에게 보이지 않을 것이다. 그러나 별로부터 무한히 멀리 떨어져 있다면, 별은 영원히 빛을 발할 것이다.

우주 안에는 이미 꺼졌는데도 우리 눈에 보이는 별들이 많다. 별이 꺼지고 나서 시간이 아주 조금밖에 흐르지 않았기 때문이다. 그 빛이 우리에게 닿기까지 아마 100만 년은 걸릴 것이다. 그렇기 때문에 어떤 별이 1만 년 전에 꺼졌다면, 100만 년도 더 지나야만 우리가 그 별이 더 이상 존재하지 않는다는 사실을 알게 될 것이다. 니체는 여기서 고대나 마찬가지로 지금도 영원을 상징하는 행성이나 은하수의 비유를 꽤 자연스럽게 이용하고 있다.

> 그대들의 미덕이 일을 다 끝냈을 때조차도, 미덕이 일으킨 빛은 아직 제 길을 가고 있다. 그대들의 미덕이 잊히고 죽는다 하더라도, 그 빛은 여전히 살아서 여행한다.
> 덕이 높은 자들이여! 그대들의 미덕은 살갗이나 외투 같은 껍데기가 아니라 그대들의 자기라는 것, 그것이 바로 그대들의 영혼의 바탕에서 나오는 진리이다.

이것은 아주 중요한 두 가지 사상 중 하나이다. 이 장('덕이 높은 사람들')에선 가장 중요한 사상이다. 니체가 "살갗이나 외투 같은 껍데기가 아니다"라고 말할 때, 그 말은 당신의 미덕이 미덕인 것은 그것이 당신의 자기일 때뿐이라는 뜻이다. 여기서 자기는 하나의 역동적인 실체로, 또 하나의 역동적인 존재로 이해된다.

니체의 글만을 바탕으로 이해하려 들면, 이 대목도 어렵게 느껴진다. 니체는 자기를 더 깊이 파고들지 않는다. 넌지시 암시하는 것으로 끝내는 것은 그의 직관적인 스타일 때문이다. 그런 예가 자주 보인다. "그것은 당신이 가장 아끼는 것"이라고 말할 때, 이 표현은 "그것은 당신이 가장 아끼는 자기이다"라는 뜻이다. 니체는 아직 자기의 진정한 의미를 완전히 깨닫지 못하고 있는 것 같다. 이는 니체가 의식적인 마음에서 말을 하고 있지 않다는 사실에서 비롯된다. 차라투스트라가 글을 쓰고 있는 니체의 손을 지배하고 있는 것이다. 차라투스트라는 니체를 관통하고 있는 강과 같고, 니체는 단지 차라투스트라가 말을 하는 수단에 지나지 않는다.

가끔 이 수단이 훌륭하지 않다. 지나치게 편협하고, 갑갑하고, 그다지 순수하지 않은 것이다. 그렇다 보니 차라투스트라의 표현도 또한 갑갑하거나 오염되거나 심지어 거짓되기도 하다.

그러다 가끔 도구가 완벽하게 작동할 때, 절대적인 진리가 제시된다. 그러나 니체의 의식적인 자아는 오직 직관적으로만 거기에 참여하고 있다. 니체는 자신의 미덕이 곧 자신의 자기라는 것만을 포착하고 그것을 글로 적을 수 있지만, 그에겐 그 말의 뜻을 완전히 깨닫고 있을 시간이 없다. 그래서 그는 계속 앞으로 나아간다.

『차라투스트라는 이렇게 말했다』를 읽다 보면, 아주 중요한 사상들이 그저 암시만 되는 상태로 그냥 내버려진다는 느낌을 자주 받는다. 그가 진정한 철학자였다면, 그는 그 사상에 천착했을 것이다. 그랬더라면 그는 "그대들의 미덕은 그대들의 자기이다"라는 문장 주변을 영원히 맴돌았을 것이다.

여기서 말하는 자기는 무엇을 의미할까? 하나의 세계를 의미한다. 자기의 의미를 진정으로 이해하는 사람이 있을까? 그리고 자기는 현실적으로 무엇을 의미할까? 그 의미를 완벽하게 깨닫자면, 아마 몇 년 아니 평생을 요구할 수도 있는 그런 문장이다.

그러나 한 가지 사실만은 아주 확실하다. 자기가 껍데기이거나 색다른 것이 아니라는 점이다. 또 자기는 가르쳐지거나, 모방하거나, 복종하거나, 따르거나, 제안되어야 하는 그런 것이 아니라는 점이다. 자기는 당신이 껍데기나 망토처럼 걸치는 어떤 태도나 행동 방식은 아니다. 자기는 오직 당신의 자기일 뿐이다. 그 문장은 곧 '당신 자신이 되어라. 그러면 당신은 미덕이 될 것'이라는 뜻이다.

잘 알다시피, 그런 문장을 완벽하게 설명하기 위해선 인간 사상의 역사에 대한 지식이 엄청나게 많이 필요하다. 자기는 무엇인가? 상식적으로 보면 자기는 나 자신이다. 그러면 나 자신은 무엇인가? 자아이다. 이런 식의 접근이라면, 당신은 완전히 틀렸다. 그것이 많은 사람들이 니체를 놓고 개인주의자라거나 이기주의자라고 부르는 이유이다.

그러나 그가 둘이라는 것은, 니체이고 동시에 차라투스트라라는 것은 너무나 분명하다. 니체는 "나", 즉 그의 자아이고, 자기는 아마 차라투스트라일 것이다. 앞에서 우리는 차라투스트라가 자기를 대신하거나 상징하는 대목을 자주 보았다. 차라투스트라는 늙은 현자의 원형적인 이미지이기 때문에, 이 형상이 하나의 심리적 경험으로 나타나는 모든 예들에서처럼, 당연히 자기를 포함한다.

아니마는 자아와 다른 무엇이다. 아니마와 자신을 동일시하는 사람은 어려움을 겪고, 신경증 증세를 보이고, 감정으로 넘쳐나고, 책임지지 않고, 신뢰하기 어려운 존재가 된다. 그러면 그 사람은 세상의 잘못된 것을 모두 갖추고 있는 것처럼 보인다. 그러기에 만일 당신이 "나는 나의 자기이다"라고 말한다면, 당신은 신경증 환자일 것이다. 니체가 차라투스트라와 동일시하면서 실제로 그랬듯이. 니체는 이런 식으로 말하는 것이 바람직했을 것이다. "나는 자기가 아니다. 나는 차라투스트라가 아니다."

자기에 대한 심리학적 정의는 전체성이고, 또 둘레에 무의식이라는 무한한 영역을 두르고 있는 자아이다. 이 무의식이 있어서 자기가 전체성을 이룰 수 있다. 무의식이 어느 정도 멀리까지 닿는지, 우리는 모른다. 어쨌든 의식의 중심인 자아는 큰 원 혹은 무한한 범위 안에 들어 있는 작은 원이다. 우리는 다만 중심이 있는 곳을 알 수 있을 뿐 원주가 어디에 있는지는 모른다.

정말 신기하게도, 이것은 대체로 성 아우구스티누스(St. Augustine)가 제시한 것으로 여겨지는 오래된 원칙 그대로이다. 신은 원이고, 원의 중심은 어디에나 있지만 원주는 어디에도 없다는 사상과 똑같은 것이다. 그러나 나는 최근 연금술 관련 문서에서 이 말이 어떤 신비주의 신탁에서 비롯되었다는 내용을 읽었다. 그러나 이 전통이 정확히 어디에서 시작되었는지에 대해선 잘 모른다.

그럼에도 일반적으로 연금술사들은 기독교 교부들의 말을 빌릴 때면 인용을 매우 정확히 했으며 또 교부들을 매우 자주 이용했다. 그러기에 연금술사들이 성 아우구스티누스가 그 비유의 창작자라고 확신했다면 그 점을 분명히 밝혔을 것이다. 연금술사들의 경우에 교회의 아버지들의 말을 인용하는 것을 즐겼기 때문이다. 중세에 교회의 아버지들을 인용하는 것은 언제나 권장 사항이었다. 그것이 곧 연금술사들이 교회에 받아들여지고 있거나 서로 잘 지내고 있다는 뜻으로 통했기 때문이다.

당연히 연금술사들은 교회와의 관계에서 언제나 약간의 열등감을 느꼈으며, 그래서 교부의 저술에 쓰인 언어에 대한 이야기를 많이 하고 또 자신의 진술의 권위를 높이기 위해 교부들의 비유를 많이 이용했다. 그렇기 때문에 연금술사들이 그 표현의 기원이 연금술에 있다고 명확하게 언급하면서 내가 한 번도 들어 보지 못한 소위 신비주의 신탁에 대해 말했다면, 그 표현 안에 무엇인가가 들어 있을 것임에 틀림없다. 그러나 내가 아는 한도 안에선 연금술 관련 문서에 그 표현과 일치하는 이미지 같은 것은 보이지 않았다.

그래도 나는 성 아우구스티누스가 연금술 전통으로 알려진 것에서 차용했을 것이라는 식으로 말하지 않을 것이지만, 문서가 소실된 탓에 증거를 찾는 것이 불가능한 연금술 관련 인용도 많다. 그러므로 그 표현이 믿을 만한 것일 가능성이 크다. 동시에 새로운 창작일 가능성 또한 있다. 왜냐하면 원이란 것은 직접적인 전통 없이도 어느 곳에서나 일어날 수 있는 원형적인 이미지이기 때문이다.

예를 들어, 랄프 왈도 에머슨(Ralph Waldo Emerson)의 에세이에서도 '원'이라는 장에서 원의 이미지가 매우 아름답게 그려지고 있는 것이 확인된다. 물론 에머슨은 성 아우구스티누스를 잘 알고 인용하고 있지만, 에머슨이 원을 이용하는 방법은 성 아우구스티누스와 아주 달랐다. 에머슨의 예가 원이 하나의 살아 있는 원형적 사실이라는 점을 보여준다.

이제 니체가 의미하는 바는 미덕이란 것은 가르쳐지거나 주어지거나 습득될 수 있는 것이 절대로 아니라는 것이 분명하다. 미덕은 당신 자체이고 당신의 힘이라는 것이다. 그리고 당신의 힘은 당연히 비유이다. 미덕이 조건적으로만 당신의 힘이기 때문이다.

당신의 힘은 당신이 속하고 있는 힘이고 또 당신을 포함하고 있는 힘이다. 이것은 신은 죽었다고 선언한 마음이 제시한 당혹스런 공식이다. 그 전 시대의 모든 마음은 사람들이 신 안에 포함되고 인간의 미덕은 다른 것이 아니라 바로 신의 힘이라고 말했을 것이기 때문이다. 그러나 지금 신은 죽고 더 이상 존재하지 않기 때문에, 당신은 서투른 공식을 만들어내야 하고, 이것은 내가 속한 어떤 힘이고 이 힘은 심리학적으로 표현되고 있다는 식으로 말해야 한다. 그러면 자연히 당신은 악마의 부엌 안에 들어가 있게 될 것이다. 당신의 내면에 나타나는 힘이 매우 나쁜 감정이거나 매우 나쁜 욕망이어서 세상 사람들이 당신을 보고 "어쩜 저렇게 비도덕적일 수 있어? 구역질나게!"라는 식으로 말을 할 것이기 때문이다.

선한 기독교인이라면 당신을 보고 당신의 배(腹)가 틀림없는 당신의 신이라고 말할 것이다. 당신의 감정이 먹고 마시는 일에 쏠릴 것이기 때문이다. 어떤 사람들의 내면에서는 가장 강력한 것이 평판이나 체면에 대한 두려움일 것이다. 이런 사람들에겐 체면이 최고의 힘이고, 최고의 미덕이고, 신이 될 것이다. 혹은 그들은 어리석기 짝이 없는 확신 같은 것을 갖고 있을 수 있다. 아니면 마약 중독자의 경우엔 마약에 대한 욕망이 그의 삶에서 가장 강력한 힘이다. 그 정의에 따르면, 마약에 대한 욕망이 그의 미덕이고, 압도되지 않는 힘이다.

잘 알다시피, 이 모든 것은 신의 정의(定義)와 일치한다. 반드시 선할 필요가 없는 그런 심리적 사실로서, 신은 또한 파괴적일 수 있다. 그러나 그 점을 인정하면, 우리는 모든 시대의 모든 종교와 조화를 이룰 수 있다. 유일한 예외는 최근의 프로테스탄티즘뿐이다.

『차라투스트라는 이렇게 말했다』는 온갖 것을 다 다루고 있다. 마치 사건들이 연속적으로 전개되는 하나의 꿈과 비슷하다. 이 작품은 부활과 자기파괴, 신의 죽음, 신의 탄생, 한 시대의 끝과 새로운 시대의 시작을 표현하고 있다.

한 시대가 끝나면, 새 시대가 시작된다. 끝은 시작이다. 종말을 맞은 것은 존재하기를 그만두는 순간에 다시 태어난다. 그런 것이 『차라투스트라는 이렇게 말했다』에 표현되고 있다.

이 작품은 독자가 갈피를 잡지 못하도록 만든다. 또 다루는 주제가 너무나 다양하기 때문에 작품 자체가 대단히 어렵다. 이 작품은 꿈을 닮았다. 온갖 전망들이 다 펼쳐진다. 때문에 이 작품을 분석하면서 똑 떨어지는 설명을 제시하기가 지극히 어렵다.

『차라투스트라는 이렇게 말했다』에 대한 독자들의 해석은 서로 모순될 수밖에 없다. 니체가 하는 말 자체에 모순된 구석이 많기 때문이다. 또 니체 자신이 끝이자 시작이기 때문이다. 이 작품엔 서로 모순되는 부분이 아주 많다. 그래서 나는 현대의 무의식의 심리학이 제공하는 도구의 도움을 받지 않고 분석하는 방법을 알지 못한다. 차라투스트라가 '이름 높은 현자들'이라는 제목의 장에서 정신에 대해 말하고 있는 대목에서도 역설이 확인된다.

> 그대들은 오직 정신의 불꽃만을 알고 있을 뿐, 정신 그 자체인 모루도 보지 못하고 망치의 잔인성도 보지 못하는구나!

그는 대단히 직관적인 방법으로 정신의 본질을 암시하려고 노력하고 있다. 정신에 대한 견해를 몇 개의 단어로 설명하려 드는 것이다. 그러나 그는 명쾌하게 밝히려면 두꺼운 책 한 권 분량의 논문을 요구하는 주제에 관해 불꽃 몇 개만 던지고 있다. 잘 알고 있듯이, 니체의 사고 자체가 경구적이다. 초기에 발표한『반시대적 고찰』(Unzeitgemassige Betrachtungen)을 제외하곤 그가 쓴 거의 모든 글은 아포리즘의 성격이 강하다.『차라투스트라는 이렇게 말했다』도 텍스트가 연속적으로 이어짐에도 불구하고 그 성격은 아포리즘에 가깝다.

이 작품은 서로 느슨하게 연결된 수많은 장으로 나뉘어 있으며, 각 장마저도 다수의 직관적인 불꽃이나 암시로 나뉘어져 있다. 앞에서 이미 말한 바와 같이, 그는 직관을 하나 얻자마자 곧장 다른 직관으로 향한다. 마치 한 가지 주제 또는 한 가지 직관에 머물게 될까 봐 두려워하는 것처럼 보인다. 한 가지 주제 또는 직관이 그를 붙잡고 늘어질 수도 있으니까.

예를 들어, 니체는 정신이 모루라고 말한다. 이 문장을 조금 들여다보고 있으면, 당신은 자신이 망치와 모루 사이에 서 있다는 것을 발견할 것이고, 그러면 당신은 가장 필요한 설명을 확보하는 듯 보일 것이다. 그러나 그는 "정말로, 그대들은 정신의 긍지를 알지 못한다."라는 그 다음 문장에서 이미 멀찍이 달아나고 있다. 마치 정신이란 것이 접근 불가능할 만큼 거만한 것이어서 그가 근처에도 갈 수 없다는 식으로. 그는 잠시 접근하다가 어느 순간 정신이 너무 뜨겁다고 느낀다. 정신은 건드릴 수 없는 것이라는 듯이. 동시에 그는 거기서 물러서면서 정신의 긍지와, 이와 완전히 다른 측면인 정신의 겸손에 대해 말한다.

매우 어색한 이런 문장들의 속살을 들여다보기 위해 당연히 우리는 시간을 많이 들여 깊이 생각해야 한다. 그런 구절을 건너뛴다는 것은 곧 이 작품을 피상적으로 읽는다는 의미이기 때문이다. 실제로 보면, 많은 독자들이 『차라투스트라는 이렇게 말했다』를 읽으면서 모호한 부분을 그냥 생각 없이 읽고 넘어간다.

이 작품을 읽다 보면 미끄럽다는 느낌이 자주 든다. 어떤 주제에 대해 읽다가 슬쩍 다음 문장을 곁눈질로 읽어보라. 그러면 당신은 이미 그가 직관적으로 떠올린 생각으로부터 멀리 벗어나는 느낌을 받을 것이다.

니체가 이 책에서 'Geist'(정신)의 개념을 19세기의 지적 분위기와 매우 다르게 받아들였다는 사실을 앞에서 강조한 바가 있다. 20세기를 사는 우리가 아는 정신, 마음의 개념은 그때나 지금이나 거의 똑같다. 정치적 상황에 나타나는 집단 심리를 제외하곤, 그 이후로 그다지 변하지 않았다. 정신이 무엇인지를 알려면, 우리 시대의 집단적 사고 방식을 보라. 그러면 니체가 '정신'을 놓고 모루와 망치라고 말한 이유를 알게 될 것이다. 모루와 망치는 상반된 것들의 전형적인 짝이다. 모루는 음(陰)에 해당하는 부분이고 망치는 양(陽), 즉 능동적인 부분이다. 그 사이에 무엇인가가 있어야 하지만, 니체는 그것이 무엇인지에 대해 말하는 것을 일부러 누락하고 있다. 그것은 사람이다. 망치와 모루 사이에 언제나 인간 존재가 있다.

아시다시피, 이 인간 존재는 하나의 무서운 갈등이다. 물론, 우리는 차라투스트라의 정의에 따라 동적이면서 지적이지 않은 그런 정신적 표현은 절대로 있을 수 없다는 것을 알고 있다. 동적이면서 지적이지 않은 정신적 표현이 있다는 생각은 19세기의 실수였거나 아니면 부르기에 따라 19세기의 마술이었다고 할 수 있다. 우리는 우리가 탁월한 마술사라서 정신을 지성의 형태로 묶어두고서 우리의 필요에 이바지하도록 할 수 있다고 생각했지만, 차라투스트라는 그 같은 생각이 그 시대의 중대한 실수였다는 점을 지적한다.

차라투스트라의 지적이 옳다. 정신 같은 것에는 절대로 족쇄를 채우지 못한다. 정신은 정의상 자유롭다. 정신은 화산 분출이며 아무도 화산에 족쇄를 채우지 못했다. 화산 분출 같은 강력한 현상이 나타나는 곳마다, 에너지의 가능성이 있으며 이 에너지는 상반된 것들의 짝이 없는 가운데서는 불가능하다.

에너지를 갖기 위해선 전위(電位)가 있어야 한다. 그렇다면 에너지의 강력한 표출이 있는 곳엔 극단적으로 반대되는 것들의 짝이 있다고 말해도 무방할 것이다. 높은 산과 깊은 계곡이 함께하거나 매우 높은 열과 극도의 차가움이 함께하듯이. 그렇게 상반된 것이 존재하지 않으면, 전위가 생기지 않을 것이다. 그것이 그가 정신은 모루와 망치라는 사상으로 표현하기를 원한 바로 그것이다.

모두가 잘 알다시피, 정신은 역동적인 표현일 뿐만 아니라 동시에 하나의 갈등이다. 이 갈등은 꼭 필요하다. 갈등이 없으면 정신의 역동적 표현이 불가능하다. 되풀이해서 말하지만, 정신은 기본적으로 극히 역동적인 표현이지만, 우리는 정신이 정확히 무엇인지 알지 못한다. 유럽의 상태가 근본적으로 어떤지를 알지 못하는 것과 다를 바가 하나도 없다. 유럽의 상태는 정신적인 표현인데도, 우리는 정반대의 측면을 보면서 망치와 모루에 대해 불평하고 있다. 그러나 망치와 모루는 단지 어느 에너지의 표현에나 나타나는 상반된 것들의 짝에 지나지 않는다.

물론, 정신에 나타나는 상반된 것들의 짝, 즉 심각한 갈등은 많은 물음들을 낳기 때문에 아주 뜨거운 문제이다. 이 상반된 것들은 무엇인가? 니체는 이에 대해 아무 말을 하지 않는다. 물론 그도 잠시 이 문제에 눈길을 줄 듯 하다가 금방 정신이 건방지다고 불평하면서 시선을 다른 곳으로 돌려 버린다.

실제로 보면 정신은 대단히 뜨겁거나 대단히 강한 자성을 띠고 있다. 그래서 당신은 정신을 건드리는 즉시 거기에 잡혀 버린다. 그러면 당신은 망치와 모루 사이에 있게 된다. 정신적 표현에서 상반된 것들의 짝은 극도의 대조를 보인다. 이유는 당신이 이 견해가 옳다는 것을 꽤 정확하게 보고 또 그와 반대되는 견해도 또한 옳다는 것을 마찬가지로 꽤 정확하게 보기 때문이다.

그러면 자연히 당신은 곤경에 처하게 되고, 갈등이 일어나게 된다. 당신이 어떤 확신에 사로잡혀 무엇인가를 강하게 믿고 있을 경우에 "이것이 진리라면 당연히 뭔가를 의미해야 해."라고 말해야 하기 때문이다. 그런 확신을 주는 것은 도덕적으로 우월해 보이게 마련이다.

물론 체스 선수처럼 주위 환경에 초연한 지성을 가진 사람들도 있다. 그들은 어떠한 것에도 흔들리지 않는다. 당신이 이런저런 진리를 말해도 그런 사람들에겐 아무런 감정을 일으키지 못한다. 그들은 그런 말에 아무런 반응을 하지 않는다. 그들은 무신경하거나 내면에 늪 같은 것을 갖고 있을 수 있다. 그러기에 그들에게 그런 것은 그저 아무런 의미를 지니지 않는다.

그러나 어떤 기질이든 가진 사람들에게 진리는 진정으로 어떤 의미를 지닌다. 니체는 바로 그런 사람이었다. 그는 학식 있는 사람의 영혼에 떨어진 정의(正義)의 불꽃 하나도 그 사람의 전체 삶을 다 삼킬 수 있다고 말했다. 당신이 이 말이 진리라는 것을 이해한다면, 그때부터 당신은 이 말에 따라 살 것이다. 당신의 삶은 이 진리의 법에 종속될 것이다.

당신이 이것을 유일한 진리로 아는 한, 그런 식의 삶도 괜찮다. 물론 우리는 그런 식으로 교육을 받았다. 어느 시대나 진리는 하나뿐이고 진리는 영원하다고 설교했다. 진리는 변할 수 없다는 가르침이었다. 이런 결론에서 보면, 다른 모든 가치는 거짓이거나 착각이다. 그러면 우리가 완벽하게 안전한 어떤 진리에 맞춰 사는 한, 당연히 모든 일들이 꽤 단순해진다. 우리가 해야 할 것도 명확히 드러난다. 우리의 삶을 안전하게 관리할 방법도 명확해진다. 도덕적, 철학적, 실용적, 종교적 규제가 그런 안전 관리의 역할을 할 것이다.

그러나 당신이 그것과 정반대인 진리도 똑같이 진리라는 것을 깨닫게 된다면, 그러면 어떤 일이 벌어질까? 너무나 큰 재앙일 것 같기에, 아무도 이 가능성에 대해 생각하지 않으려 한다.

여러분도 알다시피, 니체도 잠시 그 자리에 멈춰 서서 자신이 한 말을 곱씹어 보았다면 이런 질문을 던지지 않을 수 없었을 것이다. "진리의 절대적 바탕이라는 나의 모루는 뭐야? 그리고 똑같이 진리이지만 정반대의 진리인 나의 망치는 또 뭐야?" 그 즉시 니체는 갈등에, 말하자면 차라투스트라의 갈등에 빠질 것이다.

니체는 이런 식으로 말해야 했을 것이다. "차라투스트라가 나의 진리라면, 이 진리와 정반대인 것은 뭐지?" 그러면서 니체는 정반대의 것도 마찬가지로 진리라는 점을 인정해야 했을 것이다. 차라투스트라가 망치라면, 모루는 무엇인가? 혹은 차라투스트라가 모루라면, 망치는 무엇인가? 잘 아시다시피, 니체가 그 문제를 건드리려고 걸음을 멈추었다면 아마 심각한 갈등에 휘말리며 갈가리 찢어졌을지도 모른다.

그러기에 그가 신속히 자리를 뜨는 것도 인간적으로 충분히 이해가 된다. 그것이 너무나 중대하고 너무나 어렵기 때문에, 아무도 그 전선(電線)을 건드리지 않을 것이다. 그는 정신이 오만해서 가까이 다가오는 것을 허용하지 않는다는 식으로 자신의 태도를 설명하고 있다. 동시에 그는 다음과 같이 정반대의 말을 한다. "게다가 정신이 말을 걸기를 원한다 할지라도 그대들은 정신의 겸손을 견디지 못하리라." 정신은 오만하다. 그런데도 당신은 정신의 겸손을 견디지 못할 수 있다. 이는 그가 정신의 겸손을 견디지 않을 것이라는 뜻이다.

지금 그가 하는 말은 특별한 긍지를 드러내고 있다. 그래서 비평가들은 언제나 니체가 과대망상증에 시달렸다고 불평했다. 그러나 니체는 정신이 극도로 겸손하기도 하다는 사실을, 그가 참아줄 수 없을 정도로 겸손하다는 점을 잘 알고 있다. 이것 또한 갈등이 팽배한 새로운 양상이다. 니체의 말을 들어 보자.

그대들은 그대들의 정신을 한 번도 눈구덩이로 던지지 못했다.

이 문장을 우리는 이렇게 읽어야 한다. '나는 나의 정신을 한 번도 눈구덩이로 던지지 못했다.' 만일 그가 정신의 겸손을 깨달았다면, 이 문장은 늙은 차라투스트라가 정말로 지나치게 크기 때문에 그를 차가운 물이나 눈 속에 담근다는 의미일 것이다. 그리하여 니체가 자신의 자아 팽창의 거품을 터뜨렸다면, 그는 자신의 엄지손가락 크기로 작아질 때까지 붕괴했을 것이다. 그래도 그것도 마찬가지로 정신일 것이다. 정신이란 것은 더없이 크기도 하고 더없이 작기도 한 것이니까.

여기서 신이 그가 그런 특별한 행위를 하도록 했다고 생각할 필요는 없다. 그러나 직관 기능을 발휘할 때의 니체는 여전히 수 세기 동안 내려온 기독교 교육의 영향을 받고 있으며, 그 때문에 정신이 대단히 위대하고 거만하면서 동시에 더없이 겸손하게 구는 모습을, 말하자면 위대한 것과 비천한 것을, 망치와 모루를 참아내지 못한다. 따라서 그는 당연히 그 자리를 벗어나면서 정신을 눈 속에 파묻지 못하는 자신의 시대를 비난한다. 그러면서도 니체는 열이 '에난티오드로미아' 변화에 의해 갑자기 얼음으로 바뀔 정도로까지 올라가지 않도록 하기 위해 매우 조심한다. 그러나 그에게 일어난 것은 그런 변화이다.

> 그대들은 그렇게 할 만큼 충분히 뜨겁지 않아! 따라서 그대들은 그 냉
> 기의 기쁨도 알지 못한다.

이 문장은 이렇게 읽어야 한다. '따라서 나는 그런 과도한 열을 차갑게 식히는 것도 매우 유쾌한 일이 될 수 있다는 것을 알고 있다.' 정신은 반대되는 것에 의해 저지될 수 있을 때에만 참아줄 수 있는 것으로 남는다. 아시다시피, 신이 가장 위대한 존재라서 동시에 가장 하찮은 존재가 될 수 없다면, 그런 신은 참아줄 수 없는 존재가 된다. 만일 더없이 높은 열기 뒤에 한없이 차가운 냉기가 따를 수 없다면, 거기엔 에너지가 전혀 없고 아무 일도 일어나지 않는다. 그렇기 때문에 정신은 매우 뜨거우면서 동시에 매우 차가울 수 있을 때, 매우 거만하면서 동시에 매우 겸손할 수 있을 때에만 살아 있을 수 있다.

물론 정신은 절대로 거만하지도 않고 겸손하지도 않다. 거만하거나 겸손한 것은 단지 인간의 속성이기 때문이다. 우리가 자아 팽창을 경

험하고 있으면 거만해지는 것이고, 우리가 자아 수축을 경험하고 있으면 겸손해지는 것이다. 정신은 우리에게 즉각 바람을 불어넣으면서 자아를 팽창시킬 수 있다. 그러나 자아 팽창이 도덕적 혹은 철학적 가치를 지니는 것은 오직 자아가 찔러지고 당신이 수축될 수 있을 때에만 가능하다. 무엇이 당신을 팽창시켰는지를 보기 위해선 수축을 참아낼 수 있어야 하는 것이다. 당신에게서 빠져나오는 것을 지켜보면서, 당신은 당신의 내면으로 들어간 것이 무엇인지를 확인할 수 있다.

따라서 니체도 자신의 역설을 받아들일 필요가 있었을 것이다. 그러나 그는 직관적인 유형인 탓에 역설을 건드리기만 하고 그냥 내버려둔다. 그에겐 그것이 너무나 위험한 것으로 다가오기 때문이다. 니체는 똑같은 방식으로 도덕적 훈계를 계속하고 있다.

그러나 그대들은 모든 면에서 정신을 지나치게 편하게 받아들이고 있다.

우리가 정신을 지나치게 편하게 받아들인다는 말은 정말 맞는 말이다. 정신을 지성으로 여겨 하인처럼 부리려 하니까. 그러나 정신을 그처럼 편하게 받아들인다고 해서 정신의 본질을 건드리고 있는 것은 아니다. 우리는 가장 유익하고 가장 중요한 인간의 도구, 즉 지성을 습득함으로써 무엇인가를 얻었지만, 그 지성은 정신과 아무런 관계가 없기 때문이다.

물론, 우리 인간이 지성을 낳을 수 있었던 것은 정신을 붙잡고 씨름을 벌인 결과이지만, 정신과의 접촉을 통해서 지성을 얻은 것이 자아를 팽창시키는 결과를 낳았다. 정신이 진정되자 마치 우리가 정신을 이긴 것처럼 생각하게 되었기 때문이다. 그러나 정신은 단지 사라졌을 뿐이다. 정신이란 것은 왔다가 가곤 하는 것이기 때문이다.

예를 들어, 당신이 바람에 저항하고 있는데 조금 뒤에 바람이 잦아들 경우에 당신이 바람을 이겼다는 식으로 말할 수도 있다. 그러나 그때 바람은 단지 잦아들었을 뿐이다. 당신은 바람에 저항하는 것을 배웠지만, 당신의 저항력이 바람에게 힘을 발휘했다는 식으로 단정하면서 그릇된 결론을 내리고 있다.

절대로 그렇지 않다. 오히려 바람이 당신에게 어떤 행위를 했다. 당신이 바람에 저항하는 법을 배운 것이 바로 바람의 결과이기 때문이다. 바람은 다시 불 것이다. 그러면서 당신의 저항을 다시 시험할 것이다. 이때 만약에 바람이 당신의 저항보다 더 강력한 쪽을 택한다면, 당신은 바람에 나가떨어질 것이다.

그렇듯, 우리가 정신을 지성이라고 부르면서 정신과 친하다고 생각한다면, 그건 실수가 될 것이다. 우리가 정신을 다룰 수 있는 정신의 동료라는 식의 결론을 내리게 될 것이기 때문이다. 말하자면 우리가 정신을 정복하고 지성의 형식으로 정신을 소유하고 있다는 엉터리 결론을 내리게 된다는 뜻이다.

> 그리하여 그대들은 지혜를 발휘한다고 생각하면서 종종 저질의 시인
> 들을 위해 빈민구호소나 병원을 세웠다.

다시 말해, 쓸모 있는 문장들과 원리들을 수집한다는 뜻이다. 그런 다음에 어디선가 바람이 일어나면, 우리는 쓸모 있는 문장들을 들추면서 그 중 하나를 적용한다. 혹은 거북한 상황에서 벗어나기 위해 지혜가 담긴 경구를 이용할 것이지만, 그것이 우리의 이웃에는 별로 도움

이 되지 않는다. "저질의 시인들을 위한 병원"이라니, 얼마나 좋은 것인가! 나는 이 표현에 대해 구체적으로 분석할 필요성을 별로 느끼지 않는다.

> 그대들은 독수리가 아니다. 따라서 그대들은 정신의 경종이 주는 행복을 절대로 경험하지 못한다.

정신의 경종을 정신의 공포로 옮기는 것이 맞다. 독어 'Schrecken'은 "공포"를 의미한다. 허리케인이 당신 쪽으로 휘몰아치고 있을 때, 특히 대양에서 배를 타고 있는 상황이라면 당신은 절대 공포를 느낀다. 정신은 기본적으로 허리케인과 비슷한 현상이다.

이 대목에서 학식이 매우 높았던 어느 환자가 생각난다. 그 사람은 정신에 대해 언제나 말을 많이 했으나, 사람이 정신에 공포를 느낄 수 있다는 사실은 보지 못했다. 그 사람에게 정신은 꽤 상냥하고 경이로운 그 무엇이다. 그러나 그 사람도 다소 창피스런 상황에 처하면 완전히 공황 상태에 빠질 수 있다.

만일 내가 그 사람에게 "여론도 정신이다. 당신이 여론에 대해 느끼는 공포는 정신의 공포다"라고 말한다면, 그는 아마 그 말을 이해하지 못할 것이다. 그에겐 정신의 공포라는 단어가 너무나 생소하게 들리기 때문이다. 그럼에도 그가 두려워했던 유일한 신은 여론이었다. 달리 말하면, 세상 사람들의 입이 그의 신이었다는 뜻이다. 이것이 진리이다. 우리가 압도당하고 있는 것, 바로 그것이 신인 것이다.

무엇인가에 압도될 때마다, 혹은 위압적인 인상을 받거나 단순히 놀라거나 당황할 때마다, 당신의 입에서 "오, 마이 갓!"이라는 말이 절로 튀어나온다. 원시인들이 축음기를 처음 보고 "물랑구!"('초자연적인 힘'이라는 뜻)라고 외치는 것과 똑같다. 독일 사람들은 "고트!"라고 한다. 그러나 독일에서는 이 단어가 영어보다 더 자유롭게 쓰인다.

영어에는 신을 에둘러 표현하는 단어들이 많지만, 독일어에는 그런 표현이 드문 편이다. 위압적인 결과를 낳는 모든 것에서, 사람들은 신을 경험한다. 만일 당신이 세상 사람들의 입에 압도당하게 되면, 당신은 자신의 여신이 어디에 있는지 알게 된다. 당신이 술에 압도당하면, 신은 당신이 마시는 술의 알코올에 있다. 그것은 씁쓸한 진리이다. 사람들은 이런 말을 좋아하지 않지만 그것이 엄연한 진리이다. 그래서 역동적인 표현인 정신이 공포가 되고, 넘을 수 없는 정서가 되는 것이다. 니체의 말은 계속된다.

그리고 새가 아닌 사람은 심연 위에 천막을 쳐서는 안 된다.

새는 절대로 천막을 치지 않는다. 심연 위에는 더더욱 천막을 치지 않는다. 터무니없는 표현이다. 여기서 전하고자 하는 생각은 높이 멀리 날 수 있는 새만이 그런 심연 위에서도 어쨌든 살 수 있다는 것이다. 새는 곧 건드릴 수 없는 정신을 의미한다. 그런 정신 가까운 곳에 서기 위해선 특출한 비행 능력을 갖춘 독수리가 필요하다. 그리고 새는 초연함을 상징한다. 사물을 보긴 하지만 건드리지 않는 그런 직관적 유형의 초연함이다.

내가 보기에 그대들은 미온적인 존재들이다. 그러나 모든 심오한 지혜는 차갑게 흐른다. 정신의 가장 깊은 곳에 있는 샘들은 얼음처럼 차가우며, 뜨거운 손과 행동하는 자들에게 청량제가 된다.

손은 뭔가를 하는 도구이다. 그래서 손에 관한 꿈은 무엇인가를 하거나 당신 자신의 일부를 처벌하거나, 당신이 일을 다루거나 상황을 처리하는 방식에 관한 이야기를 들려준다. 손가락이 하나 잘리는 꿈이라면, 그것은 일을 처리하는 방식에 제약이 있다거나, 어떤 일에 희생이 따른다거나, 어떤 것을 다루면서 그 안에서 살고 있는 신들을 기억한다는 의미이다. 따라서 당신은 어떤 사물을 맨 손으로 힘껏 잡지 못하고 장갑을 낄 것이다. 장갑을 끼고 사람을 다루는 것도 일종의 제약을 의미하거나 살가운 보살핌이나 보호를 의미한다. 그렇듯, 손은 행동과 관계있다.

여기서 다시 니체가 얼음과 눈과 차가움의 은유를 특별히 사랑한다는 사실이 확인되고 있다. 모두가 열과 대조를 이루는 것들이다. 니체는 정신을 주로 뜨거운 것으로, 용암의 흐름이나 열정적인 폭발 같은 것으로 이해하고 있으며, 이런 것과 정반대되는 것은 극도로 차가운 것이다. 이것은 정신의 상반된 한 짝인 긍지와 겸손과 같다. 에너지의 한 표현으로 정신은 한쪽을 보면 매우 뜨겁고 다른 쪽을 보면 매우 차갑다.

어떤 사람이 자아 팽창을 경험하고 있다면, 그 사람은 거품이 꺼져야만 심리의 균형을 이룰 것이다. 자아 팽창으로 인해 몸의 크기가 커졌다면, 당신은 믿기지 않을 만큼 작게 줄어드는 경험을 해야 한다. 물론 당신은 자아 팽창을 통해서 다른 사람을 전염시킬 수 있고, 그러면 그 다른 사람도 종종 자아 팽창을 겪게 되고 또 다른 사람에게 영향을 미치게 된다.

또한 그 반대도 사실이다. 어떤 사람이 지나치게 짜부라져 있다면, 그 사람은 다른 사람들에게도 수축의 효과를 미칠 수 있다. 당신이 지나치게 크냐 아니면 지나치게 작으냐, 당신이 자신의 크기를 벗어나 있느냐 아니면 지금까지 한계를 건드리지 못했을 만큼 자신의 울타리 안에 머물고 있느냐 하는 문제는 그다지 중요하지 않다. 어느 쪽이든 주변 사람들에게 똑같이 영향을 미칠 수 있다. 그래서 자아 팽창이 있는 곳에는 그와 반대되는 것이 있어야 하고, 정신의 열기가 있는 곳에는 그와 반대되는 냉기가 있어야 한다.

그것은 인간의 현상이 아니고 자연의 현상이다. 거기엔 인간이 끼어들 구석이 없다. 정신은 지나치게 크면서 지나치게 작고, 지나치게 뜨거우면서 지나치게 차갑다. 이 상반된 것들의 짝들 사이로 들어가는 사람은 누구나 망치와 모루 사이에 서게 된다.

이름 높은 현자들이여, 그대들은 거기에 등을 꼿꼿이 세우고 의젓하게 서 있구나! 아무리 강한 바람이나 의지도 그대들을 몰아내지 못한다.

이 현자들은 허리케인마저도 포기할 만큼 허리케인에 강하게 저항한 사람들이다. 그래서 이 현자들은 자신들이 허리케인을 정복했다고 생각한다.

그대들은 한껏 팽창된 돛이 거센 폭풍우 앞에서 떨면서 바다를 항해하는 모습을 본 적이 있는가?

여기서 니체는 팽창이라는 단어를 사용하고 있다. 그러나 돛을 한껏 팽창시킨 배는 스스로 배짱이 아주 크다고 생각한다. 아무도 항해하지 못하는 상황에서 자기 혼자만 항해를 하고 있다는 식으로 생각하는 것이다. 그러면서 자신을 뒤에서 밀고 있는 바람에 대해서는 전혀 생각하지 않는다.

자아가 팽창된 사람은 몸의 부피가 늘어난 것이 전적으로 팽창된 정신 때문이라고는 절대로 생각하지 않는다. 물론 다른 사람들도 자아가 팽창된 사람을 보고 특별한 정신을 갖고 있다는 식으로 생각하지 않을 것이다. 그럼에도 자아가 팽창된 사람은 특별한 정신을 갖고 있다. 그렇지 않으면 자아가 그런 식으로 팽창되지 않았을 것이다.

자연히 이런 개념의 정신은 기독교의 정신 개념에 적용될 수 없다. 그러나 차라투스트라가 암시하는 그런 개념의 정신이 가능하다고 생각한다면, 다시 말해 정신에 매우 부정적인 것과 매우 긍정적인 것이 동시에 있다는 것을 받아들인다면, 당신은 자아 팽창의 진정한 본질을 이해할 수 있다.

정신의 폭력성 앞에서 떨고 있는 돛처럼, 나의 거친 지혜가 바다를 항해하고 있다.

나의 거친 지혜는 자연의 지혜이고, 바람인 무의식의 지혜이다. 그리고 무의식에 떠밀리고 있는 사람은 누구나 인간의 지혜가 아닌 자연의 지혜의 상태에 놓여 있다.

그러나 이름 높은 현자들이여, 군중의 하인들이여, 그대들이 어떻게 나와 함께 갈 수 있겠는가!

그가 바람인 한, 사람들은 자연히 그에게 저항할 것이며, 그래서 둘 사이에 화해가 불가능하다. 그러나 가끔 바람이 너무 강하기 때문에 이름 높은 현자들도 마른 나뭇잎처럼 흩어진다.

이 장에서, 니체는 정신의 진정한 본질을 직면하는 단계까지 이르렀다. 그의 시대에만 해도 이것이 완전히 새로운 발견이었기 때문에, 니체가 그것을 두고 아주 중요한 발견이라고 느끼는 것은 너무나 당연하다. 그럼에도 우리는 그가 정신의 본질을 건드리길 망설이는 모습을 본다. 여느 때처럼, 니체는 힌트만 주고 다시 사라진다. 그것이 직관적이 사람들이 자신의 문제뿐만 아니라 자신의 삶을 다루는 방식이기도 하다.

니체는 어떤 상황을 창조하고는 그 상황이 다소 안정적으로 확립되자마자 거길 떠나 버린다. 그 상황이 마치 감옥이 될 것처럼 보이기 때문이다. 그래서 그의 삶은 늘 움직이는 모습을 보이며 늘 새로운 가능성의 발견에 몰두하고 있다. 모든 디테일에서 그런 성향이 드러난다. 그렇기 때문에 그가 정신의 진정한 본질을 직면하는 상황에서도 그와 똑같은 일이 벌어져도 놀랄 게 하나도 없다.

아시다시피, 직관 유형의 경우에 자신이 창조한 상황에서 달아난다고 하지만 그건 어디까지나 피상적으로 벗어나는 것에 지나지 않는다. 마무리되지 않은 상황은 계속 직관 유형에게 달라붙으면서 때가 되면 그를 절름거리게 할 것이다. 실제로 보면 직관 유형이 그 상황을 늘 짊어지고 다니고 있으며, 그러다 보니 그 상황이 그를 마비시키게 된다.

예를 들면, 그 사람이 자신의 신체적 한계를 거듭 무시할 수 있으며, 그러다 보면 어느 순간에 육체가 그에게 보복을 하고 나설 것이다. 육체의 질서가 무너지면서 그가 아프게 되는 것이다.

직관 유형의 사람들 중에 온갖 종류의 질병으로 고통받는 사람들이 많다. 주로 육체를 무시하다가 생기는 병이다. 아니면 지루한 상황 때문에 힘들어할 수 있다. 직관 유형의 사람이 주변 상황과 상반되는 목적을 갖고 있기 때문에 안정적으로 정착할 기회를 찾지 못해서 생기는 현상이다.

직관 유형의 사람은 새로운 상황에 적응하고 친구를 사귀고 주변 사람들로부터 한동안 좋은 소리를 들음에도 불구하고 절대로 그 상황에 뿌리를 내리지 못한다. 그러다 보면 상황이 그만 감옥이 되고, 그는 거기서 달아난다. 그러면서 그는 자신이 옛날의 상황을 그대로 짊어지고 있다는 사실을 망각하지만, 그 상황은 더 이상 그의 밖에 있지 않고 그의 내면에 있으면서 거기서 마무리하지 못한 일로서 계속 살아갈 것이다. 우리가 밖에서 하거나 창조하는 모든 것과 이 세상에 드러내는 모든 것은 언제나 우리 자신이고 우리 자신의 일이다. 그러기에 어떤 일을 마무리하지 못한다는 것은 곧 자신을 마무리하지 못한다는 뜻이다.

그래서 직관적인 유형의 사람은 그 짐을 언제나 짊어지고 다니고 있으며, 그가 시도했다가 끝내지 못한 모든 상황은 그의 내면에 남는다. 그는 곧 성취하지 못한 약속인 셈이다. 그리고 그가 삶에서 조우하는 것도 또한 그 자신이다. 이것은 직관 유형의 사람만 아니라 모든 사람들에게 통하는 진리이다.

어떤 운명 혹은 저주를 만나든, 또 어떤 사람들을 접하든, 그 일 혹은 사람들은 모두 우리 자신을 대표한다. 우리에게 오는 모든 것은 우리 자신의 운명이고, 따라서 그것이 우리 자신이다. 만약에 그 운명을 포기하고, 그래서 운명을 배신한다면, 그것은 곧 우리 자신을 배신하는 것이며 우리가 떼어내려고 애쓰는 것들은 우리를 따라다니다가 결국엔 우리를 압도해버릴 것이다.

따라서 만약에 니체가 여기서 정신과의 접촉을 피하려고 노력한다면, 그 정신이 그를 붙잡을 것이고, 그러면 그는 자신이 달아났다고 생각한 바로 그 정신 안에 갇혀버리게 될 것이다. 이 부분은 그 다음 장 '밤의 노래'의 서곡인 셈이다. 이렇듯『차라투스트라는 이렇게 말했다』는 정신에 압도당한 어떤 사람의 고백이다.

니체 자신은 사람들이 그때에도 정신이라 불렀고 지금도 여전히 정신이라고 부르고 있는 모든 것을 다루고 있다. 그는 최고의 아포리즘 작가의 스타일로 멋진 글을 썼다. 그는 화려한 표현력을 자랑했으며, 마음 혹은 지성은 그의 손에 검(儉)처럼 휘둘러졌다. 그런데 바로 그 점이 그에게 복수를 펼쳤다. 지성을 너무나 유려하게 다룰 수 있었던 그가 그만 그 지성이 자신의 마음 전부라고 확신하면서 바람이 배를 뒤에서 밀고 있다는 사실을 완전히 무시해 버린 것이다. 그런데 그의 기교의 원동력이 그 자신과 그의 능력이 아니고 그의 정신이었다. 그의 정신은 처음에 눈에 보이지 않거나 그의 찬란한 정신으로 여겨질 정도로만 보였다. 이어서 그 정신이 그 자신이 아니라는 사실이 그에게 갈수록 분명해졌다. 그는 심지어『차라투스트라는 이렇게 말했다』를 쓸 때에는 차라투스트라가 그 자신이 아니라고 느꼈으며, 그래서 그 유명한 표현, 즉 '하나가 둘이 되고 차라투스트라가 돌연 스치듯 지나갔다'는 문구를 만들어냈다. 이 표현에서 그는 그와 정신은 둘이라는 점을 확신한다고 고백하고 있다.

『차라투스트라는 이렇게 말했다』중 우리가 지금까지 다룬 부분에서 그는 실질적으로 정신과 자신을 동일시했지만, 우리는 조금 있으면 이 동일시가 절정에 달하고 그가 자신을 움직이고 있는 힘을 마주할 것이라고 예상할 수 있다. 여기서 그는 그런 상황에 매우 가까이 다가서고 있다. 그가 정신의 진정한 본질을 직관적으로 느끼고 있는 것이다. 자아 팽창이 상당한 사람들은 자신들이 그런 원동력과 동일시하고 있다는 사실을 잘 깨닫지 못한다. 자아 팽창을 터뜨리기 위해선 언제나 팽창의 과잉이 필요하다. 니체에게 일어난 일이 바로 그런 것이다.

'밤의 노래'라는 제목의 장에서, 니체는 정신의 본질을 깊이 깨닫는다. 그는 지금도 정신과 자신을 동일시하지만, 한편으로 정신에 초인적인 성격이 있다는 점을 자각하기 시작하고 초인적인 성격에 대한 자신의 반응을 느낀다. 바꿔 말하면, 그가 망치와 모루를 자각하게 되었다고 할 수 있다. 이것은 위대한 경험이다. 오랫동안 이어져온 발달의 정점이며 동시에 끝이자 시작이기 때문이다. 그것은 하나의 재앙이며 또 고대인들이 신과의 격돌로 이해했던 바로 그런 것이다.

『차라투스트라는 이렇게 말했다』에서 그런 일이 일어날 때마다, 그의 언어는 정말로 신성해진다. 그의 언어는 간혹 기괴하고, 종종 찬란하고 지적이다가 어느 지점에서 그런 특성을 잃고 음악적 특성을 얻는다. 바로 이 장에서다. 『차라투스트라는 이렇게 말했다』 중에서 니체의 언어가 처음으로 음악적인 언어로 바뀌는 곳이 바로 여기이다. 그의 언어는 무의식으로부터 지성으로는 절대로 끌어낼 수 없는 서술적인 특성을 끌어내고 있다. 마음이 아무리 찬란할지라도, 또 그 마음의 작용이 아무리 섬세하고 적절할지라도, 이런 종류의 언어까지는 절대로 닿지 못할 것이다. 이 언어는 물론 과도할 만큼 시적이지만, 나는 '시적'이라는 표현으로는 이 언어의 특성을 제대로 포착하지 못한다는 점을 고백하지 않을 수 없다.

*　　　*　　　*

'무덤의 노래'라는 장의 첫 단락을 볼 생각이다. 연이은 3개의 장, 즉 '밤의 노래'와 '춤의 노래' '무덤의 노래'에서, 우리는 니체가 자기 자신에게 다가서고 있는 모습을 본다. 그것은 그의 열등한 기능으로 내려가는 일종의 하강이며, '무덤의 노래'는 지금 무의식의 영역으로 다가가고 있다.

모두 잘 알다시피, 무의식은 언제나 투사되어 왔으며 지금도 투사되고 있다. 원시적인 환경에서 무의식은 귀신의 땅이고 죽은 자들의 땅이다. 그런 환경에서 무의식은 완전히 투사된다. 우리 현대인의 경우보다 훨씬 더 심하게 투사되는 것이다. 우리는 무의식을 주로 환경 속으로, 사람들과 상황 속으로 투사하며, 귀신의 땅에는 거의 관심을 두지 않는다. 물론 예외는 있지만, 현대인의 경우에 무의식이 귀신의 땅 같은 곳으로 잘 투사되지 않는다는 것이 일반적인 인식이다. 그리고 사람이 죽은 자들의 귀신 때문에 괴로워하는 경우는 매우 드물다. 그런 환자가 있다면 아주 특별한 케이스일 것이다.

사람들은 대체로 자신의 증상을 귀신들의 출현 때문으로 설명하기보다는 강박증으로 설명하는 쪽을 좋아한다. 그렇듯이 니체도 무의식에 접근하면서 그것을 일종의 은유적인 방식으로 무덤의 섬이나 침묵의 섬이라고 부른다. 그는 무의식을 매우 구체적으로 표현할 뜻이 없다. 무덤의 섬이나 침묵의 섬은 은유이지만 시적인 언어가 아니어서 오히려 은유 그 이상으로 다가오며 원시적인 분위기, 말하자면 비교(秘教)의 입회식 분위기까지 약간 풍긴다.

아시다시피, 비교의 입회식은 언제나 다소 눈에 보이는 방식으로 귀신들과 연결된다. 전혀 그렇지 않은 경우도 있지만 어떤 경우엔 무의식에 접근하는 것이 정신적인 현상처럼 보인다. 무의식에 접근할 때, 특이한 일들이 일어날 수도 있는 것이다.

그런 예를 직접 본 적이 있다. 히스테리 증세를 보이던 그 여인은 내가 느낀 바로는 무의식에서 무엇인가를 받는 것 같았다. 아마 여러분도 그런 상황을 본 적이 있을 것이다. 사람들이 곤경에 처해 있는데 그들을 거기서 구해낼 방법을 정확히 모를 때, 아니면 일들이 매우 불분명할 때, 그런 상황 앞에서 사람은 자연히 무엇인가가 나타나야 한다는 감정을 품을 수 있다. 문제 해결에 필요한 어떤 암시가 제시되거나 아니면 또 다른 어떤 요소가 작용해야 한다는 식으로 말이다.

그런 상황에서 그 여자 환자는 그때까지 한 번도 꾸어 보지 않았던 기이한 꿈을 꾸었다. 이런 내용이었다. 밤에 잠에서 깨어났다가 자신이 잠에서 깨어나게 된 원인이 방을 밝히고 있던 이상한 불빛 때문이었다는 것을 알게 되었다. 우선, 그녀는 잠자리에 들기 전에 자신이 전기 스위치를 끄지 않았는데도 전구에 불이 들어오지 않았을 수 있다고 생각했다. 불빛이 사방으로 퍼져 보였으며, 그래서 그녀는 불빛이 어디서 오는지를 파악하지 못하다가 마침내 그것이 발광체가 여럿 모여 있는 곳에서 나오고 있다는 것을 알게 되었다. 드리워진 커튼 속에서 둥근 발광체들이 보였다. 바로 그때 그녀는 잠에서 깨어났다.

물론 평범한 꿈은 아니었다. 그것은 정신적 현상이었다. 정신적 현상이 표면화된 것이라고 볼 수 있는 꿈이었다. 이런 기이한 현상을 이론적으로 깊이 파고들진 않겠지만, 그것은 정신적인 일들을 구체화한 꿈이었으며 우리는 이것을 하나의 사실로 받아들이는 것으로 만족해야 한다.

나는 그녀에게 무엇인가가 다가오고 있다고 일러주었다. 경험을 통해서 나는 그런 꿈 또는 비슷한 사실이 일어날 때 다른 무엇인가가 곧 모습을 드러낼 것이라는 점을 알고 있었다. 나는 심리적인 일이라고 부를 수 있는 무엇인가를 발견하게 될 것이라고 예상했지만, 대신에 유리잔과 관련 있는 기적이 일어났다.

그녀는 어느 날 아침 7시에 깨지는 소리와 물방울이 똑똑 떨어지는 소리에 눈을 뜨고는 침대 옆 작은 테이블 위의 물 잔에서 물이 떨어지고 있고 또 잔 둘레가 완벽한 무늬를 이루며 갈라져 있다는 사실을 발견했다. 그래서 그녀는 가정부를 불러 물을 다른 잔에 담아달라고 부탁하고 다시 잠을 청했다. 그런데 똑같은 소리가 또 다시 들렸다. 그리고 똑같은 일이 벌어졌다. 당연히 그녀는 흥분하면서 참 이상한 일도 다 있다고 생각했다.

그녀는 다시 벨을 눌렀고, 가정부는 그녀에게 새 잔을 갖다 주었다. 그런데 똑같은 일이 한 번 더 일어났다. 똑같은 일이 3번이나 일어난 것이다. 유리잔 3개가 똑같이 금이 갔는데, 무늬마저도 똑같았다.

이것이 내가 관찰한 전부가 아니다. 나에게도 유리잔이 있었는데, 그것도 똑같은 방식으로 갈라졌다. 이것은 외면화된 현상이며, 심리적 사건들의 특이한 실체를 보여주고 있다. 그런 일은 특별한 상황에서 일어난다. 아득히 먼 옛날부터 관찰되어 온 이런 현상은 귀신의 땅 같은 것이 실제로 존재할지도 모른다는 생각을 품게 만들며, 무의식 속으로 내려가는 것은 언제나 저승으로 내려가는 것으로, 사자(死者)들과의 잃어버린 연결을 다시 확립하는 것으로 여겨졌다.

매우 훌륭한 예가 호메로스의 작품에 등장한다. 율리시스가 저승으로 내려가는 대목이다. 제물로 바쳐진 양의 피를 먹어서 그런지 귀신들이 너무나 팔팔하고 말까지 할 수 있다. 율리시스는 칼을 휘둘러서 귀신들을 쫓아야 했고, 일부 귀신들에게만 양의 피를 마시도록 허용한다. 이 귀신들은 사람들의 귀에 들릴 만큼 큰 소리로 말을 하고 자신의 모습을 분명하게 드러낼 수 있을 만큼 충분히 먹었다.

저승으로 내려가는 고대의 이야기들은 모두 비슷하다. 말하자면 무의식에 접근하는 원시적인 방법이었던 것이다. 그리고 우리 시대에 무의식에 접근할 때에도 종종 그런 기이한 현상이 특징처럼 나타난다. 이 현상은 현실 속에 나타나기도 하고 기이한 종류의 꿈에 나타나기도 한다. 이런 꿈들로부터 나는 무의식이 의식적인 심리보다 훨씬 덜 시시하고 훨씬 덜 추상적이라는 인상을 강하게 받는다. 무의식에는 어떤 실체에 다가서는 뭔가가 있기 때문이다.

그래서 니체가 여기서 사용하는 비유는 부분적으로 시적인 이미지이며, 그런 이미지를 사용하는 것은 부분적으로 원시적인 이유들 때문이다. 사자(死者)들의 땅은 종종 섬이다. 죽은 자들이 묻히거나 귀신들이 사는 것으로 여겨지는 행복의 섬이나 불멸의 섬, 무덤의 섬인 것이다. 아니면 사자들의 땅은 숲 또는 특별한 산이다. 스위스에서는 지금도 사자들의 귀신이 빙하를 즐겨 찾는 것으로 여겨진다.

내가 방문했던 아프리카 지역에선 엘곤 산에서 유난히 대나무가 빽빽이 우거진, 소위 뱀부 벨트가 정령들이 사는 곳으로 이야기되곤 했다. 거기서 사람들은 정말로 특별한 인상을 받는다. 대나무는 매우 빨리 자라고 또 거대하다. 바람조차도 대나무 숲을 파고들지 못하고 대나무 숲의 겉을 휘감다가 허공으로 사라진다. 그래서 대나무 숲 안엔 절대 고요가 흐른다. 발자국 소리마저도 이끼에 삼켜져 버리고, 땅바닥을 덮은 나뭇잎이 얼마나 깊은지 발목까지 빠진다.

그곳엔 새조차 살지 않는다. 그래서 정말로 소리 하나 없다. 푸르스름한 어둠이 있어서 대숲 안에 있으면 마치 물속에 있는 듯하다. 원주민들은 귀신들을 무서워하며 대나무 숲으로 들어가지 않기 위해 온갖 잔꾀를 다 쓴다.

그렇다면 니체가 바다의 침묵의 섬을 그린 그림은 꽤 전형적이며, 그는 죽은 자들이 사는 곳에 닿기 위해 바다를 항해해야 한다. 아마 스위스의 유명한 화가 아르놀트 뵈클린(Arnold Böcklin)이 그린 '사자의 섬'이라는 그림을 본 사람이 있을지 모르겠다. 그림엽서에 쓰이면서 흔히 접할 수 있게 된 그림이다. 니체는 거기서 무엇을 만날까? 그는 이렇게 말한다.

> 속으로 이렇게 결심하면서, 나는 바다를 항해한다.
> 오, 내 젊은 시절의 추억과 장면들이여! 오, 사랑의 모든 눈길들이여!
> 거룩한 순간들이여! 그대들은 어찌하여 그렇게 빨리 사라졌는가! 오늘
> 나는 죽은 친구들을 생각하듯 그대들을 그리워한다.

그를 만나러 오고 있는 저승의 그림자들이 그의 개인적인 추억으로 설명되고 있다. 물론 매우 현대적인 관점이다. 원시적인 관점을 가진 사람에겐 그것들이 과거의 귀신처럼 보였을 것이다. 그림자가 아니라, 죽은 자들의 귀신처럼 보였을 것이란 뜻이다. 율리시스가 자기 어머니의 정신을 만나서 그녀를 다시 포옹하는 것처럼 말이다. 우리 현대인은 "어머니의 기억이 아주 생생해. 마치 살아 있는 것 같아."라고 말하곤 한다. 그러나 원시적인 사람에겐 어머니가 현실 속에, 말하자면 그림자의 형태로 나타난다.

밤마다 선교사와 나란히 모닥불 앞에 앉곤 했던 흑인 꼬마 소년에 관한 이야기를 알고 있을 것이다. 선교사는 소년이 언제나 쌀을 한 그릇 자기 옆에 놓고서는 마치 누군가와 의견을 주고받듯 말을 한다는 사실을 알았다. 그래서 선교사가 소년에게 그 이유를 물었다. 그러자 소년은 "어머니가 매일 밤 여기 와서 모닥불 가에 우리와 나란히 앉아 있어요. 당연히 어머니와 대화하는 거지요."라고 대답했다. 이에 선교사는 "너에게 어머니가 계신다는 것을 몰랐구나. 그런데 여긴 아무도 없는데…"라고 말했다. 소년은 이렇게 대답했다. "당연하죠. 저에게도 어머니가 보이지 않아요. 그래도 어머니는 여기 있어요. 내가 말을 걸면 어머니는 언제든 대답을 해요." 우리도 밤에 모닥불 가에 앉으면 죽은 부모나 죽은 친구들 생각이 떠오르는 것을 경험했을 것이다. 이렇듯 사람이 꿈을 꾸기 시작하도록 만드는 것은 모닥불의 마법이다. 물론 여기서 말하는 꿈은 회상을 의미한다.

당신이 과거의 추억에 사로잡혀서 그 추억의 유혹을 따라가는 것, 그것도 무의식에 접근하는 한 가지 길이다. 이것을 그림으로 그려보자. 나는 자아를 하나의 원으로 그렸다. 정신 구조의 첫 번째 층이 아마 추억 혹은 기억, 즉 재생 기능(1)일 것이다. 바깥(5)은 외부 현실에 적응하는 유명한 4가지 기능들이다.

이 기능들은 우리의 심리적 공간 안에서 방향성을 잡아주는 기능들로서 우리에게 많은 이바지를 한다. 당신은 이 기능들을 의지로 조정한다. 이 기능들이 당신의 의지력에 복종하는 한, 당신이 기능들에 방향을 제시할 수 있는 것이다.

대체로 보면 적어도 한 가지 기능은 두드러진다. 그래서 당신은 이 기능을 쉽게 이용할 수 있다. 당연히 열등 기능도 있다. 하지만 열등한 기능은 의지대로 쉽게 이용되지 않는다. 이 층들 중 두 번째, 즉 가운데를 둘러싸고 있는 층은 감정의 원천인 정서로 이뤄져 있다. 여기서(2) 무의식이 침투를 시작한다. 자아 안으로 깊이 들어갈수록, 당신은 의지력을 더 많이 잃게 된다. 이 안쪽 영역에서 당신은 지배자가 되지 못하고 낯선 의지력의 희생자가 되기 쉽다. 이 낯선 의지력은 중심(4)의 어딘가에서 나온다. 그것을 당신은 "본능"이라고 불러도 좋고 아니면 "리비도"나 "에너지"라 불러도 좋다. 그런데 당신은 이 낯선 의지력을 따르게 되고 따라서 점점 더 수동적으로 변한다.

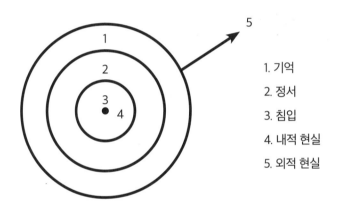

1. 기억
2. 정서
3. 침입
4. 내적 현실
5. 외적 현실

우리는 각자의 기억을 어느 정도까지 통제하면서 재생 능력을 이용할 수 있다. 예를 들면, 어떤 기억에게 나오라고 명령할 수 있는 것이다. 그런 한편, 대부분의 경우를 보면 우리의 재생 능력의 자발성이 스스로 기억을 불러낸다.

기억이 밖으로 나오지 않으려고 버티는 경우가 종종 있다. 어떤 이름이나 사실을 떠올리려고 하는데 좀처럼 떠오르지 않는 경우가 그런 예이다. 그러다 갑자기 어느 순간에 그 이름이나 사실이 저절로 떠오른다.

간혹 기억이 대단히 성가시게 굴기도 한다. 필요하지 않을 때에는 떠오르다가도 간절히 필요한 때에는 도무지 떠오르지 않는 것이다. 정서(2)의 차원으로 들어가면, 기억은 이보다 훨씬 더 귀찮게 군다. 당신은 의지로 정서를 일으키지 못한다. 정서는 저절로 일어난다. 그런 정서를 누르고, 통제하며, 가만히 있도록 만드는 것은 정말 힘든 일이다. 그러다 가끔은 당신이 정서에 떼밀려 나가떨어지기도 한다.

이보다 더 들어가면, 이제 내가 침입이라고 부르는 단계에 이른다. 여기선 무의식의 파편들이 돌연 의식을 뚫고 들어가며 가끔 의식을 심각하게 뒤흔들어 놓는다. 이때 무의식의 파편들은 감정을 수반하고 있으며 추억의 형식으로 나타난다.

그래서 니체도 무의식의 세계로 내려가면서 가장 먼저 자신의 추억들을 만났다. 이 추억들엔 감정이 수반되고 있으며 당연히 무의식이다. 이 추억들은 정말로 무의식이며, 그래서 니체는 그것을 "사자(死者)들의 섬"이라고 부른다.

도표 상의 한가운데 점(4)은 무의식의 대양이다. 당연히 나는 무의식의 대양을 하나의 점으로 나타내야 한다. 내가 이 핵심적인 정신적 사실에 밖의 허공으로부터 접근하고 있기 때문이다. 실제로는 이와 정반대의 그림이 될 것이다. 바깥(5)이 거대한 대양이고 거기에 의식의 섬이 자리 잡고 있을 것이지만, 안쪽을 보면 무의식은 작은 점처럼, 대양의 작은 섬처럼 보인다. 그리고 이 대양도 우리의 내면에 있는 것으로 여겨지기 때문에 아주 자그맣다. 이런 차이는 우리의 의식의 구조 때문에 생겨나는 일종의 착시이다. 무의식을 다양한 각도에서 탐구하는 것도 재미있는 일이다. 작은 것보다 더 작으면서도 큰 것보다 더 큰 것이 무의식이다.

> 지금은 죽고 없는 사랑하는 나의 벗들이여, 그대들로부터 달콤한 향기
> 가 나에게로 밀려와 가슴을 열고 따뜻하게 녹여주는구나. 정말로, 그대들
> 의 향기는 외로이 바다를 항해하는 나의 가슴을 흔들어 열어주는구나.

니체는 자신에게로 다가오고 있거나 아니면 자신이 다가서고 있는
것을 과거의 추억으로 느끼거나 해석하고 있다. 그러나 첫 문장을 보
면, 그가 마치 바다를 여행하다가 죽은 자들의 섬에 닿는 것처럼 보인
다. 그런 다음에 거기에 닿자마자, 니체는 그림을 거꾸로 돌리며 추억
이 그에게 다가오고 있다고 말한다. 그래서 그가 섬이 되고, 추억이 무
리지어 그에게 몰려온다.

한편으로, 그는 바다의 그림 속에 있고, 또 시신을 싣고 무덤의 섬으
로 항해하는 카론(저승의 강을 오가는 나룻배의 사공/옮긴이)의 배 안
에 있다. 그는 항해자이다. 다른 한편으로, 그는 추억을 간직하고 있는
사람이다. 그래서 그는 두 가지 진술을 결합시킨다. 말하자면, 무의식
은 그가 바다 어딘가에서 잃었다가 발견한 작은 섬이고, 동시에 그는
추억이 밀려들고 있는 섬이다.

> 더없이 고독한 내가 아직까지 가장 풍요롭고 또 많은 선망을 받는 존
> 재로구나! 내가 그대들을 소유했고, 그대들이 지금도 여전히 나를 소유
> 하고 있기 때문이다. 말해다오. 나무에서 나에게 떨어진 것과 같은 장밋
> 빛 사과가 다른 누구에게도 떨어졌는가?

여기서 두 가지 관점이 결합되고 있는 것이 보인다. "내가 그대들을 소유했고"라는 문장 다음에, 이와 정반대인 "그대들이 나를 소유했다"는 문장이 나온다. 그는 항해자를 자처하고 나서면서 그 섬을 소유할 뜻이었지만, 만일 그가 섬이라면 추억들이 그를 소유할 것이다. 추억들은 무의식에서 올라오는 항해자들이다.

> 오, 사랑하는 그대들이여, 나는 지금도 여전히 그대들의 사랑의 상속자이며 그대들의 추억을 다채롭고 무성하게 자라는 미덕으로 가꾸고 있다.
> 아, 다정하면서도 낯선 경이인 그대들이여, 우리는 서로 가까이 있을 운명을 타고났다. 그대들은 소심한 새들이 아니라 서로를 믿음으로 신뢰하는 자로서 나와 나의 소망을 찾아왔다.

그는 지금 추억이 찾아오고 있는 그런 존재의 형식 또는 상황에 처해 있다. 무의식이 먼저 개인적인 추억의 형식으로, 그리고 열등한 기능의 형식으로 나타난다. 추억들은 열등한 기능의 성격에 의해 채색될 것이다.

니체의 경우, 열등한 측면이 감각과 감정이다. 직관이 가장 뛰어나고 지성이 두 번째로 발달했다. 이제 열등한 기능인 감각이 추억에 구체적인 현실성을 부여하고 있으며, 이미지가 특별히 구체적인 것도 그 때문이다.

예를 들어, 추억의 "달콤한 향기"나 "장밋빛 사과" 같은 표현이 열등한 감각을 보여주는 구체적인 디테일이다. 감정은 그야말로 감정에서 끝나지 않고 감상적이기까지 하다. 그러기에 이 장의 경우에 대체로 감정은 신뢰하기 어렵다.

잘 아시다시피, 열등한 감정은 언제나 감상성이라는 특별한 성격을 띠는데, 이 감상성은 야만성의 형제이다. 감상성과 잔인성은 상반된 것들의 짝을 이루며, 이 둘은 서로 거리가 매우 가깝기 때문에 여차 하면 이것에서 저것으로 변할 수 있다.

그렇다. 나처럼 성실을 위해, 그리고 영원을 위해 태어난 그대들을 나는 지금 불성실하다고 부를 수밖에 없다. 그대 성스런 눈길과 순간의 번득임이여, 나는 아직 그대들을 부를 다른 이름을 찾지 못했다.

정말로, 그대 도망자들이여, 그대들은 너무 일찍 죽었다. 그럼에도 그대들도 나로부터 달아나지 않았고, 나도 그대들로부터 달아나지 않았다. 불성실에 관한 한, 우리는 서로에게 아무런 죄가 없다.

이런 생각들은 그와 그의 열등 기능 사이의 관계가 어떤지를 말해준다. 특히 감정과 과거의 추억에 대한 니체의 생각을 엿보게 한다. 니체는 여기서 불성실에 대해 이야기하고 있다. 여러분도 아마 니체가 이 작품을 구상할 당시의 분위기를 잘 알고 있을 것이다. 그의 나이 37세였고, 격변이 다가오고 있던 때였다.

그 나이라면, 자연히 인생에서 자아 목표가 약해지고 인생 자체를 성취하는 것이 중요해지며 다른 원칙이 시작되는 때이다. 그 나이가 되기 전까지, 추억에 불성실한 것은 꽤 정상이다. 앞의 도표를 이용해 바꿔 말한다면, 의지를 자아 목표에 적용하기 위해 중심에서 벗어나는 것(5)이 꽤 정상이다. 그러나 인생 중반에 이르면, 갑자기 내면의 영역이 권리를 주장하고 나서는 시기가 온다. 이때가 되면, 우리는 자신의 운명을 스스로 결정하지 못하고, 일들이 우리에게 강요되고, 마치 우리의 의지가 우리 자신으로부터 벗어나는 것처럼 보인다. 그러면 우리는 속박된 상태에서 어렵게 노력해야만 자아 목표를 추구할 수 있게 된다.

이때 일들이 자연스럽게 돌아간다면, 의지는 자아 목표에 적용될 때 조차도 더 이상 우리의 선택을 따르지 않고 중심(4)에서 나오는 일종의 명령을 따를 것이다. 그때도 우리가 일종의 착각 때문에 그 목표를 우리 자신의 목표로 생각하겠지만, 속을 깊이 들여다보면 실상은 영 딴판이다. 그러나 이때 내면을 살필 기회를 어느 정도 갖는다면, 우리는 우리가 목표를 선택하는 것이 아니라 목표가 우리를 위해 선택된다는 점을 매우 분명하게 보거나 느낄 것이다.

열등 기능이 작동하고 나서면, 당신은 당신 자신에게 관심을 돌리지 않을 수 없게 된다. 열등 기능은 당신을 외부 세계와 분리시킨다. 열등 기능이 외부 세계와 완전히 일치하는 것처럼 보이고 또 당신이 당신 자신의 내면에서 완전히 빠져나온 것처럼 보일 때조차도, 당신이 외부 세계와 분리되는 현상은 반드시 나타난다. 열등 기능을 추적한다면, 당신은 자신이 세상과 분리되고 있다는 것을 관찰할 것이다. 당신의 열등 기능이 전면에서 작용할 때, 당신이 주변에, 그리고 당신의 가족과 친구들 사이에 너무나 많은 오해를 불러일으키면서 즉시 소외될 것이기 때문이다.

니체가 여기서 불성실에 대해 이야기할 때, 그는 자신이 그때까지 삶을 살아오면서 상당한 기간 동안 기억의 세계와 분리된 상태에서, 또 자기 자신으로부터 멀찍이 떨어진 상태에서 앞을 보고 살았다는 사실을 암시한다. 지금 그는 갑자기 그 기억의 세상이 지금도 존재하고 있으면서 여전히 그에게 엄청난 마법을 발휘하고 있다는 사실을 깨달는다. 그래서 그는 그것이 불성실이 아니었다는 점을, 그가 언제나 기억의 세상을 사랑하고 있었다는 점을, 그 세상으로부터 그를 떼어놓은 것은 단지 운명일 뿐이었다는 점을 자신에게 설명해야 한다. 그것은 불성실처럼 보일 수도 있지만 실제로는 불성실이 아니다. 여기서 새로운 측면이 한 가지 나타난다.

> 나의 희망을 노래하는 새들인 그대들이여, 나를 죽이려고, 사람들이 그대들의 목을 졸랐어! 그렇다. 너무나 사랑하는 그대들이여, 악의가 그대들에게 화살을 쏘았다. 나의 심장을 뚫기 위해서!

이 구절은 이해가 쉽지 않다. 여기서 갑자기 니체는 무엇인가가 그를 추억들로부터 떼어놓았다는 것을 깨닫는다. 그는 갑자기 자신의 과거와 헤어진 것 같은 느낌을 받는다. 그의 과거에 무슨 일인가 일어난 것 같다. 그럼에도 그는 자신이 과거의 모든 경험에 관한 기억을 사랑하고 있다는 사실을 확인한다.

충분히 이해할 수 있듯이, 인생의 그 시기엔 과거는 더 이상 과거가 아니며 과거는 죽음을 당했다. 그 시기의 사람은 더 이상 과거의 그 사람이 아니다. 과거의 그 사람은 과거와 기억을 외면하며 살았지만, 지금 과거와 기억으로 돌아가고 있는 사람은 새로운 사람이다. 그래서 옛날의 사람은 죽은 것처럼 보인다. 그는 그 과정을 거꾸로 돌리지 못한다. 그가 그렇게 하려고 노력할지라도, 그는 더 이상 그런 식으로 살지 못한다. 그래서 그는 무엇인가가 죽음을 당한 것처럼 느낀다. 불성실의 느낌이 그의 옛 자기를 이뤘던 기억들이 죽었다는 사실에서 비롯되기 때문이다.

당연히 이것은 주관적인 해석이다. 마치 심술궂은 어떤 사람이 자신의 기억들을 그림자로 만들기 위해 은밀히 살해한 것 같다. 그러나 그 사람의 기억들은 그림자가 되지 않았으며, 오히려 그 사람이 하나의 그림자가 되었다. 아시다시피, 니체는 "나를 죽이려고 사람들이 그대들의 목을 졸랐어!"라고 말하고 또 그들을 맞힌 화살들이 그를 죽이기 위해 그의 가슴까지 맞혔다고 말할 만큼 대단히 직관적인 사람이다. 그래서 그는 자신의 추억이 아니라 자신이 다소 그림자 같은 존재가 되었다고 직관적으로 느낀다.

그러나 그는 마치 추억들이 죽음을 당한 것처럼 말하는데, 그것은 투사이다. 자신의 기억으로서의 그가, 그러니까 과거의 존재가 죽음을 당하는 것이다. 그런 식의 기능이 더 이상 가능하지 않기 때문이다. 그는 그런 기능으로 돌아가지 못한다. 그리고 이것은 새로운 경험이다.

> 그리고 그들은 명중시켰다! 그대들이 언제나 내가 너무나 사랑한 존재
> 이고 나의 소유이자 나를 소유한 존재들이었기 때문이다. 그래서 그대
> 들은 일찍이 젊어서 죽어야 했다!

그들이 죽어야 했던 이유를 이해하기가 쉽지 않지만, 나는 그것이 그의 경험의 투사라고 단정한다. 그가 어느 정도 그림자가 되었고, 그가 더 이상 과거의 그 사람이 아니라는 뜻이다. 다음 인용에서 그 점이 더 분명하게 드러난다.

> 그들은 나의 가장 약한 부분을 향해 화살을 쏘았다. 피부가 솜털과 같
> 거나 단 한 번의 눈길에도 사라지고 마는 그런 미소와 같은 그대들을 향

해서!

이 이미지는 그의 열등감이 지나치게 민감하다는 사실을 보여주고 있다. 등에 아주 취약한 부분을 가진, 그리고 바로 그 부분 때문에 죽은 지그프리트 같다. 추억, 즉 뒤를 돌아보는 것, 그것은 약점이다. 그럼에도 그것은 우리가 온 곳이며 또 우리가 돌아갈 곳이다. 그것은 사자(死者)들의 섬이다. 영혼이 잠들 때 다음 생을 기다리기 위해 찾고 또 다시 태어나는 곳이다.

그리고 그것은 무의식이다. 우리는 무의식에서 와서 무의식으로 돌아가며, 무의식을 원시적인 언어로 표현하면 "귀신의 땅"이 된다. 우리가 온 우리의 기원인 귀신의 땅은 우리의 내면에서 약점이 된다. 최초의 생명이 탯줄을 통해서 우리 안으로 흘러들어오는 곳으로 여겨지는 배꼽처럼, 어찌 보면 귀신의 땅은 잘 보호되지 않는 곳이고 결국엔 우리를 죽일 곳이고 죽음이 다시 들어가는 곳이다.

그리고 이것이 '임계점'(臨界點) 같은 것이기 때문에, 사람들은 거기서 멀리 벗어나려고 애를 쓴다. 사람은 기억의 세계를 멀리하는 가운데 살아가고 있다. 사람이 살아가기를 원한다면, 그 같은 현상은 매우 유익하고 반드시 필요하다. 그렇지 않고 기억에 사로잡혀 지낸다면, 사람은 새로운 조건에 적응하지 못한다.

영원히 과거에 사로잡혀 사는 사람이 간혹 보인다. 그런 사람은 현실에 절대로 적응하지 못한다. 새로운 상황을 절대로 이해하지 못하기 때문이다. 그런 사람에겐 새로운 상황마저도 언제나 옛날의 상황처럼 보일 것이다. 그런 사람은 기억을 절대로 망각하지 못한다. 자기 부모에게 적용하던 방식이 결코 지워지지 않는 모델로 버티고 있기 때문이다.

그러기에 사람은 현실에 적응하기 위해서 자신의 기억과 과거에 사랑했던 모든 것에 불성실해야 한다. 순수한 불성실이라고 할까. 당신은 현실에 적응하기를 원한다면 과거로부터 멀찍이 떨어져 있어야 하고, 당신 자신이 어떤 존재였다는 것을 망각해야 하고, 당신 자신을 의식하지 말아야 한다. 인생의 어느 시점까지는 그래야 한다. 그러다가 그런 식으로 사는 것이 더 이상 불가능하게 된다. 당신이 당신 자신이기를 원할 때, 당신은 과거를 망각할 수 없게 되고 과거 또한 더 자주 당신에게 돌아오기 때문이다.

예를 들면, 나이 든 사람들이 젊은 시절에 대한 생각을 많이 한다는 것은 잘 알려져 있다. 젊은 시절의 기억들이 당혹스러울 만큼 자주 떠오른다. 그들이 과거의 기억에 사로잡혀 지내는 탓에 새로운 것이 전혀 각인되지 않기 때문이다. 그것은 정상적인 현상이다. 나이 든 사람의 경우엔 의식을 약간 상실하면서 유아기 기억에 대해 이야기할 때에만 비정상적인 현상으로 봐야 한다.

약하거나 부드러운 부분은 어린 새와 비슷하여 쉽게 파괴된다. 약한 부분은 지나치게 민감하고, 다루기 어렵고, 취약하다. 그것이 우리의 열등 기능이기 때문이다. 기억들은 우리가 아직 전혀 적응하지 않은 채 완전히 어린이로 남아 있는 곳, 그러니까 우리가 여전히 과거를 살고 있는 곳이다. 따라서 과거를 살고 있는 한 우리는 환경에 휘둘리게 되어 있다. 게다가, 적응되지 않은 상태는 곧 다루기 어려운 상태이고, 다루기 어려운 존재가 된다는 것은 곧 폭력으로 환경을 지배하려 드는 폭군이 된다는 뜻이다.

적응되지 않은 사람들은 삶을 살아가기 위해서 폭군이 될 수밖에 없다. 그들은 자기 외의 다른 사람들을 억압함으로써 일종의 적응을 성취한다. 환경을 억누름으로써 나름의 적응을 이루는 것이나 마찬가지이다. 이제 니체는 이렇게 말한다.

> 그러나 나는 적들에게 이렇게 말하리라. 그대들이 나에게 한 짓에 비하면 살인 같은 것은 아무것도 아니야!

이는 그의 열등 기능이 특별히 더 취약하다는 점을 보여주고 있다. 그는 자신의 기억으로 눈을 돌리면서 돌연 과거에 대해 원한을 품는다. 그가 볼 때 자신이 주변 환경에 무서울 만큼 짓눌렸던 것처럼 보인 것 같다. 누구나 그런 식으로 느끼지만, 그는 유독 자신의 환경에 폭군처럼 나온다.

> 그대들은 나에게 살인보다도 더 악한 짓을 했다. 그대들은 나로부터 되돌릴 수 없는 것을 빼앗아 갔다. 이렇게 나는 그대들에게 말하노라, 적들이여!

니체는 여기서 자신이 빼앗긴 것이 무엇인지를 설명한다. 아시다시피, 그는 죽음을 당하고 그림자가 되었지만, 그 점을 그는 모르고 있다. 그래서 그는 기억의 세계를, 말하자면 그가 사랑하고 즐겼지만 한 동안 무시하고 있었던 사랑스런 것들에 관한 초기의 기억 모두를 빼앗겼다고 단정한다. 그리고 기억의 세계로 다시 돌아오면서 그는 거기서 무슨 일이 벌어졌다는 것을 발견한다. 기억의 세계가 죽음을 당한 것 같이 보인다.

그는 자신이 변한 까닭에 더 이상 똑같은 사람이 아니라는 것을 깨닫지 못한다. 그래서 그는 돌이킬 수 없는 상실을 겪었다고 느낀다. 돌이킬 수 없는 것이란 되살려낼 수 없다는 뜻이다. 그것은 영원히 사라져버렸으며, 그에겐 살인처럼 보인다. 그는 적들이 그런 짓을 했다고 생각한다. 당연히 그는 사람에게 영원히 일어나고 있는 어떤 정상적인 사실을 투사하고 있다. 그가 그 같은 사실을 깨닫지 못하고 있기 때문에 그것을 투사하고 있는 것이다.

이것은 매우 평범한 예이다. 많은 사람들이 똑같은 착각으로 힘들어한다. 인생의 어떤 시기부터, 사람들은 다른 사람들이 자신을 교묘하게 조종하면서 온갖 술책을 다 부린다고 믿는다. 아니면 사람들은 매우 운명적인 일이 언젠가 일어나 매우 나쁜 결과를 낳았으며, 그에 대한 책임은 당연히 다른 사람이 져야 한다는 식으로 믿는다. 그들은 그런 착각을 이용해 자신이 달라진 이유를 설명하려고 애를 쓰지만, 실은 그들을 달라지도록 만든 것은 삶 자체이다. 그들은 자신이 생각한 것과 다른 존재로 성장했을 뿐이다.

물론 당신은 다양한 삶의 영역에서도 잘 살아 가고 있다고 단정하기 위해서 어떤 특별한 착각을 가질 필요가 있다. '내가 잘 지내고 있는 그곳이 고향이다'라는 옛 속담도 있지 않은가. 그것은 곧 환경이 호의적일 때 당신은 제대로 살 수 있고 당신 자신의 모습을 지킬 수 있다는 뜻이다. 그러나 그런 착각을 갖기 위해서, 당신은 당신 자신이 과거에 어떤 존재였는지, 지금 어떤 존재인지를 잊어야 한다. 당신의 현재 모습이 곧 당신의 과거 모습이 모두 축적된 것이기 때문이다. 당신은 지금까지 당신과 함께했던 것들을 어디든 데리고 다닌다는 뜻이다.

당신의 현재 모습과 당신의 과거 모습 사이에 일종의 무의식의 층을 가로놓을 수 있을 때에만, 당신은 온갖 종류의 적응을 이룰 수 있게 된다. 물론, 당신은 그런 착각을 위해 기억 세계의 상실이라는 대가를 지불한다. 당신이 지금까지 축적해 온 것들을 망각할 수 있어야 한다는 뜻이다. 그러나 실제로 보면 당신은 그 기억을 진정으로 버리지 못한다. 그 기억은 언제나 거기에 있지만, 그것은 벽장 속의 해골 같은 것, 즉 당신의 비밀이 된다. 다시 말해, 그것이 당신이 지금까지 이뤄 놓은 것을 허물어 버릴 수도 있기 때문에 당신이 언제나 무서워하는 그런 것이 된다는 뜻이다.

당신의 기억은 벽장 속에 비밀로 지켜지는 가운데서도 끊임없이 당신에게 당신이 어떤 존재인지를, 또 당신이 어떤 존재였는지를 상기시킬 것이다. 그러다가 그 기억이 나타나기 시작할 때, 만일 그것이 외부 세상에 있던 그 사람의 관심을 끌면서 그 사람을 과거의 존재로 바꿔 놓는다면, 마치 그가 살인을 당한 것처럼 보인다. 당연히 그 사람은 이 모든 일을 제대로 이해하지 못한다. 그래서 그것은 또 다시 하나의 투사이다. 내가 죽음을 당한 것이 아니라 나의 추억들이 죽음을 당했고 옛날 세계의 아름다움을 빼앗겼으며, 그것은 절대로 되돌릴 수 없는 상실이다.

이것은 신경증 환자의 평범한 무의식이고, 신경증 환자의 전형적인 착각이다. 잘 아시다시피, 신경증을 앓는 사람들은 자신들이 살고 있다는 사실 자체를 싫어하고 상황에 신경을 쓰면서 온갖 종류의 비난을 타인들에게 투사한다. 신경증 환자들은 자신들이 변했다는 사실을, 또 자신들이 다른 존재가 되었다는 사실을 이해할 생각은 하지 않고 엉뚱하게 어떤 사건들이 자신의 내면의 무엇인가를 파괴했다는 식으로 단정한다.

충분히 이해되는 일이지만, 신경증 환자들이 자신의 모습으로 생각하고 있는 것은 지금의 그들이 아니다. 그들은 자신의 모습이 지금과 같았던 적은 한 번도 없었다고 말하지만, 그들은 언제나 지금과 같은 모습이었다. 단지 그들이 그것을 의식하지 못했을 뿐이다. 그래서 그들이 지금의 모습이 될 때, 그들에게 지금의 모습이 다른 무엇인가로 느껴질 수밖에 없다. 만일 그들이 그 모습을 볼 수 있다면, 그 모습이 변화한 그들이라는 사실이 확인될 것이다.

아무도 그들의 추억들을 살해하지 않았다. 추억들이 죽었을 뿐이다. 말하자면 예전의 사람이 죽은 것이다. 그 추억들은 지금 귀신이 되어 있으며, 더 이상 그들이 살아 있는 것으로 이해하던 그런 추억들이 아니다. 그들이 살아 있는 것으로 이해하고 있는 것은 착각 속의 존재이다. 예를 들면, 목소리가 좋았던 사람인 경우에 목소리가 살아 있는 존재가 된 것이다.

젊을 때 멋진 테너였던 사람도 인생 후반으로 접어들면 목소리가 갈라지게 마련이다. 그러면 이 사람은 당연히 세상이 자신에게 부상을 입혔다는 느낌을 받는다. 그러다가 그는 그 목소리를 갖기 전의 자신의 모습을 떠올린다. 그의 목소리가 그로 하여금 세상 속에서 완전히 인위적인 환상을 창조하도록 도왔다.

물론 이런 행태는 전적으로 합당하다. 당신도 삶을 살기 위해 당신 자신을 팔아야 하니까. 그래서 당신은 다른 사람들이 돈을 내겠다고 나설 만큼 가치 있는 존재로 세상에 보여줄 어떤 위치를 창조해야 한다. 그러나 그건 진정으로 당신 자신은 아니다. 그것은 당신이 그때까지 축적한 모든 것이다. 그러다가 중요한 그것이 사라지자, 당신은 항상 있어 왔던 어떤 영역 안에서 자신을 발견한다. 그러나 그 영역은 당신이 다시 돌아온 그 순간까지 언제나 무의식의 상태에 있었다.

그것은 언제나 거기에 있었던 하나의 섬이다. 당신은 언제나 그 섬 위에 있었으면서도 당신이 거기에 있다는 사실을 결코 자각하지 못했다. 그런데 지금 착각이 깨어지고, 말하자면 당신이 자신에게 품고 있었던 픽션이 허물어지고 당신이 다시 그 섬으로 오자, 처음으로 그 섬이 의식이 된다. 그 섬이 대단히 음침해 보이지만, 그것이 당신 자신이다.

지금 니체는 그 섬에 대해 꽤 무의식적인 상태에 있다. 그래서 이 대목이 약간 나를 화나게 만든다. 니체가 적들에 대해 이야기하고 또 적들이 가엾은 어린아이에게 한 짓에 대해 이야기하는 부분은 나를 불편하게 만든다. 자연히 나는 여기서 전문가 콤플렉스를 보면서 가증스런 그것을 바로잡아야 한다고 생각한다. 내가 그런 전문가 콤플렉스 때문에 읽기 힘들어 하는 저자들이 몇 사람 있다. 왜 이렇게 혼란스럽게 썼을까? 모두 착각이다.

1938년

니체의 글쓰기 스타일이 대단히 부자연스럽다. 자신을 표현하는 방식이 대단히 과장되어 있고 팽창되어 있다. 그래서 나는『차라투스트라는 이렇게 말했다』중에서 심리학적으로 중요한 사상들을 얻을 수 있는 부분만 특별히 간추려서 다루고 싶다.

이 작품을 분석하면서 언제나 명심해야 할 사항은 차라투스트라가 니체와 정확히 일치하지 않는다는 점이다. 니체가 차라투스트라가 아니기 때문이다. 그럼에도 두 인물은 일종의 개인적 결합 같은 것을 이루고 있다. 니체에게도 "차라투스트라"라 불리는 것이 더 적절한 측면이 있고, 차라투스트라에게도 "니체"라고, 너무나 인간적인 사람이라고 불리는 것이 더 적절한 그런 측면이 있다.

예를 들어 보자, 차라투스트라는 니체의 전문가적 천성에 속하는 개인적 분개로 힘들어 한다. 차라투스트라가 그처럼 평범하게 반응할 것 같지는 않다. 나도 차라투스트라가 당연히 성직자의 스타일을 선호했을 것이라고 단정하지만, 기이한 스타일 중 많은 것은 차라투스트라의 스타일로 돌리기가 거북하다.

차라투스트라는 일종의 '정신'(Geist)이다. 이 단어는 매우 모호하다. 프랑스어로는 'esprit'로 번역될 수 있지만, 영어 단어 'spirit'은 'Geist'라는 단어의 의미를 다 담아내지 못한다. 차라투스트라가 비범한 재능이었다고 말할 수도 있다. '비범한 재능'이라는 단어가 충분히 모호하지 않긴 하지만. 이 점에서 보면, 영어는 지나치게 명확하다고 할 수 있다.

그래도 'Geist'나 'esprit'의 의미를 이해한다면, 차라투스트라의 그릇이 짐작된다. 차라투스트라는 다소 자율적인 존재이며, 니체는 차라투스트라를 분명히 자신의 '더블'(double)로 느끼고 있다. 그러기에 차라투스트라를 니체 본인의 심리로 보아도 무방하다.

그럼에도 책 전편을 통해 나타나는 니체와 차라투스트라의 불길한 동일시 때문에, 니체와 차라투스트라의 요소들 사이에 결합이 지속적으로 이뤄지고 있다. 상식 혹은 합리주의 관점에서 보면, 자연스레 이런 말이 나올 것이다. "어쨌든 차라투스트라라는 인물은 뭔가? 작가의 말을 대신하는 역할에 지나지 않잖아."

그러나 이런 관점은 심리학적인 관점이 아니다. 그런 식으로 접근하면, 차라투스트라의 성격에 나타나는 특성을 놓칠 것이고, 따라서 그런 특성의 표현을 설명하지 못할 것이다. 그래서 우리는 차라투스트라에게 어느 정도의 자율성을 부여해야 한다. 그리고 지금까지 우리는 그를 '정신'이라고 불렀다. 마치 그가 니체라는 존재의 확장인 것처럼. 당연히 이것은 논리적인 과정이며, 사람들은 그런 과정을 '위격'(hypostasis)이라고 부른다. 즉 어떤 것에 본질을 부여하고 존재를 확장하는 것을 의미한다.

이것은 형이상학적 단언이 아니라 심리학적 단언이다. 세상에는 어떤 자율적 존재를 갖는 심리적 요소들이 틀림없이 있다. 무엇인가가 당신에게 닿는 순간, 당신은 어떤 존재를 느낀다. 특히 그것이 당신을 화나게 만드는 것이라면 그 존재가 더욱 절실히 느껴질 것이다. 그러면 그것이 당신에게 닿게 된다. 당신이 그걸 집는 것이 아니라 그것이 당신에게 닿는 것이다. 이것으로 적어도 그 특별한 순간에 당신 자신 안에도 자율적인 요소가 있다는 사실이 확인된다.

이젠 '자기 초월'이라는 장을 보도록 하자. 여기엔 꼭 짚고 넘어가고 싶은 구절이 있다.

> 최고의 현자들이여, 지금 내 말을 들어보라! 나 자신이 삶의 심장 속으로, 그 심장의 뿌리 속으로 파고들어 갔는지 진지하게 조사하라!
>
> 살아 있는 것이 발견되는 곳마다, 나는 거기서 권력 의지를 발견했다. 그리고 하인의 의지 안에서조차도 주인이 되려는 의지가 발견되었다.
>
> 약자는 강자를 섬겨야 한다고 약자가 자신의 의지를 설득하지만, 이 약자도 자기보다 더 약한 자에게 주인 노릇을 할 것이다. 이런 기쁨만은 약자도 좀처럼 포기하지 않으려 한다.
>
> 그리고 약한 자가 자기보다 더 약한 자에게 권력을 행사하면서 기쁨을 느끼기 위해서 자기보다 더 강한 자에게 복종하듯이, 최고로 강한 자들도 권력을 위해 목숨을 건다.
>
> 위험을 무릅쓰고 모험을 감행하고 죽음을 위해 주사위를 던지는 것은 가장 위대한 자의 헌신이다.
>
> 그리고 희생과 봉사, 사랑의 눈길이 있는 곳에, 거기엔 언제나 주인이

되려는 의지가 있다. 그리하여 약한 자는 샛길로 성채 안으로, 강한 자의 심장 속으로 몰래 들어가서 권력을 훔친다.

그리고 이 비밀을 삶 자체가 나에게 말해주었다. 삶은 이렇게 말했다. "보라, 나는 초월되어야 할 그 무엇이다."

이것이 바로 니체의 인생관의 특징이다. 니체는 우선 심리학적 권력 이론을 만들어냈다. 아들러의 심리학을, 소위 개인 심리학을 예고하고 있다. 여러분도 알다시피, 니체는 이미 권력 심리학에 관한 책을 한 권 썼다. 그래서 니체는 여기서 권력 심리학에 대해선 그냥 암시하는 선에서 그치고 있다.

그의 권력 이론은 매우 중요한 진리이지만 완벽한 진리는 아니다. 그럼에도 그 이론은 매우 중요하다. 아주 많은 인간의 반응들이 권력 이론으로 설명된다. 당연히 권력은 불가피하다. 우리 인간에겐 권력이 필요하다. 권력은 하나의 본능이다. 권력 없이는 아무것도 하지 못한다. 그래서 사람이 무엇이든 만들어낼 때마다, 권력의 태도를 갖지 않나 하는 의심을 받게 된다. 어쨌든 그런 사람을 비난하고 싶다면, 그것 또한 권력의 태도이다.

권력 성향을 가진 사람들은 언제나 비난하려는 경향을 보인다. 그들 자신의 내면에 있는 권력의 표현을 비난하기도 하고 다른 사람의 내면에 있는 그런 태도를 비난하기도 한다. 소위 권력 성향은 거꾸로 열등감의 표현이기도 하다. 그렇게 보지 않고는 권력이 이해되지 않는다. 열등감을 극복하기 위해선 권력 성향이 필요하다. 그러나 그런 식으로 권력을 갖게 된 사람은 다시 그 권력 성향 때문에 열등감을 느낄 것이다.

그렇다면 권력 성향과 열등감은 언제나 함께 다닌다고 볼 수 있다. 권력 이론을 가진 사람은 누구나 과대망상의 감정과 연결된 열등감을 갖고 있다는 뜻이다. 물론 권력 욕구는 어느 정도 실현될 수도 있고 또 비교적 잘 숨겨질 수도 있다. 어느 경우든 그 욕구는 거기에 그대로 있다.

권력 성향이 감춰지고 있을 때, 사람들은 주로 열등감에 대해 말한다. 심지어 권력 성향을 분명히 가진 사람들조차도 자신의 열등감에 대해 말하기도 한다. 그러면 주변 사람들은 아마 그들의 겸손과 소박함에 강한 인상을 받을 것이다. 그러나 그 모든 것은 계략에 지나지 않는다. 그 뒤를 보면 과대망상과 권력 성향이 있다. 그것은 찬사를 낚는 것에 지나지 않는다. 그런 사람들은 다른 사람들이 자신을 보고 "아니야, 당신은 그렇지 않아!"라는 말을 하도록 만들기 위해 자신의 무능에 대해 한탄한다. 그건 너무나 유명한 계략이다.

권력의 오용에 관한 한, 니체의 판단은 꽤 정확하다. 그러나 모든 곳에서, 모든 것의 핵심에서 권력을 확인하면서 그것을 존재하고 창조하려는 의지로 해석할 때, 니체는 큰 실수를 저지르고 있다. 그럴 때 니체는 자신의 콤플렉스 때문에 맹목적으로 변한다. 왜냐하면 그는 열등감을 갖고 있는 한편으론 거대한 권력 콤플렉스를 갖고 있었기 때문이다.

현실 속에서 니체는 어떤 사람이었는가? 신경증 환자였고, 편두통과 나쁜 소화기관 때문에 고통 받은 불쌍한 존재였으며, 책을 제대로 읽을 수 없을 만큼 시력이 나빠서 교수직을 포기하지 않을 수 없었던 그런 사람이었다. 게다가 일찍이 걸린 매독이 에로스를 말라 죽이는 바람에 그는 결혼도 할 수 없었다. 그런 사람은 온 곳에서 권력 콤플렉스를 발견하기 쉽다. 콤플렉스라는 것이 다른 사람들을 이해하는 수단이 되기도 하기 때문이다.

콤플렉스를 가진 사람은 곧잘 다른 사람도 똑같은 콤플렉스를 가지고 있다고 단정한다. 만약에 당신이 자신도 권력을 추구하는 열정을 갖고 있다는 사실을 알고 있으면서 다른 사람들도 권력에 대한 열정을 갖고 있을 것이라고 단정한다면, 당신은 진리에서 그리 멀리 벗어나 있지 않다. 그러나 권력을 갖고 있는 사람도 있고 시력이 좋은 사람도 있고 편두통이 없는 사람도 있고 일을 잘 처리하는 사람도 있는 것이 너무나 자연스러운 현상인데, 그런 사람들을 두고 "권력" 운운하는 것은 터무니없는 짓이다. 그 사람들은 단지 무엇인가를 창조하고 또 긍정적일 뿐이다. 그때 악마가 다른 구석에서 그 사람들에게 접근하고 있을 것인데, 그것을 권력 심리학자는 절대로 보지 못할 것이다.

당연히 니체는 여러 면에서 열등한 편에 속한다. 그런 경우에 유일한 열정 혹은 야망은 이것이다. 어떻게 하면 정상에 닿을 수 있을까? 어떻게 하면 성공을 거두고 강한 인상을 줄 수 있을까? 니체의 스타일은 쉽게 권력 스타일이 되고, 그는 선전자가 되어 단어로 엄청난 소란을 떨게 된다. 무엇을 위해서? 강한 인상을 남기기 위해, 자신이 어떤 존재인지를 보여주기 위해, 모든 사람이 자신의 말을 믿도록 하기 위해서다. 그렇다면 여기서 그의 열등감이 어느 정도로 치열했는지 결론을 내릴 수 있다. 마지막 문장을 보자.

그리고 이 비밀을 삶이 나에게 말해주었다. 삶은 이렇게 말했다. "보라, 나는 초월되어야 할 그 무엇이다."

이것은 훌륭한 결론이다. 열등감으로 악순환의 고리를 일으킬 권력 상황은 더없이 불만족스러우며, 그래서 그 상황은 초월되어야 한다.

사실, 삶은 스스로를 초월한다. 삶은 언제나 스스로를 해체하면서 새로운 하루를 창조하고 새로운 세대를 창조한다. 그렇듯 삶은 언제나 불완전하지만, 권력의 측면에서 보면 삶이 반드시 불완전한 것은 아니다.

삶은 파괴와 창조가 반드시 수반되는 에난티오드로미아의 법칙을 따라야 한다. 완전히 정적인 사물은 어떠한 존재도 갖지 못한다. 사물은 반드시 어떤 과정에 놓여 있어야 한다. 그렇지 않은 사물은 절대로 지각되지 않을 것이다. 따라서 진리는 변화하는 한에서만 진리일 수 있다. 이제 이 장의 마지막에 다다랐다.

> 그리고 선과 악 속에서 창조자가 되어야 하는 사람은 정말로 파괴자부터 되어야 하고 가치들을 산산조각으로 깨뜨려야 한다.
> 이리하여 최악의 악은 최고의 선에 속한다. 그러나 그것은 창조하는 선이다.
> 최고의 현자들이여, 그런 것에 대해 떠벌리는 것이 좋지 않다 하더라도 우리는 거기에 대해 말해야 한다. 침묵하는 것이 가장 나쁘다. 억눌린 모든 진리들은 독이 될 테니까.
> 그리고 우리의 진리로 깨뜨릴 것이 있으면 모두 깨뜨리도록 하라. 세워야 할 집이 아직도 많지 않은가!

이것은 "삶은 스스로를 초월하는 것"이라는 문장을 달리 쓴 것이다. 바꿔 말하면, 존재하는 모든 것은 새로운 무엇인가로 창조되기 위해 파괴되어야 한다는 뜻이다.

물론 이것은 일방적인 진리이지만 혁명적인 진리이다. 니체는 혁명적인 우리 시대의 선구자였다. 그는 그것이 시대의 진리이며 또 감춰서도 안 된다는 것을, 또 많은 낡은 것들이 지나치게 성숙한 나머지 정말로 썩기 시작하고 있다는 것을 강하게 느꼈다. 그리하여 그는 파괴의 필요성을 깨달았다. 그리고 그는 삶의 과정에서 상반된 것들의 짝이 서로 결합하는 것을 볼 만큼 명석했다.

선과 악은 고전적인 예이며, 가장 훌륭한 사상 옆에 있는 것은 최악의 사상이다. 그렇다면 어떤 나쁜 것이 매우 나빠지면, 그것은 선한 무엇인가로 변하게 된다. 마찬가지로 어떤 사물이 지나치게 선할 경우에 그건 선하지 않게 될 수 있다. 그렇듯, 지나치게 선한 것은 진리이기 어렵다. 이것이 자연스런 에난티오드로미아이다. 니체는 여기서 옛날의 헤라클레이토스가 말한 진리를, 만물은 끊임없이 변화한다는 사상을 다시 현대적으로 표현하고 있다.

*　　*　　*

여기서 우리는 무의식의 위협적인 침입에 관심을 두고 있다. 그리고 니체가 이 무의식의 침입을 어떤 식으로 다룰 것인가 하는 문제도 관심사이다. 이 책이 쓰인 것은 1880년과 1890년 사이였다. 합리주의와 물질주의가 기승을 부리던 시대였다.

그땐 모든 과학이 지금보다 더 전문화되어 있었다. 교육 받은 사람과 학계에 종사하는 사람들은 각자의 분야에서 전문가이며 절대 군주라는 사실에 대단한 긍지를 가졌다. 이런 현상은 지금도 마찬가지이지만, 그때만큼 심하지는 않다. 일반 대중이 이 문제에 더욱 비판적으로 나오고 더욱 회의적인 시각을 보이게 되었기 때문이다.

그러나 니체가 당시에 그 상황을 어떤 식으로 받아들였는지, 그가 그 상황을 달리 받아들였는지에 대해 나는 아는 바가 없다. 그가 그 외의 다른 방법으로 그 상황을 받아들이기는 거의 불가능했을 것이라고 나는 생각한다. 여기서 이런 말을 떠올려보는 것도 그 시대를 이해하는 데 도움이 될 듯하다. '상징을 가진 사람에겐 이 단계에서 저 단계로 건너뛰는 것이 쉬운 법이다.'

정말 우연한 기회에 나는 이 흥미로운 구절을 16세기의 어느 연금술 철학자가 쓴 라틴어 텍스트에서 접할 수 있었다. 신비적인 측면이 있는 이 구절은 달리 말하면 상징을 갖지 않은 사람은 그런 이동을 하는 데 많은 어려움을 겪는다는 뜻이다. 당연히 그 철학자는 인간 존재들에 대해 말하고 있는 것처럼 들린다. 정확히 말하면 그는 인간 존재들이 아니라 존재에 대해서, 말하자면 화학 물질이나 금속 같은 것에 대해 말하고 있었다. 모두가 잘 알다시피, 화학 물질이나 금속은 연금술사들에게 종종 철이나 구리 혹은 납의 '호문쿨루스'(homunculus: 중세 유럽의 의학 이론에선 정액 속에 완전한 형태의 작은 사람이 들어 있는 것으로 여겨졌다. 바로 이 작은 사람을 호문쿨루스라고 불렀다. 연금술사들 사이에 이 작은 사람을 여성의 태를 빌리지 않고 사람으로 만들려는 움직임이 있었다/옮긴이)로 이해되었다. 이 호문쿨루스는 화학 물질의 영혼이었으며, 상징을 가진 영혼 혹은 금속은 다른 조건으로 변화하는 데 어려움을 덜 겪는 것으로 여겨졌다.

이것은 시대를 막론하고 누구나 전환을 이룰 수 있는 조건이다. 사람은 상징을 갖고 스스로를 변화시킬 수 있다. 이 말은 무슨 뜻인가? 물론 나는 전반적인 상징에 대해 말하고 있다.

예를 들어, '사도신경'은 '심볼룸'(symbolum)이라 불린다. 그것은 영혼이 위험에 처할 때 적용하는 체계 혹은 상징적인 어구이다. 종교적 상징은 영혼의 위험을 물리치는 데 이용된다. 상징은 일종의 기계 같은 기능을 한다. 이 기계를 통해서 리비도가 변형된다고 할 수 있다. 아시다시피, 상징을 통하면 그런 위험도 받아들여질 수 있다. 말하자면, 사람이 상징을 통해 위험에 굴복한 다음에 그 위험을 소화시키는 것이다.

그렇게 하지 않을 경우엔 니체의 예처럼 매우 위험한 상황이 전개된다. 무의식의 공격에 아무런 보호 장치 없이 무방비로 노출되는 것이다. 니체는 신은 죽었다고 선언하면서 동시에 상징을 모조리 쓸어 버렸다. 신은 그런 상징인데, 니체는 옛날의 독단적인 의견들을 모조리 버렸다. 그는 옛날의 가치까지 모두 파괴해 버렸다. 그래서 그에겐 자신을 보호할 것이 아무것도 남지 않게 되었다.

사람들이 잘 모르고 있는 것이 바로 그것이다. 더 이상 옛날 방법을 사용할 수 없게 될 때, 사람들은 무의식에 벌거벗은 채 노출된다. 특히 옛날의 방법들이 의미하는 것을 이해하지 못하는 오늘날엔 무의식에 노출되는 정도가 더 심하다. 누가 삼위일체 또는 원죄 없는 잉태의 의미를 이해할까? 사람들은 이런 것들을 더 이상 합리적으로 이해하지 못한다.

그래서 사람들은 그런 것들을 망각하고 폐기해 버린다. 그 결과 그들은 무방비 상태로 서 있게 되고 자신들의 무의식을 억눌러야 한다. 그들은 무의식을 표현하지 못한다. 무의식이 표현 불가능하게 되었기 때문이다. 사람들이 교리를 받아들이는 한, 무의식은 교리로 표현될 수 있을 것이다. 그렇다고 그것이 가볍게 "아, 좋아요. 난 교리를 받아들이겠어요."라는 식으로 말하는 것을 의미하지는 않는다. 교리를 이해하는 것이 중요하기 때문이다.

이 문제에 관한 한, 현대인은 중세인보다도 이해가 떨어진다. 현대인도 상징들을 이해할 수만 있다면 상징들을 받아들일 것이고, 그러면 상징도 예전의 역할을 할 수 있을 것이다. 그러나 상징을 적절히 이해하는 길조차 망각되어 버렸다. 상징을 이해하는 길은 한 번 사라졌다 하면 영원히 사라지게 되어 있다. 상징들이 특별한 가치를 영원히 잃어버리기 때문이다.

신은 죽었다는 니체의 바보스런 표현은 당연히 옛날의 상징들이 완전히 사라져버렸기 때문에 나올 수 있었다. 그 말은 마치 내가 미국 대통령 프랭클린 루스벨트(Franklin Roosevelt: 1882-1945)가 죽었다고 선언하고는 이제 더 이상 루스벨트는 존재하지 않는다고 말하는 것이나 비슷하다. 그러나 루스벨트는 존재한다. 내가 죽었다고 선언하건 말건, 그건 루스벨트에게 전혀 중요하지 않다. 니체는 누군가가 예전에 신이 존재한다고 말했다고 생각했으며, 세상 사람들이 신을 증명할 증거를 제시하지 못하자 그 같은 사실은 당연히 신은 존재하지 않는다는 것을 의미한다는 식으로 생각했다.

아시다시피, 신은 어떤 자연적인 사실을 표현하는 것에 지나지 않는다. 그것을 신이라 부르든 아니면 본능이라 부르든 아무 상관이 없다. 당신의 심리 안에 있는 어떤 탁월한 힘은 진정한 신이 될 수 있다. 당신은 탁월한 힘이라는 사실이 존재하지 않는다고 말하지 못한다. 이 사실은 과거에도 그랬듯이 지금도 존재하고 있고 앞으로도 영원히 존재할 것이다. 이 심리적 조건은 언제나 거기에 있으며, 그것을 다른 이름으로 부른다고 해도 이 심리적 조건에 바뀌는 것은 하나도 없다.

니체가 신은 죽었다고 선언했다는 사실은 그의 태도만 보여줄 뿐이다. 그는 어떤 상징도 갖지 못한 채 살았으며, 그러다 보니 이 조건에서 다른 조건으로 자연스럽게 넘어가는 것이 불가능하지는 않아도 대단히 어려웠을 것이다. 니체의 경우에는 그런 식으로 넘어가는 것이 불가능했다고 볼 수 있다.

니체가 말하는 초인이나 영겁 회귀 같은 사상도 상징처럼 보이지만, 그것은 어디까지나 보상에서 나온 것이었다. 이런 사상들은 그의 마음이 아래로부터 맹렬한 힘으로 쳐들어오는 무의식의 공격을 보상하기 위해 만들어낸 것이기 때문에 상징으로서의 효력을 발휘하지 못한다. 무의식의 공격이 너무나 강하기 때문에, 그는 가장 높은 산에 올라가서 초인이 되려고 노력했다. 그것은 사람보다 위를, 여기가 아니라 미래의 어딘가를, 아래로부터 치고 올라오는 그 무서운 힘이 닿지 못하는 안전한 곳에 있는 것을 의미한다.

보시다시피, 그는 초인을 받아들일 수 없었다. 그것은 그의 의식의 시도였으며, 대담한 발명이고, 대담한 구조(構造)였다. 그런데 이 구조는 늘 그렇듯이 붕괴하고 말았다. 정신을 갖고 무의식에 맞서 세운 구조는 아무리 대담하더라도 반드시 붕괴하게 되어 있다. 그 구조에 발도 없고 뿌리도 없기 때문이다.

무의식에 뿌리를 내리고 있는 것만 살아갈 수 있다. 무의식이 그것의 기원이기 때문이다. 그렇지 않을 경우엔 땅에서 뽑힌 식물과 비슷하다. 니체가 무의식에 맞서 어떤 구조를 건설하려고 애를 썼다는 사실은 곳곳에서 확인된다.

예를 들면, 화산 속으로 내려가는 것에서도 보인다. 즉시 그는 화산을 얕본다. 이런 태도는 불개(fire-dog)와의 대화와 파멸에서도 나타나고 있다. '가장 고요한 시간'이라는 장에서, 무의식은 대단히 무시무시한 모습으로 접근하고 있으며, 그는 적절한 대답을 전혀 갖고 있지 않다. 이제 곧 3부로 이어질 것이며, 거기서도 똑같은 일이 벌어질 것이다. 니체가 여전히 무의식의 공격을 동화시키려는 노력을 펼 것이란 뜻이다.

3부 첫 번째 장에서, 그는 친구들을 떠나고 그때까지 살아온 삶을 포기하고, 무의식으로부터 오고 있는 것의 요구에 부응하기 위해 고독에 묻혀야 한다. 그는 무의식을 조금도 소화시키지 못했다. 그래서 나는 그가 말하는 초인을 상징이 아니라 하나의 창조물로 본다.

상징은 절대로 발명이 아니다. 인류에게 그냥 일어나는 것이 상징이다. 여러분도 잘 알겠지만, 우리가 독단적인 사상이라고 여기는 많은 것들은 아주 오랜 옛날 원시 시대에 인간들에게 일어났던 사실들이다. 인간들은 그런 사실들이 자신들에게 일어나고 시간이 한참 지난 뒤에야 그것들에 대해 생각하기 시작했다.

예를 들어, 우리의 선조들은 부활절 달걀이나 크리스마스트리 같은 것에 대해 아무런 생각을 하지 않았다. 그냥 그런 것이 행해졌을 뿐이다. 그렇듯 원시인들이나 옛날 문명에서 관찰되는 매우 복잡한 의식(儀式)은 처음에 절대로 의식으로 여겨지지 않았다. 그런 의식은 그냥 치러졌을 뿐이며, 세월이 한참 지난 뒤에야 "그런데 우리가 왜 이런 행위를 하고 있지?"라고 궁금증을 품는 사상가들이 나왔다. 또 교리가 생기기 전에 삼위일체가 있었다. 마찬가지로 마리아가 동정녀일 수 있는 이유를 놓고 깊은 생각에 잠기기 전에, 원죄 없는 잉태와 처녀 강탄(降誕)이 있었다. 처녀의 몸에서 일어난 기적적인 출생은 오래 전에 일어난 일이다. 그건 최근의 과정이 아니다. 그렇기 때문에 어떤 것이 상징이 되려면 역사가 아주 깊어야 하고 더없이 독창적이어야 한다.

예를 들어, 초기의 기독교인들이 성찬식이라는 개념의 뒤에 카니발리즘(cannibalism)이 자리 잡고 있다고 생각했던가? 그것을 뒷받침하는 증거는 없지만, 당연히 성찬식은 카니발리즘과 관계가 있다. 카니발리즘은 당신이 정복한 사람들의 생명을 얻는 원시적인 방법이다. 레드 인디언들이 자신들이 죽인 적의 골과 심장을 먹는 것, 그것이 곧 성찬식이다.

그러나 교회의 아버지들 중에서 어느 누구도 성찬식을 그런 식으로 설명할 생각을 하지 않았다. 그럼에도 성스런 성찬식에 카니발리즘이라는 낡은 사상이 녹아 있지 않았다면, 성찬식은 오래 이어지지 못하고 뿌리를 내리지 못했을 것이다. 모든 뿌리는 시커멓다.

『차라투스트라는 이렇게 말했다』의 3부 중 첫 번째 장은 '방랑자'이다. 주된 사상은 그가 자기 나라를 떠나서 산등성이를 올라가 반대편으로 넘어간다는 것이다. 산은 하나의 구분을 나타내고 있으며, 이어서 그는 다시 바다로 내려가 배를 탄다. 그것은 밤의 바다 여행을 상징한다. 새로운 나라에 닿기 위해 무의식의 바다를 항해한다는 뜻이다. 그것이 바로 '트란시투스'(transitus: 건너감)이다. 고대의 신비 종교에서 트란시투스는 언제나 어려웠으며, 영웅은 어려운 과업을 성취함으로써 변질을 이뤄야 했다.

예를 들어, 미트라는 각종 유물에 수소를 짊어지고 있는 것으로 묘사되고 있다. 이는 미트라가 자신 중에서 동물적인 측면을 어깨에 메고 다녀야 한다는 뜻이다. 예수 그리스도가 십자가에서 죽은 사건에도 트란시투스가 확인된다. 말하자면 십자가 상징을 짊어지고 생명에서 죽음으로 넘어가는 것이다. 미트라 숭배에서, 미트라는 자기 자신인 수소를 짊어지고 있다. 예수 그리스도가 십자가를 짊어지고 있는 것처럼. 아티스 숭배에선, 아티스가 역시 아티스였던 나무를 짊어지고 어머니의 동굴로 향했다. 그리고 소위 힘든 일을 의미하는 '아틀라'(athla)나 통과 의례에서 거쳐야 하는 시련도 트란시투스에 해당한다.

신석기 시대에 의례가 행해졌던 곳이 한 군데 전해 오고 있다. 몰타의 할 사플리에니에 있는 지하 신전이다. 거기서 나는 트란시투스가 이뤄지는 장소를 보았다. 어머니 숭배가 이뤄진 곳일 가능성이 아주 크다. 신전 깊은 곳에 있는 지성소에 들어가기 전에, 여러 개의 방으로 이뤄진 자궁 같은 곳이 있다. 그렇기 때문에 사람들은 구획들을 하나씩 기어들어가야 다음 동굴로 들어갈 수 있었다. 그런 다음에 원통의 증류기나 병 혹은 자궁처럼 생긴 공간이 나온다. 거기서 사람이 태어나는 것으로 여겨졌다. 바로 거기서 잠을 자고 있는 여인들의 조각상이 발견되었다.

가장 깊은 곳에 이르기 전에, 물이 채워진 2미터 깊이의 웅덩이가 있다. 그래서 어둠 속이나 횃불이 희미하게 밝혀진 상태에서 동굴로 들어가는 사람들은 누구나 그 물을 지나가야 했다. 말하자면 반대편에서 다시 나오기 위해선 물속에 잠겨야 한다는 뜻이었다.

기독교 세례도 물론 똑같은 아디이어였으며, 사람들은 반드시 물에 잠겼다. 그러던 것이 지금은 겨우 물방울 몇 개를 뿌리는 것으로 바뀌었다. 그러나 예전의 기독교인들은 정말로 물속으로 들어갔다. 이 의식은 하나의 위험이며, 사람이 새로운 태도를 얻기 위해선, 말하자면 자기 자신을 변화시키기 위해선 반드시 통과해야 하는 일종의 은유적 죽음이었다. 그래서 산을 넘는 것은 '아틀라'의 일부이며, 니체는 텍스트에서 이것을 표현하고 있다. 그는 대단히 비관적인 생각을 품고 있으며, 이 생각들이 그 변화를 특별히 불쾌한 일로 만들고 있다. 니체는 바다를 보면서 이렇게 말한다.

> 아, 나의 발아래에 있는 검고 슬픈 바다여! 아, 이 검은 밤 같은 성가신
> 존재여! 아, 운명의 바다여! 그대들에게로 나 이제 내려가도다!

당연히 바다는 그가 내려가야 할 무의식이며, 또 바다는 운명을 의
미한다. 무의식이 운명이기 때문이다. 무의식에 뿌리들이 있고, 당신
의 뿌리는 어떤 것이 되었든 당신이 내리는 것이다. 그렇기 때문에 무
의식 속으로 내려가는 것은 일종의 숙명이다. 사람은 결과가 어떤 식
으로 나타날지 모르는 상태에서 운명에 복종하기 때문이다. 동굴 속
신전을 찾았다가 어둠 속에서 물속으로 굴러떨어진 신석기 시대 사람
이 그 다음에 무슨 일이 일어날 것인지에 대해 알지 못했듯이. 그것은
아마 그 신석기인의 용기를 테스트하는 것이었을지 모른다.

어쨌든, 깊이도 모르고 무엇이 숨어 있는지도 모르는 상태에서 시커
멓고 차가운 물속으로 떨어지는 것은 기분 좋은 일이 아니었다. 니체
의 감정이 꼭 그렇다. 니체는 아래로 내려가야 한다는 것을 알고 있다.
그는 자신이 그때까지 얕잡아본 것에 예상하지 않은 방식으로 굴복하
고 있다.

여러분도 알다시피, 니체는 화산 속으로 내려갔을 때 무엇인가를 배
울 수 있었지만 그것이 너무나 불쾌했기 때문에 배울 기회를 놓치고
말았다. 그는 그때도 합리적인 자신의 의식을 고집하면서 화산의 의미
를 이해하지 못하고 화산을 정복했다고 생각했다. 그러나 화산은 다시
나타난다. 파우스트가 어느 장면에서 "나는 또 다른 형태로 잔인한 힘
을 적용한다"고 말하는 것처럼.

지금 나는 가장 높은 산 앞에, 그리고 가장 긴 방랑 앞에 서 있다. 그래
서 나는 지금까지 오른 것보다 더 깊이 내려가야 한다.

이것은 아래로 내려가는 것을 받아들일 만한 조치로 만들려는 시도
이다. 말하자면 일종의 합리화 또는 해결책인 것이다. 그는 이렇게 말
한다. "아, 나는 이 끔찍한 것 속으로 내려가야 한다. 그건 피할 수 없는
일이다." 무의식으로 내려가야 한다는 식으로 말하고 있는 것이다.

비교의 입회식에서, 사람은 구원을 받기 위해 온갖 고통을 견뎌냈
다. 그런 고통을 견뎌낸 사람은 어떤 깨달음을 얻거나 지혜를 얻었을
수도 있을 것이다. 그러나 실제로 보면 그런 느낌은 들지 않고 단지 괴
물만 가득하고 훗날 크리스마스트리의 약속 같은 것은 전혀 없이 차
가운 바닷물에 들어가는 느낌밖에 들지 않는다. 니체는 자신에게 훗날
산이 다가올 것이라고 약속하고 있으며, 우리는 그가 정복되지 않을
높은 산을 어떤 식으로 구축하는지를 볼 것이다.

내가 올라갔던 것보다 더 깊은 고통 속으로, 고통의 시커먼 분출 속으
로 내려가야 한다! 그게 나의 운명이 원하는 바이니까. 좋다! 나는 준비
가 되어 있다.

그래서 그는 산이 후에 자신에게로 다가올 것이라는 식으로 긍정적
인 생각을 한 다음에 다시 말한다. "아, 내려가야 한다"라고. 물론 그건
매우 어려운 일이고, 중요한 명령이다. 그래서 그는 이렇게 말한다.

만물은 아직 잠들어 있구나, 라고 그가 말했다. 바다까지도 잠자고 있

다. 바다는 잠에 취해 낯선 눈길로 나를 응시하고 있다.

그러나 바다의 숨결은 따스하다. 나는 바다의 숨결을 느낀다. 나는 바다가 꿈을 꾸고 있는 것도 느낀다. 바다는 딱딱한 베개 위에서 꿈을 꾸듯 몸을 뒤척이고 있다.

들어라! 들어라! 바다가 나쁜 추억 때문에 신음하지 않는가! 아니면 사악한 기대 때문인가?

아, 그대 음울한 괴물이여, 나는 그대와 더불어 슬프고 그대 때문에 나 자신에게 화가 나 있다.

아, 나의 손의 힘이 충분히 강하지 못한 것이 너무나 안타깝구나! 충분히 강했더라면, 내가 그대를 사악한 꿈으로부터 구해줄 수 있을 텐데!

주목할 만한 구절이다. 그는 산 위에 서서 바다를 내려다보면서 자신이 느끼는 바를 전하려고 노력하고 있다. 무의식은 잠자고 있는 바다와 같다. 무의식이 깨어나면서 어떤 모습을 보일 것인지에 대해 본인이 알지 못하기 때문이다.

한동안 무의식은 꿈을 꾸는 사람처럼 매우 조용하고 신비스럽다. 그래도 무의식은 계속 숨을 쉬고 있다. 무의식은 꿈 같은 것을 통해 산다. 그리고 파도 소리는 신음으로 묘사되고 있다. 바다는 나쁜 기억으로 고통을 겪고 있거나 사악한 기대로 고통을 겪고 있다. 그것은 당연히 투사다.

그는 나쁜 기억을 갖고 있고 사악한 기대까지 품고 있다. 그리고 지금 그런 투사를 하는 상황에서, 그는 즉시 자기 자신의 악의 무게로부터 풀려나며, 그는 바다를, 무의식을 나쁜 꿈과 기억으로부터 구해내는 문제를 진정으로 고려한다.

그러나 무의식은 나쁜 기억을 전혀 갖고 있지 않다. 바다가 나쁜 기억을 전혀 갖고 있지 않듯이. 그것은 의인화이다. 사람이 나쁜 기대를 갖고 있고 자신의 기억 때문에 힘들어 할 것이고, 또 사람이 꿈을 꿀 것이다. 하지만 사람이 어떻게 자연이 세계를 창조하는 꿈을 꾸지 않도록 할 수 있다고 상상할 수 있는가? 그런 꿈은 신성한 꿈이고, 창조적인 생각을 담고 있는 꿈이다. 말하자면 자연의 생명력 자체에 대한 꿈이다.

물론 문제는 그가 사악한 꿈들로부터 자신을 어떻게 자유롭게 할 것인가 하는 점이다. 니체도 할 수만 있었다면 이런 결론을 끌어내었을 것이다. 그러나 그 같은 결론은 병적이었고, 그는 그 문제에선 정직성을 발휘하지 못했다. 그는 언제나 가장 정직한 철학자로 불리지만, 정작 자신에게는 정직할 수 없었다. 그렇다. 그는 수많은 사소한 일에서 정직했다. 그는 다른 사람들의 내면에서 진리를 보았지만, 그 진리가 자신의 문제가 될 때 거기서 올바른 결론을 끌어내지 못했다. 이 상황에서 그가 솔직한 결론을 끌어내지 못한다는 점은 그가 상황을 직시하고 싶어 하지 않았거나 아니면 자신이 꽤 객관적인 책을 쓰고 있는 위대한 인물이라는 생각 때문에 맹목적이었을 수 있다.

많은 작가들은 자신의 책이 자기 자신이 아니라 아주 객관적인 책이라고 생각한다. 마치 자신의 가슴에 품고 있는 세상을 부정하는 신이라도 되듯이. "저절로 돌아가는 세상이 있어. 그건 내가 아니야!" 그러나 이 경우에 니체는 바다를 사악한 꿈으로부터 치유한다는 생각 자체가 아주 특별한 가정이라는 점을 깨달았어야 했다. 그것이 신의 전능을 요구하는 일이라는 것을. 그러나 그것이 아주 탁월한 역설인 것 같고, 읽기에 멋져 보였다. 자연을 향해서 "내가 너를 꿈으로부터 해방시켜줄까?"라고 말하는 것이 아주 경이롭게 들린다.

니체는 이미 거대한 산이다. 거대한 산은 특별한 경멸을 보인다. 그러면서도 거대한 산은 두려움으로 떨고 있으며, 그 두려움이 바로 그가 볼 수 없었던 그것이다. 그 두려움은 상당했다. 따라서 나는 그가 두려움을 감당할 수 없었을 것이라고 믿는다. 그러나 그 다음 구절에서 확인되듯이, 그도 그 같은 사실을 어느 정도 깨닫고 있었다.

> 그리고 차라투스트라는 이렇게 생각하면서 우울과 쓰라림을 느끼는 자신을 비웃었다. 뭐라고! 차라투스트라가 바다에 위로의 노래를 불러주겠다고?
>
> 아, 그대 사랑스러운 바보 차라투스트라여! 너무나 쉽게 믿어버리는 차라투스트라여! 하지만 그대는 언제나 그러했던 것을. 그대는 무시무시한 모든 것에 언제나 믿음을 갖고 접근했다.
>
> 그대는 온갖 괴물을 다 끌어안았다. 따스한 숨결, 앞발의 약간의 부드러운 털. 그런 것만으로도 그대는 즉시 그것을 사랑하고 유혹하려 했다.

그것이 무엇인지도 모르는 상태에서. 아시다시피, 그 작은 통찰마저도 진지하게 받아들여지지 않고 장난스럽게 받아들여지고 있다. 미학적 태도를 가진 사람들이 늘 그러듯이. 『반시대적 고찰』에서 어쨌든 세상은 미학의 문제라고 말한 사람은 니체 본인이었다. 그러나 세상은 미학의 문제가 아니다. 한 꺼풀 벗기고 보면, 세상은 완전히 다른 모습이다. 니체가 언제나 달아나려고 노력했던 그 세상이 바로 한 꺼풀 아래의 세상이었다. 그러나 그는 그 세상을 부정하려 노력했지만 거기서 달아나지는 못했다.

그는 위대한 예술가이면서 철학자이기도 했다. 우리는 철학자라면 생각을 깊이 할 것이라고 기대한다. 그런데 그의 작품이 그를 압도해버렸다. 그것이 그의 약점이었다. 괴테나 실러, 셰익스피어(William Shakespeare)에겐 그런 일이 절대로 일어나지 않았을 것이다. 그것은 그의 약점이었다. 그는 내면에 커다란 허점을 하나 가진 천재였다.

* * *

니체가 보고 비판한 것들 중 몇 가지는 전적으로 옳다. 그 같은 사실은 니체가 놀라운 심리학자라는 사실을 보여준다. 그는 그런 발견 때문에 가장 위대한 심리학자 중 한 사람으로 꼽힐 만하다. 그는 일부 문제들을 대단히 명확하게 보면서 그것들을 잔인하다 싶을 만큼 노골적으로 지적했다. 그럼에도, 그것들은 진리이고, 당연히 불편한 진리이다.

나의 판단에 심리학에 특별히 흥미롭고 중요해 보이는 구절을 몇 개 제시할 것이다. 그는 '성장을 방해하는 미덕'이라는 장에서 이렇게 말한다.

> 그들 중 일부는 의지를 발휘할 것이지만, 그들 중 대부분은 의지에 휘둘릴 것이다. 그들 중 일부는 진짜이지만, 그들 중 대부분은 형편없는 배우일 뿐이다.
>
> 형편없는 배우들 중엔 자신이 배우라는 사실조차 모르는 배우도 있고 배우가 되려는 뜻도 없는데 배우가 된 사람도 있다. 진정한 존재는 언제나 드물며, 진정한 배우는 특히 더 드물다.

여기서 그는 자신의 특징이기도 한 말을 아주 멋지게 하고 있다. 자신이 하는 말의 뜻을 진정으로 깨닫고 있다면, 그는 여기서 자신이 투사하고 있다는 사실을 볼 수 있어야 한다. 그가 의식적인 의도를 갖고 있는 개인들이 매우 드물다는 점을, 그리고 의식으로 결정을 내리면서 "내가 할 거야."라고 말할 줄 아는 사람이 매우 드물다는 점을 보고 있기 때문이다.

대부분의 사람들이 의지에 휘둘리고 있는데, 이것은 곧 그들이 자신들의 의지의 희생자라는 것을 의미한다. 그는 당연히 이 결론을 자신에게도 적용해야 한다. 그는 자신에게 이런 질문을 던져야 한다. "나는 의지를 지배하고 있는가, 아니면 의지에 지배를 당하고 있는 희생자인가? 나는 진정한 배우인가 아니면 엉터리 배우인가?"

그러나 이 책 전반에 걸쳐서 자신의 판단을 자기 자신에게 적용시키지 않는 것이 니체의 특징이다. 그런데 바로 여기서 그 어려운 경향이 돌연 방향을 바꿔 그에게로 향하려 하는 것이 확인된다. 지금까지 니체는 이 경향을 힘들게 물리치면서 그것이 자신에게 피해를 입히지 않도록 상자 안에 가둬둘 수 있었다. 그러나 여기서도 그는 그것을 자기 자신에게 적용하려는 기미를 전혀 보이지 않는다.

그는 오직 다른 사람들을 훈계할 뿐이다. 물론 대부분의 사람들이 의지를 발휘하지 못한다는 그의 결론은 맞다. 대부분의 사람들은 자신의 내면에서 살아 움직이고 있는 어떤 것에 대해 찬성이나 반대를 결정하지 않은 채 그냥 그것을 표현하고 있을 뿐이다. 심지어 그들의 결정까지도, 그리고 도덕적 갈등까지도 그들의 내면에서 일어나는 것을 그대로 표현하고 있는 것에 지나지 않는다. 말하자면 그 표현들이 그저 일어나고 있는 것이다.

우리 모두가 어느 정도 그런 식으로 작동하고 있는지를 정확히 알기는 어렵다. 어느 누구도 자신이 단순히 자기 자신의 배우가 아니라고, 말하자면 자신의 내면에서 살고 있는 근본적 자기의 배우가 아니라고 감히 말하지 못한다. 우리가 무의식의 충동으로부터 어느 정도 해방되어 있는지에 대해서 우리는 말하지 못한다. 우리는 아마 우리보다 더 위대한 어떤 존재의 배우이고, 도구이고, 연장일 수 있다. 우리가 무의식에 대해 충분히 모르고 있기 때문에, 이 같은 어려움은 언제나 존재한다.

무의식은 당연히 우리가 모르고 있는 것이며, 우리가 그것을 무의식이라고 부르는 것도 우리가 그것에 대해 모르기 때문이다. 우리는 무의식이 어디까지 닿고 있는지를 절대로 모르며, 그래서 "여기서부터 난 완전히 자유야"라는 식의 선언은 불가능하다. 어쩌면 자유라는 것마저도 우리에게 맡겨진 하나의 역할에 지나지 않을 수 있기 때문이다.

우리 모두는 어느 정도 진짜 배우일 수 있으며, 그 선을 지나 또 어느 정도까지 형편없는 배우일 수 있고 심지어 "내가 할 거야."라는 말을 진실로 받아들이는 그런 바보일 수 있다. "내가 할 거야."라는 말이야말로 가장 중대한 착각이기 때문이다. 사람은 형편없는 배우라는 생각은 그보다 덜 심각한 착각이고, 사람은 진짜 배우라는 생각은 가장 사소한 착각이다.

여기엔 남자다운 남자가 드물다. 그래서 남자들의 여자들이 남성화되고 있다. 왜냐하면 남자다운 남자만이 여자 안에 있는 여자를 구할 것이기 때문이다.

호기심을 자극하는 글이다. 만일 니체가 "남자"를 인간 존재를 의미하는 것으로 썼다면, 이 글을 이해하기가 더 쉬울 것이다. 왜냐하면 자신의 역할을 덜 의식하거나 자신을 덜 의식할수록, 사람은 그만큼 자아 팽창을 느끼고 따라서 인간다운 모습을 덜 보일 것이기 때문이다. 그러나 니체는 분명히 "남자"를 성별 상의 남자를 의미하는 것으로 쓰고 있다.

그렇다면 니체는 자기 시대 남자들의 내면에서 일종의 나약함을 확인하고 있다. 자신을 남성화하려는 여자들의 경향은 남자들의 여성화와 일치한다. 지금 이것은 하나의 이상한 사실이다. 니체의 시대에 시작된 여성들의 해방은 여성의 내면에서 일어나고 있는 이런 경향의 첫 번째 징후들 중 하나였다. 그는 남자들의 내면에서 일어나던 이와 비슷한 경향에 대해서는 말하지 않는다. 당연한 일이지 않을까. 그러나 그는 앞에 인용한 말을 하고 있다. 이것도 당연히 그의 시대에 체면을 구기는 일이었다. 그 시대의 남자들이 스스로 특별히 나약하다고 상상하지 않았으니 말이다.

남자들은 자신이 나약하다는 점을 절대로 받아들이지 않는다. 그러나 여성들의 내면에 나타나는 현상은 불쾌할 만큼 분명하게 드러나고 있다. 예를 들면, 영국의 사회 운동가 에멀린 팽크허스트(Emmeline Pankhurst) 같은 여자들이 있다. 여자들이 남성화하려는 경향은 두드러졌다. 남성의 여성화는 그다지 두드러지진 않았지만, 사실 오늘날의 남자들에게 매우 특이한 점이 있다. 진정한 남자들이 매우 드문 것이다.

이는 남자들 대부분이, 아니 전부가 아니마에 사로잡혀 있다는 사실에서 비롯되는 현상이다. 남자들을 주의 깊게 들여다보면, 그 같은 사실이 확인된다. 여자들도 모두 약간씩 아니무스에 사로잡혀 지내는데, 이것이 여자들의 남성화의 원인이다. 그렇다면 한 개인의 내면에서 여자와 남자가 결합되면 어떤 결과가 나올까?

자웅동체이다. 그래서 우리 모두 의식적으로나 무의식적으로 자웅동체의 역할을 어느 정도 하려는 목표를 잡고 있다. 오늘날 세계에서 두드러진 역할을 하는 여자들의 방식에서 놀라운 예들이 발견된다. 남자들도 마찬가지이지만, 남자들은 도덕적 의미에서 그런 모습을 보인다.

남자들은 깊은 목소리와 온갖 종류의 남성적인 특성들을 배양하지만, 그들의 영혼은 곧잘 녹는 버터와 같다. 대체로 남자들이 매우 의심스런 아니마에 완전히 사로잡혀 지내기 때문이다. 무의식이 올라와서 의식적 인격을 사로잡아 버리는 것이 우리 시대의 특성이다.

나도 니체의 이 사상을 꽤 우연히 목격하게 되었다. 나는 『차라투스트라는 이렇게 말했다』를 학창 시절에 읽은 뒤에 1914년에 다시 읽었지만 그 문장을 발견하지 못했다. 물론 나의 무의식은 그 문장을 보았을지 모르지만, 그렇다고 내가 그런 사상을 품게 된 것이 니체의 영향 때문은 아니었다. 나 자신이 세상 속에서 살면서, 인간 존재들의 내면에서 그것을 발견했기 때문이다.

나는 그것이 사실이라고 생각한다. 나의 사상에 따르면, 니체의 관찰은 정확했다. 그렇다면 한 사람의 개인 안에서 남자와 여자가 결합하는 현상을 무엇으로 설명할까? 그것은 무의식의 범람 때문이다. 무의식이 남자 또는 여자로 분명하게 정의되어야 하는 의식을 사로잡으며, 그런 식으로 무의식에 사로잡힌 존재는 남녀가 결합된 존재, 자웅동체 같은 존재가 된다.

그렇다면 의식이 무의식으로부터 멀어지고 있는 때에 무의식이 의식에 그처럼 가깝게 올라오는 이유는 무엇일까? 이런 일이 옛날에는 일어나지 않은 이유가 있을 것임에 틀림없다.

중세 이후로 사람의 의식이 그다지 증대되지 않았다는 점을 인정해야 한다. 우리는 그 이후로 일종의 수평적 지식을 크게 증대시켰지만 의식의 크기와 의식의 치열성은 거의 증가하지 않았다. 중세의 사람들은 정신을 치열하게 집중할 수 있었다. 예를 들어, 중세의 그림을 보면 디테일에 대한 사랑이 확연히 드러난다. 오늘날로 치면 현미경을 이용해야만 그 정도의 디테일을 끌어낼 수 있지 않을까.

물론 여러 면에서 우리는 중세의 사람들과 다르지만, 윌리엄 제임스(William James)가 우리 시대의 자연 과학을 논하면서 말했듯이, 우리의 기질은 기본적으로 경건하다. 우리가 살며 일하고 있는 이 시대의 기질은 중세의 기질과 똑같다. 오직 이름만 다를 뿐이다. 오늘날 기질은 더 이상 영적 주제가 아니며 과학이라 불리고 있다.

무의식이 올라오고 있는 중요한 한 원인은 종교가 더 이상 제 기능을 발휘하지 못하게 되었다는 점이다. 종교는 무의식을 표현하는 도구로 아주 멋지다. 어느 종교 할 것 없이 가장 중요한 의미는 그 형식과 의례가 무의식의 특이한 삶을 표현한다는 데에 있다.

종교와 무의식의 관계는 어디서나 명백하게 드러난다. 모든 종교는 무의식에서 비롯된 형상들로 가득하다. 지금 당신이 무의식을 표현할 체계나 형식을 갖고 있다면, 무의식은 그 체계를 통해 표현되면서 당신과 더불어 살아갈 것이다. 그러나 그 체계가 뒤엎어지는 순간, 말하자면 당신이 믿음을 잃고 무의식과의 연결을 잃게 되는 순간, 당신의 무의식은 새로운 표현을 추구할 것이다. 그러면 자연히 무의식이 일종의 카오스의 용암이 되어 당신의 의식 속으로 흘러들어올 것이다. 그러면서 남녀 어느 한쪽이었던 당신의 의식 체계 전체를 왜곡시키고 뒤엎을 것이다. 남자는 무의식의 연약한 특성에 의해 뒤틀리고, 여자는 남성적인 특성에 의해 뒤틀리게 될 것이다. 무의식이 표현될 형식이 더 이상 없기 때문에, 무의식이 의식을 범람시키게 된다.

그것은 어쩌다 막혀 버린 운하 체계와 아주 비슷하다. 운하가 막히면, 물은 들판으로 넘쳐흐를 것이고, 예전에 마른 땅이었던 곳이 습지대가 될 것이다. 더욱이, 차라투스트라는 종교적인 인물이고, 『차라투스트라는 이렇게 말했다』는 종교적인 문제들을 다루고 있으며, 글쓰기 스타일까지도 종교적이다. 그래서 그것은 마치 기독교의 흐름이 역류하고 있는 것이나 마찬가지다. 따라서 니체는 교회에서나 기독교의 상징체계에서 더 이상 자리를 차지하지 못하게 된 온갖 물질들로 넘쳐나게 된다.

제임스 조이스(James Joyce)도 전성기에 이와 똑같은 경험을 했다. 조이스를 범람시킨 것이 가톨릭 교회와 가톨릭 상징이었다는 점만 달랐다. 운하가 막혔기 때문에, 지하 하수구가 그 내용물을 의식 속으로 쏟아 붓게 된 것이다.

우리가 기독교 교리와 상징에 대한 관심을 잃게 된 이유는 무엇일까? 이것은 우리가 완전히 다른 관점에서 접근해야 하는, 역사에 관한 질문이다. 신에 대한 옛날식 이해는 아마 은하계의 뒤쪽 어딘가에 신이 권좌 위에 앉아 있을 것이라는 식이었다. 망원경을 이용하면 신을 발견하는 것도 가능할지 모른다는 인식이 지배적이었다. 망원경으로도 발견되지 않는다면 신이란 것은 존재하지 않는 것이었다. 우리 시대 직전까지도 이런 견해가 지배적이었다.

그러나 우리가 이해해야 하는 것은 이런 형상들이 공간의 어딘가에 있는 것이 아니라 우리의 내면에 있다는 점이다. 그 형상들은 여기 우리의 마음 안에 있다. 단지 우리가 그것을 알지 못할 뿐이다. 그런데 우리는 먼 우주에서 그런 형상을 볼 수 있다고 생각했기 때문에 다시 거기서 그 형상들을 찾고 있다. 이는 점성술사들이 점성술의 별자리 위치와 천문학의 별자리 위치가 서로 다른 것이 춘분점세차(春分點歲差) 때문이라는 사실을 망각한 채 별들에 대해 말하고 또 별자리로부터 받는 특별한 영기(靈氣)에 대해 말하고 있는 것이나 똑같다.

별들에선 아무것도 올 수 없다. 모든 것은 우리의 내면에 있다. 이 문제에서 우리는 아직 이렇다 할 발전을 이루지 못하고 있다. 사람들이 정신의 실체를 이해하도록 만드는 것이 너무나 어려워 보이기 때문이다. 사람들은 정신을 다루는 것도 사실들을 다루는 것이라는 점을 이해하지 못한다.

예를 들어 미스터 X가 "신은 있다"고 말할 때, 그 말은 신이 있다는 것도 증명하지 못하고 신이 없다는 것도 증명하지 못한다. 미스터 X가 그런 식으로 말한다고 해서 신의 존재가 생기는 것은 아니다. 그래서 사람들은 신이 아무것도 의미하지 않는다고, 말하자면 신은 전혀 사실이 아니라고 말한다.

그러나 사실은 다른 사람들이 신이 존재한다고 하든 신이 존재하지 않는다고 하든 상관없이 미스터 X가 신을 꽤 독실하게 믿는다는 것이다. 정신적 현실은 사람이 신이라는 개념을 믿거나 믿지 않는 것이다. 그러므로 신은 하나의 정신적 사실이다. 돌이나 식물, 주장, 신학자 같은 것이 신의 존재를 증명하는 것은 아니다. 인간의 의식만이 신을 하나의 사실로 보여준다. 인간의 마음 안에 신성한 존재라는 개념이 들어 있는 것이 하나의 사실이기 때문이다. 이것은 가장 완벽한 존재라는 개념은 반드시 그것이 존재한다는 것까지 포함해야 한다고 주장한 캔터베리의 안셀모(Anselm of Canterbury)의 유명한 주장이 아니다.

나의 견해에 따르면, 실질적인 심리적 상황, 다시 말해 남자와 여자의 내면에서 남녀의 특성이 이처럼 기이하게 결합한다는 관찰은 아주 탁월한 것 같다. 니체는 그 점을 아주 명확하게 볼 수 있었다. 자신의 내면에 그런 특성이 있었기 때문이다.

투사는 영사기로 당신의 심리를 스크린에 비추는 것과 아주 비슷하다. 그래서 당신의 내면에 있는 자그마한 것이, 말하자면 당신이 눈으로 볼 수 없는 것까지도 당신은 스크린에서 매우 크고 분명하게 볼 수 있다. 당신이 다른 사람에게 투사하는 것도 꼭 그렇다. 당신은 다른 사람에게 비친 것을 보면서 이렇게 말하면 된다. "아, 저게 여기서 나오는구나. 여기 램프가 있고 이건 필름이지. 저건 나 자신이야." 그러면 당신은 무엇인가를 이해했으며, 니체의 글 중 이 대목에서 부족한 것이 바로 그런 것이다.

니체가 비판적으로 나오는 것은 주로 그의 심리가 분노에서 비롯되었기 때문이다. 한편으로 보면, 그에겐 열등감이 있었으며, 이것이 다른 한편에서 권력 욕구를 키우게 만들었다. 열등감이 느껴지는 곳마다, 권력을 추구하려는 어떤 계략이 생겨난다. 그 사람이 일들을 권력의 관점에서 평가하기 때문이다. 저 사람이 나보다 더 강한가? 내가 저 사람보다 더 강한가? 그런 것이 열등감의 심리이다.

니체가 『권력 의지』라는 책의 저자라는 사실을 잊지 마라. 그의 비판이 어떤 분노에 의한 것이기 때문에, 그의 판단은 종종 지나치게 신랄하고 불공정하다. 그러나 내가 자주 말한 바와 같이 그런 그의 비판이 종종 핵심을 찌른다. 예를 들어 보자.

나는 그들 사이에서 가장 사악한 이 위선을, 말하자면 명령하는 사람
들조차도 봉사하는 사람들의 미덕을 가장하고 있는 위선을 발견했다.
"나도 봉사하고, 그대도 봉사하고, 우리도 봉사한다." 여기서는 통치자
들의 위선조차도 이런 식으로 칭송의 소리를 듣는다. 아, 슬프도다! 제일
의 군주가 최고의 종복이라니!

이것은 니체가 누구를 두고 한 말일까? 프리드리히 2세(Frederick
der Grosse) 왕이다. 오토 폰 비스마르크(Otto von Bismarck)도 이와
매우 비슷한 말을 했다. "나의 고국을 위해 이 한 몸 다 바치리다." 니
체의 시대엔 누구나 이런 말을 입에 달고 살았다.

지금도 이런 말이 있지만, 그것은 일종의 반작용이다. 내가 이 구절
을 지적하는 이유도 거기에 있다. 그 같은 위선적인 태도가 지금 그 복
수 또는 보상을 발견했다. 봉사와 헌신이라는 감상적인 위선은 물론
옛 기독교와 관계가 깊다. 실제로 보면 그와 정반대였다. 기독교 슬로
건은 권력 의지를 가리는 데 이용되었다. 빅토리아 시대는 산더미처럼
많은 거짓말을 낳았다.

자신의 시대에 대한 비판을 통해서 중요한 인물로 부상했다는 점에
서 본다면, 프로이트와 니체는 많이 닮았다. 니체는 의사가 아니었기
때문에 말하자면 사회에 대한 비판을 맡았고, 프로이트는 의사였기 때
문에 장막 뒤를 들여다보면서 개인의 복잡성을 보여주고 장막 뒤쪽의
온갖 더러운 것을 끌어냈다.

『차라투스트라는 이렇게 말했다』의 그 다음 장들을 보면, 니체도 의

학적이라 할 만한 것에 대해서도 깊은 통찰을 보였다는 사실이 확인된다. 그러나 프로이트와 니체 같은 인물의 경우에 생각들이 자신들의 시대와 맞아떨어지지 않았다면 전면으로 부각되지 못했을 것이다. 물론 그들의 생각이 전적으로 진리인 것은 아니다. 일방적인 측면도 있고, 일시적으로 필요한 프로그램에 지나지 않는 것도 있다. 그런 것들은 시간이 조금 지나면 더 이상 필요하지 않은 시기가 올 것이다. 이때가 되면 그 사상들이 엄청난 실수인 것으로 확인될 수도 있고 전혀 이해가 되지 않는 것으로 전락할 수도 있다.

그러나 니체의 시대엔 그의 사상이 핵심을 찔렀다. 어떤 사람이 "나도 봉사하고, 그대도 봉사하고, 우리도 봉사한다"고 말했을 때, 그것은 거짓말에 지나지 않았다. 그러나 그 말이 더 이상 거짓말이 아니고, 거짓말이었던 것이 진리에 가까운 말이 되는 그런 시대가 오고 있거나 이미 와 있다. 지금 모든 국가들이 "나도 봉사하고, 그대도 봉사하고, 우리도 봉사한다"고 외치고 있으며, 민주주의 국가들에서도 사람들은 국가에 봉사하고 있지 않은가! 우리가 하는 모든 것은 국가나 공동체를 위한 것이다. 그 말은 더 이상 끔찍한 거짓말이 아니고, 장엄한 진리이다.

* * *

'성장을 방해하는 미덕'이라는 장의 두 번째 파트를 보자.

아, 그들의 위선 위로도 나의 눈의 호기심이 내려앉았다. 그래서 나는 파리가 날갯짓을 하면서 햇살 따스한 창가를 나는 그런 행복을 그들도 느낀다는 것을 알게 되었다.

친절이 있는 곳에 그만큼 약점이 있는 것을 나는 본다. 정의와 동정이 있는 곳에는 그 만큼 약점이 있다.

그들은 서로에게 너그럽고, 공정하고, 이해심이 넓다. 모래알들이 서로에게 너그럽고, 공정하고, 이해심이 넓은 것처럼.

작은 행복을 겸손한 마음으로 끌어안는 것, 그것을 그들은 "복종"이라고 부르고, 그와 동시에 그들은 소박한 마음으로 새로운 작은 행복을 찾는다.

그들은 유독 한 가지를 진정으로 원한다. 누구도 그들을 해치지 않기만을 바라는 것이다. 그래서 그들은 모든 사람이 바라는 것을 예측하고 거기에 따라 모든 사람에게 행동을 잘 한다.

그러나 그것은 "미덕"이라 불릴지라도 비겁함일 뿐이다.

텍스트 전부를 인용하고 싶지는 않다. 잘 아시다시피, 니체는 착하고 평범한 사람들을 비판하고 있다. 그런 사람을 니체는 페스트만큼이나 싫어한다. 이 같은 비판은 니체의 내면에 있는 특별한 심리적 사실에 근거하고 있다. 특별한 깨달음과 관련있는 심리적 사실이다. 앞의 여러 장들과 앞으로 살필 장들은 그의 내면에서 솟아나고 있는 무엇인가에 대한 깨달음을 담고 있다. 이 무엇인가는 그에게 아주 힘든 것이다. 그가 다루고자 하는 그 심리적 사실은 무엇일까?

그의 내면에 있는 열등한 사람, 즉 그의 그림자이다. 이 깨달음의 과정은 얼마 전에 무서운 환상을 본 뒤에 시작되었다. 이 환상에서 그는 아래로부터 올라오는 힘의 협박을 받았으며, 거기서 그는 이미 자신의 잠재적 광기를 직감하고 거기서 벗어나려고 애를 썼다.

물론 사람의 내면에 있는 이 열등한 사람이 반드시 광기를 보이지는 않는다. 그러나 그 사람이 이 열등한 사람을 받아들이지 않을 경우에는 광기를 보일 확률이 높아진다. 이 열등한 사람이 집단 무의식을 끌어올리기 때문이다. 그럴 경우에 왜 내면의 열등한 사람이 광기를 보이게 되는가?

바로 전염 때문이다. 열등한 사람은 무의식의 한 요소이기 때문에 고립되어 있지 않다. 무의식에 있는 것들 중에서 고립되어 있는 것은 하나도 없다. 모든 것은 그 외의 다른 모든 것들과 연결되어 있다. 우리가 구별하는 것은, 다시 말해 우리가 심리적 사실을 구별할 수 있는 것은 오직 우리의 의식 안에서의 일이다.

무의식은 하나의 연속체이다. 그것은 호수와 비슷하다. 누군가가 건드리면, 호수 전체가 출렁인다. 그림자는 호수 안의 한 마리 물고기이지만, 우리와는 너무나 분명하게 분리될 수 있다. 그러나 호수에겐 물고기가 분리될 수 있는 것이 아니다. 물고기는 호수와 하나로 결합되어 있다. 호수에 용해되어 있다고 할 수 있다. 그래서 그림자, 즉 열등한 사람은 의식에 너무나 분명한 개념이지만, 그것은 하나의 무의식적 사실로 남아 있는 한 무의식 안에 용해되어 언제나 전체 무의식인 것처럼 작용하게 된다. 따라서 우리는 그림자, 예를 들어 아니마나 현자 혹은 위대한 어머니가 전체 집단 무의식을 표현하는 그런 당혹스런 현상에 거듭 직면하게 된다.

당신이 무의식적으로 건드릴 때마다, 각 형상은 항상 무의식 전체를 대표하며, 당연히 전체 무의식의 압도적인 힘을 갖고 나타난다. 물론, 당신이 그런 경험을 한 적이 없다면, 그런 경험에 대해 이야기해 봐야 아무 소용이 없다. 그러나 그런 형상을 한 번이라도 경험한 사람이라면 내가 하는 말을 잘 이해할 것이다.

그 형상은 대체로 그림자 형상이며, 당신이 그 형상을 두려워하는 이유는 그것이 당신의 특별한 그림자여서가 아니라 그것이 전체 집단 무의식을 대표하기 때문이다. 말하자면 그림자를 건드리면 전체 무의식을 건드리는 결과가 된다는 뜻이다. 그림자를 무의식과 떼어놓고, 호수와 물고기의 차이를 이해하고, 전체 호수를 건드리지 않고 물고기를 잡을 수만 있다면, 그러면 당신은 핵심을 정확히 파악했다.

그러나 또 다른 물고기가 올라온다면, 그것은 고래, 즉 당신을 삼켜버릴 고래용(龍)일 것이다. 당신이 새로운 물고기를 잡을 때마다, 무의식 전체가 끌어올려진다고 보면 된다. 그래서 니체가 그림자를 무서워하거나 그림자를 다루려고 노력한다면, 그것은 그 혼자서 전체 집단 무의식의 공포를 다뤄야 한다는 뜻이다.

사람이 어느 정도 무의식에, 예를 들어 자신의 아니마에 사로잡힐 때가 있다. 그런 경우에 그 사람은 당연히 그 문제를 다루면서 매우 힘든 시간을 보내게 된다. 그래서 대체로 사람들은 그 일을 혼자서 해내지 못한다.

사람은 높은 산 위에서 홀로 지내면서 무의식을 다루지 못한다. 사람은 언제나 인간과 연결될 필요성을 강하게 느끼며, 이때 인간관계는 서로의 깊은 속까지 연결되어야 한다. 그러므로 대부분의 사람들은 분석 치료를 받고 있거나 인간에 대한 이해가 특별히 깊은 사람과 관계를 맺고 있을 때나 무의식을 깨달을 수 있을 뿐이다.

당신은 집단 무의식을 건드리기만 하면 자아 팽창을 경험하게 된다. 그건 피할 수 없다. 그러면 당신은 허공으로 붕 날아 올라가 구름 속으로 사라지면서 인간의 크기를 벗어나는 그런 엄청난 존재가 된다. 니체에게 일어난 일이 바로 그런 것이었다.

고독 속에서 그는 무의식을 건드렸고 그 즉시 차라투스트라 때문에 자아 팽창이 이뤄졌다. 그가 차라투스트라가 된 것이다. 물론 그는 자신이 차라투스트라가 아니라는 것을 언제나 알고 있었다. 차라투스트라는 비유적 표현이거나 미학적 비유에 지나지 않기 때문이다. 누군가가 그에게 당신이 차라투스트라냐고 물었다면, 그는 아마 그 점을 부정했을 것이다.

그럼에도 불구하고, 그는 마치 둘이 같은 존재인 것처럼 차라투스트라를 다루고 있다. 아니면 차라투스트라가 그를 다루고 있다고 해야 할까. 알다시피, 니체가 마치 차라투스트라인 것처럼 말할 때마다, 거기엔 전염 같은 것이 일어난다. 그래서 책 전편에 걸쳐 일어나는 원형적인 인물과의 결합 때문에, 우리는 해석에 대단한 어려움을 겪는다. 차라투스트라가 말을 하고 있는지 니체가 말을 하고 있는지가 분명하지 않을 때가 자주 있다. 이것도 진실이 아니고 저것도 진실이 아닌데도, 모든 것이 진실이다. 왜냐하면 니체가 차라투스트라이고 아니마이고 그림자이기 때문이다.

이것은 니체가 홀로였다는 사실에서, 다시 말해 그의 경험을 이해할 수 있는 사람이 아무도 없는 가운데 홀로였다는 사실에서 비롯된다. 아울러 그도 아마 자신의 경험을 털어놓을 뜻이 없었을 것이다. 그래서 그에겐 인간적인 연결이 전혀 없고, 인간적인 관계도 전혀 없었다. 그가 현실을 직시하도록 만들어줄 끈이 전혀 없었던 것이다. 아니, 그도 인간 존재들로 둘러싸여 있었고 몇 안 되지만 친구도 있고 돌봐줄 사람도 있었지만, 그들은 그의 내면에서 벌어지고 있는 일을 이해하지 못했다. 그런 이해가 절실히 필요했는데도 말이다.

그래서 나는 정신분석가는 그런 환자의 내면에서 벌어지고 있는 일을 이해하는 사람이라고 말한다. 그러나 니체의 시대에 정신분석가가 있어서 니체에게 그가 집단 무의식을 경험하고 있으며 그것들은 원형적인 형상이라는 점을 일러주었다 하더라도, 정신분석가는 니체로부터 환영을 받지 못했을 것이다. 니체 같은 사람과는 그의 처지를 직접 느낄 수 있을 때에만 대화가 가능하다.

예를 들어, 당신은 이렇게 말할 수 있을 것이다. "간밤에 무슨 일이 있었어요? 그것이 시커멓던가요? 움직이던가요? 정말 재미있군요! 아니, 그런 일을 다 겪다니! 나도 당신과 동행할 것입니다. 나는 차라투스트라를 믿어요. 그와 함께 한 번 날아보시지요." 당신은 정말로 강한 인상을 받아야 한다. 당신은 환자가 겪고 있는 것과 똑같은 정서를 경험해야 한다. 환자가 굴복하면, 당신도 역시 어느 정도 굴복해야 한다. 당신도 똑같은 공격을 겪는 한에서만, 그리고 똑같이 굴복하는 한에서만 환자에게 도움을 줄 수 있다. 그러면서도 현실을 놓아서는 안 된다. 그것이 정신분석가의 임무이다.

환자가 집단 무의식을 경험하는 동안에 정신분석가가 인간적인 현실을 놓지 않을 경우에 환자에게 큰 도움을 줄 수 있다. 그러나 한 쪽 다리로 정신분석가는 환자의 자아 팽창 속으로 들어갈 수 있어야 한다. 그렇게 하지 않을 경우에 정신분석가가 할 수 있는 일이 아무것도 없다. 정신분석가는 환자가 겪는 경험의 정서적 측면을 두루 거칠 수 있어야 한다.

당연히, 니체의 시대엔 정신적인 병을 앓는 사람이 상당히 불행한 처지에 놓여 있었다. 그 시대에 니체를 제대로 이해하는 사람이 있었을 가능성은 조금도 없다. 물론 자발적으로 그를 추종하던 개인들은 언제나 있었다. 하긴 바보도 추종자를 둘 수 있는 문제니까. 그러나 천재 바보가 두 발로 땅을 딛고 있는 가운데 날 수 있도록 도와줄 사람을 발견하는 것은 대단히 어려운 일이었다.

『차라투스트라는 이렇게 말했다』를 썼을 때, 사람들은 니체가 미쳤다고 생각했다. 이 책이 처음 소개되었을 때를 나는 기억하고 있다. 사람들이 어떤 말을 했는지를, 예를 들어 야코프 부르크하르트(Jakob Burckhardt)가 무슨 말을 했는지 나는 안다. 그들은 모두 『차라투스트라는 이렇게 말했다』에 대해, 일부 내용은 아주 지적이라는 점을 인정하면서도 광인의 작품이라고 생각했다.

그러나 그들은 이 작품을 해석하지 못했다. 그 시대의 사람들은 그런 경험을 멀리하려고 세심하게 신경을 썼기 때문이다. 그들은 일종의 인공적인 세계에, 말하자면 멋진 착각들과 분화된 감정들이 지배하는 그런 세계에 살고 있었다. 니체가 비판하고 있었던 것이 바로 그런 사회였다. 자연히, 니체는 스페인에 있던 그들의 성당과 성(城)을, 그들이 소중히 여기던 이상들을 훼손시키고 있었다. 그래서 그들에게 니체는 광인일 뿐만 아니라 위험하기도 한 인간이었다.

바젤의 모든 지식인들은 그 같은 사고방식에 두려움을 느꼈고, 모든 면에서 충격을 받아 정신을 잃을 정도였다. 그들은 니체를 혁명가로, 무신론자로 여겼다. 당시에 니체에겐 온갖 비난이 다 쏟아졌다. 동시에 그들은 깜짝 놀라기도 했다. 니체가 한 말에서 엄청나게 많은 진리를 느낄 수 있었기 때문이다. 세상이 니체에게 일어난 일을 이해하도록 준비시키는 데 무려 반세기의 세월이 필요했다.

니체가 이해력이 풍부한 동료를 두었더라면 일이 어떤 식으로 전개되었을 것인지에 대해 생각해봐야 물론 아무런 소용이 없다. 그냥 추측만 해 볼 뿐이다. 지금은 집단 무의식의 경험에 대해 어느 정도 알게 되었기 때문이다. 니체와 비슷한 환자를 어떤 식으로 치료할 것인가 하는 것은 우리 전문가들이 언제나 던지고 있는 질문이다. 니체와 같은 환자는 치료가 가능하다. 하지만 우리는 지금과 달리 그런 이해의 도움을 받지 못하던 사람의 정신에 일어나는 일을 이해할 수 있어야 한다. 니체는 고립된 상태에서 집단 무의식의 경험을 해결하려고 노력하는 개인의 심리를 보여주는 탁월한 예이다.

우리는 또 그에게서 전형적인 결과까지 보고 있다. 그의 두 발은 땅바닥을 딛지 않고 있었으며, 그의 머리는 부풀어 올라 일종의 풍선이 되었다. 그런 사람은 신이든, 악마든, 귀신이든, 광인이든, 천재든 더이상 자신의 정체성을 확신하지 못한다. 이제 그런 사람은 언제나 내부로부터 보상 작용의 위협을 받게 된다.

자아 팽창이 일어나면 사람은 자연히 공중으로 날아오르기 시작하는데, 그때 몸이 특별히 귀찮아지거나 무거워진다. 그러면 몸이 저절로 처지게 된다. 그런 조건에 있는 사람은 어딘가에서 무거운 것이 자신을 잡아당기는 것을 느낀다. 그들은 몸과 동일시하고 있기 때문에 종종 몸을 죄려 든다. 기독교 성인들은 문제를 그런 식으로 다루곤 했으며, 몸의 무게를 제거하기 위해서 몸을 억눌렀다.

니체는 19세기 사람이었으며, 그런 식으로 육체를 억누르는 것은 더이상 옳은 길이 아니었다. 그와 정반대로, 니체는 몸을 대단히 중요하게 여기면서 육체로의 회귀를 설교한다. 그러나 그는 육체를 팽창시킬 만큼 육체를 강조한다. 그는 육체를 지나치게 강조함으로써 접근 불가능한 것으로 만들고 있다. 그를 괴롭히고 있는 것은 정말로 그림자이다. 그는 육체를 칭송하는 한편으로 그림자가 육체를 대표하고 있다는 것을 보지 못한다. 이어서 그림자가 특별한 중요성을 얻게 되고, 그가 더 이상 육체와 자신을 동일시하지 않게 되자 그림자는 악마가 되어 버린다.

잘 아시다시피, 나는 그림자를 의인화한다. 그림자는 "그" 혹은 "그녀"가 된다. 그것이 하나의 인격이기 때문이다. 니체 같은 환자를 치료하면서 그림자를 하나의 인격으로 다루지 않는다면, 정신분석 전문가로서 당신은 기술적 실수를 저지르는 셈이다. 그림자를 식별하기 위해선 의인화할 필요가 있기 때문이다.

그림자를 형태나 특별한 인격을 전혀 갖지 않은 것으로 느끼는 한, 당신은 그림자와 당신 자신을 명확히 구분하지 못한다. 만일 그림자를 집단 무의식의 심리적 측면이나 특성으로 본다면, 그 특성은 그냥 당신의 내면에 나타날 것이다. 그러나 이것은 '나'이고 저것은 그림자라는 식으로 말한다면, 당신은 그림자를 의인화하게 되며 그러면 둘 사이, 당신 자신과 그 타자 사이의 구분이 명확해진다. 그런 식으로 한다면, 당신은 그림자를 집단 무의식으로부터 떼어놓게 된다. 반면에 그림자를 그냥 당신 자신의 심리적 특성으로만 본다면, 당신은 그림자를 당신 안에 간직하게 된다. 이유는 그림자가 당신 자신의 한 특성이라면, 문제의 실타래가 풀리지 않고 그림자가 당신으로부터 분리되지 않기 때문이다. 그림자를 분리하는 데 성공하고 그림자를 당신 자신과 분리된 하나의 대상으로 의인화할 수 있다면, 당신은 물고기를 잡아 호수 밖으로 끌어낼 수 있다.

말은 쉬워도, 실행은 대단히 어렵다. 그림자가 수시로 당신을 벗어나기 때문이다. 당신의 그림자 때문에 다른 사람들과의 관계가 매우 나빠질 수도 있다. 집단 무의식도 마찬가지이다. 그러나 그림자와 당신 자신을 구분할 수만 있다면, 게임은 이긴 것이나 마찬가지이다. 만일 어떤 것이 당신을 끈질기게 물고 늘어지는데 그것이 당신 자신의 한 특성이라는 생각이 든다면, 당신이 미치지 않을 것이라는 보장은 없다. 당신이 당신 자신을 사람들에게 설명하지 못할 만큼 심하게 모순적인 사람이라면, 그런 당신과 광인 사이에 무슨 차이가 있을까?

나는 정상과 비정상의 경계선 상에 있는 환자들에게 언제나 이런 식으로 말한다. "합리적인 사람에게 당신 자신을 설명할 수 있는 한, 사람들은 당신을 두고 미친 사람이라고 말하지 않는다. 그러나 당신이 지나치게 모순적인 사람으로 변하는 순간, 모든 인간관계는 거기서 끝이다." 그래서 나는 환자들에게 그림자를 분리시키고 가능하다면 그것을 의인화할 것을 요구한다. 분리가 이뤄지고 있다는 사실을 확실히 보여주는 신호가 바로 의인화이기 때문이다.

예를 들어 보자. 당신에게 당신과 거의 동일하다고 느껴지는 친구가 하나 있다. 얼마나 동일한지, 세상에 대한 반응들이 거의 똑같다. 그래서 어느 것이 친구이고 어느 것이 당신 자신인지를 모르게 되었으며, 따라서 당신 자신이 어떤 존재인지조차 모르게 되었다. 그러나 이런 경우에 "저것은 친구의 방식이고, 친구는 나와 별도의 인격이다"고 말할 수 있다면, 당신은 어느 것이 친구이고 어느 것이 당신의 것인지, 당신이 누구인지, 친구가 누구인지를 알 수 있다.

그림자가 당신에게 어느 정도 깊이 개입하고 있는지, 당신이 그림자에 대해 어느 정도 책임을 지고 있는지를 아는 것은 어려운 문제이다. 당신은 당신에게 속한 사람들에 대해 책임을 지듯이 그림자에 대해서도 책임을 진다. 당신은 그림자를 당신과 아무런 관계가 없는 이방인 대하듯 멀리 떼어놓을 수 없다. 절대로 그렇게 하지 못한다.

그림자는 언제나 거기에 있다. 그림자는 당신의 동료이다. 그럼에도, 그림자와 당신 사이에 구분은 가능하며 이 구분을 위해선 먼저 그림자와 당신이 어떤 존재인지를 이해해야 하며 당연히 그림자와 당신을 분리시키는 일이 필요하다.

니체는 차라투스트라와 자신을 동일시하는 한 그림자 문제를 계속 끌어안고 있게 된다. 니체는 호수에서 물고기를 분리시킬 수 없었으며, 차라투스트라가 그를 완전히 압도하고 있기 때문에 그림자도 광기의 공포 속에 떠오르면서 당연히 그를 압도하게 된다. 이 공포는 집단 무의식에 대한 공포와 똑같다. 앞에서 해석한 『차라투스트라는 이렇게 말했다』의 여러 장에서 우리는 이 공포를 뒷받침하는 증거를 확인할 수 있다. 그림자는 위험한 악마로 나타났으며, 니체는 이 악마의 공격에 맞서 자신을 지키기 위해 상상 가능한 온갖 요령을 다 동원했다. 그는 그림자를 무시하고, 얕보고, 조롱하고, 모든 사람에게 투사했다. 그러다 지금 다루고 있는 장들에서 그는 모든 사람을, 세상의 평범함을, 그리고 자신에게 끈적끈적하게 달라붙는 모든 특성의 평범함을 비난하기에 이르렀다. 예를 들어, 그는 평범한 모든 사람들의 가장 정직한 소망은 상처받지 않는 것이라고 말한다. 하지만 니체 본인보다 상처를 더 쉽게 받을 존재가 있을까?

니체의 성격을 보여주는 유명한 일화가 있다. 니체를 굉장히 존경하던 어느 젊은이가 그의 강의를 들었다. 니체는 그리스의 아름다움에 대해 이야기할 때면 이 젊은이가 대단히 열정적인 모습을 보인다는 사실을 알았다. 그래서 니체는 강의가 끝난 뒤에 이 젊은이와 대화를 했으며, 그러다가 그리스의 아름다움을 직접 눈으로 확인하기 위해 그리스를 함께 여행하자고 제안했다.

젊은이는 니체의 말을 믿지 않을 수 없었으며, 니체도 자신의 말을 믿었다. 당연히 젊은이에겐 니체와의 여행 가능성이 흥분되는 일이었지만, 동시에 돈이 한 푼도 없다는 사실이 걱정으로 다가왔다. 학생은 가난한 청년이었으며, 스위스 사람답게 매우 현실적이어서 "브린디시까지 갔다가 아테네로 이동하려면 교통비만 해도 많이 들 텐데, 교수님이 대신 내줄까 아니면 내가 내야 하는 걸까?"라고 생각했다. 니체가 자기 주위에 아름다운 구름을 피워 올리고 있을 때, 젊은이의 머릿속엔 그런 걱정이 가득했다. 그러던 어느 순간에 니체가 젊은이의 흐리멍덩한 표정을 보게 되었다. 그 길로 니체는 이 젊은이에게서 관심을 거둬들였으며 그 후로는 두 번 다시 젊은이에게 말을 걸지 않았다.

니체는 젊은이가 붕괴한 이유를 전혀 알지 못한 가운데 마음의 상처를 깊이 입었다. 니체는 젊은이가 점점 작아지다가 마침내 사라지는 것을 보았다. 이렇듯, 사람들의 자연스런 반응도 니체에겐 깊은 상처가 될 수 있었다.

이 에피소드를 분석적으로 보자. 젊은이는 그림자를 대표한다. 니체가 언제나 무시하고 있던 평범한 동료가 이 젊은이이다. 니체는 젊은이가 붕괴한 진정한 이유를 알 수 없었다. 그것이 그의 삶에서 결코 중요한 것이 아니었기 때문이다. 그리고 니체가 욕하는 평범한 사람들이 그의 일상 삶을 지탱해주었던 사람들이란 사실을 우리는 알아야 한다.

나는 경제적으로 니체를 지원했던 사람들을 알고 있었다. 모두가 선한 사람들이었다. 내가 아는 어떤 늙은 부인은 지극히 선한 사람이었으며 니체가 하는 말을 전혀 이해하지 못했지만 경건했다. 그녀는 니체에 대해 이런 식으로 말했다. "불쌍한 니체 교수는 돈이 한 푼도 없는데도 강의도 하지 못하고 연금도 없어요. 불쌍한 사람을 위해 뭔가

도와야지요." 그래서 그녀는 니체에게 돈을 보냈으며, 니체는 그런 돈으로 생활하면서 『차라투스트라는 이렇게 말했다』를 썼다. 그러나 니체는 그런 현실을 절대로 깨닫지 못했다. 그가 자신의 삶을 지원하던 사람들을 향해 비난의 화살을 날리면서도 그런 비난을 하고 있다는 사실조차 몰랐던 것처럼.

*　　*　　*

3부 중 '세 가지 악'이라는 장에 이런 내용이 나온다.

축복하라고 가르친 자는 또한 저주하라고도 가르쳤다. 세상에서 가장 저주스런 세 가지는 무엇인가? 나는 이 3가지를 저울에 달아볼 생각이다.

육욕과 권력욕, 이기심이다. 이 세 가지는 지금까지 저주를 가장 많이 받아왔으며, 평판도 가장 나빴고 또 많이 왜곡되어 왔다. 나는 이 세 가지를 인간적으로 제대로 보고자 한다.

자, 여기엔 내가 서 있는 절벽이 있고 저기엔 바다가 있다. 저 바다가 알랑거리며 나를 향해 몰려온다. 내가 사랑하는, 나이 많고 충직하고 백 개의 머리를 가진 개 괴물 바다가!

자! 여기서 나는 소용돌이치는 바다 위로 저울을 들고 있으리라. 또 나는 저울질을 지켜볼 증인도 채택하리라. 그대, 은둔자 나무를, 내가 사랑하는, 짙은 향기와 떡 벌어진 무성한 가지를 자랑하는 은둔자 나무를!

생명과 지식, 지혜, 의식을 의미하는 그의 나무 앞에서, 그는 저주의 대상이 되고 있는 세 가지 악, 즉 육욕과 권력욕, 이기심의 무게를 달고 있다. 여기서 우리는 니체가 정말로 현대를 미리 살았던 인물이라는 사실과 그가 심리학자였다는 사실을 확인한다. 우리 시대를 산 인물이었다면, 니체는 틀림없이 정신분석가가 되었을 것이다.

그는 정말로 철학자보다 심리학자의 특성을 더 많이 보였다. 철학은 기본적으로 심리학이라는 것을 니체는 일찍이 깨달았다. 앞의 인용문은 어느 개인의 정신이 한 진술이며, 그 이상의 다른 것을 의미하지 않는다. 니체가 여기서 한 말을 통해서 우리는 그가 현대 심리학자라는 사실을 확인한다. 니체는 이 세 가지 악을 통해 무엇을 예고하고 있는가?

프로이트와 아들러, 그리고 나를 예고하고 있다. 먼저 육욕, 즉 쾌락 원리는 프로이트를 예고한다. 권력 욕구는 아들러를, 이기심은 나를 예고하고 있다. 여기에 해당하는 나의 사상은 개성화 과정이며, 이것은 이기심에 해당한다. 그리고 프로이트는 섹스로 압축될 것이고, 아들러는 권력으로 압축될 것이다. 이것들은 세 가지 관점이며 순서도 맞아떨어진다. 프로이트가 가장 먼저 등장했고, 나와 나이가 비슷했지만 일찍 프로이트의 제자가 된 아들러가 그 다음이다. 나는 빈을 처음 찾았을 때 프로이트 학회에서 아들러를 보았다.

아들러는 이미 거기서 자리를 확고히 잡은 상태였고, 나는 이제 막 입회한 입장이었다. 그러니 틀림없이 권력 욕구에 관한 이론이 쾌락 원리 다음에 나왔다. 나의 이론이 맨 마지막이다. 그런데 나의 이론은 앞의 두 가지를 포함한다. 육욕과 권력욕이 이기심의 두 가지 양상에 지나지 않기 때문이다.

나는 프로이트와 아들러가 똑같은 것을 다른 방향에서 보고 있다는 점을 강조하는 책을 한 권 썼다. 프로이트는 섹스의 관점에서 보고 아들러는 권력 욕구의 관점에서 보고 있는 것이다. 신경증 환자의 경우에 프로이트의 관점에서도 설명되고 아들러의 관점에서도 설명될 것이다. 다시 말해 성취하지 못한 섹스 소망이나 좌절된 권력 의지로 신경증이 설명된다는 뜻이다. 그렇기 때문에 니체의 이 문장은 어느 면으로 보나 실제로 일어날 일을 예고하고 있음에 분명하다.

니체는 정말로 탁월한 존재였다. 그리고 "이 세 가지는 지금까지 저주를 가장 많이 받아왔으며, 평판도 가장 나빴고 또 많이 왜곡되어 왔다."는 말도 진실이다. 그러나 왜곡되어 왔다는 부분은 약간 과장하는 측면이 있다. 그러나 이 세 가지가 악이라는 점에는 이의가 전혀 없다.

우리의 종교적 관점은 모든 악은 잘못이며 따라서 바로잡아져야 한다는 쪽이다. 우리는 나쁜 것까지도 두 가지 측면을 갖고 있다는 점을 충분히 알지 못하고 있다. 이 악들 중에서 어떤 것도 절대적으로 나쁘다고는 말하지 못한다. 만일 이 악들이 전적으로 나쁘고 또 당신이 도덕적으로 적절히 처신하기를 원한다면, 당신은 절대로 살아가지 못하게 될 것이다. 육욕이 나쁜 것이라고 해도 그것을 막지 못한다. 권력욕이 나쁜 것이라고 해도 그것을 막지 못한다. 이기심도 마찬가지이다. 만일 육욕과 권력욕, 이기심을 막아버린다면, 당신은 그 즉시 죽게 될 것이다. 이기심이 없다면 절대로 존속할 수 없기 때문이다. 당신의 모든 양식을 가난한 자들에게 주고 나면 아무것도 남지 않을 테고, 그러면 당신은 아무것도 먹지 못해 죽고 말 것이다. 그러다 보면 가난한 사람들에게 음식을 나눠줄 사람도 하나도 남지 않게 될 것이다. 여기서 확인하듯, 이 악들도 나름의 기능을 갖고 있다.

악은 잘못이라는 식의 판단은 누군가가 어떤 명확한 진리를 확립할 수 있고 또 이런저런 것은 명확히 나쁜 것이라는 식으로 결론을 내릴 수 있다는 전제에서 나온다. 그러나 그런 결론을 내릴 수 있는 사람은 절대로 있을 수 없다. 이유는 어떤 일이 선하고 나쁜 것은 누가 어떤 조건에서 그것을 하느냐에 좌우되기 때문이다.

어떤 조건에서나 나쁘다고 말할 수 있는 악은 절대로 없다. 조건이 늘 변화하고 다를 수 있기 때문이다. 단지, 어떤 일이 이런저런 조건에서 일어나면 나쁠 가능성이 아주 크다는 식으로만 말할 수 있을 뿐이다. 당신은 어떤 일을 두고 이 정도까지만 판단할 수 있다.

그러기에 우리의 실수는 어떤 도덕적 판단을 마치 일반적인 판단인 것처럼 내린다는 데에 있다. 일반적인 도덕적 판단은 인간이 할 수 없는 일이다. 범죄에서조차도 조사가 깊어지고 따라서 당신의 감정이 깊어질수록, 당신의 판단 능력은 더욱 떨어지게 마련이다. 이유는 범죄의 속으로 깊이 들어갈 경우에 범죄가 의미 있는 것으로 다가오기도 하기 때문이다. 범죄의 순간에 범죄자에게나 희생자에게나 범죄가 불가피했겠다는 느낌마저 들 수 있는 것이다.

당신이 어떻게 구체적인 어떤 사람이 나쁘다거나 희생자가 범죄를 당해도 좋은 만큼 나쁘다는 식으로 말할 수 있겠는가? 범죄의 심리학에 대해 아는 것이 많아질수록, 범죄에 대한 판단을 망설이게 된다. 범죄를 충분히 많이 보게 되면, 범죄에 대한 판단 자체를 포기하게 될 것이다.

한편, 이런 식으로 판단을 포기하면 당신 자신의 내면에서 결정적으로 중요한 어떤 기능을 포기하는 결과가 된다. 즉, 당신의 증오와 경멸, 악에 대한 반란, 선에 대한 믿음이 정지하고 마는 것이다. 이런 상황에 처하면, 당신은 판단을 포기하는 것은 불가능한 일이라는 결론을 내리게 된다.

실은 세상을 제대로 살아가려면, 당신은 판단을 내려야 한다. 어떤 사람이 주택을 침입하거나 사람을 죽일 때, 당신은 그 같은 행위를 중단시켜야 한다. 그런 행위가 허용되는 도시에서 사는 것은 당혹스런 일이다. 그렇다면 당신은 그런 행위를 어떤 식으로 중단시킬 것인가? 그 사람을 교도소에 집어넣거나 사형을 시키거나 아니면 다른 방법을 택해야 할 것이다. 이때 누군가가 그 사람을 교도소에 격리시키는 이유를 물으면 당신은 나쁜 사람이기 때문이라고 대답할 것이다. 맞다. 그 사람은 나쁜 사람이고, 당신은 나쁜 행위로부터 자유롭지 못하다.

당신이 일반적인 도덕에 반하는 행위를 했을 때에는 당신 자신이 그 행위에 대해 어떤 식으로 생각하든 상관없이, 당신은 거북함을 느끼고 양심의 공격을 받는다. 이런 경우에 당신은 실제로 양심의 가책을 아프게 받는다. 아마 그렇지 않은 사람도 있을 것이다. "아, 다른 사람이 모르는 한, 나 자신의 행동에 대해 양심의 가책을 느낄 필요가 없어." 라는 식으로 말하는 사람도 있을 것이다.

그러나 도덕법을 어기면, 당신은 도덕적 망명객이 되며 그런 처지로 인해 고통을 겪는다. 당신의 리비도가 당신 자신에게서 나와서 인간관계 속으로 더 이상 자유롭게 흘러가지 못하기 때문이다. 당신은 언제나 자신의 비행(非行)의 비밀에 의해 차단된다. 그래서 당신은 분출되지 못한 에너지의 과도한 축적으로 힘들어 하게 되고, 그런 상황이면 당신은 주변 환경과 정면으로 맞서고 있는 셈이 된다. 이건 틀림없이 비정상적인 조건이다. 당신이 선과 악을 초월했다고 말한 니체처럼 선과 악에 대해 특별히 계몽된 사상을 갖고 있다 하더라도 그 상황엔 별다른 도움이 되지 않는다.

당신은 당신의 내면에 있는 심판관을 벗어나지 못한다. 우리가 지키며 살고 있는 도덕 체계는 역사에 의해, 수천 년에 걸친 훈련에 의해 확립된 것이다. 도덕 체계는 인간 행동의 원형들에 바탕을 두고 있다. 그러기에 아주 세련된 사회에서나 발달이 아주 뒤처진 사회에서나 똑같은 법률이 발견되는 것이다. 사실 원시 사회의 법률과 고도로 발달한 사회의 법률 사이에 근본적인 차이는 전혀 없다. 법률의 형식은 달라도 원칙은 똑같은 것이다.

보편적인 도덕법이 비롯된 본능의 원칙에 반하는 행위를 할 때에도 사람은 고통을 겪는다. 당신의 확신이 무엇이냐 하는 문제는 전혀 중요하지 않다. 무엇인가가 당신에게 불리하게 작용하고, 그러면 당신은 그에 따라 인격의 분열을 겪는다. 그것이 바로 신경증이다.

6강

1939년

'세 가지 악'이라는 장에서 꼭 짚고 넘어가고 싶은 구절이 있다.

무슨 다리를 통해 현재에서 미래로 가는가? 어떤 억제에 의해서 높은 것이 낮은 곳을 향해 낮추는가? 그리고 어떤 명령이 있어서 지금도 가장 높은 것이 더 높은 곳을 향하도록 하는가?

지금 저울은 수평 상태에 놓여 있다. 내가 세 가지 무거운 질문을 올리자, 세 가지 무거운 대답이 다른 저울 위로 나타났다.

지금 다가오고 있는 것을 과거와 연결시키기 위해, 우리가 지금 『차라투스트라는 이렇게 말했다』에서 서 있는 곳이 어딘지를 알아야 한다. 그가 어떻게 이 세 가지 악에 도달하고 있는가? 이 악들은 육욕과 권력욕, 이기심이다. 이것들 사이에 어떤 연결이 있는가? 아주 어려운 질문이지만, 머릿속을 정리하기 위해 반드시 대답해야 하는 질문이다.

『차라투스트라는 이렇게 말했다』를 통과하다 보면, 니체의 말의 정글 속에서 쉽게 길을 잃고 만다. 따라서 우리가 관심을 두고 있는 일반적인 주제를 알아 두면 매우 유익하다. 말하자면 지금까지 거쳐 온 모든 장에 두루 나타나고 있는 전체적인 주장의 일반적 경향을 알아둘 필요가 있다는 뜻이다.

지금까지 이 작품은 열등한 존재, 즉 그림자 문제를 다루고 있다. 이 책이 시작하는 부분에서 어릿광대가 그에게 접근하는 것이 니체가 자신의 그림자를 만나는 대목이다. 그때 니체는 자신의 내면에 있는 열등한 존재를 욕했을 뿐만 아니라 열등한 존재를 상징하는 일반적인 집단성까지 욕했다. 집단성이 실제로 보면 언제나 어둡고 언제나 열등하기 때문이다.

사람들은 숫자가 많아질수록 더욱 열등해진다. 군중의 도덕성은 군중 속의 각 개인들의 도덕성보다 낮다. 군중은 자연히 개인을 압도하게 되어 있다. 수천 명은 하나보다 월등히 더 많기 때문이다. 그래서 하나는 쉽게 압도당한다.

니체는 자신의 그림자뿐만 아니라 집단의 그림자, 즉 집단적인 사람까지 욕한다. 나는 이런 태도의 어리석음에 대해 자주 지적했다. 결국엔 그런 것이 삶이고 또 우리에게 성장을 이룰 기회를 주는 원천이기 때문이다. 그러기에 그런 것을 욕해 봐야 아무런 소용이 없다.

자신의 열등한 존재를 공격하고 있는 지금, 그는 몇 가지 진리를 발견하지 않을 수 없다. 지금 그는 그림자의 단점이 위대한 장점이 될 수 있다는 진리를 인정하기 직전 상황에 있다. 그런데 그만 그림자를 부정하거나 욕함으로써, 그는 뒷문으로 집 안으로 들어간 꼴이 되고 말았다.

예를 들어, 그는 집단적인 사람은 저급한 짐승이라고 말한다. 그런 다음에 그는 짐승 같은 잔학성의 장점을 서서히 깨닫는다. 그리고 집단적인 사람을 움직이는 동기들이 진정으로 미덕이라는 점을 인정하기 시작한다. 그래서 그는 그림자 사람의 세 가지 두드러진 단점을 선택한다. 육욕과 권력욕, 이기심이다.

이것들을 그는 미덕으로 바꿔놓는다. 그는 지금 이 주제에 관심을 두려 한다. 그러나 여기서 그는 특별히 중요한 말을 한다. "무슨 다리를 통해 현재에서 미래로 가는가? 어떤 억제에 의해서 높은 것이 낮은 곳을 향해 낮추는가? 그리고 어떤 명령이 있어서 지금도 가장 높은 것이 더 높은 곳을 향하도록 하는가?" 이 물음에 대한 답은 무엇일까?

바로 육욕과 권력욕, 이기심을 통해서이다. 저울이 평형 상태를 유지하고 있다. 이것들이 삶의 힘들이고, 따라서 진정한 장점이란 것이 확인되고 있다. 이것들은 현재에서 미래로 넘어가는 다리를 건설한다는 점에서 보면 결정적인 미덕들이다. 미덕과 높은 성취는 언제나 끝이고, 불완전한 것은 언제나 시작이다. 불완전한 것, 분화되지 않은 것은 미래로 넘어가는 다리이다. 익지 않은 열매나 오늘 단지 씨앗인 것은 지금으로부터 2개월 후엔 익은 열매가 된다.

그리고 세상을 움직이는 힘들은 무엇인가? 예를 들어, 높은 것이 아래쪽으로 굽히도록 하는 힘은 무엇인가? 틀림없이 장점은 아니다. 장점은 사람이 보다 높은 곳을 향해 오르도록 돕는 것이기 때문이다. 그는 장점이 "지금도 가장 높은 것이 더 높은 곳을 향하도록 한다"고 말한다. 말하자면 낮은 곳으로부터 더욱 멀리 떨어진 곳으로 향하도록 한다는 뜻이다. 악덕을 보상하려는 노력이 사람으로 하여금 더욱 높은 미덕을 이루도록 강요하기 때문이다.

만일 매우 깊은 그림자와 싸울 필요가 없었더라면, 아마 사람들은 빛을 창조하지 않았을지도 모른다. 매우 어두운 상황에 처해 봐야 빛을 만들 것이고, 악덕으로부터 고통을 받아 봐야 위로 성장하도록 도울 미덕을 가꾸기 시작할 것이다. 마찬가지로, 당신이 높이 우뚝 서 있다면 무엇이 당신이 아래쪽의 것을 향해 고개를 숙이도록 돕겠는가? 바로 그런 악덕들이다. 육욕에 의해, 권력 의지에 의해, 당신은 낮은 곳으로 숙이고 퇴보할 수 있다.

다른 사람들에게 권력을 행사하길 원하는 사람은 단지 권력의 상실을 통해 자신을 낮추기만 하면 된다. 그러면 그 사람은 다른 사람들이 원하는 권력을 주면서 오히려 권력을 얻게 된다. 그는 자신이 지배하고 있는 사람들만큼 낮아진다. 노예는 폭군보다 더 낮지 않으며, 노예는 폭군의 권력을 받고 폭군은 노예로부터 권력을 받는다. 당신이 다른 누군가로부터 받거나 다른 누군가에게 주는 것은 똑같은 동전이다. 권력도 마찬가지이고 육욕도 마찬가지이고, 이기심도 마찬가지이다. 모두가 똑같다. 그러나 일들이 앞으로 나아가도록 만드는 것은 그런 힘들이다.

불행하게도, 선한 것이나 높은 것, 미덕은 언제나 하나의 성취이고, 언제나 정상(頂上)이다. 정상은 더 나아가지 못한다. 오직 아래에 있을 때에만 올라갈 수 있을 뿐이다. 정상에 오른 다음에는 내려가는 길밖에 없다. 그러나 만일 아래에 아무것도 없다면, 당신은 내려가지 못한다. 여기서 니체의 사상을 고려해 봐야 한다.

일종의 에난티오드로미아 같은 상황에 처해 있다. 그런데 니체는 내려가지 않는다. 그것이 그의 스타일이다. 그는 진리를 파악하기만 하면 되고, 다른 사람들은 그 진리를 실천해야 한다는 식이다. 그는 단순히 설교만 하면 된다. 그는 자신이 집안 청소를 하라고 설교하면서도 청소의 대상이 자신의 집일 수 있다는 사실을 깨닫지 못한다.

그의 집이 지저분한 까닭에, 엉뚱하게 다른 사람들이 집을 청소하는 상황이 벌어진다. 다른 사람의 정원에 잡초가 무성하다고 늘 투덜거리면서도 정작 자기 집 정원의 잡초는 가만 내버려두는 사람과 하나도 다르지 않다. 니체는 "이것이 나에겐 어떤 의미를 지니는가?" 하는 식으로 묻는 경우가 절대로 없다. 그가 자기 자신에 대해 절대로 돌아보지 않는 것이 이 책의 비극이다. 자신을 돌아보는 기회를 가졌더라면, 그는 자신의 책을 통해서 큰 도움을 받을 수 있었을 것이다.

그러나 그는 다른 무엇인가를, 명예를 찾고 있다. 그는 이 사악한 것들이 삶의 중요한 힘이라는 점을 인정하면서도, 다시 보통 사람들은 이 같은 사실들을 인식하지 못하고 그래서 이 삶의 힘들을 의심한다는 결론으로 돌아간다. 여기서 우리는 이 세 가지 특성으로 이뤄진 그림자가 그에게 욕을 듣고 있는 것을 확인한다. 당연히 그의 내면에 있는 열등한 사람은 철학적인 측면을 인정하지 않고 이 세 가지 힘에 의해서 움직인다. 그리하여 그는 다시 그림자를 살게 되고, 또 이 힘들에 압도당하면서 이 힘들의 사악한 측면을 깨닫게 된다.

잘 알다시피, 자기 집에서 편안하게 지내지 못하는 사람은 자신의 개인적 및 육체적 삶에 애착을 강하게 느끼지 못하게 되고, 따라서 자신이 어두운 힘들에게 얼마나 많이 압도당하고 있는지를 깨닫지 못한다. 그런 사람은 자연히 니체가 내린 것과 똑같은 결론에, 말하자면 그 힘들이 장점이라는 결론에 도달할 것이다. 그런 식의 결론을 내리는 이유는 그 사람이 그 힘들을 갖고 있지도 않고 보지도 않고 건드리지도 않고 있기 때문이다.

이 힘들에 의해 족쇄가 채워지거나 갇혀 있는 사람, 다시 말해 자신이 육욕이나 권력욕, 이기심으로부터 벗어날 수 없다는 것을 아는 사람은 이런 악들로부터 벗어날 수 있다는 소리에 기뻐할 것이다. 이런 악들은 지옥의 힘들인데, 그런 것들을 극복하도록 도울 신이 있다니 말이다. 이 사람에겐 그런 힘들로부터 해방될 수 있다는 말이 구원의 소리처럼 들린다. 그가 그 힘들의 암시에 너무 심하게 휘둘리고 있기 때문이다.

그러나 이 힘들로부터 상당히 벗어난 상태에서 별로 영향을 받지 않고 있는 사람들은 이 힘들에게로 기쁜 마음으로 돌아갈 것이다. 그런 사람들에겐 그 힘들이 긍정적인 무엇인가를 의미하기 때문이다. 멀리서 보면, 악도 멋져 보이고, 금발 짐승이나 관능적인 짐승, 힘이 세고 이기적인 짐승처럼 보이고 체사레 보르자(Cesare Borgia: 르네상스 시대 알렉산데르 6세 교황의 사생아로 태어난 이탈리아의 성직자이며 정치가, 장군/옮긴이)처럼 보인다.

가난하고, 온순하고, 반(半)맹인인 니체 교수는 절대로 그런 존재는 아니었지만, 혹여 그가 체사레 보르자의 붉은색 턱수염이나 사자의 탐욕이나 권력, 혹은 수소의 성적 야수성 일부를 갖출 수 있다면, 그에게도 그런 악들이 이롭게 보일 수 있을 것이다. 그래서 그는 다시 이 세 가지 악덕이 얼마나 좋은 것인지를 보지 못하는 가엾은 인간들을 욕하기 시작한다. '세 가지 악'의 마지막 부분에서, 그는 축복받은 이기심에 대해 이렇게 말한다.

나쁜 것들. 기가 죽고 굴종적인 모든 것, 깜빡이는 눈, 억눌린 가슴, 거짓된 복종적 태도, 이 모든 것들을 복된 이기심은 그런 이름으로 부른다.

가짜 지혜. 노예와 백발의 지친 자들이 좋아하는 온갖 익살을 복된 이기심은 그런 이름으로 부른다. 그리고 특별히 성직자들의 무분별한 어리석음을 그런 이름으로 부른다.

그러나 가짜 현자들과 모든 성직자들, 세상에 지친 사람들, 그리고 연약하고 굴종적인 성격의 영혼을 가진 사람들이여, 지금까지 그들의 장난이 이기심을 얼마나 괴롭혔던가!

그리고 이기심을 괴롭히는 것이 미덕으로 여겨졌고 또 미덕으로 불렸다. 그리고 세상에 지친 겁쟁이들과 거미 같은 존재들이 "이기심 없는" 것을 바란 데는 다 그럴 만한 이유가 있었다!

그는 보통 사람들에 대한 비난을 계속하고 있다. 보통 사람들이 이 3가지 악덕이 경이로운 이점을 발휘하고 삶의 놀라운 힘이 된다는 사실을 보지 못한다는 이유에서다. 그러면서 그는 이 힘들에게 포로로 잡힌 채 살고 있는 사람도 있다는 사실을 고려하지 않는다. 그는 오직 자기 자신만을 보고 순진하게도 자기 자신을 세상 온 곳에 투사한다. 마치 자신의 예가 보편적인 예라는 듯이.

그는 직관을 통해서 자기 자신보다 훨씬 더 커졌다. 그는 자신의 몸 안에 있지 않으며 추상적인 숫자 같은 것이 되어 버렸다. 발과 손, 몸에 피가 없는 그런 추상적인 숫자가 어떻게 느낄 수 있겠는가? 물론 그는 삶의 힘들에게 다소 압도되는 듯한 느낌을 환영할 수 있을 것이다. 그러나 절대 다수의 사람들은 삶의 희생자들이고, 당신은 그런 그들에게 속박에서 빠져나올 길을 제시함으로써 그들을 크게 도울 수 있을 것이다. 니체가 속박의 상태에 있는 사람들에게, 말하자면 이기심 때문에 힘들어 하는 사람들에게 그런 사상을 전파했더라면, 그 효과가 어떠했을지 충분히 상상이 된다. 니체의 설교로 인해 그들은 이기심이 오히려 위대한 덕목이라는 점을 깨닫고 더욱 이기적인 존재가 되고 권력의지를 더욱 많이 가져야 한다고 생각했을 것이다. 그러면 열등한 사람들은 민중이 되었을 것이다.

열등한 사람들은 예전엔 겸손했으나 니체의 설교를 들은 뒤로는 겸손하지 않게 되었을 것이다. 그들이 힘들어 했던 악덕이 미덕으로 불리게 되었기 때문이다. 그리하여 그들은 권력을 넘겨받고 니체 같은 동료가 어떻게 되는지 보게 될 것이다.

그런데 니체가 낳은 결과는 자신이 예상한 것과 정반대였다. 만일 그가 단 한번만이라도 뒤를 돌아보았다면, 그는 자신의 뒤를 따르는 그림자를 틀림없이 보았을 것이고, 그러면 자신이 낳고 있는 것이 무엇인지 알게 되었을 것이다.

그러나 그는 예를 들어 한니발이 얻었던 깨달음을 절대로 얻지 못했을 것이다. 아시다시피, 한니발은 로마로 향하던 중에 특별한 꿈을 꾸었다. 무엇인가가 그의 뒤를 따르고 있는 꿈을 꾸면서도 그것이 무엇인지를 확인하기 위해 고개를 돌려서는 안 된다는 느낌이 들었다. 그러나 한니발은 뒤를 돌아보았으며 그것이 전 세계를 황폐화시킨 무시무시한 용 괴물이라는 것을 알았다.

그가 로마를 상대로 원정을 벌인 결과는 카르타고의 완전한 파괴였다. 이 같은 결과는 그의 계획도 아니었고, 그가 추구하던 것도 아니었다. 그러나 그림자를 보지 않는 사람들에게 종종 그런 일이 일어난다. 그들은 자신은 언제나 국가나 세계에 이로운 일만 하는 존재라고 생각한다. 그러면서 자신들이 실제로 낳고 있는 것들에 대해서는 절대로 생각하지 않는다. 뒤를 돌아보기만 하면 보일 텐데도. 한니발은 자신이 낳은 결과를 보았다. 이탈리아의 파괴에 이어 카르타고의 완전한 파괴가 그 결과였다.

철학을 읽을 때, 중요한 것은 사상 자체만 아니라 그 사상을 낳은 사람도 중요하다. 그 사상이 철학자 본인에게 무슨 의미인지를 물어라. 이유는 철학자의 말을 읽을 때 그 말과 철학자의 인간 됨됨이를 비교하지 않을 수 없기 때문이다. 혹은 누가 설교를 하는가? 설교하는 사람의 실체를 바탕으로 설교가 그 사람과 맞아떨어지는지를 보라. 맥락에 따라서 르네상스 시대의 용병 대장이 설교를 한다는 결론이 나올 수도 있다. 친절하고 매우 예민하고 반맹인인 사람이 엥가딘의 자그마한 집의 한쪽 구석에서 두통을 앓으면서 어떤 면으로도 세상과 접촉하지 않은 채 글을 썼다면, 당신은 그 글을 그 사람의 독백으로 받아들여야 한다.

그러나 이 모든 자들에게 지금 낮이, 변화가, 처벌의 칼이, 위대한 정오가 다가오고 있다. 그러면 많은 것들이 드러날 것이다.

물론 그런 것들은 니체 교수에게만 드러날 것이다.

그리고 자아를 놓고 건전하고 신성하다고 선언하고, 이기심을 두고 신성하다고 선언하는 자, 예언자인 그는 정말로 자신이 아는 것을 말한다. "보라. 가까이 다가오고 있도다. 위대한 정오가!"

실제로 실스 마리아에서 살고 있던 니체 교수에게, 밤과 낮이 결합하고, 모든 것들이 완전해지고, 그와 자신의 그림자가 하나될 수 있는 때가 위대한 정오일 수 있었을 것이다. 그러나 그 외의 다른 사람들에겐 절대로 그렇지 않았다.

　　　　　　　*　　　*　　　*

‘중력의 정신’이라는 장에 이런 대목이 있다.

> 사람은 자기 자신을 사랑하는 법을 배워야 한다. 나는 이렇게 가르친
> 다. 그것도 건전하고 건강한 사랑으로 자신을 사랑해야 한다. 또 사람은
> 자기 자신으로부터 멀어지지 않고 자기 자신과 함께 있는 것을 견뎌내
> 는 법도 배워야 한다.

　이 구절은 그림자에 관한 장들과 연결된다. 니체는 그림자에 대해
아주 많은 말을 했으며, 또 그림자를 너무나 자주 꾸짖었다. 그래서 그
림자의 반발이 충분히 예상된다. 당신의 마음을 한 동안 어떤 대상이,
특히 그림자처럼 감정이 많이 실린 대상이 차지하고 있을 때, 당신은
거의 강제적으로 반발을 일으키게 된다. 왜냐하면 그 대상이 그림자이
든 아니면 다른 무의식의 형상이든 불문하고, 몰두라는 것이 드물게
일어나는 감정적 현상이며 당신이 그 대상의 문제로 끌려 들어가서 그
대상과 거의 동일시되기 때문이다.
　니체가 그림자를 꾸짖는다는 사실은 그가 이미 그림자와 어느 정도
동일시했다는 점을 보여주며, 그의 욕은 정말로 자신을 그림자로부터
떼어놓는 수단이다. 당신도 사람들이 자신과 매우 밀접히 연결된 것을
욕하고 경멸하는 모습을 보았을 것이다. 그때 사람들은 내면에 저항을
일으키고 있으며, 그 저항은 그들이 스스로를 해방시키려는 노력이다.
그러기에 여기서 무엇인가 일어날 것이라고 예상한다면, 새로운 무엇
인가의 흔적이 발견될 것이다.

비록 니체가 모호한 무의식 안에서 그림자를 적절히 다룰 것이라고 기대하긴 어려울지라도, 그 흔적은 틀림없이 그림자를 적절히 다룰 수 있는 새로운 방법이 될 것이다. 어쨌든 그 방법들은 스스로 모습을 드러낼 것이다. 무의식적인 상황에서 꾸는 꿈에서조차도, 간혹 다소 명확한 진술들이 나올 수 있으며, 그 진술은 꿈을 이해하는 데 도움이 될 수 있다.

꿈을 이해하지 못하는데 치유 효과를 발휘할 꿈을 꿔봐야 무슨 소용이 있느냐는 질문을 종종 받는다. 그것이 바로 우리가 꿈을 이해하려고 노력해야 하는 이유이다. 유익한 꿈을 꾼다는 것이 곧 당신이 엄청난 도움을 받는다는 뜻은 아니다. 당신이 꿈을 이해하지 못할 때조차도 꿈이 당신에게 이롭게 작용할 수 있다. 꿈이 당신도 모르는 사이에 당신에게 긍정적으로 작용할 수 있는 것이다.

그러나 대체로 보면 그런 꿈의 효과는 일시적이다. 그런 꿈은 중요하지 않고 너무나 약하다보니 금방 사라져 버린다. 그래서 실질적으로 아무 일도 일어나지 않는다. 우리가 꿈을 이해하려고 시도하는 것은 어떤 바탕을 확보하고 꿈에 대한 이해를 확장하기 위해서이다.

그것은 마치 당신이 당신의 발밑 지하에 금이 매장되어 있다는 사실을 발견했을 때 그것을 캐내지 않으면 금이 언제나 거기에 묻혀 있는 것이나 마찬가지이다. 혹은 어떤 바위에 3% 내지 4% 정도의 금이 함유되어 있는데 너무 널리 분산되어 있어서 당신에게 아무 소용이 없는 것이나 마찬가지이다. 그래서 당신은 금을 추출해내기 위해 특별한 화학적 처리 방법을 발견해야 한다. 그러면 당신이 금을 추출해낼 수 있겠지만, 반드시 당신의 의식이나 과학적 노력이 전제되어야 한다.

물론 니체의 경우엔 그런 종류의 것은 하나도 없다. 그가 일종의 꿈의 과정에 있기 때문이다. 그는 자신의 문제들의 흐름에 따라 헤엄을 치고 있다. 심리학 지식이 있어야만, 니체의 문제들이 무엇인지를 볼 수 있다. 그림자를 보상하는 방법에 관한 문제가 마치 탁한 강을 따라 흐르는 통나무처럼 수면으로 올라왔다가 사라지고 또 다시 나타나고 있다. 그런데 그 통나무를 끄집어내서 멋진 들보로 만들 사람이 없다.

그는 자신의 연상(聯想)의 강을 따라 그냥 흘러가고 있다. 그러면서 그는 소중한 무엇인가를 건져 올리지만, 그것이 소중하다는 사실을 아는 사람은 우리이다. 그도 그것이 가치 있는 것이라는 느낌을 받지만 그 통나무를 다리를 세울 기둥으로 바꾸거나 강을 건널 배로 바꿔놓을 방법을 모르는 것 같다. 그래서 그는 소중한 것이 그냥 흘러가도록 내버려두고 있다. 그러면 소중한 것은 흘러가면서 그 위대한 강, 즉 생명의 영원한 움직임의 일부가 되고, 강은 마침내 바다로 흘러든다. 이제 강은 종말을 고하고 있다.

이 책은 차라투스트라가 아래로 내려간다는 선언으로, 일몰로 시작했다. 이제 강이 흐름의 끝으로 다가가고 있으며, 그 흐름은 많은 것을 드러내고 있지만 거기서 아무것도 나오지 않고 있다. 낚시를 던져 고기를 낚을 사람이 하나도 없기 때문이다.

그가 여기서 하는 말은 위대한 진리이고 대단히 유익한 진리이다. 그 진리를 제대로 활용했더라면, 그도 자신의 그림자를 제대로 다루거나 극복할 수 있었을 것이다. 그러나 그 같은 진리를 깨달았더라면 그는 아마 자신이 쓴 장들을 모두 지워야 했을지도 모른다. 왜냐하면 니체가 자기 자신이기도 한 그의 그림자를 욕하지 못했을 것이기 때문이다. 그가 자신의 그림자를 욕하면서 어떻게 자기 자신을 사랑할 수 있었겠는가? 자신을 사랑한다면, 그는 자신의 내면에 있는 열등한 존재를 욕하지 못했을 것이다. 자기 자신을 사랑한다는 것은 곧 자신의 전체를 사랑한다는 의미이고, 이 전체는 열등한 사람을 포함하기 때문이다.

　기독교 사상은 형제들 중에서 가장 보잘것없는 형제를 사랑하라고 가르친다. 보잘것없는 형제가 우리의 밖에 있는 한, 그 형제를 사랑하는 것은 쉬운 일이다. 우리 모두는 우리의 형제들 중 가장 보잘것없는 존재가 우리 밖에 있기를 바란다. 당신이 떠돌이 방랑자를 당신의 식탁에 앉혀놓고 음식을 대접하면서 "이만하면 나도 훌륭하지 않아? 이리 지저분한 사람을 식탁에 데리고 와서 식사까지 대접하고 있으니." 라고 생각할 수 있을 테니까.

　물론 악마는 이런 일에 절대로 게으르지 않다. 악마는 바로 당신 뒤에 서서 당신의 귀에 대고 정말 인정이 많다느니 속삭이면서 당신이 으쓱해 하도록 만든다. 그리고 다른 사람들도 당신을 두고 "정말 훌륭한 사람이구나!"라는 식으로 말한다. 그러나 당신이 인생길에서 만나는 형제들 중에서 가장 보잘것없는 존재가 바로 당신 자신이라면, 그때는 어떻게 해야 하는가? 나는 일부 신학자들에게 이 문제에 대해 물어보았다. 그러나 그들도 잘 모르겠다고 속삭일 뿐이었다.

　지금 니체도 그 진리를 발견했다. 당신의 형제들 중에서 가장 미천한 자에게 친절해야 한다면, 당신은 그 미천한 형제가 당신 자신일 때 당신 자신에게도 친절해야 한다는 진리를 말이다. 그래서 니체는 당신 자신을 사랑하라는 결론에 이른다. 집단적인 기독교 관점은 "네 이웃을 사랑하라"는 것이다. 그러면서 기독교 관점은 서둘러 두 번째 부분을 덧붙인다. "네 자신과 같이"라고.

　니체는 이것을 거꾸로 바꿔놓는다. 그는 "네 자신을 사랑하라"고 한 다음에 "네 이웃을 사랑하듯이"라는 부분을 망각해 버린다. 그것이 적(敵)그리스도의 관점이고, 그래서 그 진리는 양방향으로 왜곡된다. 그 진리는 이렇게 되어야 한다. "네 이웃을 사랑하라. 네 자신을 사랑하듯이. 혹은 네 자신을 사랑하라. 네 이웃을 사랑하듯이." 이것은 완전한 진리이다. 아니면 이렇게 말할 수도 있다. "네 이웃을 미워하라. 네 자신을 미워하듯이. 혹은 네 자신을 미워하라. 네 이웃을 미워하듯이."

니체의 이해는 꽤 완벽하다. 사람은 자기 자신을 사랑해야 한다. 사람은 형제들 중에서 자기 자신 안에 있는 가장 미천한 형제를 받아들여야 한다. 그래야만 자기 자신을 견뎌내며 자기 자신으로부터 멀어지지 않을 것이다. 자기 자신을 참아낼 수 없는데 다른 것을 어떻게 참아낼 수 있겠는가?

만일 인류 전체가 인류 자체로부터 멀어져야 한다면, 늘 달아나는 것이 삶의 원칙이 될 것이다. 삶의 원칙이 그럴 수는 없다. 신의 창조물은 그 자체로부터 멀어지지 않게 되어 있다. 호랑이가 본래의 모습으로부터 멀어지면서 사과를 먹는다면, 혹은 코끼리가 대학 도서관에서 공부를 하기 위해 자신으로부터 멀어진다면, 혹은 인간이 물고기가 된다면, 세상이 완전히 뒤집어질 것이다. 그러므로 존재의 바탕 자체, 즉 생물학적 진리는 이렇다. 각각의 존재는 자기 자신에게 관심을 매우 많이 주고 있기 때문에 저마다 자기 자신을 사랑하고 그런 자기 사랑을 통해서 존재의 법칙을 완수한다는 것이다.

개인이 다른 사람의 뿌리를 이용하려고 노력할 경우에 자기 자신의 뿌리와 단절되게 된다. 자기 자신으로부터 멀어지려고 노력하는 사람은 다른 사람의 뿌리를 이용하려고, 다른 사람에게 기생하려고 노력하는 것이나 마찬가지이다. 그것은 일종의 도착(倒錯)이고 기형이다. 우리 자신으로부터의 이런 일탈 혹은 분리를 니체는 "방황"이라 부르면서 이렇게 설명한다.

그런 방황은 "형제애"라는 세례명으로 불린다. 이런 말로 지금까지 더 없이 많은 거짓말과 위선이 특히 모든 사람들을 괴롭힌 자들에 의해 자행되었다.

여기서 니체는 절대적으로 진실한 말을 하고 있다. 기독교 형제애는 정확히 그런 것이다. 네 이웃을 사랑하고, 그 가르침의 문장 중 두 번째 부분을 억누르는 것이 기독교 형제애인 것이다. 그런 경우에 당신은 당신 자신을 멀리한다. 그래서 당신은 자기 자신을 사랑하지 않는 사람으로서 당신 이웃에게 다가서고, 그러면 당신은 자연히 당신 이웃에게 당신을 사랑해야만 하는 짐을 지우게 된다. 당신은 자신을 사랑하지 않기 때문에 이웃이 당신을 사랑해줄 것이라는 희망에서 이웃을 사랑한다. 당신은 자신에게 음식을 공급하지 않기 때문에 이웃이 당신을 먹여줄 것이라는 은밀한 희망을 품고서 이웃에게 사랑한다고 말한다. 혹은 당신은 자신이 돈을 벌지 않기 때문에 이웃이 당신에게 돈을 줄 것이라는 희망에서 이웃에게 사랑한다고 말한다.

그것은 비난받아 마땅하다. 그것은 "나도 줄 테니 너도 그만큼 달라"고 하는 것이나 마찬가지이다. 그것은 우리가 사랑이라고 부르는 것이 절대로 아니다. 그것은 계략이고, 영합이고, 의도이고, 당신 자신을 위해 뭔가를 챙기기 위한 계획이다. 그건 사랑이라는 개념과 정반대이다.

그래서 당신 자신을 미워하면서 이웃을 사랑하는 것처럼 꾸밀 때, 그것은 의심 그 이상이며 독(毒)이다. 여러분도 잘 알다시피, 당신 자신을 사랑할 수 없을 때에는 어떤 누구도 제대로 사랑하지 못한다. 자기 자신을 사랑하지 못하는 상태에서 이웃을 사랑한다고 말하는 것은 그야말로 위선이다. 그것은 마치 사람이 자기 자신의 생각은 제대로 하지 못하면서도 다른 사람들의 생각은 잘 해 줄 수 있다고 말하는 것이나 마찬가지이다. 그건 생각이 아니다. 그건 단순히 앵무새처럼 뜻도 모르고 말만 쏟아내는 것이며 사기이다. 그렇기 때문에 만약에 당신이 다른 사람을 사랑하고 싶은 욕망으로 가득하다면, 그건 단순히 다른 사람들이 당신이 갈망하거나 필요로 하는 것을 대신 해주도록 만들기 위한 노력에 지나지 않는다. 니체가 강조하고 있는 바가 바로 그런 것이다. 이어서 그는 이렇게 말한다.

정말로, 자기 자신을 사랑하는 법을 배우는 것은 오늘이나 내일을 위한 계율이 절대로 아니다. 오히려 그것은 모든 기술 중에서 가장 섬세하고, 가장 정교하고, 가장 미묘하고, 가장 많은 인내심을 요구하는 기술이다.

이것은 완벽한 진리이다. 자신을 사랑하는 법을 배우는 것은 위대한 기술이라 부를 만하다. 나는 이 기술을 위대한 철학이라고 부르지 않을 수 없다. 당신 자신의 열등을 받아들이는 것이 상상 가능한 일들 중에서 가장 힘든 일이기 때문이다. 당신 자신과 당신의 그림자 사이의 끈을 지속적으로 이어지는 끈으로 만들기 위해선 기술 이상의 것이 필요하고, 엄청나게 많은 철학이 필요하고, 심지어 종교까지 요구된다. 니체가 자기 자신을 사랑하는 것이 최고의 기술이라고 단정할 때, 그는 그것을 충분히 강조하지 않는다. 자신을 사랑한다는 것의 의미를 진정으로 깨닫지 못했기 때문이다. 그는 이렇게 잇는다.

모든 소유물은 그 소유자에게 깊숙이 숨겨져 있고, 모든 보물단지 중에서 자신의 보물단지를 가장 마지막에 발굴하기 때문이다. 그리하여 중력의 정신이 생겨난다.

그는 나태 또는 무엇으로 불리든 자기 자신의 보물을 발굴하는 것을 방해하는 것이 중력의 정신이라고 이해한다. 그것이 보물이 아니고 사악한 정령들이 가득한 검은 구멍처럼 여겨지기 때문이다.

요람에 담기기 무섭게 우리에겐 묵직한 말(言)들과 가치들이 지참금으로 주어진다. 우리에게 주어진 이것들은 "선"과 "악"이라 불린다. 이 지참금 때문에 우리에게 삶이 허용된다.

이는 도덕적 카테고리들이 막중하고 심지어 위험하기까지 한 유산이라는 의미이다. 위험하다고 보는 이유는 그 범주들이 우리가 그림자와 통합을 이루는 것을 불가능하게 만드는 도구가 될 수 있기 때문이다. 그림자와 통합을 이루지 못할 경우에 우리는 그림자를 비난하고 따라서 억압하게 된다.

따라서 어린아이들이 일찍부터 자기 자신을 사랑하는 법을 배우지 못하도록 막기 위해 사람들은 아이들을 곁으로 불러들인다. 그리하여 중력의 정신이 생긴다.

이 대목에서 니체는 기독교에 대해 언급한다.

그리고 우리는 우리에게 주어진 것을 단단한 어깨에 정성스럽게 메고 험준한 산으로 올라간다! 그리고 우리가 땀을 흘릴 때, 사람들은 우리를 보고 말한다. "그래, 삶이란 원래 힘든 거야!"

아니, 인간 자신이 힘든 존재인데!

이것은 심리학적 관점에서 매우 중요한 진술이다. 우리는 우리의 운명과 우리의 삶이 바로 우리 자신이라는 것을 거듭 망각한다. 운명은 어떻게 보면 모두 우리의 선택이다. 물론 우리가 힘든 조건에 태어난다고 말할 수 있다. 하지만 그 조건은 기후에도 좌우되지 않고, 지구 표면의 지리적 구조에도 좌우되지 않고, 전기나 햇살에도 좌우되지 않는다. 그 조건은 어디까지나 사람에, 우리의 동시대인들에게 좌우된다. 당연히 우리 자신도 포함된다.

우리는 전후 세계에 태어나 거기서 살고 있다. 우리는 전후 세계를 낳은 심리를 갖고 있다. 그래서 우리는 그 세계 안에 있으며, 그 조건에 참여하고 있다. 만약에 우리에게 사회적 책임이 있다면, 우리가 그런 종류의 심리를 만든 주체들이기 때문이다. 모두가 각자의 자리에서 그리고 각자의 자기 안에서 그런 조건을 낳은 태도를 바로잡는다면, 그런 조건은 더 이상 존재하지 않게 될 것이다. 그렇기 때문에 우리는 각자가 무엇을 만나든 그것은 인간이 만든 것인 한에선 우리의 선택이라고, 말하자면 우리의 특이한 심리의 결과라고 말해야 한다.

우리에겐 언제나 이런 식으로 말하는 경향이 있다. "오, 그들이 이런저런 것을 하지 않았더라면." 하지만 그들이 누구인가? 우리가 그들이다. 왜냐하면 당신이 비난하고 있는 군중 중에서 어느 한 사람을 끌어내서 그 사람에게 "그들"이 누구냐고 묻는다면, 그가 "당신들이지!"라고 대답할 것이기 때문이다. 당신은 같은 군중 안에 있고, 삶은 당신 자신이다. 삶이 견디기 힘들다면, 그것은 당신 자신을 견디는 것이 매우 힘들기 때문이다. 당신 자신이야말로 가장 큰 짐이고, 가장 큰 어려움이다.

그 이유는 인간이 자신의 어깨에 자신과 관계없는 짐을 너무 많이 짊어지기 때문이다. 인간은 낙타처럼 무릎을 꿇고 자기 등에 많은 짐을 진다.

이 말이 논리적으로 맞는가? 그는 방금 "아니 인간 자신이 힘든 존재인데!"라고 말해놓고 지금 그것을 삶의 짐이라고 부른다. 그것은 인간 자신의 짐이고, 인간이 그 짐이다.

틀림없이, 니체는 개인에게 그런 것들을 가르치지만 않았다면 개인의 내면에서 그런 것들이 자라지 않았을 것이라고 단정하고 있다. 그러나 소위 외적인 것들이 사람의 내면에 있는 한, 그 사람은 거기에 참여하고 있다. 그 사람은 또한 그런 개념을 공유하고 있는 사람 중 하나이다.

사람은 또 외부 조건에 의해 자신에게 강요된 것들을 많이 나열할 수 있다. 예를 들어, 바람직하지 않은 페르소나(가면을 뜻하는 라틴어에서 유래한 단어로, 사람이 세상에 드러내 보이는 겉모습을 말한다/옮긴이)를 가진 사람은 환경이 그런 페르소나를 갖도록 만들었다고 말한다. 아마 그는 시건방지고 다른 사람들과 편하게 어울리지 못할 수도 있다. 그는 아마 모든 것을 거부하고, 완고하며, 자신의 행동에 대해 분명히 설명하고, 또 그런 일을 하지 않을 수 없게 만든 원인들을 목록으로 제시할 수도 있다. 그의 부모가 달리 행동했더라면 자신이 많이 달라졌을 것이라고도 할 수 있다. 대학교 때의 교수나 아내, 아이, 삼촌, 숙모 같은 사람들에게로 자신의 태도에 대한 책임을 돌릴 수도 있다. 그것이 완벽한 사실일 수도 있다.

그러나 이런 식의 질문을 던지면 상황은 완전히 달라진다. "그렇다면 같은 가족 안에서 그와 함께 살았던 형은 그와 완전히 다른 페르소나를 갖고 있고 또 태도도 다른 이유는 뭔가?" 그의 형은 그와 똑같은 환경에서 살았고, 똑같은 학교에 다녔으나 다른 태도를 선택했고 다른 길을 택했다. 그렇다면 이런 외적 조건들이 그를 지금의 모습으로 만들었다는 말은 진실이 아니다. 그 자신이 지금과 같은 모습으로 성장하기 위해 그런 외적 조건들을 선택한 것이다. 다른 사람이 그와 똑같은 외적 조건들을 선택했더라도, 똑같은 조건인데도 다른 결과가 나왔을 것이다. 어떤 사람의 삶은 그 사람의 태도 때문에 비참해질 수 있고, 또 어떤 사람의 삶은 그 사람의 태도 때문에 훨씬 더 멋질 수 있다.

이렇듯 개인의 삶은 자신이 다듬는 것이다. 그러기에 어떤 사람이 도덕적 가르침 때문에 힘겨워한다면, 그것은 어디까지나 그의 선택이다. 다른 사람은 똑같은 가르침을 받았으면서도 그 가르침에 크게 신경을 쓰지 않을 수 있다. 다른 사람은 그 가르침을 가볍게 받아들이며 믿지 않거나 그 개념들을 자기 나름대로 변화시켜 적용시키고 있을 것이다. 그 사람은 절대로 도덕적 가르침 때문에 부담스러워하지 않는다. 그가 과중한 짐을 지지 않는 쪽을 택하면서 그것을 받아들이지 않았기 때문이다.

당신은 외적 환경을 탓해선 안 된다. 당신이 환경에 오염되도록 허용함으로써 그런 페르소나를 갖게 한 당신 자신을 탓해야 한다.

그래서 니체는 여기서 완전히 모순된 모습을 보인다. 그 사람 자신이 문제이기 때문이다. 누군가를 탓해야 한다면, 그 대상은 그 사람 자신이다. 그 사람 자신이 어려움을 선택하고 삼켰기 때문이다. 그 사람이 충분히 비판적이질 않았거나, 아니면 자신의 입장을 증명해 보이기 위해서 특별한 상황을 선택했을 수 있다. 그 상황을 선택한 결과가 바로 그 사람 자신이다. 그리고 그 선택들이 장기적으로 잘못된 것으로 드러난다면, 잘못은 세상이 아니라 그 사람 자신에게 있다.

* * *

투사(投射)에 관해 견해를 밝히자면, 투사는 피할 수 없는 것이다. 당신은 그냥 투사와 마주치게 된다. 투사는 언제나 거기에 있으며, 투사를 하지 않는 사람은 아무도 없다. 언제라도 새로운 투사가 당신의 정신 체계 속으로 기어들어오고 있다.

당신은 투사가 어디서 생겨나는지를 모르지만, 당신이 투사를 하고 있다는 느낌은 어렴풋이 든다. 투사가 생겨나는 초기에는 그런 사실조차 잘 모른다. 당신의 내면에서 모든 것이 제대로 돌아가고 있고, 투사도 당신의 내면에 있는 다른 동료처럼 보일 뿐이다. 그러다 보면 누군가가 당신이 그 동료에 대해 지나치게 말을 많이 한다면서 당신의 주의를 환기시키게 된다. 도대체 그 사람과 당신은 무슨 관계야? 이어서 일종의 집착 같은 것이 보인다. 그 동료가 특별히 나쁜 성격일 수 있고, 그것이 어떤 면에서 매력적으로 보이며 당신이 밤낮으로 그에 대해 말하도록 만든다. 당신은 그 사람의 내면에 있는 것들 중에서 당신이 욕하고 있는 바로 그것에 매료되고 있다.

이젠 이 같은 사실을 바탕으로 당신은 당신 자신이 처한 조건에 대해 결론을 내릴 수 있다. 당신의 관심이 특별한 곳으로 쏠아지고 있고, 악이 당신을 매료시키고 있다고 보면 된다. 당신이 그 악을 갖고 있기 때문에, 그것은 당신 자신의 악이다. 당신의 악이 얼마나 큰지를 모를 수 있지만, 당신은 상당히 많은 악을 갖고 있다고 보면 된다.

그리고 당신이 악을 갖고 있는 한, 그 악은 증가하게 되어 있다. 예수 그리스도의 말씀처럼, "무릇 있는 자는 받아 풍족하게 되는" 것이다. 그래서 당신은 악을 더 많이 갖게 된다. 아주 작은 투사라도 일어날 가능성이 있는 곳에서, 당신은 거기에 더 보태고 싶은 유혹을 느끼게 된다. 등에 자루를 싣고 지나가는 당나귀가 보일 때, 당신은 "이 당나귀라면 이미 짐을 지고 있기 때문에 나의 우산을 얹어도 괜찮겠는데."라고 말할 수 있다. 낙타가 당신 곁을 지나간다면, 당신이 갖고 다니고 싶지 않은 것들이 그저 낙타의 등으로 옮겨질 것이다.

마치 짐을 지고 다닐 운명을 타고났다는 듯이, 투사를 불러일으키는 사람도 있다. 그런 한편 자신의 모든 것을 투사함으로써 자신의 내용물을 언제나 잃기만 하는 사람도 있다. 이런 사람들은 특별히 선량한 양심을 가진 사람이거나 아니면 특별히 속없는 사람이다. 주변 사람들이 그들의 모든 짐을 져야 하기 때문이다. 속없는 사람들이나 자기 자신에 대한 의견이 뚜렷하고 미덕을 소중히 여기는 사람들은 언제나 자신의 악을 짊어지고 다닐 누군가를 주위에 두고 있다. 정말로 맞는 말이다.

예를 들어, 부모들이 자신의 정신에 담긴 내용물을 모르고 살 경우에 자식들이 부모들의 정신적 내용물을 살기도 한다. 꿈을 전혀 꾸지 않았던 어떤 남자 환자가 생각난다. 나는 이 환자에게 그런 상황에서는 반드시 꿈을 꾸게 되어 있는데 꿈이 없다면 비정상적이라고 지적하면서 아마 주변 사람들 중에 누군가가 꿈을 꾸었을 것이라고 일러주었다. 처음에 나는 그를 대신해 꿈을 꿀 사람이 그의 아내일 것이라고 짐작했다. 그러나 그의 아내의 꿈은 터무니없을 만큼 많았고 또 남편의 문제를 밝힐 내용이 전혀 없었다.

그런데 여덟 살이던 그의 장남이 나이에 어울리지 않는 놀라운 꿈을 꾸었다. 그래서 나는 환자에게 아들의 꿈에 대한 이야기를 듣고 내용을 알려달라고 부탁했다. 나는 환자의 아들의 꿈을 환자의 꿈으로 여기며 분석했다. 아들이 꾼 꿈들은 환자 본인의 꿈이었으며, 그 같은 절차를 거치는 과정에 꿈들이 나의 환자의 내면으로 들어갔으며 그 이후로 아들은 꿈에서 해방되었다.

그런 일도 일어날 수 있다. 투사라는 것은 아주 명백하고 무게까지 느껴지는 일종의 반(半)물질이다. 투사는 원시인들이 이해하고 있는 그대로, 하나의 섬세한 몸과 같다. 원시인들과 티베트인을 비롯한 많은 민족들은 그런 것에 대해 잘 알고 있으며, 투사를 일종의 자동 투사물 같은 것으로 이해하고 있다. 당연히 투사는 그들의 주술에서 중요한 역할을 맡는다.

원시 부족의 주술사는 투사물들을 던진다. 존 우드로프(John Woodroffe)와 에반스-웬츠(Evans-Wentz)와 함께 연구한 유명한 티베트 학자 라마 카지 다와 삼둡(Lama Kazi Dawa-Sandup)에 따르면, 투사하는 기술을 가르치는 수도원이 티베트에 세 곳 있다. 그리고 연금술에서 "투사"라는 용어는 연금술사들이 금을 만들어내는 마지막 단계에서 최종적으로 하는 절차를 뜻하는 것으로 쓰였다.

연금술사들은 빨간색 물질을 납이나 은, 수은 위로 '투사'했고, 이 행위를 통해서 빨간 물질이 금이나 철학자의 돌로 바뀌는 것으로 여겨졌다. 연금술사들이 철학자의 돌을 만드는 것을 하나의 투사로 설명했다는 사실이 흥미롭다. 말하자면, 투사는 어떤 사람에게서 떼어져 나오는 그 무엇이라는 뜻이다. 쉽게 말하면 당신이 당신 자신에게서 무엇인가를 떼어내서 하나의 독립적인 존재로 키운 다음에 그것을 당신

밖에 놓는 것이 투사라는 말이다.

투사가 정신의 내용물을 대상화한다는 점에서 보면, 투사도 정당하다. 그러나 투사가 주술적인 목적에 쓰이거나 단지 당신이 갖고 있는 것을 제거하는, 그야말로 단순한 투사에서 그친다면, 투사가 대단히 못마땅해 보인다. 그러나 사람들이 투사를 통해 다른 사람들이 고통을 받게 한다고 해서 그들을 직접적으로 탓할 수도 없다. 그들도 투사를 의식하지 못하기 때문이다.

잘 알다시피, 우리의 정신생활, 즉 우리의 의식은 투사로 시작되었다. 원시적인 조건에서 사람의 마음은 완전히 투사되었다. 진정한 의식의 바탕인 내면의 내용물이 아주 먼 허공까지, 말하자면 별들에게까지 투사되었다는 사실은 대단히 흥미롭다. 그래서 가장 먼저 나온 학문이 점성학이었다. 그것은 인간이 아득한 곳의 대상과 자기 자신 사이에 교류의 통로를 확립하려는 시도였다. 그런 다음에 인간은 공간으로 보냈던 투사들을 서서히 거둬들여 자신의 내면으로 돌렸다.

원시인은 현대까지도 정령이 깃든 대상들의 세계에서 살고 있다. 따라서 영국의 인류학자 에드워드 버닛 타일러(Edward Burnett Tylor)가 만든 용어 '애니미즘'은 투사의 상태를 말하는 것에 지나지 않으며, 이 상태에서 사람은 자신의 심리적 내용물을 대상들의 일부로 경험한다. 돌과 나무, 인간 존재, 가족은 모두 나 자신의 정신과 더불어 살아가고 있으며, 그래서 나는 그들의 삶에 '신비적 참여'를 하게 된다. 나는 그들에게 영향을 미치는 한편으로 그들의 영향을 받는다. 영향은 그처럼 서로가 하나라는 연대가 있기에 가능한, 그런 마법적인 방식으로 오간다. 그러기에 우리의 심리는 어떻게 보면 투사들이 합류한 것이라고 볼 수 있다.

예를 들어, 옛날의 신들은 틀림없이 정신적 기능이나 정신적 사건, 혹은 감정이었다. 어떤 신들은 생각이었고, 또 어떤 신들은 너무나 명백한 감정이었다. 분노의 신은 당신 자신의 분노이다. 베누스나 아프로디테 같은 여신에겐 당신 자신의 성애가 투사되고 있다.

오늘날엔 이런 형상들이 수축되거나 더 이상 존재하지 않게 되었다는 점에서 보면, 당신은 점차적으로 그런 특성이나 개념들을 자신이 갖고 있다는 것을 의식하게 되었으며 따라서 이제는 당신의 성애에 대해 말하게 되었다. 아주 옛날에는 성애란 개념은 전혀 없었으며 성애는 곧 신이었다. 아프로디테나 큐피드 혹은 카마 등으로 불렸다. 그 이후로 인간은 서서히 그 투사들을 흡수했으며, 그렇게 축적된 것이 심리적 의식을 형성했다.

지금도 우리의 세상이 어느 정도는 여전히 정령을 가진 대상으로 이뤄져 있다고 여겨지거나 우리가 '신비적 참여'를 하고 있다는 점에서 보면, 우리의 정신적 내용물은 여전히 투사되고 있다고 할 수 있다. 지금으로선 확신할 수 없지만, 미래엔 아마 인류가 모든 투사들을 다 거둬들일 수 있을지도 모르겠다. 그래도 아마 상당한 정도의 투사들이 계속 이뤄지고 그 투사들은 인류에게 완벽히 무의식으로 남을 것이라는 예측하는 것이 더 합당할 것 같다.

그러나 우리가 투사를 의식적으로 만들어내는 것은 절대로 아니다. 투사들은 인간이 처한 조건의 일부이고, 우리가 태어난 세상의 일부이다. 우리가 투사를 자각하게 만드는 것은 오직 우리의 도덕적 및 지적 향상뿐이다. 그렇다면 신경증 환자의 투사는 많은 투사들 중 하나에 지나지 않으며, 그래서 그 투사를 두고 비정상적이라고 하기가 어렵다. 단지 신경증 환자의 투사가 눈에 보다 분명하게 띌 뿐이다.

우리 자신의 내면에서 일어날 때에는 전혀 인상적이지 않은 일도 다른 사람에게 일어날 경우에는 두드러져 보이고 인상적으로 보이게 마련이다. 그런데 이 같은 생각은 사람들에게 좀처럼 떠오르지 않는다. 대신에 사람들은 다른 사람들이 이런저런 괴상한 성향을 갖고 있다는 식으로 말한다. 이런 일이 일어날 때마다 당신은 자신에게 이런 물음을 던져야 한다. "저런 기이한 일을 놓고 요란하게 떠드는 나에게 혹시 저런 기이한 구석이 있는 것은 아닐까?"

감정적인 말을 뱉을 때마다, 그 말이 바로 당신 자신에 대한 말일 확률이 아주 높다. 바꿔 말하면, 당신의 감정 때문에 투사가 일어나고 있을 가능성이 아주 크다는 뜻이다. 그리고 당신은 언제나 적응이 제대로 되지 않은 곳에서 감정을 품게 된다. 적응이 제대로 되었다면, 전혀 아무런 감정이 필요하지 않을 것이다.

감정은 당신이 자신의 과제를 수행할 준비가 되어 있지 않다는 점을 겉으로 드러내는 본능의 폭발에 불과하다. 어떤 상황이나 사람을 다루는 방법을 모를 때, 당신은 감정을 느끼게 된다. 그때 당신은 상황에 제대로 적응하지 못하고 있기 때문에 그 상황에 대해 나쁜 생각을 품거나 적절한 수단을 동원하지 못하고 있다. 따라서 거기에 어떤 투사가 일어나게 된다.

예를 들어 보자. 어떤 사람이 특별히 예민해 보인다. 그래서 언짢은 말을 하기라도 하면 그 사람이 불쾌하게 대꾸할 것 같다. 그래서 당신은 그 사람에게 아예 말을 걸지 않는다. 당신의 생각이 하나의 투사였기 때문에 실제로 그 사람이 그런 반응을 보이지 않을 수도 있는데도 말이다.

그런 식으로 참다 보면, 당신에게 감정이 생기게 된다. 그러면 당신은 자신도 모르게 그 감정을 드러내게 된다. 당연히 이때는 감정이 훨씬 더 도발적으로 변해 있다. 당신이 너무 오랫동안 참은 것이다. 그렇게 기다리지 않고 그때 바로 했더라면, 당신의 말에 어떠한 감정도 실리지 않았을지 모른다. 이렇듯, 형편없는 결과는 대체로 타인에게서 비롯되는 것이 아니라 당신 자신에게서 비롯된다.

이런 결과가 나타나는 이유는 당신이 감정을 상하고 싶어 하지 않고, 당신의 목소리가 불쾌하게 들리는 것을 싫어하기 때문이다. 당신은 자신이 매우 친절하고 상냥하다는 생각을, 말하자면 절대로 사실일 수 없는 생각을 간직하길 원한다. 이렇듯, 투사는 어떤 것이든 당신이 짊어질 짐의 무게만 키울 뿐이다.

투사가 갈등을 야기하는 경우가 자주 있지만, 투사가 반드시 어떤 갈등에 의해 일어나는 것은 아니다. 적응 실패에서 문제의 뿌리를 찾는 것이 더 적절할 것 같다. 감정적으로 변한다는 것 자체가 이미 병적인 조건으로 악화될 소지를 안고 있기 때문이다.

감정은 어떤 것이든 정상적인 상태가 아니고 예외적인 상태이다. 자아가 일시적으로 감정에 압도되고 있다. 그런 경우에 사람이 이성을 잃게 되는데, 바로 그것이 예외적인 상태이다. 그래서 원시인들은 언제나 동료들뿐만 아니라 자신의 내면에서 일어나는 감정까지 두려워한다. 감정은 언제나 주술적인 효과를 발휘한다. 그래서 원시인들은 감정적인 사람을 보면 위험하고 마술을 부리거나 나쁜 영향을 끼칠 수 있다고 판단하면서 피한다. 그렇다면 어떤 감정을 품는다는 것은 병적인 조건으로 향하는 길이며, 병적인 조건은 언제나 적응력 부족으로 일어나기 때문에 감정 자체를 열등한 적응이라고 부를 수도 있다. 질병에 대한 옛날식 정의는 불충분한 적응이었다. 이 정의는 감정에도 그대로 적용된다.

감정엔 긍정적인 측면도 있다. 감정은 당신이 힘든 상황을 극복하는 수단이 되기도 한다. 감정이 당신을 장애물 너머로 옮겨줄 수 있다는 말이다.

나의 환자를 예로 들고 싶다. 이 여자 환자는 스스로 결정하는 예가 없었다. 모든 결정을 예수 그리스도에게 넘겼다. 그러다 보면 예수 그리스도가 당연히 그녀를 아주 멀리까지 데려다 주게 될 것이다. 그녀의 도덕적 양심 그 너머로까지. 그러면 그녀는 매우 좋지 않고 합리적이지 않은 일까지 하게 된다. 그녀가 그렇게 하도록 만든 것은 당연히 그녀의 감정이다. 그녀에겐 예수 그리스도가 그녀의 감정인 것이다.

그녀는 당연히 기독교식 교육을 받았고 모든 선한 기독교인들과 똑같이 예수 그리스도가 삶을 돌봐주기 위해, 우리의 슬픔을 씻어주기 위해 존재한다고 말할 기회를 자주 가졌다. 인간들의 목자인 선한 신이 우리의 짐을 대신 져줄 것이라는 이야기를 자주 들었다. 그러기에 자신은 결정을 내릴 줄 모른다면서 모든 문제를 예수 그리스도에게 넘기는 사람이 선한 사람으로 여겨질 수 있었다. 얼마나 경건한 사람이기에! 신에 대한 믿음이 얼마나 강하기에! 그렇기 때문에 나의 여자 환자가 그 같은 기제를 택했다 해도 전혀 놀랄 일이 아니다.

어떤 상황에서는 감정을 갖는 것이 더 일반적이라고 말할 수 있지만 감정을 품지 않고 상황을 극복하는 것도 상상 가능하다. 만일 당신이 감정을 다스릴 수 있다면, 나는 그것을 감정이라고 부르지 않는다.

예를 들어 보자. 어떤 환자가 내가 도저히 참아줄 수 없는 방향으로 처신하고 있다. 아마 나의 말에 귀를 기울이지 않을 수 있다. 그러면 나는 "나의 말을 듣지 않고 있군요."라고 말할 것이다. 그러나 그 말은 그에게 전혀 아무런 인상을 남기지 않는다. 그래서 나는 다시 "귀를 기울이지 않으면, 분석을 어렵게 해도 아무런 성과를 얻지 못해요."라고 말할 것이다. 이 말 역시 그에게 각인되지 않는다. 그래도 나는 "내 말에 귀를 기울이지 않아 당신이 아무런 결과를 얻지 못한다면, 당신을 내쫓을 수도 있어요."라면서 계속 환자에게 주의를 기울일 것을 요구한다. 이렇게까지 말해도 아무런 효과가 없다. 그러면 나는 정신적 난청(難聽)이라고 결론을 내리고 이렇게 소리를 지를 것이다. "빌어먹을! 여기서 꺼져!" 이 말은 원색적이어서 그의 정신에 틀림없이 각인된다. 필요하다면, 나는 환자를 진료실 밖으로 쫓아내고 파이프에 불을 붙인다. 분명히 거칠게 다뤄야만 통하는 사람도 있다. 아프리카 원주민들을 치료할 때, 그들에게 사물에 대해 말로 설명하는 것은 도움이 되지 않는다. 사람에게 해야 할 일과 하지 말아야 할 일을 일러준다는 생각 자체가 문명의 결과물인 것이다.

물론 당신은 감정을 활용할 수 있다. 그러나 그때 그것은 이미 감정이 아니다. 하나의 힘일 뿐이다. 당신 자신이 움직이게 될 때, 그땐 당신이 감정을 품고 있을 수 있다. 그러나 다른 사람을 움직여야 할 때, 그때 그것은 반드시 감정은 아니다. 당신이 감정이라고 생각하고 있는 것이 당신의 힘이 되는 것이다. 강제가 요구되는 곳에서, 당신은 감정을 하나의 힘으로 이용할 수 있다. 그러나 그것은 당신이 어떤 정서적 상태에 놓여 있는 것과는 크게 다르다. 그것은 병적인 상태, 다시 말해 적응이 제대로 이뤄지지 않고 있는 상태이다.

물론 감정이 매우 유용할 수도 있다. 예를 들어, 예외적인 상황이나 위험한 상황에 처하면 당신은 엄청난 충격을 받으며 공황 상태에 빠지게 된다. 그런 상황에서 감정이 당신을 높이 도약하도록 만들고, 그러면 당신은 기적적으로 장애를 극복할 수 있게 된다.

인도의 호랑이 사냥꾼에 관한 이야기이다. 이 사냥꾼은 호랑이가 나타날 것으로 예상되는 옹달샘 가의 나무 위로 올라갔다. 그가 나뭇가지 속에 몸을 숨기고 기다리는데 밤에 광풍이 몰아쳤다. 순간 그는 공포를 느끼며 내려가야겠다고 생각했다. 그런데 나무를 내려갈 생각을 하는 자신이 한없이 바보 같다는 생각이 들었다. 호랑이에게 들키지 않기 위해 나무 위에 올라와 있었기에, 나무를 내려간다는 것은 곧 호랑이 입 속으로 제 발로 걸어 들어가는 짓일 수도 있었다.

거기까지 생각이 미치자 두려움이 사라지고, 그는 다시 정상을 되찾았다. 그러나 다시 광풍이 불어 그를 재차 공황 상태에 빠뜨렸다. 세 번째 광풍이 불었을 때에는 더 이상 견딜 수 없었다. 그는 나무를 내려왔다. 이어 그 전의 바람보다 더 센 네 번째 광풍이 불었고, 나무가 땅바닥으로 쓰러졌다. 흰개미에 먹혀 이미 속이 비어 있던 나무였던 것이다. 나는 이 이야기를 선교사의 보고서에서 읽었으며, 보고서의 제목은 '신의 손가락'이었다. 신이 그 남자가 나무에서 내려가도록 도왔다는 뜻이다. 말하자면 신이 간섭하고 나섰다는 해석이다.

그러나 정글을 여행해 본 사람이라면 누구나 밤에 텐트를 칠 때 나무를 유심히 살펴야 한다는 사실을 잘 알고 있다. 나무가 이런저런 보호의 역할을 하기 때문에 자연히 나무 밑에 텐트를 치게 마련이지만, 면밀히 살피지 않은 나무는 피해야 한다. 잎이 무성한 나무조차도 흰개미에게 먹혀 속이 위험한 지경에 이르렀을 수 있기 때문이다. 흰개미들은 절대로 햇빛 속으로 나오지 않고 어둠 속에서 나무를 갉아먹는다. 나무가 정말로 속이 비어 있고 썩어 있을 때에는 그냥 만져만 보아도 그 같은 사실을 알 수 있다. 그렇기 때문에 사냥꾼도 그 나무가 위험하다는 것을 쉽게 알 수 있었을 테지만 호랑이 사냥에 따르는 흥분 때문에 그 같은 사실을 눈치 채지 못했다. 그러다 광풍이 몰아치자, 그 때서야 사냥꾼은 위험을 알게 된 것이다. 이때 사냥꾼이 위험을 피하도록 한 것이 바로 그의 감정이었다. 감정이 이런 경우엔 기적을 낳고, 특별한 상황에선 매우 긍정적인 결과를 낳는다.

그러나 많은 사람들은 전혀 특별하지 않고 매우 일상적인 상황에서 감정을 품는다. 말하자면 많은 사람들이 각자의 마음을 이용해야 할 때 감정을 이용하는 것이다.

'낡은 서판과 새로운 서판'이라는 장의 한 대목을 보자. 이 장은 몇 개의 파트로 나눠져 있으며, 각 파트는 낡은 서판과 새로운 서판을, 다시 말해 가치 체계를 담고 있다. 모세의 율법 같은 기본 계율이지만 상당히 현대적이다. 네 번째 파트 중 일부를 보자.

보라, 여기 새로운 서판이 하나 있다. 하지만 나와 함께 서판을 계곡까지, 그리고 육신의 심장 속으로 옮길 형제들은 어디에 있는가?

나의 위대한 사랑은 아득히 먼 곳에 있는 자들에게 이렇게 요구한다.

그대의 이웃을 배려하지 마라! 인간은 초월해야 할 그 무엇이다.

여기에 앞에서 이미 본 내용이 들어 있다. 니체는 이웃을 사랑하라고 강조하지 않고 반대로 "이웃을 배려하지 마라"고 주장한다. 니체가 어떤 실수를 하고 있는 것일까?

반대편으로 지나치게 멀리 나가고 있다. 원래의 제안은 "네 이웃을 사랑하라"는 것이었다. 성경의 유명한 가르침 중에서 뒷부분, 즉 "네 자신을 사랑하듯이"를 지워버렸다. 그러나 그는 첫 번째 부분에 대해서만 생각하면서 적(敵)그리스도적인 말을 한다. "그대의 이웃을 배려하지 마라!"라고. 보상작용으로 필요한 "네 자신을 배려하지 않듯이"라는 부분을 다시 지워버렸다. 당신 자신을 사랑하지 않는다면 당신 이웃도 사랑하지 못하기 때문이다. 그렇다면 "인간은 초월되어야 하는 존재"라는 말은 무슨 뜻일까? 잘 알다시피, 니체는 자신이 살아 있는 유일한 존재라고 생각하지 않는다. 그는 형제들에 대해서도 말하고 있다. 어떤 형제가 "미스터 니체나 미스터 차라투스트라를 배려하지 마라"고 말할 때, 그건 무슨 뜻일까? 모두가 모두를 능가한다면, 모두가 모두를 부정하게 된다. 그러면 결과는 어떻게 될까?

니체가 자신을 초인으로 여기는 한, 어느 누구도 그를 능가하거나 뛰어넘지 못한다. 모두가 그를 존경해야 한다. 그는 존경을 받고, 그는 아무도 존경하지 않는다. 다른 사람들은 모두 초월되어야 할 대상이니까. 그래서 초인은 당연히 하나밖에 없다. 초인이 여럿이라면, 초인들이 서로를 초월하려고 애를 쓸 것이고, 그런 사태가 벌어지면 전체 이야기가 엉망으로 꼬이며 공허해진다. 두꺼비를 발견한 소년들처럼 되어 버리는 것이다.

한 소년이 "넌 두꺼비를 먹지 못하지? 먹으면 내가 5프랑을 줄 텐데."라고 말한다. 그러자 다른 한 소년이 "5프랑을 먼저 주면 두꺼비를 먹지."라고 대답한다. 이 소년은 앞의 소년이 설마 5프랑을 갖고 있겠나 싶었는데 소년이 5프랑을 갖고 있었다. 그래서 소년은 두꺼비를 먹었다. 잠시 후에 소년들은 두꺼비를 한 마리 더 발견했으며, 그러자 5프랑을 잃어 화가 난 소년이 "내가 이 두꺼비를 먹으면 5프랑을 돌려줄래?"라고 물었다. 다른 소년이 그렇게 하겠다고 대답했고, 그래서 소년은 두꺼비를 먹었다. 그런데 잠시 후 둘은 똑같이 두꺼비를 소화시키지 못해 괴로워하게 되었다. 그러자 소년들은 서로의 얼굴을 쳐다 보면서 "도대체 두꺼비는 왜 먹은 거야?"라고 불평했다. 초인이 둘이 나 셋이 되면, 그런 일이 벌어질 것이다.

초인들도 서로를 잡아먹은 뒤에 이렇게 물을지 모른다. "도대체 왜 초인이 되었지?" 니체가 그렇게 성급하게 굴지 않았더라면, 그도 잠시 멈춰 서서 자신의 말이 너무나 터무니없다는 사실을 볼 수 있었을 것이다. 그 구절은 이런 식으로 이어진다.

초월하는 방법도 여러 가지다. 그대는 그 점에 유의하라! 하지만 어릿 광대만은 이렇게 생각한다. "사람을 뛰어넘을 수도 있어."

니체가 어릿광대처럼 사람을 뛰어넘을 수도 있다고 말할 때, 그의 마음에서 어떤 구별이 이뤄지고 있을까? 니체는 여기서 어떤 대상을 뛰어넘는 것과 그것을 초월하거나 능가하는 것을 구분하고 있다. 아주 미묘한 구분이지만, 무시할 수 없는 요소이다. 아마 그 다음 문장에서 이를 설명하는 힌트가 나올지 모른다.

그대들의 이웃 가운데서도 그대 자신을 초월하도록 하라.

이 문장은 그 구별과 아무 관계가 없지만, 그의 마음 안에서 뛰어넘는 것과 초월하는 것이 명확히 구분되고 있다. 그것이 그가 줄타기 곡예사 를 뛰어넘었다가 그를 죽게 만든 어릿광대를 생각하도록 만든다. 어릿 광대도 어떤 면에서 보면 사람을 초월했지만 그 사람을 뛰어넘음으로 써 초월했다. 이것은 하나의 암시에 지나지 않지만, 그는 우리로 하여금 자신이 마음속으로 그런 구분을 하고 있다는 것을 느끼게 만든다.

정말로, 직관적인 시도는 현실을 무시하면서 뛰어넘는 것이고, 초월하는 것은 사람을 극복하려고 노력하는 힘든 시도이다. 그렇다면 그가 초월하는 것으로 이해하고 있는 것은 하나의 노력이고 진정한 수고이다. 여하튼 다소 시간과 노력이 요구되는 과정이다. 그런 것은 절대로 직관적인 도약일 수 없다. 그것은 결정적으로 중요한 구분이다.

그런데 여기서 다시 니체는 이 문제에 깊이 천착하지 않는다. 여기서 한 동안 머물면서 그 구분에 대해 깊이 생각해보는 것도 분명히 가치 있는 일일 텐데도. 그랬더라면 우리는 오늘날의 보통 사람이 초인으로 변화해 가는 과정에 대한 이야기를 들을 수 있었을 것이다. 그러나 여기서 그는 그냥 건드리기만 할 뿐 이렇게 말하면서 그냥 지나간다.

> 그대가 스스로 확보할 수 있는 권리를 남으로부터 받는 일이 없도록
> 하라.

이 문장은 먼저 초인이 되는 것은 하나의 권리이고, 당신은 그 권리를 포착하거나 훔칠 수 있다는 의미를 담고 있다. 권리가 주어질 때까지 기다리고 있을 필요가 없다는 뜻이다. 누군가가 권리를 줄 준비가 되어 있다 하더라도, 당신은 기다리고 있어서는 안 된다. 서두르고, 강제로 권리를 잡아라. 그는 이처럼 아주 결정적인 문제 앞에서도 단지 훈계만 하고 있다.

이 대목에서 정말 진지한 사람이, 정말로 알고 싶어 하는 사람이 "하지만 사람이 어떻게 초인이 될 수 있는가? 그걸 말해 달라."고 요구하더라도, 그는 초인이 되는 방법에 대해서는 한 마디도 하지 않을 것이

다. 그렇듯, 그는 문제까지도 직관적으로 다룬다. 핵심만 겨우 살짝 건드릴 뿐이다. 또 다시 우리는 니체가 그야말로 직관형이라는 점에 아쉬움을 표하지 않을 수 없다. 그는 언제나 서두르는 나머지 문제를 본격적으로 파고드는 예가 없다. 그도 틀림없이 여기가 얕고 위험한 지역이라는 것을 느끼고 있다. 그래서 슬쩍 언급만 하고 그냥 달아나 버린다. 그 결과 보통 사람이 초인이 되는 과정에 대해서는 아무것도 알지 못하게 되었다. 실용적인 측면에서 본다면, 『차라투스트라는 이렇게 말했다』에서 가장 궁금한 것이 바로 그 과정인데도.

니체는 매우 일방적인 유형이다. 그의 내면에서 한 가지 기능이 지나치게 분화되다 보니 다른 기능들이 크게 약화되었다. 그는 사색하는 사상가인데도 사색적이지 않다. 그는 주로 직관적이다. 아니 대단히 직관적이다. 그런 사람은 감각의 사실들과 현실들을 간과한다. 이것이 『차라투스트라는 이렇게 말했다』 전체에서 확인되는 문제이다.

뒤로 갈수록 실제 현실이 두렵고 위협적인 모습으로 그에게 점점 더 가까이 다가온다. 현실이 가까이 다가올수록, 그는 마치 방울뱀이 뒤를 밟고 있다는 사실을 확인한 사람처럼 공중으로 더 높이 도약한다. 그는 자신의 그림자를 건드리지 않거나 보지 않기 위해서 아주 특별한 곡예를 펼친다. 그래서 우리는 한쪽에서 그의 극단적인 직관을 보고 다른 한쪽에선 언제나 조금씩 가까이 다가서고 있는 그림자를 보게 된다.

하지만 처음에도 그런 측면이 있었다. 『차라투스트라는 이렇게 말했다』가 전개되는 과정에, 그는 분명히 그림자 문제를 여러 차례 다룬다. 그때는 그의 마음이나 정신이 모든 사람의 정신 기능들처럼 작동하는 듯이 보인다. 문제를 다루려는 시도가 언제나 있었던 것이다. 그러나 그는 문제를 제대로 다루지 않은 가운데 문제에서 손을 떼어버린다. 일들이 더욱 어려워지는데, 그러면 그는 욕을 하며 문제를 억눌러버린다.

예를 들어, 어릿광대가 나타나서 차라투스트라 흉내를 그대로 내면서 비열하고 열등한 사람을 욕하는 장면이 있었다. 그때 니체는 자신의 그림자를 받아들일 수 없었다. 어릿광대가 사실 니체의 말을 그대로 되풀이하고 있음에도 불구하고, 그가 어릿광대를 욕했기 때문이다. 그 장면이 바로 그의 그림자가 그에게 "내가 당신이야, 나 지금 당신처럼 말하고 있잖아. 그러니 이제 나를 받아 줘."라고 말하는 대목이었다. 어떤 사람이 다른 사람을 욕하면서 "글쎄, 그가 이런 말까지 하더군."이라는 식으로 말을 옮길 때, 그 말은 곧 말을 옮기는 사람 본인, 말하자면 불평을 늘어놓고 있는 그 사람의 의견이라는 것을 알아야 한다. 그런 말을 듣고, 만약에 당신이 "하지만 그건 당신도 하는 말이잖아."라고 대답한다면, 그 사람은 "아, 너무 익숙하다 보니 내 눈의 들보를 보지 못했구나!"라면서 깨달음을 얻을 수 있다. 그런 식이었다면 아마 니체도 스스로 이렇게 생각할 수 있었을 것이다. "어릿광대가 나의 말과 똑같은 말을 하고 있는 걸 보니, 이 광대가 혹시 나와 동일하지 않을까? 혹시 우리는 하나이지 않을까?"

*   *   *

'낡은 서판과 새로운 서판'이라는 장 중에서 열두 번째 파트를 보자.

오, 형제들이여, 나는 그대들을 축성하고 새로운 귀족으로 임명한다.

그는 상상 속의 그의 사도들에게, 그의 형제들에게 서품을 주고 있다. 그가 형제들에게 서품을 준다는 것은 그가 그들에게 사도의 축복을 내린다는 것을, 그가 성령 혹은 예수 그리스도로부터 받은 사도의 축복을 갖고 있다는 것을 의미한다.

그대들은 미래의 씨앗을 뿌리고, 미래를 낳고, 미래를 육성하는 자가 되어야 한다.

그는 그들을 세상 속으로 보내고 있다. 예수 그리스도가 사도들에게 세상 속으로 들어가서 복음을 설교하라고 말한 것처럼.

정말로, 그대들은 상인들이 돈으로 살 수 있는 그런 귀족이 되어서는 안 된다. 가격이 매겨져 있는 것은 가치가 별로 없기 때문이다.
그대들이 지금까지 온 곳이 아니라 그대들이 앞으로 갈 곳을 명예로 삼도록 하라! 그대들을 초월하고자 하는 그대들의 의지와 발을 새로운 명예로 삼아라!

텍스트를 바탕으로 보면, 그가 그들의 새로운 인격을 미래를 향하려는 의지로 이해하고 있는 것이 분명하다. 또 앞으로 얻게 될 금(金)이 그들에게 귀족의 자격을 주는 것도 분명하다. 그가 그들에게 제시하는 과제와 목표는 권위이다. 그들에게 의미와 목표를 부여하는 것은 그들에게 주어진 과제이다. 달리 표현하면, 목표만 괜찮다면 당신이 어떤 존재인가 하는 문제는 전혀 중요하지 않다는 말이다. 또 어떤 목표에 닿기를 원하는 의지 자체가 당신에게 인격을 부여한다는 말이다. 당신이란 존재 자체보다는 당신이 추구하고 있는 것이 더 중요한 것이다.

물론 이것은 매우 중요한 견해이다. 개인이 원래 타고난 것들의 영향을 받을 뿐만 아니라 그가 추구하는 것의 영향까지 받는다는 말은 진정으로 옳은 말이다. 개인의 목표가 그 사람을 결정한다. 그러나 전적으로 결정하는 것은 아니다. 왜냐하면 당신이 가끔 현실 속의 당신에 대한 보상으로 어떤 과제를 정하기도 하기 때문이다.

당신의 원래 성향이 모든 조건에서 다 유효한 것은 아니듯이, 목표도 절대적으로 유효한 것은 아니다. 당신 자신의 조건이 잘못되었을 수도 있다. 매우 잘못된 성향을 갖고 있을 수도 있는 것이다.

인간의 성향은 어떤 것이든 약간은 불완전하기 마련이다. 그 성향이 불완전할수록, 당신은 그 결함을 보상하기 위해 완벽한 목표를 추구하려는 경향을 더 강하게 보일 것이다. 그러나 그때엔 그 목표도 마찬가지로 잘못되어 있다. 따라서 그 목표는 다른 사람들의 목표와 조화를 이루지 못할 것이고, 이런 조건에서 당신은 다른 사람들과 협력 관계를 유지하지 못하게 된다.

예를 들어, 낭비 성향이 있는 관대한 성격은 자연히 절약을 추구할 것이다. 그리고 검소한 사람 또는 빈곤으로 힘들어 하는 사람은 자연히 부를 추구할 것이다. 그런데 이 두 가지 목표가 지금 일치할 수 있겠는가? 불가능하다. 그러므로 당신이 온 곳이나 당신이 처음부터 타고난 것은 절대로 무관하지 않다. 당신의 목표는 당신이 본래부터 단단하고 건강한 바탕에서 시작했느냐 아니면 허약한 바탕에서 시작했느냐에 크게 좌우된다. 또 당신이 나의 목표는 이러이러하다고 말할 때, 그 말은 아마 일종의 슬로건에 지나지 않는다. 당신의 목표가 어떤 것인지 나는 잘 모른다. 그 말은 당신이 목표를 성취하는 사람이 될 것이라는 의미도 아니고, 당신이 만족한 방향으로 목표를 추구하는 사람이 될 것이라는 의미도 아니다. 모든 행위에는 항상 여러 질문이 따른다. "그걸 하고 있는 사람은 누구인가? 책임감이 강한 사람인가?"

여기서도 니체는 다시 아무렇지 않게 반대편으로 넘어가 버린다. 그는 사람은 본인이 추구하는 목표에 의해 축성을 받고 거의 신성시될 수 있다고 생각한다. 그러나 그런 목표에 절대로 이르지 못하는 사람은 불행한 바보일 것이다. 물론 당신은 이런 식으로 말할 수도 있다. "우리에겐 목표 같은 건 없어. 어디로도 가지 않아. 단지 자질이 있고 성격이 있을 뿐이야." 하지만 당신은 두 가지를 다 가져야 한다. 자질과 미덕, 능력도 있어야 하고 또 목표도 있어야 한다. 어떤 목표에 기여하지 못하는 자질이라면 무슨 소용이 있겠는가?

그러나 니체는 과거의 모든 가치들을, 과거의 모든 진리들을 완전히 부정함으로써 그냥 반대편 극단으로 넘어가 버린다. 마치 언급할 가치를 지니는 과거는 전혀 없다는 식으로, 또 완전히 새로운 사상을 제시하겠다는 식으로. 그런 식이라면, 그는 자신에 대한 모든 것을 망각하는 사람들을 창조할 것이다. 그 사람들은 꽤 다른 모습을 보일 것이다. 어쩌면 매우 위대한 것도 곧잘 성취해내는, 완전히 새로운 존재가 될지도 모르겠다.

그런데 그런 존재가 가능하기나 할까? 목표를 성취하는 것도 성취에 필요한 것들이 갖춰져 있을 때에나 가능한 일이다. 만약에 당신이 다루고 있는 것이 아무런 가치가 없는 것이라면, 목표 성취는 절대로 불가능하다. 몇 단락 뒤에 니체의 말은 이렇게 이어진다.

신성하다고 불린 그 정신이 그대들의 조상들을 약속의 땅으로 이끈 것도 나는 찬양하지 않는다. 모든 나무 중에서 가장 사악한 나무, 즉 십자가가 자라는 곳, 그 땅에는 칭송할 것이 하나도 없다!

그는 틀림없이 성지 탈환을 목표로 조직된 십자군을 언급하고 있다.

그리고 정말로, 그런 전쟁에서 늘 그렇듯이 "성령"이 기사들을 이끌고 가는 곳마다, 염소와 거위, 괴상한 얼굴이 맨 앞에 섰다!

여기서 그는 성령을 언급하고 있다. 그렇다면 우리는 그의 근본적인 사상을 제대로 따르고 있었다. 대체로 보면 니체는 자신의 사상을 먼저 이야기한 다음에 그 뜻을 여러 단락을 통해 서서히 깨달아간다. 그의 마음 바닥에 있는 사상이 서서히 표면으로 나타나는 것이다. 여기서 충분히 영리하다면, 당신은 그의 마음 바닥에서 무엇이 올라올 것인지를 짐작할 수 있다. 지금 그는 성령을, 그리고 자신이 기독교 상징과 매우 밀접했다는 사실을 떠올리지 않을 수 없다. 그러나 과거에 조상들을 십자가로 이끌었던 성령과 반대로, 니체의 가르침은 당연히 그와 다른 목표를 제시할 것이다. 니체의 위대한 목표는 초인의 창조이다.

지금 기독교의 목표는 무엇인가? 기독교를 도덕적으로 보지 않고 역사적으로 보더라도, 그 목표는 여전히 십자가인가? 물론 신학은 성령이 십자가로 이끌었다고 말하지만, 그것은 오직 부분적으로만 진리일 뿐이다. 예수 그리스도는 그럴 뜻이 아니었다. 예수 그리스도가 우리를 십자가로 이끌기 위해 위로자가 된 것은 아니었다.

초기 기독교 사상은 우리 모두가 십자가가 아니라 신의 왕국으로 들어가게 되어 있다고 가르쳤다. 십자가로 이끈다는 것은 훗날 생긴 도덕주의자의 오해이다. 원래의 기독교 메시지는 신의 왕국이 가까이 다가오고 있으며, 우리 모두는 그 왕국을 준비해야 한다는 것이었다. 그렇다면 신의 왕국은 하나의 목표였으며 가까운 미래에 있을 사회적 목표였다. 물론 그것은 영적인 의미의 왕국이었다.

그럼에도 거기엔 사회적인 측면도 있었다. 그것은 성인(聖人)들의 공동체로, 모든 갈등이 해결되는 그런 경이로운 조건이다. 초인은 그런 사상과 매우 비슷하다. 완전히 새로운 영적 조건에서 살고 있는, 일종의 구원 받은 사람이다. 그렇다면 니체의 사상도 기독교 사상과 그렇게 많이 다르지 않으며, 하늘의 왕국 혹은 신의 왕국을 표현하는 또 다른 단어에 지나지 않는다. 그것은 지금 사람의 왕국이지만 초인, 즉 신인(神人)의 왕국이며 더 이상 보통 사람들의 왕국은 아니다. 직전에 그는 꽤 흥미로운 말을 한다. 이미 우리가 살폈던 내용이다. "그대들을 초월하려고 노력하는 그대들의 의지와 발, 그런 것들을 그대들의 새로운 명예로 여기도록 하라!" 이 말은 무슨 뜻일까?

여기서 눈길을 끄는 표현은 의지이다. 의지는 어디 있는가? 의지는 머리에서 시작한다. 생각이 아닌 의지는 없기 때문이다. 사람은 언제나 마음에 어떤 목표를 품고 있다. 의지는 철저히 의식적인 현상이다. 그렇다면 두 발은 반대편 끝이며, 그 사이에 무엇인가 있다. 전체 몸통이다.

그렇다면 당신은 머리와 발로 더 멀리 나아갈 것이며, 그것들이 당신을 초월하게 될 것이다. 그러나 그것은 당신의 머리가 당신의 어깨를 벗어나서 당신의 몸보다 더 높이 올라간다는 것을 의미할 것이다. 그리고 당신의 발도 마찬가지이다. 당신의 발은 당신과 당신의 머리와 함께 걸어간다. 당신의 머리와 발 사이에 있는 모든 것이, 전체 사람 거의 전부가 동행할 것이다. 그런데 이 전체 사람은 자신에게 일어나고 있는 일을 모른다. 아마 썩어 사라지기 위해 뒤에 남을지도 모르겠다.

이것은 좀 추한 은유이다. 나는 이것을 정신분열적 은유라고 불러야 한다. 마치 의지가 육체로부터 스스로를 해방시키는 것과 비슷하다. 두 발도 몸통으로부터 떨어져 나와 홀로 사라질 참이다. 의지와 두 발은 스스로 분리되어 당신 위로 올라가고, 나머지 다른 것들은 뒤에 남는다. 그러면 초인의 나라에 도착하는 것은 머리와 두 발뿐이며, 머리만 걸어 다닐 것이다. 정말 무서운 장면이 아닐 수 없다. 천국의 왕국 같은 곳에서는 두 발이 머리만 달고 이리저리 행진하며 돌아다닐 수도 있을 것 같다.

그런데 독일에서 모든 일들이 어떻게 시작되었는가? 이리저리 행진하는 것으로 시작되었다. 그리고 사람들은 모두 어떤 의지에 사로잡혔다. 그러니까 의지와 발에 사로잡힌 셈이다. 다른 고려 사항들은 모두 사라져 버렸다. 이것은 정말 탁월한 은유이다. 인간을 간결하게 표현한 상징 같다. 상형문자라고나 할까.

오, 형제들이여, 그대들 귀족은 뒤를 볼 것이 아니라 앞을 보아야 한다!
그대들은 모두 아버지의 땅과 조상들의 땅으로부터 망명한 자들이다.

그들은 모두 뿌리가 뽑히고 말 것이다. 우리를 땅과 연결시키고 있는 것이 몸이고, 감정이고, 본능이기 때문이다. 과거를 포기하는 사람은 자연히 과거로부터 단절된다. 당신은 땅에 박고 있던 뿌리를 잃을 것이고, 당신의 땅에 살고 있는 토템 조상들과의 연결도 잃을 것이다. 당신은 밖으로 떠돌며 다른 땅을 정복하려 노력할 것이다. 당신이 당신의 땅으로부터 추방되었기 때문이다.

그것은 불가피한 일이다. 발은 멀리 걸어 나갈 것이고, 머리는 발을 잡아두지 못한다. 머리도 또한 무엇인가를 찾고 있기 때문이다. 그것이 바로 언제나 대지의 표면을 떠돌면서 언제나 무엇인가를 추구하고 있는 의지이다. 푸에블로 인디언 추장 마운틴 레이크가 나에게 한 말의 뜻이 바로 그것이었다. "미국인들은 꽤 미쳐 있다. 그들은 언제나 추구하고 있다. 우리는 그들이 무엇을 찾고 있는지 모른다." 그렇다. 머리가 너무 많다. 따라서 의지가 너무 많고, 이리저리 떠도는 것이 너무 많다. 뿌리를 깊이 내리고 있는 것이 전혀 없다.

그 시절에 독일의 관점에서 보면, 사람들이 과거의 무게 때문에 진정으로 힘들어 했다는 것을 이해할 수 있다. 자연히 그들은 이런 식으로 생각하기 시작했을 것이다. "어딘가에서 새로운 바람이 불어와서 이 낡은 먼지를 쓸어가 버리면 우리가 다시 움직이고 숨을 쉴 수 있지 않을까." 그러면 그들은 방랑의 충동을 품으며, 납덩이같던 과거와 전통을 벗어던질 수 있었을 것이다.

그러나 그런 것을 일방적으로 설교해서는 곤란하다. 한쪽으로 너무 멀리 나가면, 다시 말해 과거와의 연결을 지나치게 많이 상실하면, 사람은 조상과의 연결을 잃게 된다.

대지의 무게를 제거하려는 시도가 있다. 니체는 대지의 무게를 중력의 정신이라고 부른다. 대지의 무게가 지배하는 한, 사람이 그 무게에 진정으로 압도되는 한, 그 같은 시도는 전적으로 정당하다. 그러나 그런 시도 또한 너무 멀리 나가면서 과거를 망각하게 되면, 당신은 조상과의 연결을 잃게 된다.

러시아가 좋은 예이다. 러시아는 옛 전통이라는 엄청난 무게에 신음하면서 과거에 완전히 짓눌려 있었다. 그래서 전통을 뚫고 나가려는 욕구가 생겨났고 그 방향으로 나아갔다. 그러나 모든 것이 일방적이었다. 바로 그것이 무의식의 무시무시한 위험이다. 한 악을 제거하자마자 다른 악에 빠지게 되고, 불에서 물로, 다시 물에서 불로 옮겨 다니게 된다. 언제나 균형을 잡으면서 양쪽 면을 다 봐야 하는데도!

어떤 기독교 전통을 제거하기를 원한다면, 먼저 기독교가 진정 무엇인지부터 이해하도록 노력하라. 그런 식으로 접근하면, 당신은 기독교의 진정한 가치로 돌아갈 수 있다. 그것보다 더 멀리 나아가고 싶더라도, 그래도 기독교가 모두 잘못되었다는 식으로는 말하지 않도록 하라. 그것은 우리가 기독교를 잘못 알고 있다는 사실을 고백하는 것이나 마찬가지이다.

모든 전통을 파괴하는 것은, 이미 스페인과 러시아에서 일어났고 또 몇몇 다른 나라에서 일어나려 하고 있는 바와 같이, 돌이킬 수 없는 실수이다. 머리와 발 사이에 아무것도 없는 상태에서 두 발로 걷는 머리가 표현하는 것이 바로 그것이다. 니체는 "그대들은 모든 아버지의 땅과 조상들의 땅에서 추방되어야 해!"라고 말한다. 만일 모든 땅에서 뿌리 뽑힌다면, 당신은 지하의 신들과 어떻게 연결될 것이며, 당신의 피와 당신의 흙과는 또 어떻게 연결될 것인가?

과거는 정말로 대지이다. 원시인들이 말하는 바와 같이, 모든 과거는 대지 속에 잠겨 있다. 조상들은 지하로 갔고, 조상들의 후예들은 거기에 남아야 한다. 왜냐하면 다른 어디도 아닌 바로 거기서만 그들이 조상들과 접촉할 수 있기 때문이다. 그들에겐 그것이 너무나 중요한 진리이다. 그러기에 그들은 다른 나라를 택하는 것은 꿈에도 생각하지 못한다. 그랬다가는 정령들과의 접촉을 잃고 부상을 입게 될 것이기 때문이다.

원시인들은 다른 부족의 나라에서 살지 못한다. 그것은 절대로 불가능한 일이다. 원시인들은 오직 자신들의 토템 조상들이 묻혀 있는 곳에서만 살 수 있다. 그것은 영원한 진리이며, 이 진리에 맞서는 사람은 누구나 잘못된 조상의 영혼을 받고 나쁜 영향을 받을 것이다. 그렇게 되면 그들은 분열되고 본능을 잃게 되며, 그들의 문명은 왜곡되고 부자연스러워진다. 그들은 의식과 무의식의 분리로 힘들어할 것이다.

무의식은 땅 속 깊은 곳에 있는 조상들과 함께 있고, 그들의 의식은 두 발 위에 있는 머리이며 지칠 줄 모르고 끊임없이 떠돌고 있다. 그것이 언제나 무엇인가를 찾고 있는, 어떤 때는 잃어버린 조상의 육신을 찾고 또 어떤 때는 조상의 본능을 찾는 우리 시대의 불안이다. 그러나 조상의 육신이나 조상의 본능은 조상들이 지하로 들어간 자리에서만 발견되기 마련이다.

진정한 영웅은 대지에 삼켜진 다음에 분명히 지하로 토템 조상들에게 내려가지만 반드시 그 조상들과 함께 돌아온다. 신화학에 따르면, 그것이 진짜 영웅이다. 의지와 두 발을 갖고 멀리 달아나는 것은 영웅이 아니다. 이제 그는 이렇게 말한다.

> 그대들은 그대들의 후손들의 땅을 사랑해야 한다. 아득히 먼 바다에서 발견되지 않은 채 있는 그 땅에 대한 사랑이 그대들 새로운 귀족들의 특성이 되도록 하라. 그대들의 돛에게 그 땅을 찾고 또 찾으라고 나는 명령한다.

그는 자신의 사도들에게 먼 곳으로, 자신들의 기원으로부터 최대한 멀리 나가도록 이끈다. 이때 사도들은 자신들을 위한 땅을 찾는 것이 아니라 후손들을 위한 땅을 찾는다. 이 점이 불길하다.

사람들이 매우 건전한 이기심을 보이고 또 각 세대가 부와 안락을 증대시키려고 노력하는 영국 같은 나라의 경우엔 사람들이 후손들에게 매우 좋은 조건을 물려주었다. 그러나 만일 영국인들이 세상의 모든 나라들을 돌아다니면서 거기다가 돈을 모아두었다면, 후손들에게 무엇이 남았을까? 아무것도 남지 않았을 것임에 틀림없다.

당신이 아이들의 행복을 추구하면서 당신 자신의 행복을 무시하는 경우에 아이들은 오히려 나쁜 유산을, 과거의 매우 나쁜 인상을 물려받게 된다. 당신이 아이들을 위해 무엇인가를 생산하려고 노력할 경우에, 아이들의 뇌리에 고통스런 삶의 그림이 각인될 것이다. 그러니 그런 식으로 살지 않도록 하라. 그런 부모를 보고 아이는 이건 아니잖아, 라고 말한다.

그런 식의 삶은 또 다른 방향으로도 잘못되었다. 당신이 늘 아이들의 행복을 준비하다 보면 정작 당신 자신의 행복을 돌보는 방법을 모르게 되고 당신의 아이들도 자신을 돌보는 방법을 모르게 된다. 당신의 아이들도 당신처럼 당신의 손자들의 행복을 준비할 것이고, 또 당신의 손자는 당신의 증손자의 행복을 준비할 것이다.

그런 식으로 삶이 이어질 경우에, 행복은 언제나 미래의 어딘가에 있게 된다. 당신의 머리엔 행복은 미래에 성취되어야 할 그 무엇이고, 당신은 행복을 성취하지 못하지만 당신의 아이들은 행복을 누릴 것이라는 생각이 박혀 있다. 그래서 당신은 평생 동안 언젠가 도래할 왕국에 대한 희망을 품고 살지만, 그 왕국은 절대로 오지 않는다.

모든 세대가 미래의 왕국을 위해 무엇인가를 하고 있다. 모든 세대가 아이들이 왕국을 이룰 수 있도록 하기 위해 스스로를 고문하지만, 그 아이들도 성장해서 우리와 똑같은 바보가 된다. 그들도 똑같이 사악한 가르침을 받게 되기 때문이다.

지금 여기에, 당신 자신을 위한 왕국을 만들도록 노력하라. 그것이 훌륭한 가르침이다. 그러면 아이들도 자신을 위해서 지금 여기에 왕국을 세우려 노력할 것이다. 그런 식으로 접근하면, 왕국이 현실에 세워질 수 있다. 부자연스럽게 미래 세대의 행복을 추구하지 않도록 하라. 당신의 아이들과 손자들에 대한 걱정을 지나치게 많이 할 경우에, 당신은 오히려 그들에게 부채만 안기는 꼴이 된다. 당신이 빚을 내지 않고 소박하게 살면서 당신 자신의 행복을 최대한 추구하는 것이 당신의 아이들에게 최선의 조건을 남기는 길이다. 여하튼, 당신은 아이들에게 자신을 돌보는 방법을 알려주는 좋은 본보기가 될 수 있을 것이다. 부모들이 자기 자신을 돌볼 줄 알면, 자식들도 마찬가지로 자기 자신을 돌보게 된다. 당신의 자식들은 당신의 손자들의 행복을 추구하지 않고 그들 자신이 합당한 행복을 누리기 위해 필요한 일을 할 것이다.

인간의 행복의 조건이 이렇기 때문에, 온 나라가 자식 세대를 위해서 고통을 감내할 때에 실제로 자식들에게 남기게 되는 것은 불행한 유산, 즉 일종의 완수하지 못한 약속이다. 그렇다면 "나는 아이들을 위해 행복의 왕국을 추구하고 있어. 행복의 왕국은 미래에 꼭 이뤄질 거야."라는 식으로 말할 게 아니라, 지금 여기서 당신 자신을 위해 행복의 왕국을 추구해야 한다. 그러면 당신은 그것이 가능한지 불가능한지를 보게 될 것이다.

그렇게 하지 않고 아이들을 위해서 그것을 연기한다면, 당신은 당신이 감히 성취하려 나서지 않았던 것을 뒤에 남기거나 당신이 너무 어리석어 성취하지 못한 것을 뒤에 남기게 된다. 그것을 미래로 넘긴다는 것은 곧 당신이 아이들에게 나쁜 선례를 남기는 것에 지나지 않는다.

칼 융이 실존주의와 포스트모더니즘 등에 큰 영향을 끼친 철학자 프리드리히 니체의 대표작 『차라투스트라는 이렇게 말했다』를 정신분석의 대상으로 삼았다는 사실 자체가 흥미롭다. 이는 철학을 대하는 니체의 태도가 조금 특이했기 때문에 가능한 일이었다.

　대부분의 철학자들을 보면 철학과 삶이 따로 논다. 이를 보여주는 에피소드 하나가 『칼 융, 차라투스트라를 분석하다』에 소개되고 있다. 아르투어 쇼펜하우어에 관한 이야기이다. 쇼펜하우어가 프랑크푸르트의 언덕을 오르내리며 산책을 할 때면 주위 사람들은 그가 깊은 생각에 잠겨 있을 것이라고 짐작하면서 염세적인 그가 과연 무슨 생각에 빠져 있을까 하고 궁금해 하곤 했다. 그러다 어느 날 어떤 사람이 궁금증을 참지 못하고 그의 뒤를 밟아 보았다. 그런데 이 사람의 귀에 흐릿하게 들려온 쇼펜하우어의 중얼거림이 그를 놀라게 만들었다. "내가 50년 전에 앤과 결혼했더라면 지금 어떻게 되었을까?"

니체는 이런 철학자들과 달랐다. 니체에겐 삶이 곧 철학이고 철학이 곧 삶이었다. 니체라는 인간과 그의 삶, 그의 철학은 비극적으로 똑같았다. 니체의 경우에 철학이 마치 드라마처럼 전개된다. 그러기에 『차라투스트라는 이렇게 말했다』는 정신분석 대상으로 아주 훌륭했다.

지그문트 프로이트와 알프레드 아들러와 함께 20세기 전반기에 심리학을 주도했던 칼 융은 1913년에 프로이트와 결별한 뒤로 분석심리학을 창설하고 여러 나라를 다니며 일반 대중을 상대로 강연 활동을 활발하게 폈다. 환자들을 대상으로 분석 치료를 하는 것 못지않게 일반인들에게 건전한 정신세계를 보여주는 것 또한 중요하다는 사실을 깨달았기 때문이다. 미국을 찾아 포드햄 대학교에서 학생들을 대상으로 강의했으며 영국도 여러 차례 찾았다. 이 책에 담긴 내용은 1934년부터 1939년까지 칼 융이 스위스 취리히에서 몇 사람과 함께 니체의 『차라투스트라는 이렇게 말했다』를 해석한 부분이다. 세미나 형식으로 진행된 분석 작업은 1939년에 유럽에 전운이 감돌면서 끝까지 이어지지 못했던 것 같다. 분석이 니체의 책 4부 중에서 3부 '낡은 서판과 새로운 서판'이라는 장에서 더 나아가지 못하고 있다. 영어책은 총 1,500여 쪽에 달하는데 이것을 줄여 번역했다.

옮긴이도 예전에 니체의 『차라투스트라는 이렇게 말했다』를 읽으면서 뭔가 붕 뜬다는 느낌을 받았는데 칼 융의 분석을 통해 그런 느낌이 혼자만의 경험이 아니라는 것을 알게 되었다. 기본적으로 니체는 직관 유형이다. 직관이 지나칠 정도로 발달되어 있다. 그러다 보니 한 가지 주제에 오래 머물지 못하고 금방 다른 주제로 옮겨간다. 이런 식으로 온갖 주제를 건드리지만 한 가지 주제를 깊이 들어가는 예는 별로 없다. 무의식의 세계를 조금 더 깊이 들여다볼 수 있었더라면 니체의 정신건강이 훨씬 나아졌을 것이라는 것이 융의 의견이다.

니체는 『차라투스트라는 이렇게 말했다』에서 일종의 정신적 귀족주의를 제시했다. 귀족의 기준은 그 사람이 어디서 왔는가가 아니라 어디로 향하는가이다. 사람이 언제나 보다 높은 곳을 추구하는 것을 삶에 충실한 것으로 보는 것이다. 또 이런 '초인' 사상이 훗날 독자들에게 호소력을 발휘했다.

그러나 분석 심리학의 관점에서 보면 줄기차게 높은 곳을 향하고자 하는 니체의 의지 자체가 그가 정신적으로 겪은 불행의 원인일 수 있다. 『차라투스트라는 이렇게 말했다』는 육체적으로나 정신적으로 불행했던 니체의 독백이라고 칼 융은 말한다. 다소 표현이 거칠고 요란스러운 것은 니체의 열등감이 작용했기 때문이라고 한다.

니체가 정신적으로 불행했던 이유는 자신의 모든 것을 쏟아 부어 책을 발표하는데도 대중은 그것을 진지하게 받아들이지 않고 무시하거나 가십거리로 여겼기 때문이다. 한마디로 말해 당시엔 니체의 정신세계를 이해해주는 사람이 거의 없었던 것이다. 처음 발표되었을 때 『차라투스트라는 이렇게 말했다』는 겨우 100부 정도 팔린 것으로 전해진다. 세상이 이 책을 이해하기까지 반세기의 세월이 더 필요했던 셈이다. 니체가 탄생 100년이 되어서야 주요한 사상가이자 작가로 평가받게 되었으니 말이다.

육체적으로도 일찍이 매독에 걸려 고생한데다가 소화 불량에 편두통, 불면증까지 괴롭히고 시력마저도 대학 교수직을 포기해야 할 만큼 형편없었으니, 육체적 고통이 어느 정도였을지 쉽게 짐작이 간다.

『칼 융, 차라투스트라를 분석하다』는 어디까지나 분석 심리학에 관한 책이다. 그래서 에난티오드로미아와 자기, 그림자, 집단 무의식 등

칼 융의 핵심적 개념이 두루 설명되고 있다. 융은 니체의『차라투스트라는 이렇게 말했다』를 24세에 처음 읽은 뒤에 40세에 다시 읽으면서 주석을 달고 깊이 연구했다고 한다.

철학도 기본적으로 심리학이라는 사실을 잘 아는 심리학자가 일찍이 그 점을 간파했던 철학자의 글을 분석하는 내용이기에 철학과 심리학이 적절히 버무려지며 긴 여운을 남긴다.